中国交通 2050：愿景与战略

吴文化　宿凤鸣　著

人民交通出版社股份有限公司
China Communications Press Co.,Ltd.

内 容 提 要

本书包括总报告和专题研究报告，专题研究报告包括理论概念篇、历史与未来征程篇、先进经验篇、技术创新篇、体验交通篇、全球交通篇、货运新型业态篇、城市交通篇、低碳交通篇等。全书从现代化的视角，梳理历次工业革命与交通运输技术进步和组织方式的交互推动，重点分析新中国成立以来特别是改革开放以来交通运输现代化的发展历程和当下站位；总结发达国家经验教训，结合我国未来发展前景和世界科学、技术、文明进步趋势，勾勒出我国到21世纪中叶建设"快速通达、畅美宜人、人人享有、兼行天下"的交通运输发展愿景，研究提出2030年和2050年两步走交通运输现代化发展战略；从创新体制机制、完善宏观调控、发挥市场作用和强化人才支撑等方面提出实施建议，以期供有关部门决策和相关交通规划研究借鉴。

本书可供交通行业工作人员和感兴趣人士参阅。

图书在版编目(CIP)数据

中国交通 2050：愿景与战略 / 吴文化，宿凤鸣著
. —北京：人民交通出版社股份有限公司，2017.8
ISBN 978-7-114-14099-0

Ⅰ. ①中… Ⅱ. ①吴… ②宿… Ⅲ. ①交通运输发展
-研究-中国 Ⅳ. ①F512.3

中国版本图书馆 CIP 数据核字(2017)第 204147 号

书　　名：**中国交通 2050：愿景与战略**
著 作 者：吴文化　宿凤鸣
责任编辑：赵瑞琴
出版发行：人民交通出版社股份有限公司
地　　址：(100011)北京市朝阳区安定门外外馆斜街 3 号
网　　址：http://www.ccpress.com.cn
销售电话：(010)59757973
总 经 销：人民交通出版社股份有限公司发行部
经　　销：各地新华书店
印　　刷：北京市密东印刷有限公司
开　　本：787×1092　1/16
印　　张：15
字　　数：363 千
版　　次：2017 年 8 月　第 1 版
印　　次：2017 年 8 月　第 1 次印刷
书　　号：ISBN 978-7-114-14099-0
定　　价：48.00 元
(有印刷、装订质量问题的图书由本公司负责调换)

前　言

交通运输是支撑经济社会运行的基础性、先导性和战略性产业，是重要的服务性行业。着眼于“两个一百年”奋斗目标，立足交通运输发展的现实基础，以国家经济社会发展战略为指导，顺应未来全球经济、社会、技术、文化等各领域发展新趋势，勾勒到21世纪中叶我国交通运输发展愿景，谋划交通运输发展战略，明确发展方向与路线图，着力打造世界领先的安全、便捷、高效、绿色的现代综合交通运输体系，实现交通大国向交通强国跃升，助力实现中华民族伟大复兴的中国梦。

《中国交通2050：愿景与战略》从现代化的视角，梳理历次工业革命与交通运输技术进步和组织方式的交互推动，重点分析新中国成立以来特别是改革开放以来交通运输现代化的发展历程和当下站位；总结发达国家经验教训，结合未来我国经济社会发展前景和世界科学技术和文明进步趋势，勾勒出我国到21世纪中叶建设“快速通达、畅美宜人、人人享有、兼行天下”的交通运输发展愿景；研究提出2030年和2050年两步走交通运输现代化发展战略，实施“时空流畅”的客运交通战略、“及时送达”的货运交通战略、“诗意栖居”的城市交通战略和“大国无疆”的全球交通战略四大行动；从创新体制机制、完善宏观调控、发挥市场作用和强化人才支撑等方面提出实施建议，以期供有关部门决策和相关研究借鉴。本书的专题研究分为理论概念篇、历史与未来征程篇、先进经验篇、技术创新篇、体验交通篇、全球交通篇、货运新型业态篇、城市交通篇、低碳交通篇，分别从不同的视角研究未来交通运输的发展方向与趋势，为总报告提供理论依据和实践支撑。

《中国交通2050：愿景与战略》以国家发展和改革委员会综合运输研究所2016年基础研究课题成果为基础编著，吴文化、宿凤鸣负责全文的修订，各部分执笔人分别是：总报告，吴文化、宿凤鸣；理论概念篇，尹震、宿凤鸣；历史与未来征程篇，宿凤鸣、尹震；先进经验篇，李茜、尹震；技术创新篇，陈晓博；体验交通篇，蒋中铭；全球交通篇，丁金学；货运新型业态篇，宿凤鸣；城市交通篇，王淑伟；

低碳交通篇，钱寒峰。在课题研究过程中，汪鸣、冯浩、贾进、肖昭升、罗萍、张国强、王东明、李连成等提供了指导意见，且借鉴了同业观点及互联网上相关资料。

本研究试图从更长远的视角对我国交通运输发展的未来进行学术性探索，期望对中国宏观经济研究院推进国家高端智库建设有所贡献。由于研究水平所限，本书还存在不少疏漏和不足之处，一些观点可能难以为业内人士所认同，希望各界同仁不吝批评指正！

吴文化

2017 年 6 月 4 日

目　　录

导言

“早具舟车，行之久远”

交通运输的发展深植于人类自身所具有的跨越时空欲望，交通发展史与人类文明的历史进程相呼应，所有将到的未到既是偶然也是必然。在漫长的人类交通史中，秦朝驰道、张骞出西域、丝绸之路、京杭大运河、郑和下西洋……使我国曾经当之无愧位列世界前沿。然而，蒸汽机的诞生将人类引入现代后，西方科技、制度、文化以迅猛之势彻底改变了世界力量格局的对比。我国在农业社会形成的绵长缓慢变化的“自足的系统”受到外来重击，起初被裹挟，继而被吸引，进入了“防卫的现代化”，交通运输亦如是。“主位”思想意识的改变并非一蹴而就，一直到改革开放后，我国才真正认同“客位”思想，主动求变。

历经30多年努力，我国的交通运输现代化程度得到了极大提高，一个具有较高技术水平、与经济地理规模相适应的相对完备的现代综合运输体系基本形成。但必须清醒地认识到，与西方发达国家比较，我们的差距仍然存在。站在即将进入小康社会的今天，我国的交通运输正处于一个史无前例的变革阶段。面对世界日新月异的科技发展和全球经济一体化带来的产业变革和贸易体系重构，作为世界贸易大国和即将成为第一经济体的我国，为在21世纪中叶实现交通运输现代化，支撑引领富强、民主、文明、和谐的社会主义现代化国家的建成，需要回顾交通运输的漫长发展史，探寻发展规律，从中发现必然，对2050的交通运输发展愿景进行预判和展望。在“一带一路”战略指引下，我们既要立足国内，又要放眼全球，紧跟交通技术发展的前进步伐，及早谋划国内国际一体化的交通体系，全面提高交通运输领域的国际竞争力，确保交通运输在未来30年更好满足发展的需求。唯有如此，才能改进既有系统，迎接明日挑战，实现交通运输现代化，全面提升中国在全球的连通力，助力实现中华民族伟大复兴的中国梦。

中国 2050 交通运输发展愿景与战略

2050 年的世界，可能是“最好的时代”，也可能是“最坏的时代”，但都将由我们创造。面向未来，交通运输仍将起到支撑引领国民经济发展的作用。我们应以全球视野、大国胸怀、领先思维，探寻面向 2050 年的交通运输现代化发展战略方向，为建设富强、民主、文明、和谐的社会主义现代化强国献计献策。

一、长镜头下的交通运输史

交通运输的发展史，是人类文明发展史的映射

衣食住行是人类基本的生产生活需求，其中“行”的需求脱胎于人与物的流动，催生了劳动力迁移、商品交换，促进了社会分工，推动了文明的产生和融合。纵观人类发展历史，通过发展交通，广开人与物的流通渠道，传播文明，是人类进步的基本轨迹。

（一）世界交通运输发展历程

交通运输的发展既是经济社会活动的产物，也是经济发展和社会分工的主要支撑与引导体系。经济社会活动派生出人或物在时空位移方面的需求，而能够保障人或物进行位移的交通运输供给取决于整个社会经济活动及科技发展水平。最终真正进行的交通运输是在一定时期内，社会经济活动产生的有目的的旅客与货物的空间位移。

在 18 世纪之前的漫长时间里，人类生产力的进步较为缓慢。进入 18 世纪之后，新的发明创造和技术应用引起多次工业革命，大幅提升生产力，并相应改变生产关系。英国经济学家佩蕾丝按照技术经济范式的转变，将 1771 年以来的技术和产业革命划分为 5 次，即：18 世纪早期机械时代，18 世纪末至 19 世纪中叶的蒸汽机与铁路时代，19 世纪末期至 20 世纪初期的钢铁与电力时代，20 世纪初期和中期的石油与汽车时代，以及 20 世纪 70 年代至今的信息与通信时代。德国基于自身发展阶段划分了 4 次工业革命时代，即：18 世纪到 19 世纪中叶含早期机械时代和蒸汽机时代的工业 1.0 时代，20 世纪初的电气化和自动化时代的工业 2.0 时代，20 世纪开始的信息化的工业 3.0 时代，21 世纪初期开始的智能化的工业 4.0 时代。

纵观交通运输发展史，其与人类能力发展相呼应，与工具和能源动力革命同步，反映了人类生产和生活组织方式的进步。18 世纪之前，交通运输的发展较为平稳。进入 18 世纪之后，能源动力的技术革命对交通运输方式的变化影响巨大，每次革命都有新的交通工具诞生，并以专业化的基础设施相配套，相应全球化的进程也在不断变化。交通运输与人类文明进步互相深重影响，呈双螺旋状态上升。到目前，整个交通运输的发展可划分为 4 个阶段和 3 次革命，全球化也从前全球化阶段进步到了 2.0 阶段。

不同时代的交通运输重大技术变革　　表 1-1

发展时代	水路	公路	轨道交通	民航	全球化阶段
生物动力时代	帆船	马车			前全球化：军事掠夺
蒸汽、内燃机时代	蒸汽动力装置船、内燃机动力装置船	蒸汽汽车、内燃汽车、公路	蒸汽火车、内燃机车	飞艇、燃油飞机	全球化 1.0：军事掠夺与殖民
电气时代	内燃动力船、电力动力船	燃油汽车、高速公路	内燃机车、电力机车	飞艇、喷气式飞机	全球化 1.5：西方主导
信息时代	大型内燃、电力动力船、核动力船	混合动力汽车、燃气汽车、电动汽车	铁路计算机连锁和调度系统、高速铁路、高速磁悬浮	大型超音速飞机、太阳能飞机、纯电动无人机、现代空管系统	全球化 2.0：全球平等参与

1.生物动力运输阶段（从原始社会到 18 世纪之前）

在原始社会，人类使用工具的能力有限，人或物移动的方式大多为步量人背，也可能伴有绳拖棍撬等原始方式。随着人类数量的增多，为求得生存，活动范围有所扩大，逐渐出现木筏、独木舟等利用水流的工具。

进入农耕社会后，人力、畜力车等陆路交通工具开始普及，造船工艺也有明显提高。船和车的发明与使用，是运输工具史上的第一次革命。尽管交通工具的动力仍然以生物或自然动能为主，但速度和搬运能力有明显提升，并结合航线和道路等的发展，促进了交通运输业的形成。例如，我国秦朝时就修筑了全国统一的道路，形成了以咸阳为中心的向外辐射的“驰道”。

随着造船技术的进步，以风力为动力的远程三桅帆船出现了，依托河流和海洋令人类活动范围几乎拓展到了全球。我国隋代开凿了世界上最早、规模最大的大运河，盛唐时开辟了“海上丝绸之路”，明代郑和率船队 7 次下西洋。欧洲人进行环球航行“发现”了新大陆，开创了后来延续几个世纪的欧洲探险和殖民海外的大时代。这个时期交通对世界的影响，或为商品交换在一定区域范围的延伸，或为盲目地探险式的地理扩张，并不具有真正意义上的全球化特征，可称为前全球化阶段。

2.初级化石燃料动力运输阶段（从 18 世纪到 20 世纪初）

尽管交通运输的大发展使人类的活动范围拓展到了全世界，但仅靠畜力、人力和风力的运输工具速度仍然受到较大限制。18 世纪第一次工业革命后，蒸汽机相继用于船舶和火车，交通运输进入了初级化石燃料动力时代。1807 年世界上第一艘蒸汽机船“克莱蒙特”号在纽约哈德逊河下水，结合了欧美国家运河的建设大高潮。1825 年，世界上第一条行驶蒸汽机车的公用运输基础设施——英国斯托克顿—达灵顿铁路正式通车。随后西欧各国和美国进入了铁路建设的高潮时期。到 19 世纪后半叶，铁路热扩展到非洲、南美洲和亚洲各国。

蒸汽机船和火车大大提高了运输速度和能力，结合运河和铁路的修建，能够进行大宗原料和产品的调运，支撑了大规模的社会分工和市场经济的发展，扩展了贸易网络。这个时期是交通运输技术真正意义上的变革。航海及动力船舶技术的全面提升和铁路的发展，使资源、商品、社会分工在洲际乃至全球配置成为可能，全球化市场的雏形开始出现，开启了全球化 1.0 阶段。

3.石油与电动力运输阶段(从 19 世纪末到 20 世纪末)

1886 年德国人本茨发明了真正的汽车,以石油为燃料,交通运输业发展的重点转向公路,逐渐进入“电气时代”。由于公路运输机动灵活和快速,不仅在短途运输方面显示出优越性,而且随着大载重专用货车、各种完善的长途客车和高速公路的出现,在中长途运输方面也显示出优越性。以石油为动力的航空运输产生于 19 世纪末 20 世纪初,由于在速度上的优势,不仅在旅客运输方面占重要地位,在货运方面发展也很快。船舶的动力向石油转变,铁路开始向电气化方向改进,运输速度和能力等都有明显提高。这一时期的交通运输比初级化石燃料动力阶段有了更明显的进步,支撑了城际、国内、世界等更大范围内的一体化生产、消费。

这个阶段虽然出现了汽车和飞机等新的现代交通工具,船舶、铁路动力技术也发生了变化,带来速度和效率的提高,但对世界贸易格局与市场体系没有实质性改变。我们称之为全球化 1.5 阶段。

4.信息时代的智能化运输阶段(20 世纪下半叶至今)

20 世纪下半叶,人们开始意识到在既有的交通运输工具和能源动力技术下,不断扩大交通运输规模,面临着资源与环境的巨大约束。交通运输开始向各种运输方式合理分工和高效运行,更好地构建综合运输系统方向发展。同时,为追求速度,交通运输工具和动力的革新仍在继续进行。1964 年,日本建成了世界上第一条速度超过 200 公里/小时的高速铁路——东海岛新干线。现在的高速铁路速度已经达到 350 公里/小时以上。目前,中国、日本、德国、法国、西班牙、意大利、瑞典、韩国、英国、荷兰、比利时、丹麦、瑞典、中国台湾等国家或地区已拥有不同长度、不同时速的高速铁路。民用航空飞行器向大型化、低碳化方向发展,自动驾驶、无人机及现代空管技术日益成熟。船舶向大型化、专业化、智能化方向不断发展。

更为重要的是,继蒸汽技术革命和电力技术革命之后,第三次科技革命以原子能、电子计算机、互联网、空间技术和生物工程的发明和应用为主要标志,在信息技术、新能源技术、新材料技术、生物技术、空间技术和海洋技术等诸多领域取得巨大进步。依托第三次科技革命,交通运输系统通过信息控制技术,优化多种运输方式之间的衔接和配合,大大提高了综合运输效率。信息化不断渗透到生产生活之中。新能源、新材料、智能制造、3D 打印等技术发展带来传统的生产组织、生产消费、贸易流通方式以及世界市场格局的变革,技术、市场、资金、劳动力等要素全球配置趋势明显,将对交通运输的供给与需求产生深刻影响,并由此推动全球化进入 2.0 阶段。

(二) 交通运输现代化进程

尽管交通运输肇始于人类社会活动,但在工业革命前进化的速度一直较慢。到工业革命之后,人类从自然界索取利用资源的能力发生了质的飞跃,社会生产生活随之剧变。一个新的时代已经来临,那就是现代化。交通运输也开始现代化。

1.交通现代化的内涵

(1)现代化概念

当人们身处大变革之中时,并不知道自己处于什么样的发展过程中,对现代化的认识亦如是。对现代化的系统研究从20世纪50年代开始，基本是美国第一次现代化跨越完成的阶段，回首过往方形成了一定程度上的对现代化的系统阐述。当时的发达国家认为自身的现代化基本完成，人类的物质文明发展到一个顶点，之后进入的是“后现代化”时代，开始更多关注精神文明。

然而，这种对“现代化”和“后现代化”的认识事实上还是来自于人们的思维习惯，即总认为现在就是历史的终结。但是事物在不断变化，历史没有终点，一切被认为的“真理”都会在某个时点突然被颠覆。进入20世纪70年代后，人们发现现代化并没有终止，且正在迈进“第二次现代化”的进程。

根据何传启❶的研究，现阶段一般认为现代化是适应现代的特点，满足现代的需求，是向现代迈进的过程，是人类社会从工业革命以来所经历的一场涉及社会生活诸领域的深刻的变革过程，代表了由传统向现代的转变，包含工业化、科学化、合理化、进步民主等现代现象与思想。现代化是一个世界现象，是人类发展的世界前沿，以及达到和保持世界前沿的过程。现代化也是一种国际竞争，是追赶、达到和保持世界前沿的国际竞争和国际分化。现代化更是一个动态的目标和过程。随着人类科技、文明等的进步，现代化将在不同阶段存在不同目标。

两次世界大战到现在的世界现代化进程分为第一次和第二次现代化两大阶段。第一次现代化指从农业文明向工业文明的转变过程及其深刻变化，第二次现代化是指从工业文明向知识文明的转变过程及其深刻变化。发达国家基本在20世纪70年代实现了第一次现代化，以机械化、电气化、自动化等工业革命为推动，主要特征是工业化、城市化、民主化、理性化、福利化等。随后开启了第二次现代化，以知识和信息革命、新生物学革命、新物理学革命为推动，主要特征是知识化、信息化、生态化、全球化、个性化、多元化等。

(2)交通现代化概念

从系统学的角度讲，交通现代化是现代化不可分割的部分，是人类经济社会现代化进程的一个组成部分。交通现代化意味着在世界的交通运输发展中位列前沿。从社会经济学的角度讲，交通现代化是和现代化社会经济相适应的交通发展状态和交通发展过程，能引导生产力布局，使生产关系和产业结构趋于现代化，为社会经济大系统的协调、高效和可持续发展提供支持和保障。从应用科学的角度讲，交通现代化是交通相关技术保持世界发展前沿，并能够在较大范围内得到应用的过程。从内涵上讲，交通现代化可以从载运设备、基础设施、体制机制、经济支撑以及文化发展等几个方面进行定义和定位，包括既有技术条件下处于世界前沿的载运设备，与高技术水平的载运设备相适应的新基础设施网络，相应的技术应用，基础设施拓展的系统制度，交通运输系统的发展能够支撑引导经济发展需要，以及先进的交通发展对人类社会进步认识的促进等。

2.两次现代化与其中的交通现代化

回顾以往历史，可以认为第一次现代化范畴包括以棉纺织业机械化为代表的产业革命时代、蒸汽和铁路时代、电气化时代、石油汽车时代，几乎每个时代都包含着一种交通技术的大变革。在这之后，技术革命的步伐并没有停止，甚至以更快的速度向前迈进。从20世纪70年代初开始的信息和智能时代使人类迈入了第二次现代化。这一次，交通运输同样是发

❶何传启:《现代化科学——国家发达的科学原理》,科学出版社,2010年10月。

展的重点领域，尽管到目前为止的变化之剧烈程度尚不及第一次现代化，但更为惊人的变化正在孕育和成长中。

与上述世界现代化相对应，交通现代化进程也分为第一次和第二次两大阶段。在第一次交通现代化中，交通运输工具不断出现创新性革命，包括轮船、火车、汽车等的出现，并形成相适应的基础设施网络，对经济社会发展产生了浪潮式的多次推动影响，总的价值取向是追求人与物位移更快速灵活和大运力、长距离送达，而对所占用的资源能源及对环境产生的影响关注较少，更少考虑因此对人们造成的生理、心理压力。由于第一次现代化中的过度建设，人们能够以低成本使用过剩的基础设施，包括运河、铁路、公路等，既有的交通基础设施能够提供更加便宜和容易使用的交通产品。但与此同时越来越大规模的使用带来了严重的负面影响，包括拥堵、资源过度消耗、环境污染等。因此，客户的需求不再仅仅局限于过去的诉求，在追求速度的前提下，更多关注系统的资源能源利用效率，关心人们的身心健康。需求开始领先于既有的技术。

在第二次交通现代化中，交通运输载运工具及基础设施等技术仍在继续进步中，但尚未出现颠覆性的全新形式，尤其是交通基础设施的模式改变较少，更多出现的是集成、系统创新等。从 20 世纪 70 年代起，信息通信领域的变革引起的技术革命和产业变革仍在持续，信息技术、新能源技术、新材料技术、生物技术等交叉融合正在引发新一轮科技革命和产业变革。尤其是基于信息技术、新能源技术和新材料技术等“三新”技术产生的工程科技、制造技术、服务管理技术突破，在交通运输领域的融合运用，正在显著改变世界交通运输的面貌。未来的交通创新可能更加普遍微小，无处不在，更加强调用户体验，更加契合消费者未能说出口的需要，从量变而导致质变，最终形成颠覆性的革命。

(三)交通运输发展价值取向

各个国家地区的地理条件、社会环境和运输发展的历史、现状不同，不可能有统一固定的运输模式。但在世界交通运输发展的大趋势中，仍然能够总结出交通运输发展的普遍规律。

1.去远求近

纵观交通运输发展的整个历史，本质上是一个“去远求近”的过程。速度的提高，能够换得人类在一定时间内触及更广的空间范围，原材料和产品等要素的流动性大幅增强，生产合作组织范围大为提高，市场不断扩大。速度的提高，最主要得益于新式交通工具的发明应用，以及动力能源的变化。

各种交通工具对速度的不断超越，核心在动力源的技术突破。交通动力从人力畜力到化石能源，交通工具从车船到飞机高铁。工业革命之前人力畜力车船及帆船的时速不到 20 公里，19 世纪初的蒸汽机船的时速可达 50 多公里，史蒂芬森制造的早期“火箭号”蒸汽机车时速达到 44 公里，技术改进的蒸汽机车的时速超过 80 公里，现在的高速铁路时速达到 350 公里以上。第二次世界大战后高速公路出现，汽车的行驶时速达到 100 公里以上。20 世纪 50 年代，商用喷气式飞机的广泛使用，使人类的交通时速超过 700 公里。

2.经济适用

通过交通运输工具实现人和物的位移时，需要消耗相应的能源资源。运输费用体现出人们对于在一定的运输时间内完成一定运输量所消耗的能源资源的价值定位。在交通运输的发展过程中，正是由于运输费用的不断下降，使当期的经济社会活动对运输量的承受能力不断上升，进而提高了运输的规模。历史上运河的开挖、轮船的出现、铁路的发展、公路的兴起，无不是竞争中显现出明显的运输成本相对优势而获得生命力的。相关研究表明，交通运输始终是沿着运输成本不断下降这一方向发展的。

运输费用不仅包括个人支付的费用，也包括社会整体支付的费用。进入交通运输第二次现代化后，人们更深刻地认识到交通运输给社会和自然环境造成的压力，对运输费用进行了再界定，更多包括了以往忽略的社会总体成本，即外部性成本。因此，人们的交通运输方式选择产生了变化，从依赖公路、航空向再次促进铁路、水运发展转变。

3.灵活自由

在速度和经济之外，灵活自由也是交通运输发展的一个方向。以公路为例，速度可能不如航空和高速铁路，经济性也不如铁路，然而仍然是广受欢迎的运输方式，这与其灵活自由的特征是密不可分的。

人类是群居性的社会化动物，但无论聚集得有多密集，生产生活活动都还是具有一定的独特性，这就决定了交通运输不能彻底整合到固定的少数线路上。航空、铁路等运输方式都需要集中一定规模的客货运量到公用线路上，但汽车能够实现点对点的运输，并不受时刻表的限制，给予人们最大的自由，这是汽车受欢迎的最大因素。可以预见，个性化的交通工具仍将是人们追求的目标。

二、我国交通现代化实践

我国曾经错过了交通现代化的头班车，但我们从不缺乏奋起直追的勇气

在进入18世纪之前，我国生产力发展水平居于全球前列，具有发达的农耕文明。然而，由于未能及时跟上西方工业革命的步伐，游离于现代化进程之外。加上连年战乱，使我国现代交通运输的发展极其缓慢。中国从1876年修建淞沪铁路以来，到中华人民共和国成立以前，平均每年只修建铁路300余公里。一直到20世纪50年代之后，我国才开始加速交通现代化进程。

（一）我国交通现代化发展历程

我国的交通现代化在推进过程中，主要经过了经济、制度与技术配套发展的4个阶段：

1.总体经济制度约束阶段

新中国成立初期，在特殊的历史背景条件下，我国经济发展落后、百业待兴，交通运输需求并不旺盛。在计划经济体制下，国家建设重心在钢铁等工业部门上，受供给压制，交通需求极为有限，且秉持交通只需满足既有经济需求的思维，发展交通运输的力度不足。交通运输基础设施建设规模较小，为了以有限资源发挥更大运输效率，为国民经济发展提供一定支撑，已经有了薄弱基础的铁路成为发展的主体，对铁路的修建有一定统筹规划，修建铁路的速度达到平均每年800余公里。到1981年年底，中国大陆铁路营业里程为50181公里。在这样的基础设施条件下，交通运输行业的主体是国有运输企业，国家实行统一客货源、统一调度、统一运价的“三统”政策。

2.公路港口投资建设制度转型阶段

20 世纪 80 年代初到 90 年代中期，随着“对外开放、对内搞活”，整个国民经济发生了深刻的变化，各行各业对交通运输提出了许多新的要求。我国着力推进政企分开，简政放权，转变机制，逐步实现了从高度集中的计划经济向社会主义市场经济的华丽转身。交通部开始打破单一所有制限制，鼓励“有河大家走船，有路大家走车”，激发了社会办交通的积极性和主动性；出台了征收交通建设基金、“贷款修路，收费还贷”及鼓励社会资金、货主单位建设港口码头等政策，并实行港口的属地化改革、企业化经营，促使基础网络规模和总体运输能力较大幅度的增长。

在“三主一支持”的前瞻性规划和部署下，在先期体制机制创新的支撑下，高速公路、港口的建设投资规模不断增大。1988 年上海至嘉定高速公路建成通车，结束了我国大陆没有高速公路的历史。1992 年，交通部制定了“五纵七横”国道主干线规划并付诸实施，从而为我国高速公路持续、快速、健康发展奠定了基础。到 1997 年年底，我国高速公路通车里程达到 4771 公里，10 年间年均增长 477 公里。经过近 30 年的快速发展，目前我国已建成的高速公路里程为世界最长，建成了世界上规模最大的港口群。

3.政府调动资金能力强化阶段

20 世纪末至 21 世纪初，随着我国经济在改革开放后的迅猛增长，政府能够掌握调动的资金、资源、能量越来越大。作为基础产业的交通运输，政府在可以发力的领域，包括交通基础设施规划、用地保障、建设协调等方面越来越充分、有效地发挥主导作用，充分体现了中国特色社会主义制度集中力量办大事的优势和能力。

在上一个阶段中，我国铁路建设运营机制并未发生大的改变，发展远远滞后于公路和港口。从 20 世纪 90 年代开始实施征收铁路建设基金和发行中国铁路建设债券政策后，铁路建设投入得以加大。特别是 1998 年后，国家借助应对亚洲金融危机实施积极财政政策的契机，对交通运输业投资大幅度增加，使我国交通运输能力加快扩张，运输服务质量显著提高。尤其进入“十一五”时期后，通过市场换技术，引进后加以集成创新，中央政府、地方政府共同合作，以政府信用背书撬动银行贷款，使我国铁路取得了跨越式发展，高速铁路在短短十几年间迅速成网，并在技术应用方面走入世界前列。

4.强化发展综合运输阶段

到 21 世纪初，尤其是加入 WTO 后我国经济融入全球化进程加快，极大地激发了运输需求。同时我国交通运输行业经过改革开放后的快速发展，不仅基础设施规模扩展迅速，运输服务效率与水平得到极大提高，供给能力突飞猛进，与经济社会发展之间的“供不应求”矛盾得到初步逆转，交通运输能力紧张局面逐步得到缓解，而且开始注重各种交通运输技术经济特点和优势的合理发挥，综合运输发展理念得到强化。

2004 年到 2007 年国务院先后通过了《国家高速公路网规划》《中长期铁路网规划》《全国沿海港口布局规划》《综合交通网中长期发展规划》等，使各种运输方式的发展和大规模的建设投资有了更加明确的长远方向和重点，加快了交通网络完善和现代化建设的进程。“十二五”时期，国务院又发布了《国家公路网规划》《物流业发展中长期规划》等，出台促进铁路建设和普通公路、民航业、快递业健康发展等意见，使“海运强国”“公交优先”等上升为国家战略，现代综合运输体系的建设进入一个新阶段。

(二)明确我国交通现代化历史方位

1.当下站位

根据荣朝和[1]提出的运输化理论,在工业革命发生之前,从原始游牧经济、传统农业社会到工场手工业阶段,各国经济一直处于"前运输化"状态。与大工业对应的是运输化时期,而运输化本身的特征又在"初步运输化"和"完善运输化"这两个分阶段中得到充分发展。随着发达国家逐步向后工业经济转变,运输化的重要性在相对地位上开始让位于信息化,从而呈现出一种"后运输化"的趋势。我们认为,"前运输化""运输化"和"后运输化"可以与前交通现代化、第一次交通现代化和第二次交通现代化相对应。

改革开放初期,我国交通处于相对落后状态,网络不发达、技术装备落后、运输服务水平低,与世界发达国家相比较,存在巨大差距,甚至尚未正式开始第一次交通现代化。随着我国交通基础设施条件的不断改善,运输技术装备水平的不断提高,运输组织管理及服务意识的逐步加强,客货运量出现大幅度的上升,平均运距明显增长,各种交通方式合理分工、协调发展,各自技术经济优势和功能得以充分发挥,基本形成综合交通运输体系,交通基础设施规模体量不断扩大,交通主通道、主骨架基本形成,运输服务能力和质量整体有了较大提升。截至2015年年末,我国高铁运营里程已达1.9万公里,高速公路通车里程超过12.5万公里,均位居世界第一;港口吞吐量居世界首位,世界前十大集装箱港口中我国有8个,世界前十大机场中我国有2个。交通技术研发、制造和应用水平正在朝着世界领先水平迈进,高速铁路技术世界领先,C919大型客机正式下线,汽车自主研发不断取得新进展。目前,我国交通基本适应经济社会发展要求,第一次交通现代化基本完成,交通运输站在了加速进行第二次现代化的历史新方位,处于交通运输发展的战略转型期。

2.发展方向

20世纪中叶,随着第二次世界大战结束,世界上第一次交通现代化的技术已经基本成熟。因此,改革开放后我国事实上自主的运输技术革命不多,主要是在经济快速发展推动下,不断进行制度等方面改革,将技术革命成果引进并加以应用。其中的关键是通过基础设施的规模扩大,以实现不同运输方式市场的拓展和巩固。

21世纪初,在我国第一次交通现代化尚未完成的时候,西方即进入了第二次交通现代化。我国作为世界开放体系中的一员,不可避免地受到了第二次现代化中价值理念取向的影响,开始寻求提高交通运输系统效率,发展绿色交通等,进入两次现代化组合推进的状态。

到2050年,我国将建成富强、民主、文明、和谐的社会主义现代化国家,相应实现交通运输现代化,即完成第二次交通现代化,真正在世界上位列交通发展前沿,甚至有可能进入到现代化的下一个阶段。

(三)两步跨越

我国到2020年将全面建成小康社会,到2050年基本实现现代化。交通运输必须与之相适应,落实各项战略任务,率先实现现代化,切实发挥好对经济社会的支撑和引领作用。

与我国整个经济社会发展现代化战略步骤相适应,交通运输现代化大体实现两步跨越:

[1]荣朝和:《论运输化》,中国社会科学出版社,1993。

到 2030 年，基本建成完善的现代综合运输体系；2050 年，在全国基本实现交通运输（第二次）现代化，引领世界交通发展和变革。

1.现在至 2030 年

这个阶段是全面建成小康社会并为建设现代化强国打下坚实基础的时代。交通运输要进一步完善基础设施网络，显著提高交通基础设施和设备的现代化程度，使交通基础设施进入稳定、成熟的发展状态；进一步缩小区域间、城乡间交通发展水平差距；进一步发展智慧交通，全面提高交通运输服务一体化水平，基本满足人民群众多样化需求，建设全面覆盖、支撑城市群和区域一体化发展及提高城市发展水平的综合交通运输体系。

2.2030 年至 2050 年

这个阶段，我国将迈进中等发达国家行列，实现第二个百年目标。交通运输要提前实现现代化，达到当时世界发达国家水平，一些领域达到尖端水平，引领全球交通运输创新发展。全面建成现代化交通基础设施网络，基础设施的耐久性和可靠性达到世界先进水平，有力支撑工业化、信息化、城镇化、农业现代化发展。在广泛范围内应用交通设施设备的创新技术，各类交通设施平衡发展；在交通运输各领域全过程深度融合实现智慧交通。交通运输与区域发展、土地利用、经济增长和资源环境保持动态协调。

表 2-1 为我国交通现代化发展实施步骤详述。

我国交通现代化发展实施步骤 表 2-1

	2030	2050
价值取向	保证高效，并进一步强化安全、公平、绿色	全面实现现代化
基础设施	覆盖全面； 大规模建设基本完成，进入较为稳定、成熟的发展状态	基础设施的耐久性和可靠性达到世界先进水平，有力支撑工业化、信息化、城镇化、农业现代化同步发展
运输设备	淘汰落后设备，提高现代化水平	各类交通设施平衡发展； 广泛应用交通设施设备的创新技术
信息系统	进一步推进智慧交通的发展	在交通运输各领域全过程深度融合
运输服务	基本实现一体化服务	与区域发展、土地利用、经济增长和资源环境保持动态协调

三、砥砺奋进中的中国

“穷则变，变则通，通则久”

经过改革开放以来的快速发展，我国交通运输的需求和供给的规模、质量等都得到了明显提升。然而，这并非发展的顶点。展望下一阶段，我国仍有较大规模的潜在交通运输需求亟待满足。

（一）交通运输日新月异

1.交通基础设施网络

截至 2015 年年底，我国初步形成了以“五纵五横”综合运输大通道为主骨架，由铁路、公路、水路、民航和管道共同组成的综合交通基础设施网络框架。但是,目前我国各类交通基础设施的方式间、方式内结构尚未达到现代化发展要求。

改革开放以来关键年份各种交通方式里程数 表 3-1

单位:万公里

年份(年)	铁路		公路		内河航道里程	民航			输油(气)管道里程
	营业总里程	电气化里程	总里程	高速公路		航班使用机场数	定期航班航线里程	国际航线	
1980	5.33	0.17	88.83		10.85		19.53	8.12	0.87
1985	5.52	0.41	94.24		10.91	82	27.72	10.60	1.17
1990	5.79	0.69	102.83	0.05	10.92	110	50.68	16.64	1.59
1995	6.24	0.97	115.70	0.21	11.06	139	112.90	34.82	1.72
2000	6.87	1.49	167.98	1.63	11.93	142	150.29	50.84	2.47
2005	7.54	1.94	334.52	4.10	12.33	142	199.85	85.59	4.40
2010	9.12	3.27	400.82	7.41	12.42	175	276.51	107.02	7.85
2015	12.1	7.47	457.73	12.35	12.70	210	531.72	239.44	10.87

资料来源:《中国统计年鉴》,《中国民航统计年鉴》

注:①2006 年及以后公路总里程包含村道。

②2008 年 8 月 1 日,第一条设计时速 350 公里高速铁路即京津城际投入运营,第一条设计时速 250 公里的合宁客运专线也开行动车组。2015 年快速铁路运营里程达到 2.36 万公里。

2.客货运输总量与人均量

改革开放以来,我国客货运输量和周转量呈现快速增长趋势。“十五”期间和 2008—2012 年的客运量年增速分别为 5.72%和 7.32%。货运量的增长速度在“十五”期间和 2008—2012 年间比客运更快,分别为 6.51%和 12.22%。值得注意的是,2013 年以来,受国际国内环境影响,我国经济增长减速,运输总需求减弱,客货运输增长趋缓(见表 3-2)。

我国 1980 年以来客货运输量和周转量变化 表 3-2

年份	客运		货运	
	运输量	周转量	运输量	周转量
1980	341785 万人次	2281.3 亿人公里	310841 万吨	11629 亿吨公里
1985	620206 万人次	4435.4 亿人公里	745763 万吨	18365 亿吨公里
1990	772682 万人次	5628.4 亿人公里	970602 万吨	26208 亿吨公里
1995	1172596 万人次	9001.9 亿人公里	1234938 万吨	35909 亿吨公里
2000	1478573 万人次	12261.1 亿人公里	1358682 万吨	44321 亿吨公里
2005	1847018 万人次	17466.7 亿人公里	1862066 万吨	80258 亿吨公里
2010	3269508 万人次	27894.0 亿人公里	3241807 万吨	141837 亿吨公里
2015	1941444 万人次	30059 亿人公里	4175886 万吨	178356 亿吨公里
“六五”期间年均增速	12.66%	14.22%	19.13%	9.57%

续上表

年　　份	客　　运		货　　运	
	运输量	周转量	运输量	周转量
"七五"期间年均增速	4.49%	4.88%	5.41%	7.37%
"八五"期间年均增速	8.70%	9.85%	4.94%	6.50%
"九五"期间年均增速	4.75%	6.37%	1.93%	4.30%
"十五"期间年均增速	5.72%	9.25%	6.51%	12.61%
2008—2012 年年均增速	7.32%	9.53%	12.22%	12.04%
2013—2015 年年均增速	-4.33%	4.41%	0.93%	3.03%

资料来源:《中国统计年鉴》。

同时,我国人均旅行次数和人均货运量也不断增加。

我国各种运输方式人均旅客出行次数(单位:人次)　　表 3-3

年　　份	总次数	铁路	公路	水运	民航
1980	3.46	0.93	2.26	0.28	—
1990	6.76	0.84	5.67	0.24	0.01
2000	11.67	0.83	10.63	0.15	0.05
2005	14.09	0.89	12.94	0.15	0.11
2010	24.38	1.25	22.77	0.17	0.20
2015	14.14	1.84	11.78	0.20	0.32

注:2008 年、2013 年公路统计口径发生变化,水运不含远洋。

3.客货运输距离

从旅客运输距离结构来看,铁路和民航平均运距逐渐增加,中长途客运量比重逐渐加大。公路客运在短途客运中仍保持主导地位。值得注意的是,目前的公路运输量只按营业性车辆统计,而未包括规模越来越大的私人机动车出行量。1980 年以来我国各种运输方式旅客运输平均运距如表 3-4 所示。

我国各种运输方式旅客运输平均运距(单位:公里)　　表 3-4

年　　份	综合	铁路	公路	水运	民航
1980	67	150	33	49	1153
1990	73	273	40	61	1388
2000	83	431	49	52	1444
2005	95	523	55	35	1479
2010	85	523	49	32	1507
2015	155	472	66	27	1670

资料来源:《中国统计年鉴》(2016)。

货物运输平均运距在 2005 年前变化较大,近 10 年来基本保持在 410 ~ 450 公里(见表 3-5)。

我国各种运输方式货物运输平均运距(单位:公里)　　表 3-5

年份	综合	铁路	公路	水运	民航	管道
1980	220	514	20	1184	1580	467
1990	270	705	46	1447	2211	398
2000	326	771	59	1939	2555	340
2005	431	770	65	2261	2572	350
2010	438	759	177	1806	3177	440
2015	427	707	184	1496	3306	615

资料来源:《2016 年中国统计年鉴》。

(二)潜在运输需求规模初步分析

1.人口继续增长后将有所下滑

截至 2015 年,我国人口达到 13.75 亿人,其中 15～65 岁间适龄劳动力占人口总数的 73%。根据联合国《世界人口预测 2015 版》,中国的人口数量将在 2030 年左右(预计在 2028 年)达到峰值 14.2 亿人,但 15～65 岁间适龄劳动力人口占比下降至 68%。国家卫计委预测到 2050 年我国劳动人口会增加 3000 万,全国总人口 13.8 亿人,与现在基本持平。

2.经济发展水平将保持上升态势

综合考虑多方面因素,“十三五”期间(即 2016—2020 年),我国将全面建成小康社会。2020 至 2030 年,我国将进一步夯实全面小康社会的基础,并逐渐开始向中等发达国家转变。根据国内外主要经济研究机构的预测,2030 年我国 GDP 总量接近美国总体水平,达到 22 万亿美元,约合 136 万亿元人民币,人均达到 1.6 万美元左右,2020—2030 年的年均增长率约为 4%(见图 3-1)。

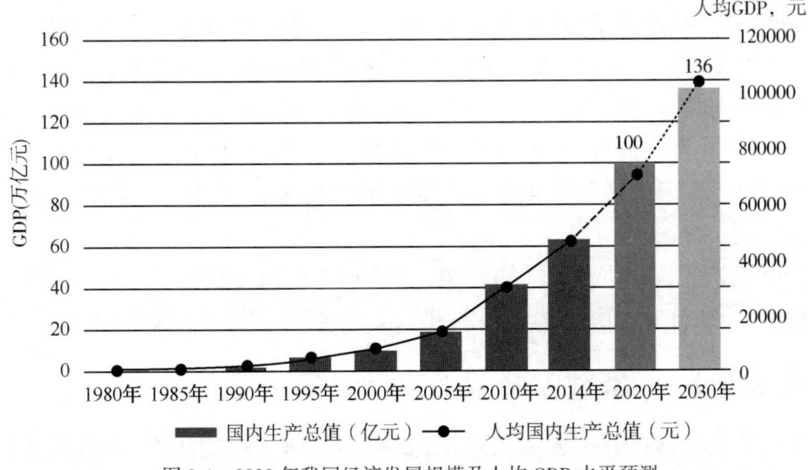

图 3-1　2030 年我国经济发展规模及人均 GDP 水平预测

初步估计,到 2050 年我国 GDP 总量和人均 GDP 都会继续增长,但 2030—2050 年的年均增长率会进一步下降。到 2050 年,我国将基本完成第二次现代化,交通作为经济社会发展的基础性、先导性产业将率先达到世界发达水平。同时,随着科技进步,未来社会的存在形式将产生一定的变化,也有可能出现全新的交通方式,对运输的形式和量级产生革命性影响。

3.需要提升运力以满足运输需求增长

预计客运量 2016—2020 年间年均增长 6%～7%，2020—2030 年间年均增长为 4%～5%，2030—2050 年间年均增长 3%～4%。预计货运量 3 个时段的年均增长率分别为 6%～7%、3%～4%、1%～2%。客运需求在 2030 年和 2050 年将分别达到现在的 2 倍和 3 倍左右，货运需求在 2030 年和 2050 年将分别达到现在的 1.5 倍和 2 倍左右，并趋于稳定。

为满足不断增长的交通需求，必须继续提升运力，增加交通供给，采用先进的技术与有效的管理最大限度地提高运输能力。同时，人们对交通运输的要求将趋向于更加高质、多元、灵活，因此在保证运输规模的同时，需要提升运输质量。

四、中国 2050 交通运输发展愿景

交通运输发展：既要谋长远又要谋一时，既要谋全局又要谋一域

到 2050 年，我国将基本建成物质文明和精神文明均发达的现代化国家，交通运输的发展愿景是：率先实现交通运输现代化，总体达到世界上的先进水平，在我国领土疆域内建立起技术先进、高效便捷的现代化交通运输体系；在“一带一路”战略指引下，立足国内，放眼全球，谋划国内国际一体化的交通体系，全面提升中国在全球的连通力，真正实现交通强国梦。

根据未来社会发展，尤其是以技术发展为坐标，我国交通现代化将可能出现乐观跃升和自然进步两种情景。无论哪种情景，现代化交通运输系统都与经济社会发展高度契合，交通运输将从现在的跟随向领跑转变，推进经济社会建设一个观念转变的未来，一个科技引领的未来，一个全民参与的未来。

乐观跃升情景。在此情景中，出现划时代意义的科技（包括交通产业的技术及非交通产业的技术，如个人飞行器、超级高铁、3D 打印机、真空地下管廊、虚拟现实技术等）并得以应用，对克服空间距离的方式产生根本性影响，对交通运输形成颠覆性的改变。

自然进步情景。在此情景中，既有交通技术发展较为顺利，但不会出现颠覆性改变。当建成现代化国家时，我国的现代交通运输系统水平将会与目前国际上的发达国家较为接近，某些方面更为进步。

对我国 2050 交通运输发展愿景的展望，将基于人类对交通运输“去远求近、经济适用、灵活自由”的追求，结合对我国经济发展和社会文化、技术进步等的设想预判。

（一）快速通达：经济社会繁荣下的畅通快速交通

从对“日行千里、夜行八百”宝驹的追求，到对超音速飞机的研发，速度从来都是人类追求的目标。但人们对快速的追求并不仅仅意味着一段距离内的速度，更多在于对于点对点行程的快速要求。“十三五”时期到 2030 年，再到 2050 年，速度将会越来越快，这是交通运输发展的必然特征。届时，我国的畅通快速交通将呈现为更高速度的长途交通、畅通无阻的城市交通更为平滑的密切衔接配合。

1.既有交通方式的系统效率提升

当前技术和认知水平下,美国、欧洲、日本等的交通运输系统已经达到较为优化的综合交通运输系统状态。以此为标杆,无论是乐观跃升还是自然进步情景,到2050年我国在100年(1949—2050年)中建成的既有方式的交通系统将能够充分发挥各自的优势,按照功能组合、优势互补、结构优化、技术先进、合理竞争、资源节约的原则,实现网络化布局,组合协调发展,一体化紧密衔接。

(1)交通与区域发展深度协调

到2030年前,我国仍处于城镇化快速发展阶段。到2050年,城镇化基本完成,进入后工业化时代。届时,我国的城市群将成为国家的人口、产业和经济重心。人口、产业分布和经济活动在全国层面上向城市群集中,各大城市群成为主要的客货流出发到达点。各区域之间、区域内一体化开发、配合基本到位,形成以沿海、沿江、沿线经济带为主的横纵向"棋盘式"经济轴带布局,培育、壮大若干重点经济区。80%以上的人口将生活在各城市群中(如图4-1),而其中60%以上将分布在胡焕庸线以东。我国东部将仍然是经济活动最大最密集的地区,但东北部、中部、西部也将有不俗的表现。

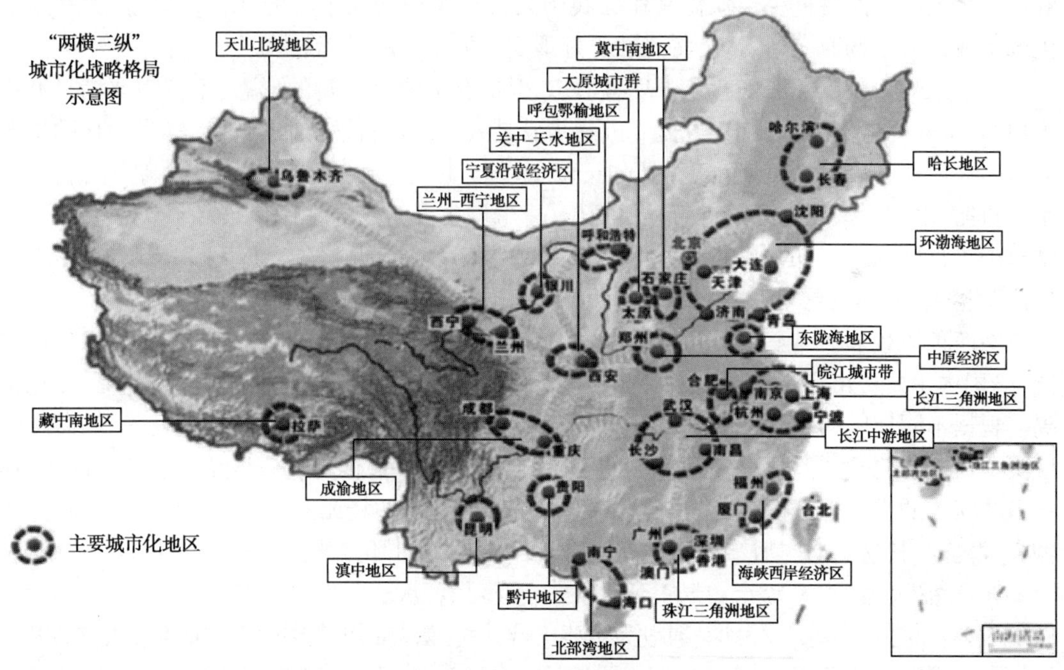

图4-1 "两横三纵"城市化战略格局示意图

资料来源:全国主体功能区规划,2010。

在两种情景下,我国到2050年都将形成"多芒星+棋盘状"的陆上区域交通网络布局。随着我国经济高地数量规模的不断增加,以及相应产生的大范围、大规模外溢带动效应,经济发展从不均衡向均衡状态转变。交通系统将支撑引领国土开发格局的优化,进一步缩小区域间差距。

从全国范围看,东部经济发展势能仍强于中西部,中西部与东部的联通进一步强化,将形成全面覆盖、贯通东西、畅通南北的公铁空网络。随着南北区域经济发展水平及联系程度的提高,"纵向""横向+对角"综合立体交通通道进一步强化。东部地区的经济发展均衡度较高，“棋盘状”格局更为明显。更多城市群形成“多中心”格局，依托“多芒星”交通网络发挥核心城市的辐射带动作用。

在乐观跃升情景下，信息技术、能源技术、材料、制造技术出现颠覆性进步。超高速信息通信网络广泛应用。可控核聚变技术会出现突破性进展，核聚变能源将彻底解决人类生产生活能源供给问题。能源互联网将实现多类型能源的互联互通，使能源综合使用效率明显改善，可再生能源比重显著提高，分布式清洁发电普及。3D 打印、自动化工厂等先进制造技术得以成熟应用，制造业生产效率得以大幅度提高，产品生产周期得以大幅度缩短，还将显著降低产品的物流成本和库存，提升商品小批量本地化生产的比率。在这种情景下，尽管可能形成“对角线”等新运输通道，但大宗货运需求将有非常显著的减少，货运对基础设施网络的使用密度会有所下降，交通运输网络更多用于客运。

(2)交通支撑特大城市高效运转

作为阶级社会的产物，城市在 21 世纪将进一步向以第三产业和生活服务为主转变。我国现在的超大城市主要有北上广深等，到 2050 年将形成 20~30 个国家中心城市。这些城市会成为世界城市体系中的“塔尖”城市，贮存更多的财富、文明，提供更多的服务、机会、审美和欲望。大都市圈将进一步强化其作为我国人口与经济增长中心的地位。届时，大都市圈内部形成的灵活畅通交通系统，将能够更好地支撑城市的高效运转和功能发挥。

未来 30 年，城市发展仍需基于现有形态，但也有可能出现新的形态，不仅需要满足城市人口、经济等要素集聚的要求，也需要进一步满足人类亲近自然、追求自由、崇尚文化的本源需求。在保证城市要素集聚密度的同时，降低单位土地上压力，关键在于提高空间利用效率。目前，发达国家已经开始进行相关探索，思考城市高密度居住区发展和城市中心绿化相结合的可行性，如米兰的“垂直森林”、荷兰鹿特丹的“城市仙人掌”、丹麦罗多弗雷的“空中村庄”、美国的“纽约绿塔”等。

在两种情景下，我国 2050 城市交通都将实现大都市圈无差别体验的全域“泛城市交通”。国内主要城市实现全域交通一体化，以交通运输系统作为重要依托打破城乡二元化格局。根据不同地区的人口密度配置交通运输基础设施硬件，以软件的针对性服务(如需求响应类交通、共享交通等)弥合交通体验的不同，使人们的体验感受进一步无差别化。同时，还将形成完善的交通枢纽体系，依托信息系统、“精微”设计的场站相关设施设备，实现多种运输方式之间、长途交通与城市交通之间的真正一体化、平滑化衔接。

在自然进步情景下，城市布局得到进一步优化，依托大运量公共交通线路进行土地开发，减少不必要的交通需求。公共交通成为主要出行方式，私人或共享交通更好地起到补充作用。

在乐观跃升情景下，我国 2050 城市交通将采用空中、地面、地下三者合一的立体交通模式，实现行人与车流、客流与货流的完全分离，且空中交通与地下交通的比重大幅度增长。其中，空中主要以私人飞行交通为主，大部分公共交通和行人活动空间将位于地面，地下空间以私人机动交通、静态交通、地铁和地下物流系统为主。地下交通系统的开发将率先启动，预计到 2030 年左右地下交通设施建设达到高峰，2050 年左右基本成型。空中交通方面，由于电池和控制方面的技术瓶颈，飞行装备的实用性和安全性仍有待提高，预计 2030 年能够解决应用难题，2050 年成为重要交通方式。

(3)实现交通系统运行的智慧化

无论在何种情景下，到 2050 年物联网、云计算和大数据技术将在交通规划、建设、服务、监管等方面得到大面积应用,但应用深度和普及程度会有一定区别。未来,将有交通综合服务平台通过移动终端、互联网应用、车载终端、路侧设施等多样化的方式,针对出行者个体提供完整出行链、一体化、个性化的综合出行计划,针对企业提供精确的定制化物流方案。还将通过设施网、服务网和信息网的"三网合一"进一步推进交通与物流、金融、制造、旅游等多种行业的深度融合,实现交通产业内部、交通与其他产业之间两个层面由传统部门分割式整合向超界融会贯通转变,形成优质高效、协调联动、整体跃升的交通新业态,助力交通运输与国民经济整体发展融会贯通。在乐观跃升情景下,可能形成全国统一的一体化出行服务商,使公众借助智能终端即可随时享受一体化、定制化的交通运输服务,实现交通运输服务的"无处不在、实时响应"。

2.新型交通运输工具的应用

2050年或更远的未来,随着交通新技术、新能源、新材料的发展,传统交通工具将出现创新性进步,并可能出现跨时代的交通运输工具。同时,在智能化、物联网、大数据等信息技术的泛在应用下,交通工具的运行管理模式将发生深刻改变,结合配套的基础设施网络,将彻底改变交通运输格局。我国将成为掌握跨时代交通运输技术的少数国家之一。

(1)"来去自如"的自动驾驶汽车

作为跨时代、革命性的道路交通工具,自动驾驶汽车是未来汽车的发展方向,能够显著降低人为因素导致的交通事故数量,提高出行和物流的效率。随着自动传感器等核心技术的成熟,自动驾驶汽车成本逐渐降低,将逐步被公众接受,成为出行和物流主流工具。预计到2030年,自动驾驶汽车会在交通运输系统全面应用,与人工驾驶的汽车混合行驶,其中完全自动驾驶车辆市场占有率接近10%。在乐观跃升情形下,到2050年自动驾驶汽车会全面取代当前道路交通系统的各类汽车;在自然进步情形下,到2050年自动驾驶汽车将占到道路上行驶汽车的1/3以上。

(2)"贴地飞行"超级高铁

作为未来高速铁路技术的发展方向,世界上很多国家已经开始着手磁悬浮高速铁路的开发和布局。作为更先进的版本,胶囊型磁悬浮列车可在低空气阻力的管道内达到1100公里的时速,超过民航飞机的巡航时速。日本在2016年10月开工建设东海铁路公司(JR东海)磁悬浮中央新干线,最高时速500公里,40分钟即可连接日本东部地区和名古屋、大阪等关西地区,计划2027年开通。同时,美国新创公司Hyperloop One已经在户外测试胶囊型超级高铁。

在自然进步情形下,到2030年我国可能在东部沿海发达地区,构建串联京津冀、山东半岛、长三角、珠三角的磁悬浮高速铁路示范线,时速达到500公里以上;到2050年可能在主要通道内皆布局磁悬浮高速铁路。在乐观跃升情况下,到2050年时速近千公里的超级高铁可能成为跨大洋、大洲、高原通行的主要交通工具。

(3)"瞬间位移"超音速客机

超音速客机早在20世纪70年代就已经在法国和英国、苏联等国研制成功,并投入运营,后由于事故频发、能耗大、污染严重被弃用,但改进试验一直在进行中。预计2030年,新一代具备更好乘坐体验的超音速客机有可能试验成功,并投入试运营。在自然进步情形下,2050年的世界部分长途航线,如美欧、美亚、欧亚等区域之间的航线可能有一定比例由超音速客机执行航行任务。在乐观跃升情形下,2050年世界洲际航线将主要由超音速客机执行飞行任务，主流超音速客机的运营时速达到 3 马赫。

(4)"移动岛屿"核动力海上民用平台和船舶

未来，随着核反应堆小型化和安全化取得重大突破，核动力可能被广泛用于远洋货物运输船舶和海洋平台。在乐观跃升情形下，2050 年远洋船舶和海上平台的动力装置将基本实现核动力化。在自然进步情形下，部分远洋船舶和海上平台由核动力装置提供能源。

(5)全方位一体化交通工具

乐观跃升情形下，预计在 2050 年或是更远的未来，会诞生小型化、低能耗、自动控制、可压缩折叠、空气悬浮等一体化终极交通工具，能在道路、轨道、空中、水道等各种环境下兼容运行，对各种交通基础设施的利用效率将更高。

3. 交通基础设施的创新配套发展

未来，将配套构建创新性的交通基础设施网络，以适应新型交通运输工具的需要。同时，还会有其他领域的基础设施变化对交通状况产生深刻影响。到 2050 年，虚拟现实(VR)和增强现实(AR)基础设施将得到广泛部署，实现"足不出户而知天下事"，有效减少交通出行需求。

(1)信息通信网络成为重要的交通基础设施

交通信息通信网络将在交通运输领域中发挥更为重要的作用，专用的交通行业通信网络、卫星通信导航系统逐步完善。到 2050 年，交通运输行业将构建天地一体、全球覆盖的交通运输信息化基础通信信息网络，车联网、船联网、空地通信网等信息通信网络将为自动高效运行的交通系统提供强力支撑。自动驾驶的指令信息可以通过远程获取，交通动态信息可以通过智能终端实时获取，交通管理指令可以无延迟的下达，交通运输服务可以通过各类网络终端推送。增强现实技术可拓展人类视觉感知能力，增强出行者对周边环境的了解，并将提升出行、观光、游乐等体验。

(2)空间基础设施亦将成为交通基础设施的一部分

随着人类空间技术的不断进步，深空、深海、深地的空间站、传输通道将成为人类往来新空间、拓展新领地的重要交通方式。随着动力技术的进步，太阳系行星卫星、深空探测器、太空飞船的数量将呈几何倍数增长，飞船发射场也将成为重要的交通设施。

(3)立体化双层城市成为发展新趋势

到 2050 年，主要大城市可能建成"双层城市"，形成地下公路和管道货运系统。城市地下交通系统主要用于物流和静态交通，完成货物的运输、存储和配送、停车等功能。双情景下，"双层城市"建成的数量和功能发挥程度不同。

(4)基础设施建设方式发生翻天覆地变化

随着材料成形技术和工程机械技术的进步，常规交通基础设施的建设成本将得到大幅度降低，施工建设将更加模块化，一体成形技术得到全面应用，构造体结构将可能取得重大突破。同时，基础设施现场施工量显著减少，现场建设需要的人力物力成本显著降低，工程机械的科技含量将会越来越高。机器人将来可能会取代人工成为主要工程施工的劳动力。超大型桥梁隧道，高寒、高原地区基础设施工程，填海造岛工程，跨海跨洋通道等过去无法实现的超级工程将成为现实。

(二)畅美宜人：更好生存状态下的绿色有氧交通

地球上既有的能源、空间等各种资源是有限的，而人类的欲望是无止境的。工业革命以后，科技的迅速发展使人类利用资源的能力突飞猛进，对地球环境的影响和对资源的消耗在短短几百年内远远超过了工业革命前几千年的积累，极大地改变了地球环境，雾霾、污水、土壤污染等逐渐对人类的生存造成了不可承受的负面影响。在人类科技水平达到可以开发其他星球资源之前，需要更合理、更经济地分配资源，以支撑人类的可持续发展。

目前，国际社会已经形成共识，应在世界范围内进行一场大规模的发展模式和结构升级。其关键在于建立低碳经济发展模式和低碳社会消费模式，努力减少能源资源消耗，降低污染物及二氧化碳等温室气体排放，协调人类社会经济发展和地球自然环境之间关系。与之相伴的必然是一场大规模的新能源革命，使能源开发与消费趋向多元化、低碳化。在此背景下，到2050年我国的交通将发展成为更好生存状态下的绿色有氧交通。它将在人类可支付、可承担的能源资源成本内运行，而且使人们感受到出行的愉悦。

1.能源和载运设备的清洁化成为现实

WEC(World Energy Commission)报告认为，到2050年可再生能源的增长率会维持在高位。但单从数量上来看，煤炭、石油和天然气等化石能源仍将占主导。在“高增长”图景中，化石能源在能源供应中的比例将高达77%；而在“低增长”图景中，化石能源的比例为59%。

交通运输领域的清洁化将领先于其他领域。预计到2050年，航空业使用低碳燃料比例达到40%，海上运输的二氧化碳排放量减少40%~50%，铁路的电气化将达到90%以上。随着电池储能技术的成熟，预计到2050年通用的高能量密度的能量块将在生产生活领域广泛应用，届时传统燃料汽车将全部退出城市。随着可控核聚变技术以及能源互联网等先进能源技术的优化改良，交通运输领域使用的电力来源也将进一步清洁化。

2.运输选择向铁水等低碳方式转移

到2050年，超过50%运距在300公里以上的公路货运转移至铁路或水路运输，大部分中远途旅客运输由铁路承担。所有机场与铁路网络(特别是高速铁路网络)连接，所有重要海港与铁路网和内河水运系统连接。在城市中，60%以上的出行由土地、能源等资源利用率更高的公共大容量交通完成，并为步行等与自然环境直接接触的交通方式提供系统、充分的空间。

3.体验交通盛行

交通不再仅仅是出行的手段，更是承载体验美好生活的“新时空”。随着现代工业文明的迅速发展，人与人之间的交往逐渐陌生化、数字化、虚拟化，然而对人与人之间亲密感、人与自然之间亲近感的追求却是人的本源追求❶。因此，交通在满足旅客位移需求的同时，还要强调出行中的美感、舒适感以及其他精神层面的享受。到2050年，我国的交通“新时空”在发挥交通本源功能的同时，还将具备休闲、娱乐、消费等多重属性，相较于传统交通运输系统，兼具人性化、过程性、多元化、生态化、定制化等特征。同时，交通“新时空”能够与旅游、住宿、餐饮等不同产业逐渐融合，共同形成经济新业态。交通基础设施、载运工具等力求与周围的自然环境协调共生，交相辉映，融为一体，形成风景铁路、景观道路、休闲步道等新型设施系统。交通枢纽等换乘空间，不但能够通过细化设计提升换乘体验，还将配套设置商业、休闲、居住、公共交流、聚会等活动便利设施，引入文化元素，更好发挥公共空间作用。人们在交通工具内，将能够充分享受出行过程的美妙时光。

❶宿凤鸣：《关注交通空间，发展宜居交通》，综合运输参考资料，2013年第14期。

(三)人人享有:更多体现人文关怀的公平良心交通

在人类的物质性需求得到满足的前提下,进而需要满足安全、社会交往和社会公正等社会性需求,以及更高层次的心理性需求。到 2050 年,我国将建成现代化国家,向物质极大丰富进一步迈进,安全、公平等社会性需求也进一步提高,将在更高人文底线下建成更好保障人民生命财产安全和国防安全的交通运输系统,以及“地不分南北、人不分老幼”的公平交通运输体系。

1.建成保障人民生命财产暨国防安全的交通运输系统

到 2050 年,我国的交通运输将更加安全,不仅能够使人们避免遭受交通事故等导致的生命财产损伤,而且亦能使人们免于忍受外侮。

(1)“零伤亡”的交通系统

到 2050 年,在乐观跃升情景下,将形成人、车、路协调统一的“万物互联”安全交通系统。载运设备之间、设备与基础设施之间自行“对话”,在可能出现危险的时刻做出预警并自动应对,实现“零伤亡”。

在自然进步情景下,进一步提高交通系统安全保障能力,完善事故应急救援系统,将交通事故发生率控制在较低水平,死亡率接近于零。要形成国家战略层面的交通运输安全规划及具体计划,并强化有关交通安全的制度、规范、标准的落实,对高危行为采取零容忍政策,改变社会的不良习惯。对交通基础设施设计、建设、维护中的技术、材料、工具、设备、程序、规格、方法等进行全方位的安全改进,应用创新做法,开发使用大量先进安全设备,力图从技术上消除安全隐患。

(2)保卫国防安全的交通系统

到 2050 年,以国家民用交通运输系统为整体依托,突出国防要求,打造覆盖海陆空的信息化系统,建成能够全面立体保障我国国土安全、并具备海外投送能力的国防交通运输系统。打造满足国防需求的交通基础设施网络格局,形成覆盖各大战区、行政区和经济区的国家安全战略通道,加强全国政治、经济、军事指挥中心和战区之间的连接,保障各战区之间互相支援。加强战略纵深、与主要作战方向和边海防地区的网路建设,建成通达陆海边疆的国防铁路和国防公路战略干线网,建设战区到港口、陆地边疆重要城市的道路专线。强化重要军事基地、战略物资储备基地和国防科研生产基地的交通干线连接。将国防方面对交通基础设施的要求纳入相应的设计标准和规范,使具有国防意义的铁路、公路、港口、机场等满足军事运输的要求,并提高城市交通系统的战时生存能力。

2.实现交通公平正义转型

到 2050 年,人们将得到更为公平的交通运输服务,交通发展成果由人们共享,实现地域间、群体间的交通发展普遍享有,增强人们的幸福感。不同地区之间的交通普遍共享后,将消除区域间、城乡间的交通差距,实现交通基础设施与服务的一体化与均等化;不同群体间的交通普遍共享后,将充分保障弱势群体的基本交通权,并为“有恒心”的“恒产者”提供高质量、品牌化的交通服务,做到“各得其所”。

(1)实现地域空间上的交通公平

到 2050 年,建成全面覆盖国土的交通运输网络,塑造要素有序自由流动、主体功能约束有效、基本公共服务均等、资源环境可承载的区域协调发展新格局。进一步缩小中西部地区与东部地区之间的交通差距,强化东中西部交通联系。提升完善为革命老区、民族地区、边疆地区等低于平均经济发展水平地区服务的交通运输系统,保障人民的平等交通权,并支撑旅游等产业开发。50户以上自然村99%通等级公路,家家户户通生活公路;形成“泛城市化”的城乡一体交通,使城乡居民能够享受无差别的交通服务。

(2)实现不同群体间的交通公平

到2050年,经济适用的交通服务将覆盖更广大收入水平的人群;通过需求响应、自动驾驶等交通模式改进,交通技术创新,为老龄、残障等弱势群体提供接近普通人群的交通可达性,实现无障碍交通设施全覆盖。

(四)兼行天下:支撑大国崛起定位的开放互联交通

进入21世纪以来,世界经济重心东移速度持续加快。尤其以中国为首的亚洲新兴市场和经济体发展迅速,成为世界经济增长的主要带动者。从消费、生产和贸易等多方面看,亚洲都将成为世界经济更强大的增长极。在全球交通网络体系中,中国将处于核心枢纽地位,成为全球举足轻重的交通网络的“轴心”、全球物资的集散地和转换地、交通运输的主要投送基地,以及交通规则和标准的输出中心。

1.形成泛亚交通网

到2050年,将建成完善的泛亚交通网。在过去30多年来,我国运输系统的建立是为了将中西部的资源运往东部沿海进行加工并销往欧美等地。随着内需的进一步扩张,亚洲地区贸易一体化的推进,美洲等地制造业的回流,我国在世界产业链中的定位将有所变化,与传统相反的西向货流将逐渐增长。到2050年,我国将重组区际、洲际网络,形成强大的“陆相”交通运输系统。通过加强尚未联通的一些区段的交通连接,实现东北亚、东南亚、中亚、西亚、北非的陆路连接。通过建设我国与东南亚等周边国家之间的铁路及公路,实现与东南亚、中亚、西亚之间的畅通连接。目前,亚欧之间已经形成了两条大陆桥通道,未来将规划建设第三条通道——中国—中东—欧洲通道,连接亚欧、亚非。依托泛亚交通网,我国将形成覆盖全球的互联互通交通运输网络,并有可能主导建造一到两条“超级高铁”洲际通道。

同时,我国将积极参与联合国经合组织、国际铁路组织、国际海事组织、国际铁路联盟、铁路合作组织等的相关活动,主导消除泛亚基础设施因连接、技术标准、运营规章、法律法规等方面的差异所造成的障碍。

2.建成海运和民航强国

到2050年,我国将成为海运和民航强国。实现以我国港口为平台的海上物流信息化合作,扩大与全球沿海国家的海运互联互通。在传统东向太平洋通道基础上,开辟直通印度洋、北冰洋的通道。借助运河打造图们江出海口,实现我国东北地区的对外直接联系。积极推进红海—地中海高铁建设,打造“陆上苏伊士运河”。参与克拉地峡建设,开辟太平洋新通道。形成强大并具有国际竞争力的远洋船队和国际航空公司,使运输服务贸易保持顺差。建成3个以上国际航运中心,在航运服务、航运金融、智慧航运等方面掌握标准、价格等话语权。具备强大的全球资源配置能力,并在交通的“全球共治”中发挥重要作用。同时,建设融合共享的交通信息平台,进而实现各国、各区域、各大洲之间“交通运输+”服务更加紧密的连接。

五、中国 2050 交通运输发展战略总纲

沿着前行者的足迹，路在脚下，路在前方

在交通技术发展的历史长河中，从来不缺创新甚至“异想天开”的冒险者。未来交通运输的发展将不仅取决于某项技术的发明，而且是系统化的变革和各种技术、制度、环境、人文等要素集成优化的过程。发达国家已经起航领跑，我们必须奋起直追才能避免再次落伍。无论是乐观跃升还是自然进步，到 2050 年我国交通运输都将实现交通运输现代化（第二次现代化）。

（一）发达国家现代交通运输发展战略借鉴

各发达国家国情不同，在交通发展战略中注重点有所不同，但在现代交通运输发展战略中的共同点仍值得借鉴。

1.注重以交通发展提升国家竞争力

美、欧、日交通发展战略均体现了这些国家或地区跳出交通看交通，将交通发展作为提升国家竞争力的基本考量。它们将先进的技术应用于交通运输，拓展国土空间布局，支持国内经济和对外贸易发展，实现经济社会可持续发展，提高国家经济竞争力。如日本规划建设时速 600 公里的高速磁浮新干线，欲以此项目引领全球高速磁浮交通产业发展，推动全球地面交通干线系统向更加多元、更加快速的方向发展。再如美国规划推广应用下一代航空导航系统（NextGen）、车联网（V2V）、汽车防撞预警、飞机无人驾驶等，以引领世界智能交通的发展。欧盟则提出促进欧洲交通运输的竞争力，使减排目标达到世界领先水平，主导国际交通领域标准制定的战略设想。

2.注重交通区域一体化发展

美、欧、日交通发展战略还体现了这些国家或地区通过交通发展支持区域一体化发展的思路。美国提出围绕巨型都市群建设高速铁路、城际铁路的战略，通过人员和货物的快速运输提升巨型都市区的凝聚力。日本提出高速磁浮一小时交通圈的发展战略，将首都圈、大阪都市圈、名古屋都市圈更紧密地连接在一起。欧盟也为各成员国更紧密联系提出欧洲交通一体化发展的战略。

3.注重建立环境友好型的交通运输系统

美、欧、日都明确提出建立一个资源节约型和环境友好型的交通运输系统。如欧盟将低碳交通作为交通发展的核心战略。美国强调转变发展方向与模式，既要扩展运输网络能力服务于人口和经济增长，也要降低交通发展对环境的影响。日本则以防灾减灾思想对国土交通布局进行战略调整。

（二）明确我国的发展差距

改革开放以来，我国通过多个五到十年的短中期规划，在 30 年的实践中始终坚持“交通优先发展战略”。现阶段，我国进入了战略转型时期，迫切需要在新一轮科技革命和产业变革背景下，基于以往战略，为实现 2050 交通运输的发展愿景（即实现交通运输现代化）制定

下一个长期战略。我国既往追求现代化的战略与美日欧制定的未来30年交通战略比较,除了技术和产业等基础不同之外,还存在战略思想、战略措施等方面的明显差异。

1.战略基础不够稳固

技术是战略实施成功的基础条件。我国目前处于工业化中后期,在某些关键高端技术上与发达国家比较仍然存在相当差距。美日欧的交通运输战略,依托"高、精、尖"的理论技术实现先进性、智能化发展。一方面,新技术的发展能够提升交通运输系统的先进程度,例如自动驾驶技术、超级高铁等;另一方面,新技术的发展能够改变经济产业的发展阶段和布局,从而改变交通需求,比如3D打印技术将使产业布局更少依赖资源能源集聚地,趋向分散化。

新中国成立以来,由于发展时间较短,基础学科的研究较为薄弱,科研创新能力不强,我国在制定国际化行业标准方面缺乏经验和条件。在技术水平未达先进的情况下,对未来30年的交通运输进行长期战略展望会存在基础不稳的问题,由于交通运输未来的技术发展方向不够明确,相应受技术影响的交通供给及需求变化也不明朗。

2.战略理念不够先进

新中国成立以来,我国的交通运输发展战略更多强调在增加人力、物力、财力等方面上着力,对技术创新的强调不够;战略的核心内容局限于交通运输供给层面上"量的变化",主要通过5~10年的规划体现短期思维,对长期"质的变化"关心不足。而美、日、欧的现代交通运输战略都极为关注交通"质的变化",尤其强调各类新技术的研发和应用,重视交通规划理念、管理体制机制的创新。同时,我国交通运输供给约束的背景导致对需求的深入细化关注、研究不足,尤其在制定战略时一直采用"自上而下"的路径,较少从出行主体的角度进行"自下而上"的推导,导致战略理念偏粗放和精细化程度较低。我国以往的交通战略是在既有发展水平和思维模式上寻求同一阶段内粗放式的改进和发展,未来则需要从技术、理念等方面进行创新,寻求阶段跨越,实现"质的变化"。

3.战略措施不够明确

美、日、欧在实现战略应采取的配套资金筹措、融资模式等方面都有明确的路径。美国提出"完整街道"(complete street)的土地利用和规划理念,按照绩效标准进行投资决策、征收碳税等理念。欧盟提出按照"谁使用谁付费,谁污染谁付费"的原则,将外部成本内部化,由使用者承担的理念。日本提出最大限度利用民间资本、技术、技能,以技术创新为基础,构建举国技术开发体制的思路。但我国的交通战略在资金、土地、研发配套等方面较少有明晰表达。

(三)创造我国2050交通的发展战略总纲

经历了新中国成立30年、改革开放30年,今天我国站在第三个30年的起步阶段,是需要改变的时候了。未来30余年,我国将进入到工业化中后期和后工业化发展阶段,经济增长中的"量"不再是最重要的问题,处于高水平的"质"上的需求将成为更受重视的关注点。既有技术水平下的交通运输基础设施规模大扩张过程即将完成,全面运能不足的矛盾得到解决,交通运输发展的基本矛盾已由供给不足转向需求约束。需求约束将是新时期交通运输发展的基本特征。我国将进入文明发展新阶段,在新型工业化、城镇化背景下,交通运输需求在继续增长的同时,更加趋向多元化、高端化、异质化。在这种情景下,实现交通运输现代化，进入世界前沿，需要施行“优化平衡+创新引领”的系统交通运输发展战略。

1.工业文明与生态文明交织的背景

全球正加快全面进入以智能制造为核心的智能经济时代，以信息技术革命性突破为基础，呈现出数字化、信息化、智能化、网络化的发展趋势。低碳经济很可能成为继知识经济后代表当代世界先进生产力的新经济形态。经济全球化不断向纵深发展。

在此背景下，未来 30 多年，我国将发生巨大、深刻的变化。我国将实现全面小康，进一步向基本实现现代化转化；也将基本完成工业化，向后工业化过渡；还将基本完成城镇化，从根本上消除城乡二元分割的社会体制阶段差别，逐步走向协调发展、共同富裕。我国人均 GDP 将增加到 30000 美元以上，国内消费结构将发生重大变化，由生存型消费结构向发展享受型消费结构转变，进入消费结构快速升级时代。我国经济国际化将取得巨大进展，并确立我国在世界经济中的话语权和影响力。

2.“双重交织”的交通运输发展战略

我国还是一个发展中的国家，仍处于工业化进程中，交通运输的第一次现代化尚未彻底完成，落后与先进并存，传统与现代共生。未来 30 年，既有工业文明仍将继续，牵引我国交通运输在已经走出的路线上惯性前进。同时，新型工业化和新型城镇化将带来发展格局跨越阶段的改变，使我国进入生态文明与工业文明交织阶段，带来交通运输发展的转型。要在 2050 年进入世界先进行列，需要进一步积极探讨中国特色的交通现代化道路，将第一次现代化与第二次现代化相结合，既有交通方式与创新先进交通业态相结合，交通工业化与智能信息化相结合。在继续稳打稳扎进行交通运输第一次现代化的同时，还需要进行创新发展，为推动交通运输第二次现代化的深入发展做好准备。

3.“优化平衡+创新引领”的系统战略构图

以“持续投入”和“聚焦创新”为核心驱动，从基础设施、载运及信息设备、运输服务和制度文化四大系统构成维度，着眼生存基线、人文底线、发展主轴、高端矢向和全球视角五大价值理念轴向，勾画未来交通运输发展四大战略（即：“流畅时空”客运交通战略，“及时送达”货运交通战略，“诗意栖居”城市交通战略和“大国无疆”全球交通战略），构筑“优化平衡+创新引领”的系统化中国 2050 交通运输发展战略构图（见图 5-1）。

（1）驱动核心：基于既有技术和制度持续投入，同时强调制度创新和技术创新对于交通运输发展的重要性。

改革开放以来采用的“优先发展”战略将增加投资作为实现交通运输发展的主要手段，既发挥政府集中力量办大事的优势，也调动社会积极性。这是我们社会主义理论的成功实践经验，下一阶段仍需要在此经验基础上持续投入。

同时，随着交通供求关系的改变，以及交通运输发展外部环境的变化，交通运输发展的驱动力应该转向制度创新和技术创新。通过推进交通运输市场化改革，完善运输市场体系，调整和改进政府管理职能，加大交通科技、组织模式的创新和应用等，使创新成为促进交通运输发展的主要动力。交通新技术、新燃料、新材料等将为交通发展带来新的变革，互联网与交通的融合将会带来交通行为模式及行业管理方式、交通与其他产业结合的变革。

我国应大力发展信息技术和智能交通，重点推进移动互联、物联网、云计算、新一代移动通信和北斗定位导航等先进信息技术在交通运输领域的应用，研发智慧型交通运输工具，注重在智能交通方面的科技研发和应用投入，制定明确的相关技术发展路线图。另外，还要不

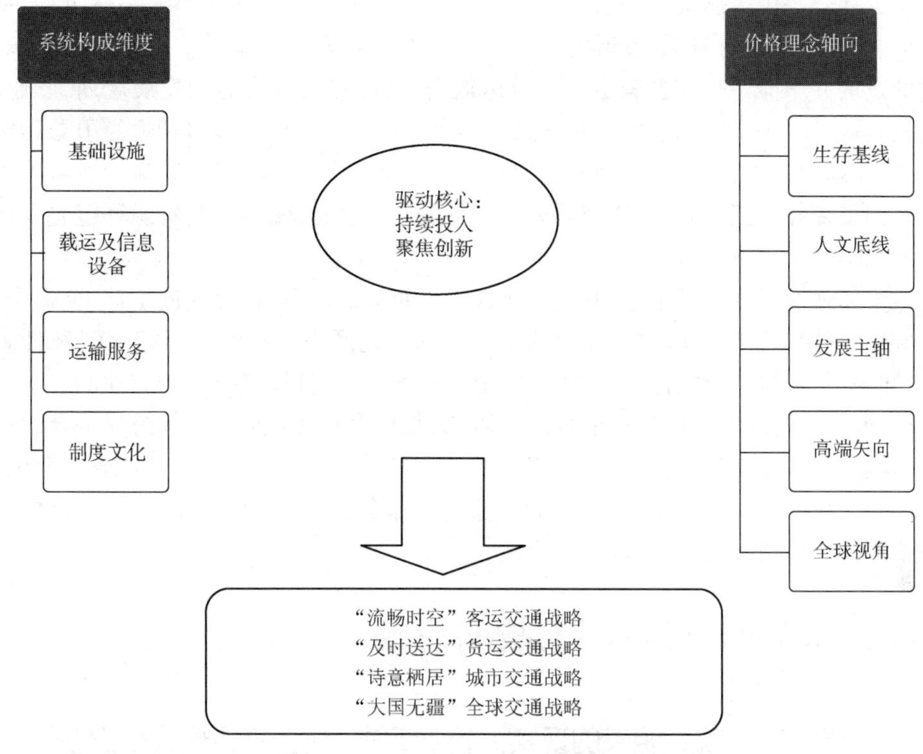

图 5-1　我国 2050 交通运输发展战略构图

断跟踪、判断、适应新的技术发展时代对交通运输提出的新要求。

(2)价值理念:2050 交通运输发展战略的价值取向更加多元化,基于交通运输产业与国民经济、资源环境的平衡发展,持续更加快速、高效、灵活的传统发展导向,同时更加注重人文关怀,追求更高端的服务,并以交通运输支撑我国全球化定位的提升。

发展理念由"以物为本"向"人民交通"转变,即在继续追求快速、高效、灵活的主轴下,由规模扩张式发展向注重安全、公平、环保、舒适、便捷的人性化发展转变,并以此引导交通全球化。

第一,高效、快速、灵活是交通运输价值取向一直以来的发展主轴,也是实现交通运输现代化的首要任务,即要求交通运输以更高性价比更快克服空间距离。第二,随着经济社会发展水平的提高,交通运输的人文底线也将显著提升,更加尊重生命,使人民的生命财产安全得到更好保障;同时,更为关注公平,给予更多人群更好生存发展的条件。第三,提高生存基线,将绿色低碳作为交通运输发展的重要价值取向,在资源环境能够消化的红线之上做到人与自然的和谐共处。第四,追求高端体验,并将其与人追求更好生活的本来欲望密切相连。第五,放眼全球,提升国家定位布局,助力国家经济社会发展和全球竞争力提升。这些都是国家交通运输体系发展达到现代化水平的必然要求。

(3)系统构成:2050 交通运输发展战略主要从基础设施、配套设备、运输服务和制度文化等 4 个组成部分入手具体落实。

未来 30 年,随着我国经济社会的发展变化,客货运输需求总量及结构将随之发生明显的改变,消费者和货主对运输服务的质量要求也会来越高。交通运输的发展应循着运输需求的发展趋势,进一步完善交通网络,不断提高运输服务水平,以较低的运输成本和较高的运输效率为社会提供多层次的运输服务产品，有效支撑社会经济的发展。另一方面，从我国人口众多、人均资源占有量低、发展的资源和环境约束趋紧等基本国情和发展条件来看，交通运输的发展并不能一味地去满足和适应运输需求，而需要综合运用发展规划、产业政策、财政税收政策等多种手段，通过运输结构调整、完善运输市场体系等多种途径引导运输需求合理增长，使运输需求在时间、空间和方式结构上更加有序，以便交通运输供给与需求之间更好地达到平衡和匹配，同时也使交通运输的发展与社会经济之间、与资源环境之间达到平衡和协调。

进一步加强交通规划与土地利用、产业和人口布局的协调，构建面向全球、覆盖全面、通道快速、衔接紧密、协调一体、立体高效的交通基础设施网络。发展"万物互联"和低碳化的载运、装卸等设备，打造智能化、绿色化的配套设施设备。提供泛在化、响应性的交通运输服务，通过发展交通运输产业内各环节协调一体，交通与旅游、物流、金融等跨界融合的运输服务，实现客运"随到随走"、货运"随心所欲"的理想图景。在制度文化方面，通过全民参与，推动我国交通体制机制进一步完善，交通理念进一步创新，综合运用价格、税收、财政、收费等经济手段推进交通发展，提升现代文明性。

六、具体个纲分析：四大战略行动

今天的理想就是明天的现实。行动起来，共圆交通现代化之梦

随着经济社会发展及技术水平的进一步提高，既有的多个层次、多种方式的交通系统之间的区别逐渐模糊，未来的交通有距离之分、无城乡之别，有功能之分、无层级之别。交通出行将从功能上主要分为城市交通（拓展为都市圈交通）和长途交通（包括干线和城际交通），彼此之间的界面衔接顺畅，使用者毫无滞涩之感。2050 交通运输发展战略的个纲从功能出发，制定客货运交通和城市交通战略；在为国民提供优质运输服务的基础上，从国家交通运输体系的角度出发制定全球交通战略。

（一）"时空流畅"的客运交通战略

2050 年，在追求安全发展速度的前提之下，时间将成为真正的战场。经济社会发展和文明进步意味着国民时间的价值将有更显著的提升。客运交通需要更加节省时间，能够以更短的时间克服空间距离，提升交通时间的价值，如附加休闲、享受功能或进行其他社会经济活动等。同时，更快速的客运交通需要在更绿色的经济环境中达成。这就要降低交通活动对自然的影响，事实上是降低对人类自身生存的负面影响。

1.提升客运交通基础设施网络的覆盖率和运行速度

2050 年，巨型城市群将是我国国土空间布局的新形态。我国应采取交通区域一体化发展战略，维护保养既有基础设施网络，增加高速铁路、高速公路、航空等快速交通方式的覆盖范围，建设用于更高速的新型交通方式的基础设施，形成完善的交通基础设施网络，促进巨型城市群、多城市群的协同发展。

（1）进一步加密快速客运干线和城际网络

强化中西部与东部交通联系，形成完善的横贯东中西部地区的运输通道；通过加密线

路，提升东部城市群间南北向运输大通道能力。进一步加强中西部地区同东部地区，尤其是环渤海、长三角、珠三角等经济发达地区之间的交通联系。建设中西部与东部地区对角连接新通道，沟通西南至华北地区、西北至东南地区。进一步向西延伸西北出海大通道和沿江综合运输大通道。建设跨渤海通道，形成东北与华东地区的直线联系通道。东部城市群间运输大通道已经基本成形，未来可进一步加密和提升等级，视技术成熟度，选择大密度城际群际通道，建设高速磁悬浮客运干线。在东部沿海地区，可考虑建成联系环渤海地区、长三角和珠三角城市群的超级高铁快速通道，最快时速提高至500公里以上，主要大城市之间实现12小时的“商务+往返”。到2030年，高速铁路网里程达到目前的两倍，基本覆盖50万以上人口城市，能力紧张的通道形成复线，重点建设沪昆高速铁路、京沪第二高铁、沿江高速铁路、新京广高铁等；普通铁路网覆盖20万以上人口城市，形成高密度的铁路网络。到2050年，建成稳定的高速铁路网（含高速磁悬浮），大部分1000公里以下中远途旅客运输由铁路承担。

建成服务于中西部国土开发的交通运输网络。进一步完善西部、中部的省际运输通道，构筑省际快速对外运输通道主骨架；强化中西部区域内联系，提高区域整体可达性；考虑生态脆弱地区的环境承载容量，在建设此类型地区进出交通线路时，应适当控制通行能力。提升既有革命老区、民族地区、边疆地区和贫困地区以干线铁路、高速公路、国省干线、内河水运、民航机场、邮政线路为骨架的综合运输网络，提高交通运输基本公共服务水平和均等化程度至接近全国平均水平，为彻底解决区域性整体贫困提供交通支撑。建成进出革命老区、民族地区、边疆地区和贫困地区的国家高速公路，建成进出疆、出入藏铁路；国道网有效连接上述地区所有县城及县级以上行政节点，整体服务水平和能力得到提高；对扶贫开发、资源开采和旅游开发有重要作用的县乡公路达到二级及以上，建制村通等级公路，公路交通枢纽、国边防公路、口岸公路、红色旅游公路等建设得到强化。以高等级航道建设为重点，加快西部地区通江达海、沟通东部的重要水运通道和相应的港航设施建设，大力支持欠发达地区效益显著的内河水运设施建设。

以城际铁路和高速公路拉开城市群空间骨架，支撑1~2小时经济圈的实现。2030年形成长江三角洲、珠江三角洲、京津冀城市群、长江中游城市群、成渝城市群城际铁路骨干网络，有效支撑都市圈通勤同城化。到2050年基本建成1000万以上人口城市群城际铁路网络，加大力度建设交通干支线，形成城市群复合交通走廊，实现大型城市群的空间结构由“点轴式”向“网络式”转变，加强节点城市与周边辐射地区之间的快速通道和干线网络建设，实现交通运输网络功能由单中心放射型向多枢纽互联型转变，形成对周边地区具有辐射和带动作用的战略新高地。未来高速公路或干线公路将充分考虑新能源汽车、智能汽车等交通工具对车路协同的发展要求，并进行相应的更新改造，实现与沿线自然环境的和谐互美。

扩大机场覆盖率。加快建设“一带一路”和长江经济带地区立体交通网络的干支线机场，重点发展西南、中南、新疆、黑龙江、内蒙古等地区以及高原等支线机场，全面提高民航机场的覆盖度，并与通用机场相配合，使应急保障的通用机场在2小时范围内覆盖全部地区，形成大众出行、高端定制出行、空中游览、飞行体验、无人机作业等多种形态兼具的航空服务体系。

（2）构建布局合理、功能完善的客运枢纽体系

以综合交通枢纽为重点，实现不同交通方式网络控制性节点的良好配合和协调，支撑多

重网络的相互支持和一体化，调整和优化路网结构，有效控制整个网络规模，提高位移过程的完整性、方便性和快速性。新建及改扩建客运枢纽场站更加注重设计，缩短旅客换乘时间，改善枢纽换乘体验，注重塑造场所感，并发挥枢纽的引导城市开发功能。重点建设城市中的铁路综合客运枢纽，加强各类铁路与城市轨道交通、地面公共交通等多种交通方式的衔接，有效促进长途、城际、城市客运轨道系统“三网融合”。以机场为重要节点，实现轨道交通网络与区域机场体系的衔接联动，有效发挥高速铁路和航空交通的“双高”优势，并应用下一代飞机导航系统等先进技术提高机场使用效率。

(3)建设更加安全的交通基础设施

根据经济社会发展要求，设置合理的线网密度、线位、线形和特殊交通功能线路，根据安全需求进行设施配套；提高交通基础设施的设计、建设和维护的安全标准，并开发大量先进安全设备，从技术上消除安全隐患。

对公路、铁路路线设计，更注重路线与地形环境的配合和协调，并引入运行车速的理念。保证线形指标的均衡性、一致性，线形和环境景观的协调性，以及线形设计的灵活性、安全性，追求实际行驶车速相对平稳等，以克服超速等危险现象，减少交通事故，并保护生态环境和道路景观。对交通基础设施设计、建设、维护中的技术、材料、工具、设备、程序、规格、方法等进行全方位的安全改进，应用创新做法，提高施工和使用的安全性，提高基础设施的安全质量。加强对危险路段的检测、防护、改造、警示等，强化相应的信息掌控。

(4)统筹推动建设体验交通基础设施网络

强化既有交通基础设施的体验功能。因地制宜建设铁路和公路，拓展体验功能，加强体验设计。合理确定设计主题，注重与沿线生态环境、城市景观协调统一，绿化美化沿线景观，开发生态交通廊道，通过线性路线将点、面状的自然风光及人文风貌连接成网。结合公众出行需求，减少运行噪声，鼓励在路侧空间设置完善的服务设施，不断提高出行的舒适性。

统筹推动体验交通系统建设。①建立国家步道体系。在最大限度地尊重自然与不破坏自然风貌的基础上，对一些历史悠久的古道、马道，以及山区旅游镇的现有步道进行挖掘，依据地形走向相互连通，依照旅游资源类型设置登山、休闲步道，串联文化古迹、自然景区、民俗村、采摘园等元素，形成覆盖全国的国家步道体系。②建设国家风景道体系。从国家层面、省域层面、市县级层面，结合地理环境、历史文化和民俗风情，构建旅游公路体系，开发建设不同类型的风景道(如森林风景道、草原风景道、滨水风景道、滨海风景道和文化遗产风景道等)，展示不同区域的文化内涵。加快风景道配套设施建设，如标识系统、汽车营地、观景平台、急救中心和游客服务中心等，进一步满足自驾游旅客的需求。③推进景观铁路建设。将国家景观铁路总体规划纳入国家铁路网规划范畴，从国家整体布局、重点区域规划、景点景区实施等层面，结合当地景观资源，对景观铁路的线路走向、目标定位、实现功能以及与其他交通方式的衔接等做出科学合理的规划。

2.提供全程化、多元化、高端化的客运服务

依托全面覆盖和快速的客运交通基础设施网络，研发、应用高科技载运工具，构建一体化信息服务平台，提供安全、舒适、绿色的全程化、多元化、高端化客运服务。

(1)发展高端旅客载运工具

提高既有火车、长途公路大巴等运输工具的技术标准和运输服务标准，促进景观铁路、邮轮等的发展，在形成国内系统的同时向洲际、国际拓展。同时加大投入研制自动驾驶汽车、节能和新能源汽车、磁悬浮超高速铁路、超音速客机、飞行汽车类一体化交通工具等高端旅客载运工具。

(2)打造智能化的信息服务共享平台

构建成熟的跨系统信息与服务平台,为社会公众提供实时交通运行状态查询、出行路线规划、"随时随地"购票、一人一票全程有效、智能停车等服务,为管理者提供决策支持、实时管理、规划设计等相关数据支撑。开发基于北斗系统的道路基础设施感知设备,车路、车车通信技术装备,实现车路、车车相互感知、实时互联与高速通信。加快建设自动驾驶车道,推动道路交通网络的数字化、智能化,推进自动驾驶、互联网汽车等技术的研究与推广,开发高速行驶情况下的互联网接入技术,将车辆作为出行过程中的道路交通信息源,实现基于数字化交通运输基础设施网络的全局化自动控制,为交通工具提供实时路线规划。实现交通运行状态的精细化实时感知,利用可移动设备、可穿戴设备等向乘客发送信息。根据科技发展水平,适时开展面向中低速飞行交通工具的低空交通规划与管理控制技术研究。

(3)提升交通运输服务的安全性

形成国家战略层面的交通运输安全规划及具体计划。强化交通运输系统的整体安全,对涉及交通安全的基础设施、设备、环境、人等因素实行一体化的管理。健全交通安全法律法规,强化有关交通安全的制度、规范、标准的落实,对违反安全相关规定的做法零容忍。

以先进的信息系统,提高交通运输安全和应急保障能力。以信息系统实现人、车、路的协调统一,从而提高交通安全性。推动北斗导航系统民用化,开发基于北斗系统的车路协同技术和装备,完善避免事故发生的车辆主动安全防卫系统、碰撞预警系统、自动驾驶系统。在事故发生后强调对车内乘员保护,并延伸到车内外所有的人甚至物体。

从个人失误和个人对交通环境的判断失误两方面加强防范。加强人员安全化教育,定期检查驾驶能力,避免人为失误造成的安全事故。开发车载传感与辅助控制设备,实现对驾驶人体温、血压、心跳、脑电波等体征的实时采集与分析处理,以及基于驾驶人状态的安全辅助驾驶。

(4)创新"全程管家"式客运服务模式

在优化交通基础设施布局的基础上,依托先进互联网技术,打造"出行即服务"的联运经营人平台,以此为媒介提升旅客对出行全程的掌控能力,以高精尖技术提供大众化服务,完成"门到门"的"全程管家"式个性化服务闭环。

第一,打造"出行即服务"的联运经营人平台。参考滴滴平台模式,借助智能手机的普遍应用、互联网的迅猛发展,打造"出行即服务"联运经营人平台,作为统一组织主体,整合各种交通出行服务。将一次联运出行定义为一个完整的产品进行销售,形成创新性的商业模式,承担全程组织责任,以"一站式"服务将旅客从自行组织出行的工作中解放出来。按照一定条件要求,为用户规划包括多种运输方式的不仅覆盖全国且可能覆盖全球的最优化出行路径。旅客确认方案选择后,平台自行办理购票、付款、电子出票、提醒出行、登乘、改签、与其他平台对接进行后续报销等一系列手续。同时,交通运营者基于用户的出行需求共享数据,改善服务。

第二,在全程出行中配套提供"出行即服务"平台的互动式服务。以枢纽场站为重点,与"出行即服务"平台结合,配套提供互动式服务,全面推开枢纽场站内的"全景"导航、"刷脸"进站登乘等服务。通过"出行即服务"平台为旅客随身提供枢纽场站内动线流程指示,预先办理检票登乘等手续，“刷脸”验证，全程行李托运等。

第三，优化不同运输方式基础设施布局及线路运行配合。在旅客出行中，尤其是在衔接换乘环节中，优化不同运输方式的线路、场站等设施设备布局，缩短物理距离，从硬件上提高旅客换乘便利度、舒适度。配套构建多种运输方式间相互契合的运行方案，提高线路、场站等基础设施的使用效率，实现旅客联运在时间安排上的“无缝衔接”，做到“随到随走”。

（二）“及时送达”的货运交通战略

2050 年，按照新产业、新方式、新模式需求，货运将兼具低成本、标准化、大批量生产和小批量、快速化、定制化生产的双重特征。基于绿色、高效等发展要求，依托能力充足、科学合理的货运基础设施网络，发挥不同交通方式的技术经济优势，提供一体化的便捷货运服务。

1.优化完善能力充足、科学合理的货运基础设施网络

继续新建、改扩建全面覆盖国土的货运基础设施，建设能够发挥不同运输方式优势的货运网络，推动高容量交通方式使用及物流车道网扩展，增加相应的运行班次，提升货运走廊的服务能力，降低货主成本及环境等方面的社会成本。

（1）发挥铁路和水运网络的长途货运作用

拓展发展新空间，形成沿海、沿江、沿线经济带为主的纵向、横向经济轴带，以城市群为依托，培育壮大若干重点经济区，进一步优化产业布局，减少不必要的货运需求。

构建东中西区域间大宗货物专用运输通道，优先增加长江经济带等区域联动走廊的水铁运力，建设重点城市群间专用货运网络。建设大能力的铁路货运核心网络，加快铺设铁路枢纽货运外绕线，基本实现铁路客货分离。建设水系沟通、干支相连、标准统一、通江达海的高等级航道网。2030 年完成“三大战略”中的货运基础设施项目，2050 年形成完善的全国性货运基础设施网络。

（2）建设更为灵活的公路系统

构建多层次、高密度的公路网络。新增高速公路约 10 万公里，解决存在的瓶颈、断头路、堵点等问题，形成全国贯通的高速公路网，配合水、铁长途货运网络改善与港口、铁路货运站等的公路衔接，建立完整的全国性货车专用公路网络。加快推进各城市群“双环+放射”状高速公路路网建设，扩大主要城际公路走廊能力，在大中城市环线实现公路的客货分离。

提升公路技术等级。采用新技术实现公路的立体化和智能化，例如浮动隧道、蜂巢状公路等；利用智能机器人、现场实时信息监控系统等，降低工程造价，提高工程效率；依托北斗系统实现公路的智能化。

2030 年高速公路基本覆盖 20 万以上人口城市，之后关注重点进一步向提高养护水平转移，通过维护延长公路使用寿命。2050 年高速公路系统将 10 万人口以上的城市连接在一起，普通国道覆盖县城，交通基础设施养护管理水平迈入世界先进行列。

（3）打造服务于中西部资源开发的交通运输网络

积极通过改善交通条件促进中西部地区丰富自然资源、矿产资源的开采、开发和利用，加强中西部地区通往资源、能源开发地的干线通道规划和建设，以及主要经济中心、资源能源产地、产业基地间的大能力、高效便捷的集疏运系统建设，为中西部地区资源开发提供有力支持。改造资源枯竭、产业衰退、生态严重退化等地区既有货运基础设施，开发旅游资源，支持产业转型等。进一步完善西部、中部的省际运输通道，打通省际间断头路和瓶颈路，构筑省际快速对外运输通道主骨架，提高区域整体可达性。

(4)加快货运枢纽建设

加快具有多式联运功能的货运枢纽型物流园区、集装箱作业中心、快递分拨中心、国际陆港等设施的建设，引导传统运输枢纽场站加快转型升级。加强货运枢纽与经济开发区、产业园区的衔接，依托大型机场、港口、铁路枢纽建设，促进临空、临港、临站经济发展。大力建设以全球货物贸易集散中心、综合物流服务基地和金融服务基站等为主要特征的第四代港口。鼓励快递物流企业、航空公司等各类企业投资建设和运营专业化货运机场，打造具有综合竞争力的航空物流枢纽；优化货运机场布局，构建全国航空货运网络，全面提高航空快递效率。提升公路货运枢纽的整体水平，形成高水平的公路物流园区。依托高速铁路网，通过优化铁路运营组织和时刻资源，发展高铁快运。强化货运铁路和公路与港口的对接、公路与铁路货运场站的对接，提高铁水联运、公铁联运等市场份额，提高物流服务配套能力。

2.提供一体化的便捷货运服务

以货运基础设施网络为基础，研发高效装卸、载运、转运设备，应用先进信息系统技术，全面建设点到点物流网络。创造良好的市场环境，积极发展多式联运，培育优质的运输企业，提供“一站式”便捷货运服务。

(1)研发高效装卸、载运、转运设备

鼓励研发更具规模经济、能源效率和符合环保要求的装卸、载运、转运设备，包括浮动式码头、新型集装箱船舶、新能源车船、自动驾驶车船、快递快运无人机、自动化装卸设备等。

(2)应用先进的信息系统技术

加快建设新一代交通控制系统。构建统一的公共信息平台，利用物联网、移动互联网等技术，实现不同区域、不同层次、不同方式交通运输要素资源的共享和在线化，在城市智能交通、铁路运输网、民航网络、内河航道网、集装箱铁水联运、远洋运输等领域推进交通要素实时在线查询。大力推动面向交通领域的大数据分析应用，鼓励交通管理部门、交通运输企业与互联网企业合作，构建交通大数据共享和挖掘平台，构建全天候智能化的交通监控网络，满足企业、个人需求和政府交通治理、决策等需要。

(3)构建复合模式和新型业态的点到点物流系统

支持交通运输与其他产业先进技术手段的融合发展，培育跨方式、跨行业经营企业，改变现有运输服务模式，利用现代信息技术和科技手段，创新运输组织和经营方式，构建“一站式”“一体化”多式联运服务模式和服务网络。推动物流业态和模式创新，鼓励“物流+”跨界融合，发展保税、电商、冷链、智造等多种先进高端业态，鼓励发展单元化物流及精益物流，提升现代物流社会化、专业化、智慧化水平，强化服务全球的价值链、产业链、供应链控制力。

(4)创造良好的市场环境

充分发挥市场在交通运输资源配置中的决定性作用，使各个经济主体在市场中自由选择、交易，降低市场交易费用，从而降低运输成本，提高交通运输效率和服务水平。

促进市场经营主体的公平竞争。通过统一市场建设和实施负面清单管理，为企业合作营造良好的市场环境，破除地区、行政和行业垄断，强化各方协调沟通。推动交通运输装备、技术、服务标准化，加强运营安全监管。

鼓励企业创新，促进优质运输企业的形成。培育企业核心竞争力，鼓励交通运输业与制造业、电子商务等产业融合发展，实现与金融、保险、租赁等相关产业配合的高端发展。引导大型运输企业调整经营结构，构建、发展企业经营网络，鼓励重点发展多式联运、甩挂运输、驼背运输等组织化程度和技术含量较高的货运业务，推进物流链创新。支持基础设施的建设与运输企业发展的有机结合，消除运输企业发展中的资源整合障碍。

实现铁路线路运营的市场化。按照“线路建设政府主导，线路运营市场化”的发展原则，以“线路资产经营与运输经营服务相分离”的模式分别组建线路资产经营管理公司和铁路运输经营公司，重点推动国有铁路按照市场化原则向社会资本开放“路权”。鼓励城市政府与铁路企业合作，充分利用既有铁路、站点资源，采用政府购买服务，等方式，开行市域(郊)快铁。鼓励地方政府投资地方货运铁路和货运衔接线等，形成线路经营管理公司，将资产租赁给铁路运营公司并收取使用费。公益性运输服务由政府向运输企业购买服务，或提供补贴弥补运营公司应得收益的损失，全面放开交通运输等领域竞争性环节价格。

(三)“诗意栖居”的城市交通战略

未来我国大部分人口将聚居于城市，城市成为人们最能享受国家经济社会财富之地，也将是发展矛盾最为集中之地。城市交通是城市居民日常生活的重要组成部分，不仅具备交通功能，还是满足人们各种物质和精神需求的重要保障条件。在目前发展阶段和条件下，城市交通的最大顽疾体现为拥堵和污染，极大阻碍了城市效率的发挥和公民权利的享有。

到 2050 年，城市将“以人为本”，有效解决交通拥堵、污染问题，以城市交通保障公民的“诗意栖居”，以交通正义实现城市空间正义，回归日常生活需求，公平分配财富与空间资源，提升城市的弹性、韧性与多样性，使人们享受更美好、更健康的城市生活。

1.优化城市形态管理交通需求

从目前的发展规律看，城市人口、产业规模密度将进一步提升，互联网、通信等新技术大幅度进步，工业生产的自动化程度将大幅度提高。未来需要从区域统筹入手，打造中国特色的组合型田园城市，提升城市中心区的立体密度，实现生态友好型的高密度生存与发展，形成功能协作、交通同城化、生态共享化、服务均等化、容量弹性化、边界法定化、本地零碳化等空间范式。在此城市形态发展前提下，城市中心区的交通需求可能出现离心化、垂直化等倾向，客运需求进一步平峰化、非生产化，时空集聚特征减弱，但人均出行次数继续增长；货运以服务第三产业和生活类物流为主的特征将更加明显。

2.强化城市交通基础设施

合理发展地铁、市郊铁路等轨道交通。根据需要持续扩大和更新地铁、市郊铁路，并结合地下管廊的建设布置线路，形成以轨道交通枢纽为核心的多元交通方式换乘接驳一体化系统；区域内重要铁路车站与地铁站基本在同一站点，且各站点配有公共汽车站和停车场，实现线路、车站工程与周边土地综合开发的协调发展，引导城市空间布局调整。发展个人快速换乘(PRT)、先进的群体快速换乘(AGRP)等先进交通方式。

建设立体化、蜂巢状、自动化的全新城市道路网络。在对城市道路提高密度和提升质量的同时，进一步对道路进行细化设计和改造更新，优化路权分配，提高道路路网的利用效率，解决大城市对外干线公路与城市道路衔接路段拥堵问题。加快城市地下空间开发和空中资源开发，提高城市道路立体化程度。形成以社会资本投资为主的停车场系统。借助传感器、光学装置和嵌入式处理器等设备，孵化出全新的城市道路系统，如自动驾驶车道、利用太阳能发电的公路、通过车路互联在行驶中为新能源汽车进行充电的道路等，尤其是建设适应自动驾驶汽车的“车路互联”基础设施。到2050年形成与航空交通管制系统类似的新型道路系统，通过车路协同实现海量信息的采集，将各种信息传输汇聚到中央处理器。这些大量车辆的信息经过分析和处理后，计算出不同车辆的最佳路线，然后及时汇报路况和安排信号灯周期，以便每辆汽车随时自动向交通管理系统发送请求并接收指令。

强化城市慢行基础设施的建设。应用“完整街道”等新土地利用理念，基于“小街区”和混合使用的区划，设计适宜步行的街道和人行尺度的街区。拓展交通空间的其他城市功能，包括社会交往场所功能、城市公园功能等。推动实现慢行交通、公共交通与私人交通的高度隔离，构建高速行人传输带、天空单车道等。

提高城市交通系统的国防安全度，以及城市交通基础设施的战时生存能力。在城市道路规划建设中，通过多路、多通道建设，形成四通八达、纵横交错的道路网，以提高此断彼通的生存能力。将地铁系统与城市防空系统进行必要的沟通和联系，保证战时地铁系统的运转等。在有大江大河流经市区的城市，除了以桥梁跨越外，必要的轮渡设施设备还应当保留，同时考虑建设河底隧道。

3.提供宜居交通服务

提升公共交通出行体验。提高公共交通运输能力，加快形成布局合理、换乘便捷、舒适可靠的城市公共客运系统。发展商务快线、旅游专线、大站快车、社区接驳公交、高峰通勤班车和需求响应交通等多样化特色公共交通服务，以及其他技术先进的公共交通。

降低私人机动化交通对城市的负面影响，发展共享交通。加强交通综合管理，有效调控、合理引导个体机动化交通需求，倡导绿色出行，甚至在部分城区建成“无车城”。创新管理体制机制，鼓励交通运输领域共享经济发展，规范城市出租汽车、专车、汽车租赁、汽车共享、自行车共享等发展，提高运输工具利用率，降低静态交通压力。随着自动驾驶、互联网汽车技术的推广，探索供给无人驾驶小汽车等共享交通工具。远期推广种类更加齐全的无人驾驶共享交通工具，实现基于移动终端的交通工具实时预约，进一步降低私人交通工具比例。

实现“完整街道”，使慢行交通空间成为重要的公共生活空间。形成连续的慢行交通路线，使慢行交通在街道上具有与机动化交通同样重要的地位，实现慢行交通与公共交通的完美配合。拓展慢行交通空间功能，使街道成为人们交往、休憩等享受城市生活的公共空间。将具备条件的郊野铁路改造为旅游铁路，把城市休闲客流运送至郊区步道系统，整合文化资源，带动休闲需求，扩大旅游消费。

降低城市物流对城市交通影响，并保障城市居民需求。推进城市配送发展，改进城市货运与车辆通行管理等相关制度，重视公用型城市配送节点建设。规范化城市快递服务，加大资金投入，推动城市配送车辆向标准化、清洁化和专业化发展，鼓励共同配送和夜间配送。在大城市规划建设地下物流配送网络，减轻地面交通压力。2030年主要城市中心城物流配送基本实现零碳排放。

依托云计算、大数据等先进技术，提供比滴滴平台更为先进的“出行即服务”。借助智能手机的普遍应用、自动驾驶技术的进步、共享经济的概念，整合各种交通出行服务，实现从个人拥有出行工具到将出行作为服务进行消费的转变。“出行即服务”供应商基于用户的出行需求共享数据，帮助交通运营者改善服务，为用户规划包括多种交通方式在内的无缝出行路径。

4.促进绿色低碳交通发展

加大新能源汽车技术研发力度，使节能汽车和纯电动汽车的性能得到飞跃式的提升。加快研发与节能汽车和纯电动汽车相关的总成开发技术、动力电机与底盘集成技术、纯电动汽车动力系统集成及其控制技术、高性能动力电机技术、新型电机控制器技术、充电技术等。根据我国节能和新能源汽车技术路线图，至 2030 年我国乘用车新车油耗将达到 3.2 升/百公里，商用车油耗达到同步国际先进水平；风能、太阳能等可再生能源会在新能源汽车上得到充分利用；新能源汽车销量占汽车总体销量的比例达到 40%以上。到 2050 年，新能源汽车将会在市场上占据大部分市场份额，成为家家户户的重要出行工具。

建设基于电网、储能、分布式用电等元素的新能源汽车运营云平台。充分集成充换电设施运营商、电动汽车企业等的数据，应用电池能量信息化和互联网化技术，实现电动汽车与智能电网间能量和信息的双向互动。汽车行业与能源行业、信息行业融合发展的趋势将会更加明显。到 2050 年，新能源充放电站等基础设施将全面覆盖城市、景区、高速公路等区域，提供电动汽车充放电、换电等业务，实现电动汽车与新能源的协同优化运行。

积极推进移动支付手段的便捷化与智能化，研究基于道路资源占用量、能源消耗量、碳排放量、个人信用、驾驶行为等多种因素相结合的交通领域综合收费指标。

5.实现城市交通公平

(1)实现“泛城市”均等化交通服务

目前我国城市周边仍存在大量郊区，其交通服务水平远远低于城市。依托城市群实现中心城市、小城镇、农村协调互动发展。加强中小城市和小城镇与交通干线、交通枢纽城市的连接，提高其公路技术等级、通行能力和铁路覆盖率，向农村拓展中小城市和小城镇交通基础设施网络，推动城镇交通公共服务向市郊、农村延伸，扩大城市对乡村地区的辐射带动作用，并分散城市人口和交通压力。到 2050 年将以“泛城市”均等化交通服务真正形成“全域城市化”，消除城乡二元化。

(2)建成兼顾弱势群体需要的城市交通系统

提高为老龄人群、残障人士和低收入人群提供的交通服务水平，使弱势群体的交通可达性接近普通人群。

实现对城市交通环境的无障碍化改造。以大中城市为重点先行一步，进一步完善和落实相关规范标准。逐步形成系统化、网络化和连续性的无障碍化交通基础设施，尤其是步行网络和公共交通网络。将各项规范依法纳入城市规划、设计、建设、验收和管理等审核内容，切实保障标准规范的监督落实，对交通基础设施、运力等方面的无障碍设施的建设、维护等进行严格的定期检查。真正从生理性弱势群体的角度出发处理基础设施的设计、管理等方面的细节。创造条件，促进社区、社会组织等共同参与和协作，发挥政府与社会共治作用。

对公共交通提供补贴并大力发展需求响应交通。政府应对低收入人群的公共交通出行进行补贴，以更好保障这一群体的出行权力。通过发展需求响应交通，补充传统公交服务，结合自动驾驶等先进技术，改善生理性弱势群体出行的条件。

(四)“大国无疆”的全球交通战略

20 世纪中期以后，全球化的趋势越来越明显，在深度和广度上都达到极高程度。然而近年来全球化退潮，地缘政治骚动对全球化基础构成了新威胁，人们开始从另一个角度审视本土化,重新发现了本土化的生命力所在。但总体来看,经济全球化是各国经济发展的客观要求,总体发展趋势没有改变。到2050年,世界经济力量格局将发生巨变,中国将取代美国成为世界上最大的经济体。按照“一带一路”战略要求,加快谋划构建面向全球的交通运输体系,功在眼前,利在长远。在构建对外开放的全球交通时,还应以坚实的国防交通为国家立身之根本。

1.加强国际互联互通,构建以我国为中心面向全球的世界交通网

加强交通基础设施互联互通,构建面向全球的世界交通网。密切与全球其他国家(特别是周边国家)的合作,积极规划中蒙俄、新亚欧大陆桥、中国—中亚—西亚、中国—中南半岛、中巴、孟中印缅等六大经济走廊建设,实时谋划中俄加美国际通道,以推进各种范畴的区域合作和建立不同空间尺度的国际合作区域为基础,通过国际产能合作撬动交通基础设施布局的全球拓展,形成以我国为中心、畅通全球的交通网络。

中国—中南半岛国际通道。该通道由多条线路构成,主要分东线、西线、中线,从昆明、南宁出发,连接缅甸、老挝、越南、柬埔寨、泰国,经马来西亚直抵新加坡。开通这一通道可大大缩短中国到新加坡的距离,并可绕过马六甲海峡,直连泰国、缅甸西入印度洋的出海口。该通道将中国与东南亚交通网连为一体,是泛亚交通网络的核心。

中国—南亚孟中印缅国际通道。该通道是我国连接南亚乃至欧洲的重要战略通道,对维护国防安全、外交安全、经济安全、能源安全,进一步扩大对外开放,深化交流合作具有重大意义。它是实现我国交通网络向南亚印度洋方向延伸的重要通道,也是构建泛亚交通网的重要组成部分。

中国—印度洋中巴国际通道。中巴经济走廊是“一带一路”战略构想中的重要组成部分,被划定为旗舰项目。除了中国至巴基斯坦瓜达尔港的公路,中巴铁路(中国新疆喀什至巴基斯坦港口城市瓜达尔)已在酝酿之中。包括从瓜达尔输送往中国的油气管道在内的中巴陆路大通道,可以让中国最快地由陆路进入印度洋靠近波斯湾及其沿岸石油储备丰富地区,确保我国能源、资源大通道避开马六甲海峡。这应成为中国近期考虑的优先项目之一。

中国—中亚—西亚国际通道。该国际通道与古老的“丝绸之路”重合,起点是乌鲁木齐,经由吉尔吉斯斯坦、哈萨克斯坦、乌兹别克斯坦、土库曼斯坦、伊朗、土耳其等国家,最终到达德国。这一贯通欧亚的便捷大通道,将助推沿线国家发展的大提速,实现“丝绸之路”的复兴。

亚欧陆桥国际通道。从新疆的阿拉山口北上,途经哈萨克斯坦、俄罗斯、白俄罗斯、波兰、德国、法国,至英国伦敦,是著名的亚欧陆桥国际通道。该通道还可以与连接匈牙利、塞尔维亚、马其顿、希腊四国的中欧陆海快线对接,抵达“欧洲南大门”——希腊比雷埃夫斯港。在该通道中还将建成连接中俄的欧亚高铁,形成贯通欧亚的主干大通道,开创沿线经贸的新格局。

中蒙俄国际通道。该通道走向之一是第一亚欧陆桥通道,目前已实现全线贯通。从远期来看,该通道还将纵越亚洲大陆,打通与北冰洋航线的连接。北极地区构成连接亚、欧、美三地的“中介”,方便沟通三地之间往来的世界交通主脉,具有重大战略意义。随着气候的变暖,北极地区在夏季的海冰正在快速消融,“北极航线”愿景离现实越来越接近。未来北极地区丰富资源的开发,也需要有最为便捷的通连出海口的通道。

中俄加美国际通道。该通道为远期展望通道,线路从东北出发一路往北,经西伯利亚至白令海峡，以隧道的方式穿过太平洋，抵达阿拉斯加，再从阿拉斯加去往加拿大，最终抵达美国。它将实现亚洲、欧洲、非洲、北美洲和南美洲的互联互通。

通过以上国际大通道建设，构建起联通世界的全球交通网络，奠定我国联通东西、沟通南北的世界交通网。

2.统筹谋划战略格局，增强我国在海外战略支点布局

前瞻性谋划全球或国家内区域经济竞争力强、具有“门户”地位的海外港口和物流枢纽布局，形成海外“轴辐式”物流网络，提高对全球资源和市场的配置能力和效率。加强与国际城市的密切联系，密切关注全球新兴物流集群的发展，异地建设保税物流中心。积极加强与全球主要集装箱枢纽港的合作，推进与重要外贸区域核心港口的合作，参与国际次区域合作相关港口的开发建设，加强具有较好介入基础的港口的示范带动效应，并加快参与利于我国产业转移和资源引进的码头建设。

3.加快交通走出去的步伐，积极参与全球交通基础设施建设

密切关注并参与世界性重大工程，加强我国在重大工程和新通道的战略存在。关注北极航道、克拉地峡、尼加拉瓜运河、南美两洋铁路、非洲两洋铁路和白令海峡大通道等有望改变未来全球运输格局的重大工程和战略新通道的进展，扩大我国对相关事务的参与权，增强我国在其中的战略存在，积极参与并主导未来支撑“全球化”的战略新通道。

拓展交通“走出去”领域和模式，不仅广泛参与境外铁路、公路、桥梁、港口、机场等基础设施的设计、咨询、建设和运营，而且还应加强设备和服务“走出去”，并推动相关企业向资本输出、标准化输出、技术输出、管理输出转变。力争提升我国在全球主要交通运输组织中的角色和话语权，主动参与并引领国际市场竞争规则的制定，以增强我国对于国际运输主导权、贸易定价权和资源配置权的掌控。推动交通与其他产业联合走出去，以产能合作撬动基础设施建设，在对具体交通项目做好长期或战略收益设计或规划的基础上，积极对接相关国或地区的经济发展或产业布局，重点侧重于战略收益和产业布局，积极配合中国资本外溢和产业转移合作及政治意图等战略需求。在推进交通走出去的同时，以中国为主导提供的相应建设资金将人民币作为流通货币，从而加强人民币的区域化乃至全球化进程。

4.构建满足巩固国防和加强战备需要的交通运输系统

优化路网布局，满足国防需求。结合国家铁路与高速公路大通道、国省道主干线、主航道、主枢纽的规划与建设，形成覆盖全面的国家安全战略通道。加强东南沿海一线、二线和华南沿海地区的铁路、公路、水路建设，以及装载上船和海上训练地域的战备码头建设，完善港口、码头的战备配套设施，形成航空母舰停靠能力。加强中国西北部边境地区的公路、铁路、航空等建设，以及进藏公路、铁路建设。关注基于战争风险的首都区域安全，改造升级或新辟连通山西、内蒙古、承德等地的高等级公路与铁路，提升北京西、北方向的路网密度。关注港口、内河大坝、石油设施等战略打击重点目标的疏散交通线路建设。

提高基础设施质量，满足国防需求。将国防方面对交通基础设施的要求纳入相应的设计标准和规范。在网路质量上，铁路战略干线应全部为Ⅰ级或Ⅱ级，复线率和电气化率达到90%以上；公路战略干线的技术等级，一级以上的应占70%以上；战略航道的技术等级，三级以上的应占60%以上。完善铁路的军事运输装卸设施建设。具有国防意义的公路线路要具有坦克等重型军事装备的通行能力。对全封闭高速公路，除按城镇分布设置进出口外，还应考虑按一定距离预设备用出口；部分高速公路服务区按国防要求建成集食宿、加油、维修、通信等多功能于一体的保障中心。新建或改扩建机场,要充分兼顾军事空运的需求。港航基础设施建设要向大型化、深水化、远程化发展,提高内河、陆岛及海峡间的水运能力,形成平战结合的港口、陆岛交通及河海相通的水运通道网。主要战略方向的水路应建造能停靠江海直达轮的深水泊位和滚装码头。充分利用超级高铁等新型交通供给通道保障国防安全。

打造军用信息"天网"。以信息主导军用交通体系融合,提升军事输送能力,保障联合作战需要。构建完整"信息链",提供战略层面信息支援,具备夺取网络和空间战争"战略制高点"的实力。

七、制度与政策保障

加强顶层设计,充分发挥市场作用,以有限政府做有为之事

习近平指出:"在市场作用和政府作用的问题上,要讲辩证法、两点论……二者是有机统一的,不是相互否定的,不能把二者割裂开来、对立起来,既不能用市场在资源配置中的决定性作用取代甚至否定政府作用,也不能用更好发挥政府作用取代甚至否定市场在资源配置中起决定性作用。"为实现我国2050交通运输发展愿景,落实2050战略行动,需要定位好政府和市场角色,完善相关制度与政策保障。

(一)创新体制机制

按照权责匹配、民主决策、规范管理、创新发展的原则,改革现行的行政管理体制和交通运输行业管理体制,形成与现代化发展要求相适应的制度体系。

减少行政管理层级,形成中央、省和城市三级事权体制。为保证交通运输在全国和省域内的公平供给,强化中央政府和省级政府对交通运输发展的主体责任,逐步取消县级以下政府对交通基础设施建设的投资配套,由中央和省级政府进行统筹规划和实施。市级政府负责所在区域的城市交通基础设施发展。

在形成"大交通"管理体制的基础上,进一步整合交通与国土、旅游等管理职能,建立更加综合的行业管理部门。建立健全法律规章,建立由人大监督的投资预算审查监督机构,逐步取消建设项目审批,依法明确行业管理职责,减少部门间职责横向交叉,理顺行业纵向监管职责,提高治理能力。

中央政府整合所有交通类专项资金,统筹综合交通体系建设和发展。未来10至15年全国交通基础设施网络基本定型,主要的任务将转为网络体系的维护和升级换代,中央涉交预算将统筹安排到促进区域城乡间交通公平、设施维护更新、鼓励交通技术创新等领域。

(二)完善宏观调控

更好地发挥政府在宏观调控中作用,要按照法定的权责施政,关键在于抓重点、抓关键环节的牵引作用,避免过多地参与市场运行机制调控。

完善市场规则及其配套的法规标准体系。政府作为经济社会活动的组织管理者和市场运行的"守夜人",首要任务是建立和完善法律法规和标准体系,以规范各类社会主体的活动

行为，保证经济平稳运行和社会公平公正，避免社会失序。交通运输领域的法律法规和标准体系建设与完善社会主义市场经济体制要求还有较大差距。这是政府需要加强的重点工作之一。

提高规划的宏观指导性和计划的实操性。规划是政府进行宏观调控的重要手段之一。未来规划将更加综合协调，包括各交通方式和各运输领域的综合，以及交通运输与经济产业、资源环境、社会人文等各领域的综合协调；更加注重长远的战略指导性，如十年乃至更为长远的规划，五年规划将作为长远规划的阶段性任务细化安排，而年度计划只针对特定的工作事项进行部署和项目预算落实，不进行布局类或行业发展类安排。

从地缘政治、外交、军事、商贸等方面统筹考量，推进涉外类重大交通发展战略布局或重大交通项目。未来在“一带一路”战略推进中，将会有更多的跨境或境外交通布局和项目合作，涉及外方人文、法律、市场等环境因素，单靠交通行业部门或某个企业难以承担，必须有国家进行全局性谋划。

(三)发挥市场作用

充分发挥市场配置资源要素的决定性作用，不断完善交通运输现代市场体系，建立公平开放、统一透明的交通运输市场，解决供给主体的“正当性”问题。

分类建立负面清单，改革市场准入制度。完善各种运输方式价格形成机制，依法明确公益性或准公益性运输领域的政府定价补偿机制，放开所有交通运输行业竞争性环节或领域。随着市场机制的不断完善，今后凡是能够由市场解决的事项，政府除了依法监管外，消除一切行政干预行为。

加强市场监管，依法为激发市场活力“保驾护航”。建立透明市场，建立同业公会制度，提高行业自律和监督水平，全面清理交通运输领域妨碍统一市场和公平竞争的规定和做法，破除地方和部门保护，打破大集团垄断和不正当竞争，鼓励各类市场主体通过公平竞争优胜劣汰。政府通过投资、补贴、税收优惠等方式鼓励各类市场主体参与交通项目建设，开展技术创新和服务模式创新，引导行业绿色低碳发展等，但必须做到依法依规、公开透明，并接受全过程监督和审计。

建立健全行业信用体系。建立全国统一的交通运输行业信用信息平台，推进与公安、工商、税务、金融、安监等部门信用系统的有效对接和信息共享。针对不同交通运输从业主体，逐步建立具有监督、申诉和复核机制的综合考核评价体系。制定并落实守信激励和失信惩戒制度，建立健全交通运输市场主体和从业人员“黑名单”制度，实施动态监管。

(四)强化人才支撑

建设具有创新力的人才梯队，打造与交通运输现代化建设相匹配的人才队伍，进一步提升行业创新力和核心竞争力，为交通运输科学发展上水平提供坚强的人才保证。

强化学校、职业教育体系，形成专业化、系统化培训体系，培育分梯次、分技能的专业人才队伍。加强交通运输行业职业经理人和跨界人才的培养，特别是适应未来交通新业态和新领域发展需求，适时更新知识和技能体系人才的培养和储备。根据涉外交通运输发展的迫切需求，加快在国际法、国际商贸流通、项目管理等方面的人才培养。

加强交通科技领域技术创新。科技创新关乎交通运输现代化的水平。需要坚持政府的意志力和大力扶持,切实营造鼓励创新、包容失败的社会氛围,并通过国家组织重点技术攻关,推动产业研发快速转化,提高国家创新能力。同时,激发各类市场主体开展创新的积极性,充分发挥企业在创新成果转化方面的主体作用。

形成完善的激励机制。拓宽人才发展空间,放宽人才选拔条件,改革用人方式,建立以人才资本价值实现为导向的分配激励机制,形成分层次、分性质薪酬系统,建立规范有效的人才奖励制度。鼓励科技成果等生产要素合理参与收益分配。

执笔人:吴文化　宿凤鸣

理论概念篇

内容摘要:现代化是18世纪工业革命以来人类文明的一种深刻变化。交通运输现代化是现代化的重要组成部分,随着工业化发展阶段变化和科学技术革命日新月异而不断演进。本篇从现代化内涵入手,重点探讨了交通现代化的内涵、特征和价值取向,并依据现代化理论对交通运输现代化进程进行划分,为研究奠定理论基础。

一、现代化内涵

(一)现代化概念

"现代化"(modernization)是20世纪60年代后在西方社会科学研究中逐渐流行的术语,来源于欧洲文艺复兴时期人文主义著作中使用的modern一词❶。关于"现代化"的确切含义,学术界至今没有一致的看法。一般认为,现代化是适应现代的特点,满足现代的需求,是向现代迈进的过程,是人类社会从工业革命以来所经历的一场涉及社会生活诸领域的深刻的变革过程,代表了由传统向现代的转变,包含工业化、科学化、合理化、民主进步等现代现象与思想。现代化是一个世界现象,是人类发展的世界前沿,以及达到和保持世界前沿的过程。现代化也是一种国际竞争,是追赶、达到和保持世界前沿的国际竞争和国际分化。现代化更是一个动态的目标和过程,随着人类科技、文明等的进步,在不同阶段存在不同目标。

无论从历史维度还是技术演进角度考察,工业化无疑是现代化的核心,既开启了现代化,又与现代化相携前行。在18世纪之前,人类生产力的进步是较为缓慢的。进入18世纪之后,新发明创造引起多次工业革命进程,大幅度提升生产力,并相应改变生产关系。英国经济学家佩蕾丝按照技术经济范式的转变,将1771年以来的技术和产业革命划分为5次,即18世纪早期机械时代、18世纪末至19世纪中叶的蒸汽机与铁路时代、19世纪末期至20世纪初期的钢铁与电力时代、20世纪初期和中期的石油与汽车时代,以及20世纪70年代至今的信息与通信时代。德国基于自身发展阶段划分了4次工业革命时代❷,18世纪到19世纪中叶含早期机械时代和蒸汽机时代为工业1.0时代,20世纪初的电气化和自动化时代为工业2.0时代,20世纪开始的信息化为工业3.0时代,21世纪初期开始的智能化阶段工业4.0时代(见图1-1)。

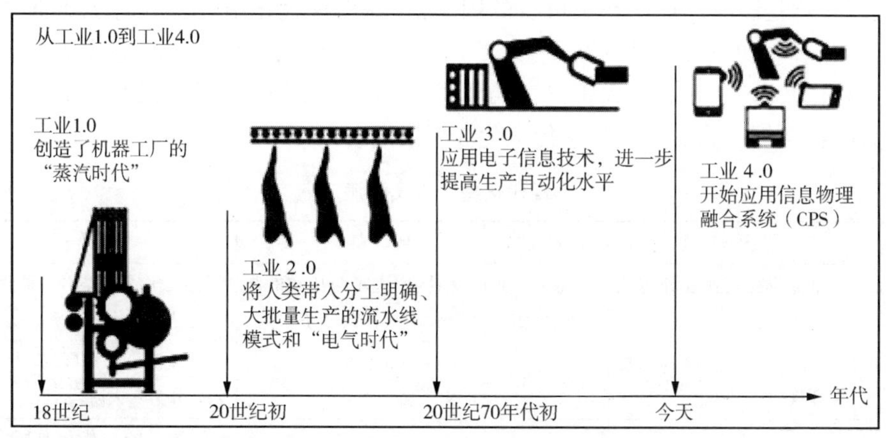

图1-1　德国4次工业发展阶段的划分

资料来源:参考德国工业4.0工作组发布《实施建设》2013年4月。

---

❶参考罗荣渠教授的《现代化新论——世界与中国的现代化》(增订本),商务印书馆,2014年3月北京第4版,P3、P5页。

❷Carlota Perez; Technological Revolutions and Financial Capital—The Dynamics of Bubbles and Golden Ages; 中国人民大学出版社,2007年10月。

总体而言，世界范围内对技术革命和产业革命的划分方法各有不同，但通常把工业革命和产业革命视为同等含义。国际学术界大体上有 2 到 3 次科学革命、3 到 6 次技术和产业革命等不同分类❶。

我国罗荣渠教授在《现代化新论——世界与我国的现代化》(增订本)一书中，对现代化内涵做了总结，具有一定代表性，主要概括为 4 方面：一是坚持科学技术是第一生产力，指通过技术革命在经济和技术上赶上世界先进水平的过程；二是现代化实质上就是工业化，是经济落后国家实现工业化的进程；三是现代化是自科学革命以来人类急剧变动过程的总称；四是现代化主要是一种心理态度、价值观和生活方式的改变过程。前两个含义较为大众所接受，也是目前流传较广的概念，强调的是现代化进程中的技术进步和经济社会发展两条主轴线。第三个含义则是从整个经济社会发展系统解释，实质上是前两个含义的综合阐述。第四个含义则是从社会学、心理学、人类文化学等角度进行综合考察，体现一种行为或价值观，强调的是经济社会发展中人类需求的递进变化。

(二)现代化理论发展

1.国外现代化理论综述

现代化理论是在第二次世界大战后的全球工业化高潮阶段形成的关于社会变迁的理论架构❷。考察现代化理论发展轨迹，从萌芽至成熟大致经历了 3 个阶段：第一个阶段是萌芽阶段，从 18 世纪至 20 世纪初，以总结和探讨西欧国家自身的资本主义现代化经验和面临的问题为主；第二个阶段是形成时期，第二次世界大战后至 20 世纪六七十年代，以美国为中心形成了相对比较完整的理论体系；第三个阶段是深化发展阶段，从 20 世纪六七十年代至今，核心是如何处理后发国家现代化建设中的传统与现代的关系。

从研究领域和侧重点来看，大致可以分为六大学派(见表 1-1)：结构-功能主义学派重点研究现代性和传统性的比较和转换；过程学派重点研究转变过程的特点和规律；行为学派强调人的现代化是国家现代化必不可少的因素，并提出现代化 10 条标准；实证学派注重个案研究，开展现代化的实证分析；综合学派以社会结构和政治现代化为轴心形成自己的现代化分类，重在比较研究、发展模式研究、定量指标研究等；未来学派重点研究发达国家的发展趋势，将人类社会划分为农业、工业、信息化 3 个浪潮阶段。

现代化理论六大学派　　表 1-1

学派	主要领域	代表人物	代表作	主要观点
结构-功能主义学派	重点研究现代性和传统性的比较和转换	帕森斯、列维、穆尔	《社会：进步与比较的观点》、《现代社会体系》	现代化的过程不仅是西方化，实质上是美国化
过程学派	重点研究转变过程的特点和规律	罗斯托	《经济成长的阶段非共产党宣言》	从经济史的角度，探索把现代社会划分为六大阶段
行为学派	强调人的现代化	英克尔斯	《人的现代化》	强调人的现代化是国家现代化必不可少的因素，并提出现代化 10 条标准

❶The Boston Consulting Group；工业 4.0：未来生产力与制造业发展前景；2016 年 5 月

❷参考罗荣渠教授的《现代化新论——世界与中国的现代化》(增订本)，商务印书馆，2014 年 3 月北京第 4 版，P27 页。

续上表

学派	主要领域	代表人物	代表作	主要观点
实证学派	开展现代化的实证研究	亨廷顿	《变动的社会秩序》	从政治学的角度研究现代化分类，注重个案研究
综合学派	比较研究、发展模式研究、定量指标研究等	布莱克	《现代化的动力-比较历史研究》	把现代化进程分为4个阶段，以社会结构和政治现代化为轴心形成自己的现代化分类
未来学派	重点研究发达国家的发展趋势	托夫勒	《第三次浪潮》	将人类社会划分为三个浪潮阶段：农业阶段，工业阶段，信息化（或者服务业）阶段

资料来源：根据相关文献资料整理。

2.我国现代化研究综述

我国现代化研究兴起于20世纪80年代中期，其中较为典型的代表人物有张培刚、罗荣渠、何传启、丁建弘、钱乘旦等。他们对现代化概念、理论体系和研究方法等进行了有益的探讨，并取得重大成就。作为我国发展经济学创始人之一，张培刚从发展经济学角度提出，现代化是全社会范围一系列现代要素以及组合方式连续发生的由低级到高级的突破性变化或变革的过程❶。罗荣渠是我国现代化研究的开拓者之一，认为现代化是一个包罗宏富、多层次、多阶段的历史过程，并将现代化概念分为广义和狭义两个方面来考察❷。何传启认为，现代化是18世纪工业革命以来人类文明的一种深刻变化，是现代文明的形成、发展、转型和国际互动的复合过程❸。同时，何传启、丁建弘、钱乘旦还对现代化模式、道路进行了诸多探讨。如何传启依托其“二次现代化理论”提出了3条现代化道路：即争先恐后的第二次现代化、从第一次到第二次现代化的追赶现代化和两次现代化协调发展的综合现代化。

总体而言，只要符合以下5个方面特征，现代化就会发生、发展、演进、跃迁、积累❹。

一是现代化一定是历史的、发展的概念。现代化不是一个固定的，也不是一个一成不变的概念，是随着人们对现代化实践和认知的不断深入，而不断丰富和完善的概念。如我国现代化道路，不是简单的对西方现代化模仿和复制，而是对其学习和借鉴，还有创新和超越。

二是现代化是在全社会范围内的现代化。从领域范围来看，它包括经济现代化、社会现代化、政治现代化、人文现代化、生态文明建设，以及国防和军队现代化等。从地域范畴来看，包括城市现代化和农村现代化、沿海地区现代化、中西部地区现代化和少数民族地区现代化等。因此，我国现代化一定是具有社会主义特色的现代化，更加包容、开放、公平、和谐、共享。

三是现代化是现代要素及其组合方式，涉及资源能源、资本、信息、人文、教育、科学技术、文化知识以及制度法律等现代要素，也包括各种现代要素的组合方式，不同的现代要素也有不同的组合模式。

四是现代化是一个连续性累积的发展和建设过程，体现了现代化发展的阶段性与质变性。从低级到中级、再到高级，从量变到部分质变、再量变到再部分质变、最后引起质变。例

❶引自张培刚，《新发展经济学》，河南人民出版社，1992年。

❷参考罗荣渠教授的《现代化新论——世界与中国的现代化》（增订本），商务印书馆，2014年3月北京第4版，P33页。

❸引自何传启，《现代化科学：国家发达的科学原理》，科学出版社，2010。

❹引自胡鞍钢，《国家治理现代化》，中国人民大学出版社，2014。

如，我国在改革开放 30 多年中，先后经历了从绝对贫困到解决温饱，达到小康水平，进而全面建设小康社会。

五是现代化是全方位的变革过程，包括观念变革、经济变革、社会变革、文化变革等，本质上是现代国家制度的建设与体制改革。

（三）现代化的两个阶段

当我们身处大变革之中时，并不知道自己处于什么样的发展过程中，对现代化的认识也是如此。对现代化的系统研究是自 20 世纪 50 年代开始的，基本是美国第一次现代化完成的阶段，进而对现代化有了一定的系统理论阐述。当时的发达国家认为自身的现代化基本完成，人类的物质文明发展达到一个顶点，这之后进入的是"后现代化"时代，人们开始更多关注精神文明。

然而，这种对"现代化"和"后现代化"的认识事实上还是来自于人们的思维习惯，即总认为现在就是历史的终结。但是事物在不断变化，历史没有终点，一切被认为的"真理"都会在某个时候突然被颠覆。进入 20 世纪 70 年代后，人们发现现代化并没有终止，且正在迈进"第二次现代化"的进程，对现代化的认识又有了进一步的深入。通俗来讲，现代化是一个发展过程，这一进程不是直线的，既是进步，也是选择，更是淘汰。创新—选择—淘汰是贯穿现代化的 3 个重要名词。这种发展性淘汰，就像生物进化，"物竞天择，适者生存"。何传启提出了"第二次现代化理论"，将现代化进程分为两个阶段[1]：

1. 第一次现代化：经典现代化

经典现代化指从农业时代向工业时代、农业经济向工业经济、农业社会向工业社会、农业文明向工业文明的转变过程。其主要特征是在政治、经济、社会、文化和个人等各个方面实现从农业文明向工业文明的转型，例如政治民主化、经济工业化、社会城市化、文化理性化、普及初中教育等。对发达国家而言，第一次现代化的大致时间是 1763—1970 年。许多发展中国家迄今还没有实现第一次现代化。

2. 第二次现代化：新现代化

新现代化指从工业时代向知识时代、工业经济向知识经济、工业社会向知识社会、工业文明向知识文明的转变过程。对发达国家而言，第二次现代化的大致时间是 1971—2100 年。发展中国家和欠发达国家不得不同时面对第一次现代化和第二次现代化的挑战。对于发达国家来讲，其主要特征是探索新现代化的途径，在政治、经济、社会、文化和个人等各方面实现从工业文明向知识文明、物质文明向非物质文明的转变。对于发展中国家，在加速第一次现代化的同时，还要学习和引进新现代化，推动知识化、网络化（信息化）、全球化和创新化进程，保护文化多样性和生态环境等。

根据何传启的研究表明，到 2000 年世界有 61 个国家已完成或基本实现第一次现代化，涵盖的全部是发达国家。还有 24 个国家已经进入第二次现代化进程，如美国、日本等。对于大部分发展中和欠发达国家，还未看到第一次现代化的美好就被拖入第二次现代化的大潮。展望未来，可以肯定地说，第二次现代化不是文明进程的结束，将来还会有第三次、第四次和第五次现代化等，我们还看不到终点。

---

[1] 参考何传启，《第二次现代化理论》，科学出版社，2013 年版。

表 1-2 为人类文明与现代化进程详解。图 1-2 为人类文明与现代化进程示意。

人类文明与现代化进程 表 1-2

发展阶段	大致时间	大致跨度	发展特征	备注
工具时代	250 万—0.55 万年前	250 万年	原始文化、原始经济、原始社会	人类诞生 社会化
起步期 发展期 成熟期 过渡期	250 万—20 万年前 20 万—4 万年前 4 万—1 万年前 1 万—0.55 万年前	230 万年 16 万年 3 万年 0.5 万年	旧石器早期、狩猎采集、原始人类 旧石器中期、狩猎采集、血缘民族 旧石器晚期、狩猎采集、母系社会 新石器时期、作物栽培、父系社会	
农业时代	公元前 3500—公元 1763 年	5260 年	农业文明、农业经济、农业社会	农业化 文明化
起步期 发展期 成熟期 过渡期	公元前 3500—500 年 公元前 500—公元 618 年 公元 618—1500 年 公元 1500—1763 年	3000 年 1100 年 900 年 260 年	古代文明、种植养殖、奴隶制 古典文明、封建制 东方文明繁荣、欧洲中世纪 欧洲文明崛起、文艺复兴时期	
工业时代	1763—1970 年	210 年	工业文明、工业经济、工业社会	第一次现代化 工业化 城市化 新农业化
起步期 发展期 成熟期 过渡期	1763—1870 年 1870—1913 年 1914—1945 年 1946—1970 年	110 年 40 年 30 年 20 年	第一次工业革命、机械化 第二次工业革命、电气化 家庭机械电器化、福利化 第三次产业革命、自动化、计算机	
知识时代	1970—2100 年	130 年	知识文明、知识经济、知识社会	第二次现代化 知识化 生态化 新工业化
起步期 发展期 成熟期 过渡期	1970—1992 年 1992—2020 年 2020—2050 年 2050—2100 年	20 年 30 年 30 年 50 年	第一次信息革命、微型计算机、知识化 第二次信息革命、网络化、绿色化 生物设计和克隆、新生物学革命 新型运载工具、新物理学革命	

资料来源:《我国现代化报告 2010:世界现代化概览》,北京大学出版社,2010 年版。

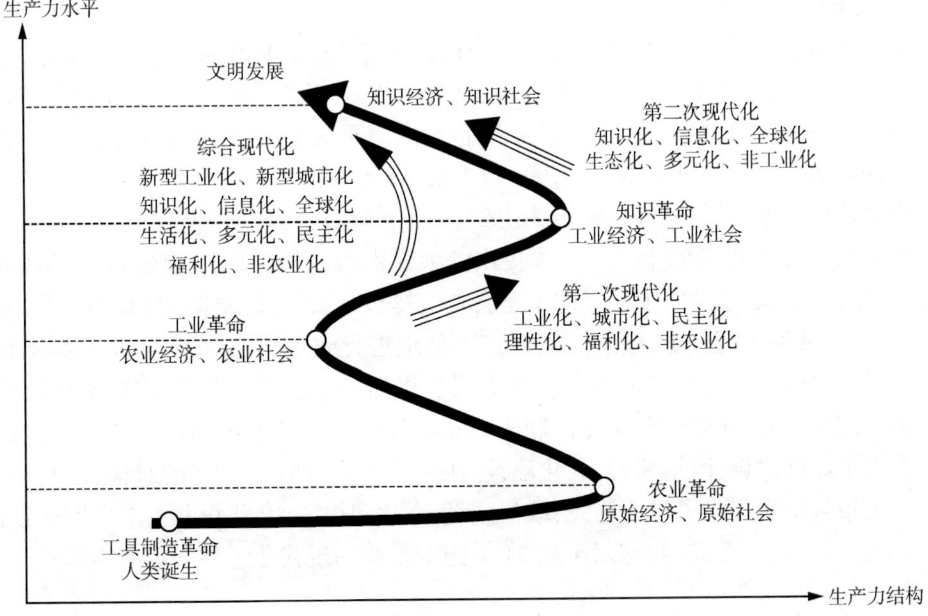

图 1-2 人类文明与现代化进程

资料来源:何传启《世界现代化的分析方法和基本概念》,2010 年 3 月。

在现代化的进程中，推进现代化的源动力在于技术革命。技术革命往往以更优的技术虏获人心，并根深蒂固地植入人们的生活。而经济力的驱动和制度因素推波助澜，让旧有范式丧失一切力量。经济、制度和技术 3 个维度，共同驱动一场技术革命浪潮。当经济发展到一定程度，通常会伴生促进生产力进一步加快的技术革命。在技术革命的开端，社会和制度观念强调旧有范式并抵制新范式。但是，随着周期不断向前推进，首先社会规范，其次政治和制度规范逐渐形成一个新的框架，不断加强新范式的统治地位。尤其在现在的年代，客户的需求越来越领先于既有的技术，创新的灵感来源从市场主体的探索性创新过渡到客户的前瞻性思维。上述现代化要素之间的关系参见图 1-3。

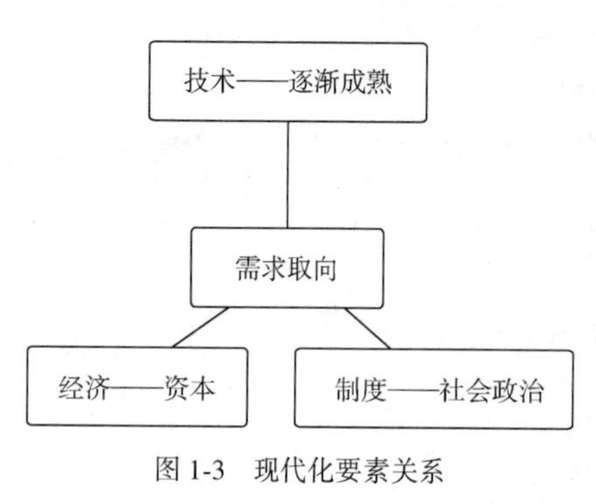

图 1-3　现代化要素关系

(四)我国现代化蓝图与愿景

1.我国现代化总体布局

我国的现代化始于 19 世纪 60 年代的洋务运动。与日本扩张型阶梯式推进模式不同，我国现代化是革命型的波折式推进，多次出现模式变换，表现极为不平稳。20 世纪中叶以后，随着我国社会主义道路的探索前进，特别是改革开放以后，我国现代化进入一个新的时期，现代化的总体布局逐渐成熟、完善。

事实上，我国的现代化总体布局并不是一次性完成的，而是经历多次认知并不断修正、实践、探索、创新之后才形成的。可以说是从经济现代化过渡到了全面现代化，再到全面协调各类现代化；从单一的追求经济现代化，到各领域的现代化，再到进入 21 世纪的全面推进、全面协调的现代化❶。

从早期来看，我国的现代化主要是以经济现代化为核心。1956 年，党的八大提出四个现代化，即我国要具有强大的现代化的工业、现代化的农业、现代化的交通运输业和现代化的国防。1964 年又提出了四个现代化，即在 20 世纪内全面实现农业、工业、国防和科学技术的现代化。1975 年重申四个现代化，要使我国国民经济走在世界的前列。改革开放之后，我们对现代化的认识逐渐扩展，从经济建设为主到五位一体的现代化，逐步形成“五位一体”的现代化总体布局。1982 年党的十二大报告提出三大建设(经济建设，思想建设，政治建设)和“两步走”设想。1986 年党的十二届六中全会首次提出社会主义总体布局设想：以经济建设为中心，坚定不移地进行经济体制改革，坚定不移地进行政治体制改革，坚定不移地加强精神文明建设的总体布局。2002 年党的十六大报告提出了经济建设与经济体制改革、政治建设与政治体制改革、文化建设与文化体制改革的“三位一体”的总体布局。2007 年党的十七大报告提出了经济建设、政治建设、文化建设、社会建设的“四位一体”的总体布局。2012 年党的十八大报告全面提出了经济建设、政治建设、文化建设、社会建设和生态文明建设的“五位一体”的总体布局。至此，我国对于到 21 世纪上半叶的现代化总体布局基本形成。

❶引自胡鞍钢，《国家治理现代化》，中国人民大学出版社，2014。以下各阶段论述也同样参考此书。

2.我国现代化图景

建设社会主义现代化强国一直是中国人的梦想。在新中国成立后各个时期，国家领导人对此都有一定的表述。如毛泽东同志提出要建设“工业化强国”，邓小平同志提出了“现代化三步走”的目标。习近平同志进一步提出要“全面建成小康社会、建成富强民主文明和谐的社会主义现代化国家，实现中华民族伟大复兴的中国梦”的伟大目标。表1-3列出了中国领导人对现代化的一些说法。

中国领导人谈现代化 表1-3

年代	人物	目标
20世纪50年代	毛泽东	工业化强国
20世纪60年代	周恩来	四个现代化
20世纪80年代	邓小平	现代化三步走
21世纪	江泽民	有条件地区可率先基本实现现代化
	胡锦涛	2020年基本实现教育现代化
	习近平	五个现代化，全面建成小康社会，建成富强民主文明和谐的社会主义现代化国家，实现中华民族伟大复兴的“中国梦”

按照何传启的观点，2000年我国还没有完成第一次现代化，但具有第二次现代化的要素，属于两次现代化并存阶段，并指出我国将在2015年左右基本达到第一次现代化水平。未来我国更高水平的现代化将着眼于经济、社会、政治、文化、生态和人的发展等方面的全面进步。

表1-4为中国第二次现代化发展图景。

中国第二次现代化发展图景 表1-4

发展要求	现代化的中国	发展要求	现代化的中国
经济没有剥削	100%的人自由生活	文化没有冲突	公平竞争，民主竞选
社会没有压迫	80%的人无忧无虑	环境没有污染	各尽所能，各尽其职
政治没有腐败	20%的人勇往直前	人民没有贫困	按贡献分配，按需要调节

资料来源：何传启，研讨会PPT。

二、交通运输现代化内涵

（一）交通运输现代化研究探索

交通运输发端于人类社会出现之时，但演进的速度一直较慢。直到工业革命之后，随着技术跨越，人类从自然界索取利用资源的能力发生了质的飞跃，社会生产生活产生了剧变，现代化成为人类社会发展的洪流，才推动交通运输的现代化快速前行。多年来，国内许多学者开展了交通现代化的研究，主要集中在交通与经济社会发展关系、交通现代化内涵、交通科技进步和交通现代化指标等方面。

1.从交通运输与经济社会发展关系角度

荣朝和提出的运输化理论认为，运输化是工业化的重要特征之一，是伴随工业化而发生的一种经济过程。在工业革命发生之前，从原始游牧经济、传统农业社会到工场手工业阶段，各国经济一直处于"前运输化"状态。与大工业对应的是运输化时期，而运输化本身的特征又在"初步运输化"和"完善运输化"这两个分阶段中得到充分发展。随着发达国家逐步向后工业经济转变，运输化的重要性在相对地位上开始让位于信息化，从而呈现出一种"后运输化"的趋势。"前运输化""运输化"和"后运输化"可以与前交通现代化、第一次交通现代化和第二次交通现代化对应。

樊桦提出，交通运输现代化是指在资源和环境等各种外部约束条件下，各种运输方式按照技术经济比较优势和国情特点分工协作、优势互补、有效衔接形成的一体化运输系统优化过程。该系统不仅能够在管理和技术上充分满足社会经济发展所产生的各种客货运输需求，而且能够实现与资源环境和经济社会的协调、可持续发展。李作敏等认为，交通运输现代化是传统社会变革的一部分，本质是交通运输系统通过变革提升自身服务能力，并与人、社会、自然和谐共处；既是交通运输满足经济社会需求、适应自然环境要求的一种状态，也是交通运输从欠发达到较发达的一个过程。戴东生认为，交通运输现代化的基本内涵是指交通服务体系整体发展水平与经济社会现代化相适应，并且相对于交通运输服务体系自身发展过程而言，达到前所未有的一种高度发达完善的状态。

2.从交通科技进步角度

周乐认为，交通运输的现代化是用先进的工业化技术和新型的信息化技术改造传统的交通运输业，提出了基础设施网络、运输服务系统和支撑保障系统的现代化交通体系框架。许云飞等强调通过交通运输业技术进步和革命，使交通运输能够满足不断变化和发展的经济、社会的各种需求。田少波则指出要实现采用现代化的科学技术装备和实施现代管理方式的新型交通服务行业。

3.从交通运输现代化指标角度

1995 年交通部公路规划设计院在资料收集与整理基础上，率先提出《中国公路的现代化标志初步研究》报告。樊桦、张盈盈等提出了交通现代化的指标体系，杜亮、刘春桃、许云飞等对内蒙古、广东、山东、浙江等地的交通现代化进行了研究。总体而言，相关研究从技术标准和工程实现角度量化并评价交通现代化，取得了较大的进展，但其中主观判断因素较多，逻辑不够严密，难以形成普适的、权威的意见。

4.从系统诠释的角度

李连成认为，交通现代化应该从交通运输系统和经济社会系统两个层面来界定。从交通运输本身看，交通现代化是运输需求得到高品质满足的一种状态，实现物畅其流、人畅其行。在较大空间范围看，这种满足的最基本要求就是交通运输系统较好地支撑经济社会发展。从与经济社会系统的关系看，交通现代化是引起社会变迁的一场革命。这里的社会变迁既包括生产方式，也包括生活方式。这种认识是具有较大的突破和参考价值的。

(二)对交通运输现代化内涵的初步认识

归纳相关研究，从系统学角度讲，"交通运输现代化"是现代化不可分割的部分，是人类经济社会现代化进程的一个组成部分，意味着在世界的交通运输发展中位列前沿。从社会经济学角度讲，"交通运输现代化"是和现代化社会经济相适应的交通发展状态和交通发展过程，能引导生产力布局，使生产关系良性互动和产业结构优化，为社会经济大系统的协调、高效和可持续发展提供支持和保障。从应用科学角度讲,“交通运输现代化”是交通相关技术保持世界发展前沿,并能够在较大范围内得到应用的过程。

1.交通运输现代化内涵

交通运输现代化和现代化交通运输在本质上并无不同,只是前者着重于过程,后者则侧重于结果。交通运输现代化既是对自身的修正乃至变革,也是作为经济社会子系统的适应与提升,最终实现与人、与社会、与自然和谐共处。因此,交通运输现代化是交通运输文明的演进过程,是人类文明进步的重要组成部分。我们可以从以下 3 个方面来理解:

交通运输现代化是一个过程,具有动态性。交通运输现代化是交通运输发展的目的、目标、环境、条件不断修正、完善、提升的过程,是渐进的、发展的动态过程。不同的历史发展阶段有不同的现代化特征,所谓的某一发展阶段的现代化只是针对当时的生产力水平而言。

交通运输现代化是一种状态,具有同质性。这种状态是人类社会迄今为止可以认识到的、公认的共有特征,即交通运输发展的价值标准或系统功能具有同质性,如安全、便捷、高效等,也是世界各国交通运输发展共同的价值追求。交通运输现代化是一种相对状态,具有一定的指向性,也有具体的某一类或某一组“参照系”,如美国、日本和欧洲等发达国家或地区。

交通运输现代化是一种进步,具有先进性。先进性是交通运输现代化的根本特质。交通运输现代化是交通运输系统与经济、社会、自然等不断磨合最终达到和谐的一种状态。对交通运输先进性的价值判断,不仅要关注其经济价值、社会价值,还要关注其生态价值、环境价值。

综上所述,交通运输现代化的内涵可概括为:体现当前国际先进水平的交通状态和过程,即一个国家或区域的交通运输总体水平从技术、制度、文化等多维度达到或接近国际先进文明水平。

2.交通运输现代化的特征

交通运输现代化是一个复杂的系统演进过程,其运动状态、过程及其影响因素、因果关系等十分复杂。通过剖析,寻找共性,可以归纳为以下几个特征:

从交通运输现代化的目的性或外部性功能特征考察,交通运输现代化的核心价值观可概括为安全、便捷、经济、高效。这是人类生产生活对交通运输发展的根本性诉求,是交通运输现代化的基本价值遵循。

从构成交通运输系统的各个子系统结构特征考察,交通运输现代化表现为各子系统的现代化,主要包括基础设施现代化、技术装备现代化、运输服务现代化等。

从实现交通运输大系统、各子系统功能的主要元素以及系统环境要素特征考虑,包括生产力和生产关系或经济基础和上层建筑等。具体包括人、科技、生产工具(指为交通运输生产、建设提供中间产品的关联产业)、行业文化、管理体制、管理制度(广义还包括政策、法规等)的现代化。

因此,交通运输现代化具体可以从载运设备、基础设施、运输服务、体制机制、经济支撑以及文化发展等诸多方面进行阐释(见图 2-1)。

载运设备:既有技术条件下处于世界前沿的载运设备是交通运输技术发展程度的直接体现。

基础设施:不断创造与高技术水平的载运设备相适应的新基础设施网络。

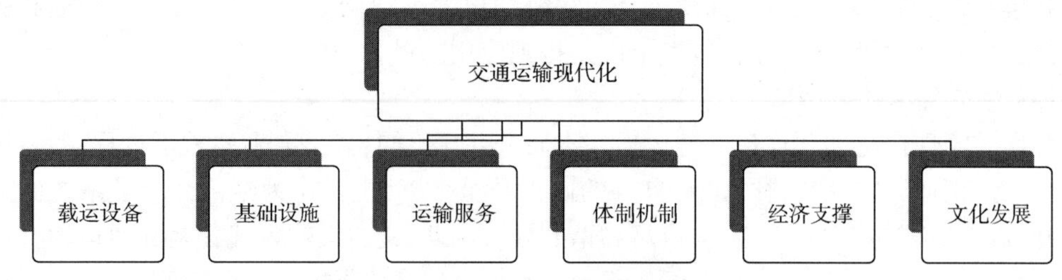

图 2-1　交通现代化的多维度定位

运输服务：最大程度保证各类运输需求得到高品质满足，实现物畅其流、人畅其行。

体制机制：促进先进技术应用、基础设施拓展、运输服务提升、资源环境友好的管理运行制度。

经济支撑：交通运输发展能够适应、支撑、引导经济发展需要。

文化发展：交通运输发展对人类社会进步的认识与贡献，包括在先进发展理念、提高资源能源利用效率、保护环境、呵护人类幸福等多方面寻求平衡。

3. 交通运输现代化价值取向

世界不同国家或地区的地理条件、社会环境及运输发展的历史和现状均不同，不可能有统一的运输模式。但在世界交通运输发展的大趋势中，仍然能够总结出交通运输发展的普遍认识及其价值取向。

去远求近。交通运输历史发展的整个过程是一个“去远求近”的过程。速度的提高，能够换得人类在一定时间内触及更广的空间范围，原材料和产品等要素的流动性大幅度增加，市场不断扩大，生产合作组织范围持续扩展。这种速度的不断提升，最主要得益于新式交通工具的不断发明应用，以及能源动力的变化。工业革命之前，人力畜力车船及帆船的时速不到 20 公里。19 世纪初的蒸汽机船的时速可达 50 多公里，史蒂芬森制造的“火箭号”蒸汽机车时速就达到 44 公里，随后技术改进的蒸汽机车的时速超过 80 公里，现在的高速铁路时速更达到 350 公里以上。第二次世界大战后高速公路出现，汽车的行驶时速达到 100 公里以上。20 世纪 50 年代，商用喷气式飞机的广泛使用，使人类的交通时速超过 700 公里。

经济适用。通过交通运输进行人和物的位移时，需要消耗相应的能源资源。运输费用体现出人们对于在一定的运输时间和运输量下对所消耗能源资源的价值定位。在交通运输的发展过程中，运输量的规模不断扩大，运输费用不断下降，使当期的经济社会活动对运输量的承受能力不断上升，进而提高了运输的规模。这种经济适用是在一定速度下才具有可比性，即就相同的速度而言，运输费用是在不断下降的。这里的运输费用不仅包括个人支付的费用，也包括社会整体支付的费用。

历史上运河的开挖、轮船的出现、铁路的发展、公路的兴起，无不是竞争中显现出明显的运输成本相对优势而获得生命力的。熊永均考察现代经济增长过程时，分析了运输成本的演变过程。荣朝和将这一发现与运输化阶段结合起来，表明交通运输发展始终是沿着运输成本不断下降这一方向发展的（见图 2-2）。

进入综合运输阶段后，交通运输的现代化也体现了运输费用下降的趋势。这里的运输费用是在人们认识到交通运输给社会和自然环境造成的压力之后再界定的，包括了以往忽略的社会总体成本，即外部性成本。因此，人们的交通运输方式选择产生了变化，从更依赖公路、航空向再促进铁路、水运发展转变。

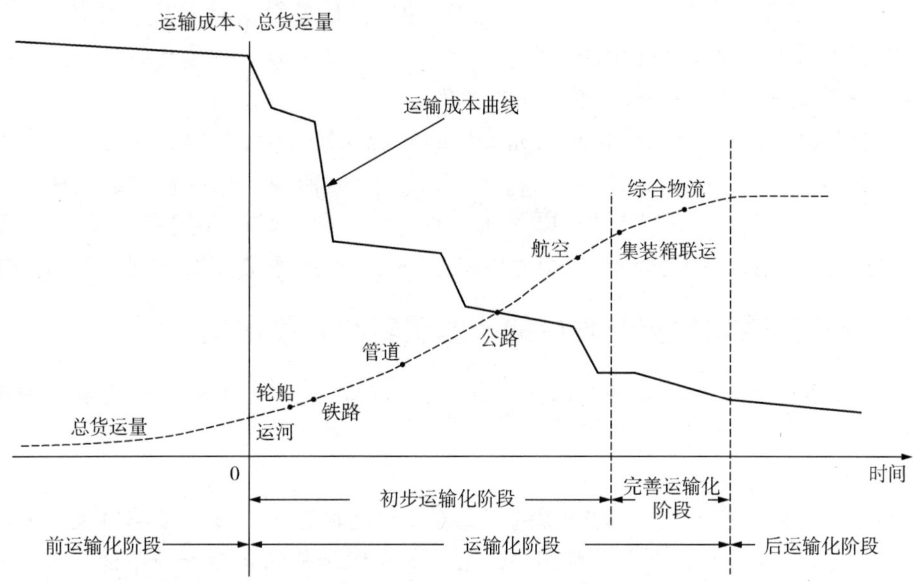

图 2-2 运输成本变化示意图

资料来源:荣朝和《运输发展理论的近期进展》,中国铁道科学,2001 年第 22 卷。

灵活自由。在速度和经济之外,灵活自由也是交通运输发展的一个方向。以公路为例,速度可能不如航空和高速铁路,经济性也不如铁路,然而公路仍然是最受欢迎的运输方式,这与其灵活自由的特征是密不可分的。

人类是群居动物,但无论聚集得有多密集,生产生活的活动还是具有一定的独特性,这就决定了交通运输不能彻底整合到固定的少数线路上。航空、铁路等运输方式都需要集中一定规模的客货运量到部分公用线路上,但汽车能够实现点对点的运输,给予人们最大的自由。这是汽车受欢迎的最大原因。交通运输现代化的发展方向之一将是追求更高的自由度。

三、交通运输现代化进程

(一)交通的两次现代化初探

关于交通现代化,根据已参阅的相关文献未发现类似于何传启在经济社会发展中提出的二次现代化进程。综合二次现代化理论和荣朝和的运输化理论,交通运输现代化进程也应该体现出两次现代化进程的发展阶段:第一次现代化即交通支撑经济社会发展的阶段,第二次现代化即交通融合经济社会发展阶段。当然技术进步和技术革命始终贯彻整个交通现代化进程的始末。

1.第一次交通现代化——满足型交通现代化

第一次现代化对应的是工业化阶段基本完成。其主要特征是紧扣人和货物位移为核心,解决工业化进程中的人货位移问题。交通运输作为国民经济的基础性产业,重点是解决对工业化发展的支撑问题,意在交通运输的各个层面、各种方式适应工业化的进程,并尽可能地满足安全、快捷、经济、高效等要求。综合运输体系的提出是以此为出发点对工业化进程完成甚至进入后工业化的提前布局。第一次交通现代化进程相对于发达国家来讲已经基本完成，实现了对工业化发展的全面支撑。

2.第二次交通现代化——融合型交通现代化

第二次现代化对应的是工业化阶段完成后的知识经济社会，人和货物运输需求发生根本性改变，从满足向更高的需求体验发展。第二次交通运输现代化进程除了关注人货位移对于安全、快捷、经济、高效的需求外，更关注交通与经济和关联产业发展的融合，注重与生态环境友好，注重交通的社会公平；从交通中来，又走出交通，解放交通，强调交通的体验感。

(二)交通运输现代化进程中的技术逻辑和阶段逻辑

不可否认，交通运输现代化涉及诸多方面、诸多领域，技术进步和工业化阶段始终贯穿其全过程。

1.技术逻辑

科学技术是第一生产力。动力能源的革命对交通运输方式的变化影响巨大。人类过去每一次重大的进步都与能源革命息息相关。第一次现代化范畴包括产业革命(1771年)，如棉纺织业机械化，水道和运河得以普及，生产率大幅度增长。之后依次是蒸汽和铁路时代(1829年)，钢铁、电力、重工业时代(1875年)，石油、汽车和大规模生产时代(1908年)。第一次现代化中每次革命都包含着一种交通的大变革。20世纪50年代之后，技术革命的步伐并没有停止，甚至以更快的速度前进。从1971年左右开始进入信息和智能时代，使人类迈入了第二次现代化。在这一次现代化中，交通运输同样是发展的重点领域，尽管到目前为止的变化剧烈程度尚不及第一次现代化，但更为惊人的变化正在孕育中。

在第一次交通现代化中，受历次工业革命影响，交通运输工具不断出现创新性革命，包括轮船、火车、汽车等，并形成相适应的基础设施网络，对经济社会发展产生了浪潮式的多次较大影响。总的价值取向是追求更快速灵活的交通运输，而对所占用的资源能源及对环境产生的影响关注较少，更少考虑对人们生理、心理造成的压力。在第二次交通现代化中，交通运输载运工具及基础设施等技术仍在继续进步中，但并没有出现个体化的全新形式，尤其是交通基础设施的模式改变较少，但价值取向出现较大变化，在追求速度前提下，更多关注系统的资源能源利用效率，更多出现集成、系统创新。

从20世纪70年代起，信息通信领域变革引起的技术革命和产业变革仍在持续不断。信息技术、新能源技术、新材料技术、生物技术等的交叉融合，正在引发新一轮科技革命和产业变革。尤其是基于信息技术、新能源技术和新材料技术等“三新”技术产生的工程科技、制造技术、服务管理技术突破，及其在交通运输领域的融合运用，正在显著改变着世界交通运输的面貌。最终导致从量变到质变，并可能形成颠覆性的革命。

2.阶段逻辑

荣朝和在1993年《论运输化》一书中，提出的运输化理论具有重要的借鉴意义。运输化是工业化的重要特征之一，也是伴随工业化而发生的一种经济过程。在运输化过程中，人与货物空间位移的规模由于近代和现代运输工具的使用而急剧扩大，导致交通运输成为经济进入现代增长时代所依赖的最主要基础产业、基础结构和环境条件。运输化与工业化过程的有机结合并不是一种偶然的历史现象，而是反映了运输对工业化进而对经济与社会发展的特殊地位与作用。实际上运输化与工业化相伴而生，没有运输化就没有工业化。经济发展的运输化过程有一定的阶段性。在工业革命发生之前,从原始游牧经济、传统农业社会到工场手工业阶段,各国经济一直处于“前运输化”状态。与大工业对应的是运输化时期,而运输化本身的特征又在“初步运输化”和“完善运输化”这两个分阶段中得到充分发展。随着发达国家逐步向后工业经济转变,运输化的重要性在相对地位上开始让位于信息化,从而呈现出一种“后运输化”的趋势。简单地说,社会经济发展可以分为前运输化、运输化、后运输化 3 个阶段,其中运输化阶段又可以分为初步运输化和完善运输化两个分阶段(见图 3-1)。

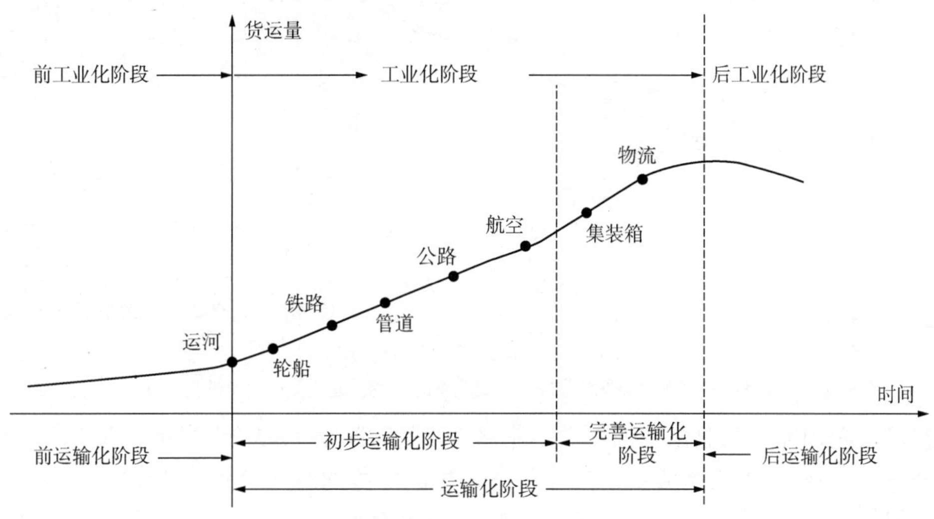

图 3-1　运输化阶段划分示意图

资料来源:荣朝和《运输发展理论以运输化为主要线索的新进展》,北方交通大学学报,1995 年 12 月。

荣朝和在《对运输化阶段划分进行必要调整的思考》一文中,进一步完善和发展了运输化阶段理论。交通现代化的过程从工业化与运输化的角度来看,可以认为是工业化进程对交通运输需求的逐步提升,同时也是交通运输支撑引领工业化的发展。如果按工业化进程时下流行的 1.0、2.0、3.0 和 4.0 来分,对应的运输化的发展也可以划分为运输化 1.0 阶段、运输化 2.0 阶段和运输化 3.0 阶段(见图 3-2)❶。运输化 1.0 阶段大体对应第一次工业革命时期和第二次工业革命时期的前半段,在该阶段中各种近现代运输方式各自独立发展;运输化 2.0 阶段对应第二次工业革命时期的后半段,在该阶段中运输业实现多式联运、枢纽衔接,并建成综合运输体系;运输化 3.0 阶段则对应第三次工业革命时期,运输发展更多考虑资源环境、大都市区形态、信息化、全球化和以人为本等。

(三)发达国家交通运输现代化发展

我们可以把工业化发展阶段作为考量发达国家交通运输现代化进程的重要参考对象,同时将何传启的“二次现代化理论”作为划分基准。目前,世界上不同学者对工业化发展阶段的划分不尽相同,其中具有代表性的是钱纳里和赛尔奎的方法,即将经济发展阶段划分为前工业化、工业化实现和后工业化 3 个阶段,其中工业化实现阶段又分为初期、中期、后期 3 个时期。判断依据主要有人均收入水平、三次产业结构、就业结构、城市化水平等。按照一

❶引自荣朝和,《对运输化阶段划分进行必要调整的思考》,北京交通大学学报,2016 年 8 月。

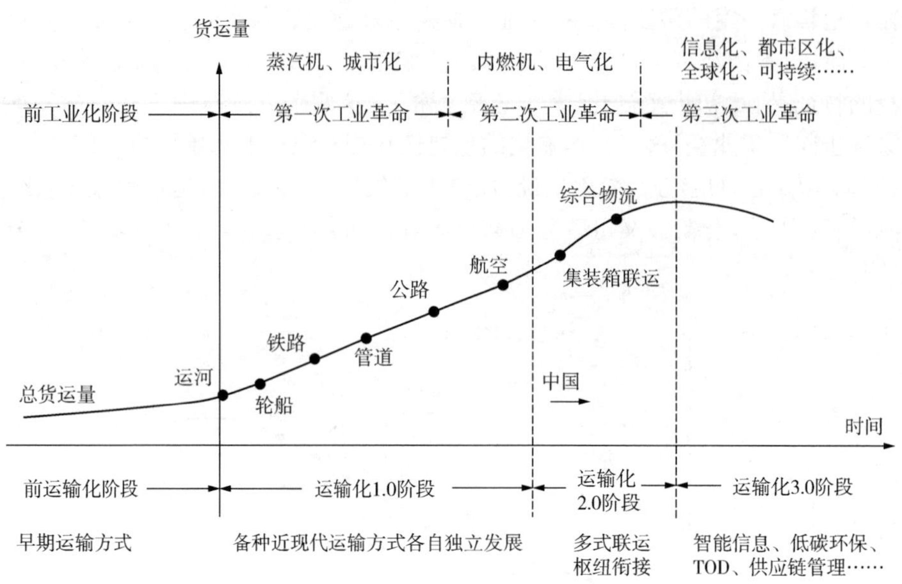

图 3-2 运输化阶段划分调整示意图

资料来源：荣朝和《对运输化阶段划分进行必要调整的思考》，北京交通大学学报，2016 年 8 月。

般划分标准，美国完成工业化并进入后工业化阶段的时间是 1955 年，当年工业（不包括建筑业）比重为 39.1%，达到最高值；日本、韩国进入相同阶段的时间分别为 1973 年、1995 年，工业比重的最高值分别为 36.6%、41.9%。引入“二次现代化理论”，我们基本可以认为美国、日本、欧盟等发达国家或地区迈入第一次交通现代化的时间节点为 20 世纪 60—70 年代。对比前后，我们可以看到，这些国家或地区交通运输发展进入了不同发展阶段。我们以人均国内生产总值（GDP）作为参考指标之一，当人均 GDP 在 2 万美元以下的时候，经济增长仍然对客货运输产生拉动作用，保持一定的弹性关系，运输量稳定增长。以美国为例，1961—1979 年美国人均 GDP 为 1.3 万 ~2.1 万美元，交通运输处于高速发展期，GDP 的增长带来货物运输量和港口吞吐量的迅速增长。当人均 GDP 在 3 万美元以上时，社会产业结构稳定，消费和生产趋向于高附加值化，尤其是网络化、信息技术、金融等不断创新，实物运输量的增长弱于经济增长。此时，交通运输需求增长进入一个相对稳定的阶段，而区域互联互通、提质增效、快捷、多样化和重视交通生态成为主题。

1.工业化过程中都有一个交通运输超前发展时期

交通运输在工业化过程中存在超前发展时期是一个普遍性规律。其主要原因是原料的运进、市场的开拓等都需要由与之相匹配的运输业。如美国从 19 世纪 30 年代到 20 世纪 20 年代为铁路大发展时期，铁路成为陆上运输的主要方式。之后，随着运输需求的变化，公路、内河、民航、管道等运输方式也有了很大的发展。目前美国形成了铁路、公路、内河航道、民航航线以及输油气管道五位一体的强大综合运输体系。因此，在经济建设中，交通运输业超前发展，并有一定的储备能力，是市场经济高度发展和社会化大生产的客观要求。它是由市场经济的本质特征所决定的，也是社会经济规律的要求和体现。

2.交通运输现代化进程与城市化进程相互推进

狭义上讲，实现交通运输现代化需要有中心城市和立体交通网为载体和依托，如公路、铁路、港口、航道、航空和管道形成海、陆、空三位一体交通运输网。从广义上讲，交通运输现代化还必须配有强大功能的服务业集聚区，形成金融、银行、法律、保险、商业等模块功能配套。以日本为例，日本城市人口密度历来较高，城市交通的不断发展使人口郊区化及城市结构调整成为可能。譬如东京，明治维新时期交通方式以徒步为主，远距离出行不便，市区一直未形成商业中心，城市面貌单一；到20世纪初，随着电车出现及城市间铁路开通，以国营铁路东京站为中心，首次形成了城市商业中心区；20世纪20年代初关东大地震后，市区借交通发展实现了大规模改建，商业规模有了很大发展，同时近郊私营铁路与市内国营铁路相衔接，促使东京市区向郊外迅速扩张；50年代后随着高速铁道向外延伸，交通网日益发达，郊外边远地区出现了大量居民住宅区，人口不断向郊外转移，同时带动了市区范围的扩展，多心型城市结构以及具有特色的城市中心开始形成。与此同时，工业也在向郊区发展，并促使一部分地理位置优越的地区发展为城市，从而进一步推动了城市化进程。

3.交通运输现代化与经济社会发展步伐紧密配合

再以日本为例，日本交通发展主要分为3个阶段：第一阶段，战前时期，为适应日本近代工业的发展，特别是重工业和军事工业的发展，大力发展铁路、海运等。第二阶段，战后时期，从20世纪50年代到70年代末期，随着日本经济的复苏及快速发展，以及汽车工业的发展，公路运输逐渐成为主流并得到快速发展，铁路的主导地位开始下降，而水运由于临海重工业的发展而得到较快发展，航空运输同时也得到了快速发展。第三阶段，20世纪80年代以来的变革时期，经过战后恢复期及快速发展期以后，由于交通需求快速增长，尤其是私人小汽车的大量出现，造成交通拥堵、环境污染等交通负面问题。政府主要通过结构性调整以提高交通运输系统的效率与质量，包括构建城市间高速干线运输体系，建设大都市交通运输系统，建设高效的物流系统，以及强化国际客货运输等，从而确立了具有日本特色的交通运输系统。

在历史上，经济全球化往往是国家发展的重要战略机遇期。谁把握住这个战略机遇，谁就可能实现“弯道超车”。其中，完善的交通运输是不可或缺的条件。譬如19世纪后期的美国和德国，20世纪中期的日本和东亚四小龙，无不如此。20世纪90年代以来，经济全球化进入新一轮快速发展期，一个国家只有全面融入全球产业链，参与国际分工，才能在错综复杂的国际竞争中生存与发展。而交通在国际化发展中起着重要的支撑作用。全球范围的货物贸易及人员交流快速增长，迫切需要更加紧密的交通互联互通支撑，以及区域乃至全球交通运输的一体化发展。90年代以来快速发展的中国及其交通运输的快速发展，充分证实了这一点。

4.重视资源环境友好，坚持交通可持续发展的理念

20世纪90年代以来，能源、资源、环境问题日益突出，严重制约交通发展。节能减排、绿色低碳等可持续发展的观念成为指导各国发展现代交通的新理念。德国对交通设施建设和运输生产过程与环境相协调提出很高要求；美国追求交通与环境的平衡关系，努力减少交通发展对环境的影响；日本高度重视提高交通运输能源利用效率，降低能耗，节约和集约利用土地和岸线，提高土地和岸线的运输产出率，降低运输排放，保护生态环境，努力实现交通运输的绿色发展。

本篇参考文献

[1] 罗荣渠.现代化新论——世界与中国的现代化(增订本)[M].北京：商务印书馆，2014年3月第4版.

[2] 何传启.现代化科学:国家发达的科学原理[M].北京:科学出版社,2010.
[3] 张培刚.新发展经济学[M].河南:河南人民出版社,1992.
[4] 胡鞍钢.我国国家治理现代化[M].北京:中国人民大学出版社,2014.
[5] 何传启,等.我国现代化报告 2010:世界现代化概览[M].北京:北京大学出版社,2010.
[6] 何传启.第二次现代化理论[M].北京:科学出版社,2013.
[7] 荣朝和.论运输化[M].北京:中国社会科学出版社,1993.
[8] 荣朝和.运输发展理论以运输化为主要线索的新进展[M].北方交通大学学报,1995,12.
[9] 钱乘旦.世界现代化历程[M].南京:江苏人民出版社,2012 第二版.
[10] 许云飞,等.现代化与交通现代化研究[J].理论与现代化,2013.5.
[11] 冯飞,王晓明,王金照.对我国工业化发展阶段的判断[J].中国发展观察,2012.8.
[12] 丁建弘.发达国家的现代化道路:一种历史社会学的研究[M].北京:北京大学出版社,1999.
[13] 李连成.交通现代化的内涵和特征[J].综合运输,2016.9.
[14] 李连成.交通现代化的新挑战和发展重点[J].综合运输,2011.3.
[15] 樊桦.交通现代化评价指标初探[J].综合运输,2008.5.
[16] 李作敏,等.关于我国交通运输现代化路线图的思考[J].交通建设与管理,2013.12.
[17] 王先进.现代交通运输业的发展最终要用文化来定义[J].交通建设与管理,2009.6.
[18] 周乐.我国交通运输现代化的战略思考[J].综合运输,2003.7.
[19] 田少波.现代交通业发展的理论与实证研究[D].武汉理工大学博士论文,2010.
[20] 戴东生.宁波综合交通现代化水平研究[J].三江论坛,2010.3.
[21] 盛磊,赵霄伟,孙施曼,等."十三五"及 2049 中国交通现代化的一种思路[N].华夏时报,2015.4.

执笔人:尹震　宿凤鸣

历史与未来 征程篇

内容摘要：新中国成立以后，尤其是改革开放后，我国交通运输开启了现代化发展的实践历程。本篇回顾我国的既往征程，并对经济社会发展的未来趋势进行预判，展望我国未来交通运输的需求与发展，并以需求为导向明确21世纪中叶我国将要实现的交通现代化情景。

新中国成立以后，通过几代人的不断探索、总结和提高，一步一个台阶，我国逐步在现代化发展过程中形成了自己的交通运输创新发展模式和配套制度的自我完善，基本适应了经济社会的发展需要，走出了一条短时期内创造辉煌成就的中国特色发展道路。目前，我国交通运输即将完成第一次现代化，并正在迈入第二次现代化的征程。

一、我国交通运输现代化实践

新中国成立以来，特别是改革开放以来，我国交通运输发生了历史性变化，为经济社会发展、人民群众安全便捷出行做出了重要贡献。60 多年来，中国交通运输总体上经历了从“瓶颈制约”到“初步缓解”，再到“基本适应”经济社会发展需求的历程，与世界一流水平的差距快速缩小，部分领域已经实现超越，一个走向现代化的综合交通运输体系正展现在世界面前。

交通现代化的提法在我国最早出自 1954 年周恩来总理提出的“建设起强大的现代化工业、农业、交通运输业和国防”，1957 年后作为工业组成部分不再单独表述。进入 21 世纪后，交通现代化越来越受到重视。2001 年交通部提出到“2040 年公路、水路交通基本实现现代化”，2008 年张德江副总理在交通运输部调研时提出“大力发展现代交通运输业”，“十三五”综合交通运输体系规划也明确指出要“部分地区和领域率先基本实现交通运输现代化”。

（一）交通运输发展历程

引入何传启教授的“二次现代化理论”、荣朝和教授的“运输化理论”，结合我国交通运输发展的实际，我们可以初步将我国交通现代化进程分为两个大阶段：即 2020 年第一次交通现代化阶段和 2020 年之后的第二次交通现代化阶段。在 2020—2030 年之间如果引入“胡焕庸线”，则在区域上形成第一次和第二次交通现代化的交织阶段。回顾我国交通运输第一次现代化的发展历程，主要经历了初始起步、制约明显、总体缓解和基本适应四大阶段，即将进入基本完成时期，实现了交通运输的跨越发展。

1.1965 年前交通运输恢复性发展阶段

从 1949 年 10 月新中国成立到 1965 年年底第二个五年计划完成，是中国历史上经济发展和制度变化最快的时期。我国在战争废墟上恢复了国民经济，并在贫穷落后的基础上开始了大规模的经济建设，取得了令世界瞩目的成就，为中国的工业化奠定了坚实的基础。这一时期，我国的交通基础设施建设以恢复和建设并重。

新中国成立之初，交通运输十分落后。全国铁路总里程仅 2.18 万公里，有一半处于瘫痪状态；能通车的公路仅 8.08 万公里，民用汽车 5.1 万辆；内河航道处于自然状态；民航航线只有 12 条。政府明确提出首先要创造一些基本条件恢复交通运输。“一五”时期交通运输业基建投资占全国基建投资的比重为 15.3%，“二五”时期达到 13.5%[1]。经过 3 年的国民经济恢复期，修复了被破坏的交通运输设施设备，恢复了水陆空运输。1953 年起，开始有计划地进行交通运输建设。在第一个、第二个五年计划和国民经济调整时期（1953—1965 年），国家投资向交通运输倾斜，改造和新建了一批铁路、公路、港口码头、民用机场，提高了西部和边远地区的交通运输基础设施覆盖密度，疏浚了主要航道，新开辟了国际、国内水路和空

[1] 张学良，《交通基础设施、空间溢出与区域经济增长》，南京大学出版社，2009 年 6 月。

中航线，增加了运输装备数量。

这一阶段，我国实行计划经济体制，交通运输行业的主体是国有运输公司，国家实行统一客货源、统一调度、统一运价的“三统”政策。市场缺少竞争，企业缺乏改善服务和扩展市场的动力，组织水平和运输效率低下，交通运输不能满足经济社会发展和人民生活的需要，群众乘车难、货物运输难的问题普遍存在。

2.改革开放前后的交通瓶颈制约阶段

“大跃进”“三年调整”和“文化大革命”等时期的经济建设付出大于所得，失败的教训多于成功的经验。我国交通基础设施的投资仍然呈现出较高的速度，但相对于国民经济的快速增长，交通运输的“瓶颈”效应开始显现。“三五”时期基建投资占比为15.4%，比重有所提高。但由于国民经济持续发展，而且交通建设随经济建设一道重点转移到西南地区，运力紧张局面未能缓解，运输供求矛盾愈加突出。“四五”时期投资占比为18.0%，是以前各时期从未达到的水平，尤其港口建设投资大增，但由于交通建设周期较长，投资效果尚未显现，运输依然紧张，沿海地区更为严重。

1978年以来，我国进入以改革开放为动力、以开创有中国特色社会主义经济建设道路为目标的经济发展期。但随着经济体制的变化，对外开放，以及原有社会各阶层经济地位的变化，整个社会处于躁动和不安状态。于是，国民经济经历了1986—1987年的“软着陆”，1988年价格“闯关”和1989—1991年治理整顿的曲折。随着“对外开放、对内搞活”，整个国民经济发生了深刻的变化，各行各业对交通运输提出了许多新的要求。我国交通基础设施建设也经历了一段调整变革时期。“五五”时期基建投资占比为12.9%，铁路干线和沿海港口的运输能力越来越不适应国民经济发展的需要。“六五”时期，国家重新调整产业政策，决定集中力量搞好以交通为中心的重点建设。为探索放开交通运输市场、建立社会化融资机制，交通部开始打破单一所有制限制，提出“有河大家走船，有路大家走车”。铁路实行经济承包责任制；出台了提高养路费征收标准、开征车辆购置附加费以及“贷款修路、收费还贷”等扶持公路发展的三项政策；公路、水运工程建设项目开始实行招投标制度；港口率先对外开放，鼓励社会资金、货主单位建设港口码头等，海运业最早实现“走出去”；民航走上了企业化发展道路，航空运输市场开始形成。这个阶段，我国交通对经济社会发展仍有比较明显的制约，部分短板运输方式制约更大[1]。

3.2000年前后的交通缓解阶段

1992年邓小平南行讲话和党的十四大的召开，统一了全党关于经济发展和改革开放方面的认识，确定了以建立社会主义市场经济为改革方向，抓住机遇加快发展的正确决策。到2000年，我国社会主义市场经济体制的框架基本建立起来。我国政府逐渐重视基础设施产业在国民经济发展中的战略地位，加大了基础设施的投资力度，不断加大交通运输改革开放力度，使各种运输方式的发展取得突破性进展。同时，受到西方发达国家交通第二次现代化的影响，明确发展“综合运输体系”，并在规划中得到体现。“八五”时期提出，要“搞好综合运输体系的建设，以增加铁路运力为重点，同时积极发挥公路、水运、空运、管道等多种运输方式的优势，并使各种运输方式衔接配套”；“九五”时期再次明确，要“以增加铁路运输能力为重点，充分发挥公路、水运、空运、管道等多种运输方式的优势，加快综合运输体系的建设，

[1]桑恒康，《中国的交通运输问题》，航空航天大学出版社，1991年。

形成若干条通过能力强的东西向、南北向大通道”。

2001 年随着我国加入 WTO,全球化进程加快,经济发展进入了快车道,同时也进入了重工业化大发展阶段。这一阶段,基础设施规模扩展迅速,运输服务效率与水平也得到极大提高,供给能力突飞猛进,与经济社会发展之间的“供不应求”矛盾得到初步扭转,开始注重各种交通运输技术经济特点和优势的合理发挥。“十五”时期,交通运输五年发展计划第一次以“综合交通体系发展‘十五’重点专项规划”形式发布,提出“通过深化改革,基本建立比较完善的交通运输市场体系;综合运输能力继续增强,结构进一步趋于合理,运输质量明显提高;初步形成大城市间的快速客运系统、多种运输方式协调配套的集装箱运输系统、大宗散货运输系统和特种物资运输系统;以信息化、网络化为基础,加快智能型交通的发展,在市场机制较完善、交通基础设施较发达的地区推进现代物流系统的形成”的总体目标。同时,为适应到 21 世纪中叶我国基本实现现代化的第三步战略目标,交通部制订了《公路、水路交通基础设施发展的三阶段战略目标》,指导交通现代化发展。

专栏 1-1　公路、水路交通基础设施发展的三阶段战略目标

第一阶段,到 2010 年公路、水路交通紧张和制约状况要实现全面改善。其主要标志是:主要运输通道和港站枢纽的综合服务能力有较大幅度提高,结构调整的主要任务基本完成。在量的方面,主要通道和港站枢纽的能力基本满足需要,但基础设施的总体能力仍不能适应经济快速发展的需要。在质的方面,安全、快速、舒适和便捷的服务水平有较大幅度提高,但仍不能满足社会生产力和人民生活水平提高后的发展要求。到 2010 年,公路、水路交通基础设施建设的重大标志性成果是:公路“五纵七横”国道主干线全面建成,形成横连东西,纵贯南北的全国性运输大通道;所有具备通车条件的乡镇和 96%行政村通公路。初步建成上海国际航运中心;基本形成层次清晰、布局合理的集装箱港口体系;大型专业化矿石、原油接卸码头适应船舶大型化的需要;建成长江口、珠江口深水出海航道和长江三角洲、珠江三角洲高等级航道网;长江、珠江干线通航条件明显改善。

第二阶段,到 2020 年公路、水路交通达到基本适应。其主要标志是:公路、水路交通基础设施能够满足社会经济发展的需要,不会对社会经济的加快发展构成新的制约,储备能力和应变能力全面提高。在量的方面,运输供给总体上与经济社会需求基本保持平衡。在质的方面,服务水平得到很大提高,能够基本满足当时社会生产力和人民生活水平对质量方面的要求,实现“货畅其流、人便于行”。到 2020 年,公路、水路交通基础设施建设的重大标志性成果是:基本建成东、中部地区高速公路网和西部地区八大公路通道;县乡公路总里程有较大发展,初步实现网络化。功能完善的上海国际航运中心基本建成,区域性港口综合物流中心基本形成;规划的内河水运主通道全部建成。

第三阶段,到 2040 年公路、水路交通基本实现现代化。其主要标志是:基础设施网络已经全面建成,技术等级与构成已经充分满足运输发展的需要,量与质达到优化。公路交通基础设施网络层次分明,布局合理,结构优化,功能完善。沿海主要港口成为重要的区域性或国际性物流中心。内河航运优势充分发挥,建成干支相通、水陆联运、区域成网、通江达海的现代化水运体系。大幅度扩充基础设施已无必要,运输与经济均衡发展,重点转向维护系统的安全性、高效性和衔接性。构筑起客运快速化、货运物流化、运营智能化、安全与环境最优化的综合交通运输体系。

这一时期,还开展了铁路建设大会战,1997 年起铁路进行了连续 6 次大提速。公路、水运实施公路主骨架、水运主通道、港站主枢纽和支持保障系统的“三主一支持”规划,制定了加快建设步伐的目标任务。民航机场建设费和基础设施建设基金、铁路建设基金、内河航运建设基金先后设立。为应对东南亚金融危机,中国实施积极的财政政策,公路建设投资进入“快车道”,高速公路建设大规模兴起。实施西部大开发战略,全面加强西部地区铁路、公路、机场、天然气管道干线建设。提出“修好农村路,服务城镇化,让农民兄弟走上油路和水泥路”发展目标,掀起农村公路建设新高潮。深化港口管理体制改革,加快港口建设。《中长期铁路网规划》《国家高速公路网规划》《全国沿海港口布局规划》《综合交通网中长期发展规划》等一系列规划陆续出台。大力提升交通运输基本公共服务水平,全面加强城乡客运、城市公共交通、交通运输安全应急救助等领域建设。2008 年组建交通运输部,交通运输大部门体制改革迈出实质性步伐。同年,京津城际铁路通车运营,开启了“高铁时代”。

这一阶段是我国交通运输发展的“黄金机遇期”,开始注重各种交通运输技术经济特点和优势的合理发挥。到 21 世纪前 10 年的中后期,我国交通运输行业与经济社会发展之间的“供不应求”矛盾得到初步扭转,交通运输能力紧张局面得到总体缓解。

4.2010 年前后的交通基本适应阶段

2008 年金融危机将几十年来积累的问题和矛盾引爆,全球经济发展模式经历重大转型,至今仍处于调整转型的探索阶段。中国作为经济全球化的最重要参与者,在全球经济发展模式调整中也受到了较大的冲击和影响。党的十八大以来,党中央对我国经济发展做出了重大调整,明确中国经济处于新常态阶段,提出了“五位一体”总体布局和“四个全面”战略布局,牢固树立并贯彻落实创新、协调、绿色、开放、共享的发展理念。

交通运输进入了加快现代综合交通运输体系建设的新阶段。“十二五”综合交通运输体系规划明确提出,“加快转变交通发展方式,实现各种运输方式从分散、独立发展转向一体化发展,初步形成网络设施配套衔接、技术装备先进适用、运输服务安全高效的综合交通运输体系,总体适应经济社会发展和人民群众出行需要”。这一时期,铁路实现政企分开,交通运输大部门体制改革基本落实到位。交通运输全面深化改革,建设法治政府部门,加快综合交通、智慧交通、绿色交通、平安交通“四个交通”建设,围绕“一带一路”建设、京津冀协同发展、长江经济带建设三大国家战略制定发展规划。加快综合交通运输基础设施成网,推进多种运输方式有效衔接。促进现代物流业发展,提升综合运输服务保障水平。加强交通运输基本公共服务供给和管理,支持集中连片特困地区交通运输基础设施、城乡客运、城市公共交通发展。推进东、中、西、东北“四大板块”区域交通协调发展,西部地区高铁加快发展,中西部地区交通条件显著改善。2013 年,西藏墨脱公路建成通车,中国真正实现县县通公路。同时,通过《当前更好发挥交通运输支撑引领经济社会发展作用的意见》《营造良好市场环境推动交通物流融合发展实施方案》《关于打造现代综合客运枢纽提高旅客出行质量效率的实施意见》等一批文件的出台,加快交通与经济社会发展的融合。

我国交通运输发展结构得到极大改变,水平提升明显,走向国际。交通运输不仅在国民经济和社会发展全局中的地位进一步提升,基本适应了经济社会发展需求,而且站在了实现第一次现代化的门槛上。

5.2020 年前后交通第一次现代化基本完成阶段

“十三五”时期是我国全面建成小康社会决胜阶段，将坚持“五个全面”，坚持发展是第一要务，牢固树立和贯彻落实五大发展理念，以提高发展质量和效益为中心，以供给侧结构性改革为主线，扩大有效供给，满足有效需求，加快形成引领经济发展新常态的体制机制和发展方式，保持战略定力，坚持稳中求进，统筹推进经济、政治、文化、社会、生态文明和党的建设，确保如期全面建成小康社会，为实现第二个百年奋斗目标、实现中华民族伟大复兴的中国梦奠定更加坚实的基础。这一时期，也是我国实现交通第一次现代化的关键阶段，要充分发挥基础性先导性、服务性作用，为全面建成小康社会提供坚强保障。

“十三五”综合交通运输体系规划指出，“坚持交通运输服务人民的根本要求，以提高发展质量和综合效率为中心，以优化服务供给结构为主线，着力推进基础设施网络完善、运输服务一体衔接、运营管理智能高效、发展模式绿色安全，加快完善现代综合交通运输体系，更好发挥交通运输对经济社会发展的先行引领作用，为全面建成小康社会提供战略支撑，为实现交通运输现代化奠定坚实基础”。到 2020 年，做到交通基础设施网络布局科学合理，国内国际通道联通，区域城乡覆盖广泛，枢纽节点功能完善，运输服务一体高效，且基本建成安全、便捷、高效、绿色的现代综合交通运输体系，部分地区和领域率先基本实现交通运输现代化。

据研究表明，无论是从交通运输基础设施看，还是从交通运输服务看，我国综合交通发展都呈现很强“东南壁-西北壁”的差异化发展的格局，与胡焕庸线的基本规律相符。从国际比较来看，我国交通路网密度与发达国家有很大的差距。但是如果把胡焕庸线东西区分开看，按相当的国土空间与人口密度情况对比，差距并没有笼统对比时那么大。因此，部分地区和领域率先基本实现交通运输现代化的提法是必然的，也是需要的。东南壁更加强调建设高密度的综合交通网络，促进地区经济聚集能力，提高空间溢出效应，发展带状城市群，加强地区间经济关联，缩小地区间、城乡之间的差距，促进区域同城化，促进交通与城镇化、生态文明建设融合，促进产城融合，致力于打造交通、产业、城市和山水田林湖均衡发展的绿色、高效、美丽的交通格局。西北壁要着重加强战略性的交通基础设施建设，提高城镇化地区可达性，发展点状中心城市，带动国际交通节点发展，进行与国家战略要求相匹配，与中心城市发展需求相适应，与广大的生态涵养区、保护区、禁止开发区不冲突的交通布局。

(二)交通运输发展水平

1.交通基础设施网络

改革开放以来，我国交通基础设施建设步伐明显加快，建设水平大幅度提高。截至 2015 年年底，初步形成了以“五纵五横”综合运输大通道为主骨架，由铁路、公路、水路、民航和管道共同组成的综合交通基础设施网络框架。改革开放以来，我国各种交通方式历年里程数见表 1-1。但是，目前我国交通基础设施的方式间结构尚未达到与国情相适应的优化要求。譬如，区域、城乡间交通基础设施发展不平衡，城市群交通发展滞后，各方式内质量结构与集约化、现代化发展要求差距较大，公路比例过高，铁路、水运等低碳交通基础设施比例偏低，高等级的线路和设施的比例也不高。

改革开放以来各种交通方式里程数

表 1-1

单位:万公里

年份	铁路		公路		内河航道里程	民航			输油(气)管道里程
	营业总里程	电气化里程	总里程	高速公路		航班使用机场数	定期航班航线里程	国际航线	
1980	5.33	0.17	88.83		10.85		19.53	8.12	0.87
1985	5.52	0.41	94.24		10.91	82	27.72	10.60	1.17
1990	5.79	0.69	102.83	0.05	10.92	110	50.68	16.64	1.59
1995	6.24	0.97	115.70	0.21	11.06	139	112.90	34.82	1.72
2000	6.87	1.49	167.98	1.63	11.93	142	150.29	50.84	2.47
2005	7.54	1.94	334.52	4.10	12.33	142	199.85	85.59	4.40
2010	9.12	3.27	400.82	7.41	12.42	175	276.51	107.02	7.85
2015	12.1	7.47	457.73	12.35	12.70	210	531.72	239.44	10.87

资料来源:《中国统计年鉴》《中国民航统计年鉴》

注:2006 年及以后公路总里程包含村道。

注:2008 年 8 月 1 日,第一条设计时速 350 公里高速铁路(即京津城际)投入运营,第一条设计时速 250 公里的合宁客运专线也开行动车组。2015 年快速铁路运营里程达到 2.36 万公里。

2.客货运输规模

1980 年我国各种运输方式完成客运量和旅客周转量分别为 34 亿人次和 2281 亿人公里,完成货运量和货物周转量分别为 31 亿吨和 11629 亿吨公里。2015 年我国全社会完成客运量和旅客周转量分别为 194 亿人次和 30059 亿人公里,完成货运量和货物周转量分别为 418 亿吨和 178356 亿吨公里。客货运输增长基本保持较快速度。"十五"期间和 2008—2012 年间的客运量年增速分别为 5.72%和 7.32%,货运量的增长速度在"十五"和 2008—2012 年间比客运更快,分别为 6.51%和 12.22%。值得注意的是,2013 年以来,受国际国内环境影响,我国经济增长减速,运输总需求减弱,表现出客货运输增长趋缓状况。

1980 年以来客货运输量和周转量变化

表 1-2

年份	客运		货运	
	运输量	周转量	运输量	周转量
1980	341785 万人	2281.3 亿人公里	310841 万吨	11629 亿吨公里
1985	620206 万人	4435.4 亿人公里	745763 万吨	18365 亿吨公里
1990	772682 万人	5628.4 亿人公里	970602 万吨	26208 亿吨公里
1995	1172596 万人	9001.9 亿人公里	1234938 万吨	35909 亿吨公里
2000	1478573 万人	12261.1 亿人公里	1358682 万吨	44321 亿吨公里
2001	1534122 万人	13155.1 亿人公里	1401786 万吨	47710 亿吨公里
2005	1847018 万人	17466.7 亿人公里	1862066 万吨	80258 亿吨公里
2006	2024158 万人	19197.2 亿人公里	2037060 万吨	88840 亿吨公里
2007	2227761 万人	21592.6 亿人公里	2275822 万吨	101419 亿吨公里
2008	2867892 万人	23196.7 亿人公里	2585937 万吨	110300 亿吨公里

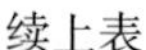

续上表

年　　份	客　　运		货　　运	
	运输量	周转量	运输量	周转量
2009	2976898 万人	24834.9 亿人公里	2825222 万吨	122133 亿吨公里
2010	3269508 万人	27894.0 亿人公里	3241807 万吨	141837 亿吨公里
2011	3526319 万人	30984.0 亿人公里	3696961 万吨	159324 亿吨公里
2012	3804035 万人	33383.1 亿人公里	4100436 万吨	173804 亿吨公里
2013	2122992 万人	27571.6 亿人公里	4098900 万吨	168014 亿吨公里
2014	2032218 万人	28647.1 亿人公里	4167296 万吨	181668 亿吨公里
2015	1941444 万人	300588 亿人公里	4175886 万吨	178356 亿吨公里
“六五”时期年均增速	12.66%	14.22%	19.13%	9.57%
“七五”时期年均增速	4.49%	4.88%	5.41%	7.37%
“八五”时期年均增速	8.70%	9.85%	4.94%	6.50%
“九五”时期年均增速	4.75%	6.37%	1.93%	4.30%
“十五”时期年均增速	5.72%	9.25%	6.51%	12.61%
2008—2012 年年均增速	7.32%	9.53%	12.22%	12.04%
2013—2015 年年均增速	-4.33%	4.41%	0.93%	3.03%

资料来源:《中国统计年鉴》。注:2008 年和 2013 年统计口径发生变化。

3.客货运输量结构

在旅客运输领域,铁路、公路、民航以及水运 4 种运输方式中,公路完成的旅客运输量比重持续上升,由 1980 年的 65.2%提高到 2015 年的 83.3%;铁路旅客运输量比重持续下降,由 1980 年的 27%下降到 2015 年的 13%;水运完成的旅客运输量大幅度萎缩,占比由 1980 年的 7.7%下降到 2015 年的 1.4%;航空旅客运输比重不断提高,由 1980 年的 0.1%提高到 2015 年的 2.24%。值得注意的是,公路客运只统计营业性运输。然而近十年来私人小汽车的快速增长,非营运性公路出行规模越来越庞大,导致公路已经成为全社会中短距离人员流动的主导方式。

由于民航、铁路客运的平均运距远高于公路和水运,反映在旅客运输周转量结构方面,铁路完成的旅客周转量比重虽然从 1980 年的 60.6%下降到 2015 年的 39.8%,但仍然保持最大份额;公路旅客周转量比重由 1980 年的 32%提高到 2015 年的 35.7%,居第二位;民航旅客周转量比重大幅提高,由 1980 年的 1.74%提高到 2015 年的 24.2%;水运完成的旅客周转量持续萎缩,占比由 1980 年的 5.7%下降为 2015 年的 0.24%(见图 1-1)。

在货物运输领域,公路承担的货运量比重由 1980 年的 46.4%提高到 2015 年的 76.8%,占比最大,并保持增长势头;铁路承担的货运量比重由 1980 年的 36.3%下降到 2015 年的 8.2%,呈现明显下降趋势;水运(不含远洋)承担的货运量比重由 1980 年的 13.9%增加到 2015 年的 13.1%,基本保持稳定;管道主要承担油气运输,承担的货运量比重由 1980 年的 3.4%下降到 2015 年的 1.85%;同期民航货运虽然增长近了 70 倍,但占比很小。

国内各运输方式货物运输周转量结构变化呈现以下趋势:公路承担的货物周转量比重快速上升,由 1980 年的 4.2%提高到 2015 年的 46.7%;铁路承担的货物周转量总体下降,由

1980 年的 70.6%降低到 2015 年的 19.1%；水运（不含远洋）承担的货物周转量比重持续增加，由 1980 年的 19.1%增加到 2015 年的 30.2%；管道完成的货物周转量比重持续下降，由 1980 年的 6.1%降为 2015 年的 3.76%；航空货物周转量比重由 1980 年的 0.02%提高为 2015 年的 0.17%。各种运输方式货运周转量市场份额变化情况见图 1-2。

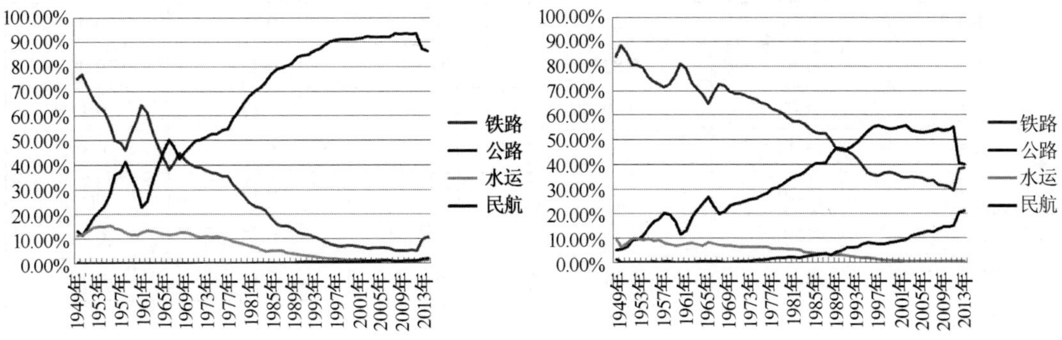

图 1-1　旅客运输量和周转量结构

数据来源：《新常态下客货运输发展趋势及对策研究》国家发展改革委综合运输研究所，2016。

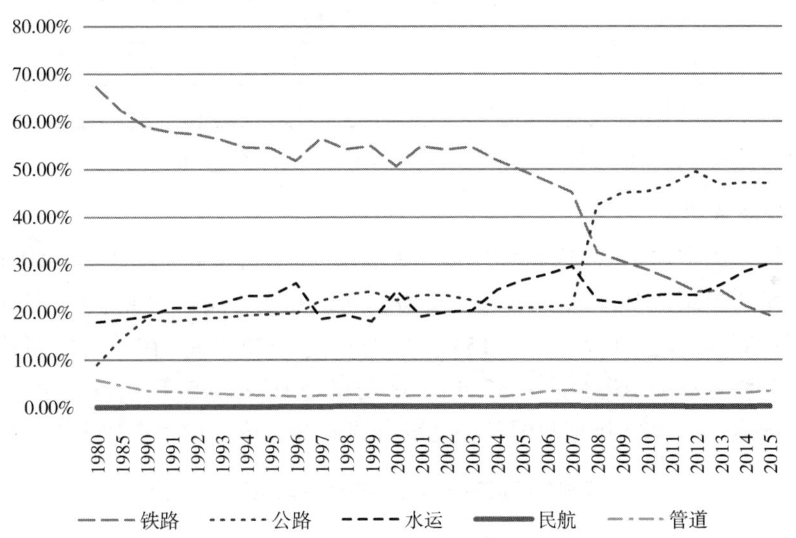

图 1-2　我国货物周转量市场份额变化情况（不含远洋）

数据来源：《新常态下客货运输发展趋势及对策研究》.国家发展改革委综合运输所项目组，2016。

4.人均旅行次数及货运量

改革开放以来，我国人均旅行次数不断增加。2015 年，我国人均各种交通方式的出行次数（不含城市交通方式）达到 14.14 次。分运输方式看，民航年人均出行次数从 1990 年的 0.01 次快速增加到 2015 年的 0.32 次；铁路年人均出行次数变动较小，增幅较小，2015 年人均出行 1.83 次，比 1980 年增加 1 倍；公路人均出行次数增长较快，从 1980 年的 2.26 次快速增加到 2015 年的 11.78 次；水运人均出行次数基本保持在 0.2 次左右。1980 年来我国各种运输方式人均旅客出行次数如表 1-3 所示。

同时，人均货运量也呈现快速增长的趋势，从 1980 年的人均 3.15 吨货运量增长到 2000 年的 10.72 吨，又在 2011 年达到 30.28 吨，之后保持在 30~31 吨，2015 年为 30.4 吨。

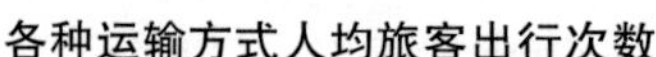

各种运输方式人均旅客出行次数

表 1-3

单位:次

年份	总次数	铁路	公路	水运	民航
1980	3.46	0.93	2.26	0.28	—
1990	6.76	0.84	5.67	0.24	0.01
2000	11.67	0.83	10.63	0.15	0.05
2005	14.09	0.89	12.94	0.15	0.11
2006	15.40	0.96	14.15	0.17	0.12
2007	16.86	1.03	15.52	0.17	0.14
2008	21.60	1.10	20.20	0.15	0.14
2009	22.30	1.14	20.83	0.16	0.17
2010	24.38	1.25	22.77	0.17	0.20
2011	26.17	1.38	24.39	0.18	0.22
2012	28.09	1.40	26.27	0.19	0.24
2013	15.60	1.47	13.62	0.17	0.26
2014	16.15	1.72	13.95	0.19	0.29
2015	14.14	1.84	11.78	0.20	0.32

资料来源:《中国统计年鉴》。注:2008 年、2013 年统计口径发生变化(水运不含远洋)。

5.客货运输距离

从旅客运输距离结构来看,铁路和民航平均运距和所占中长途客运量比重逐渐加大。铁路旅客运输平均运距从 1980 年的 150 公里增长到 2015 年的 472 公里,在中长途客运方面的份额得到了巩固。民航平均运距从 1153 公里增长到 1670 公里,在长距离高端客运领域保持着优势。公路客运平均运距从 1980 年的 33 公里增加到 2015 年的 66 公里,在短途客运中一直保持主导地位。1980 年来我国各种运输方式旅客运输平均距离如表 1-4 所示。

我国各种运输方式旅客运输平均运距

表 1-4

单位:公里

年份	综合	铁路	公路	水运	民航
1980	67	150	33	49	1153
1990	73	273	40	61	1388
2000	83	431	49	52	1444
2005	95	523	55	35	1479
2006	95	527	54	34	1485
2007	97	532	56	34	1503
2008	81	532	47	29	1498
2009	83	518	48	31	1467
2010	85	523	49	32	1507
2011	88	516	51	30	1548

续上表

年份	综合	铁路	公路	水运	民航
2012	88	518	52	30	1576
2013	130	528	61	29	1598
2014	136	492	63	28	1616
2015	155	472	66	27	1670

资料来源:《中国统计年鉴》(2016)。

货物运输平均运距在2005年前变化较大,近10年来基本保持在410~450公里之间。其中,公路货运平均运距从2005年的65公里增加到2015年的184公里,增长接近120公里;民航从2005年的2572公里增加到2015年的3306公里;管道运输从2005年的350公里增加到2015年的615公里。铁路与水运的平均货物运距呈下降趋势,其中铁路从2005年的770公里下降到2015年的707公里,水运从2005年的2261公里下降到2015年的1496公里(见表1-5)。

我国各种运输方式货物运输平均运距 表1-5

单位:公里

年份	综合	铁路	公路	水运	民航	管道
1980	220	514	20	1184	1580	467
1990	270	705	46	1447	2211	398
2000	326	771	59	1939	2555	340
2005	431	770	65	2261	2572	350
2006	436	762	67	2231	2698	464
2007	446	757	69	2286	2896	460
2008	427	760	171	1707	2934	443
2009	432	757	175	1804	2833	453
2010	438	759	177	1806	3177	440
2011	431	749	182	1771	3120	506
2012	424	748	187	1781	3007	516
2013	410	735	181	1419	3034	536
2014	436	722	183	1551	3161	587
2015	427	707	184	1496	3306	615

资料来源:《中国统计年鉴》(2016)。

二、我国经济社会发展新方向

作为社会经济活动派生出来的位移需求,交通运输最根本的追求在于更高的自由度,即速度更快、过程更方便、选择更随心。但这种追求需要在人类社会发展能够承担的前提下获得满足。因此,要考虑人的根本要求,结合经济社会发展水平和技术供给条件,对客货运输发展趋势进行分析。

(一)从经济发展水平分析

改革开放以来,我国经济快速发展是伴随着客货运输规模、结构等各方面特征变化的。

1.经济发展基本面向好决定交通运输保持增长态势

按照钱纳里的理论,经济发展阶段分为前工业化、工业化实现和后工业化 3 个阶段,其中工业化实现阶段又分为初期、中期、后期 3 个时期(参见表 2-1)。城镇化与工业化相伴而生,过程一般呈现 S 曲线、3 个阶段的特点。各阶段的人均 GDP、产业结构等都有明显区别。

工业化不同阶段的标志值　　表 2-1

基本指标	前工业化阶段	工业化实现阶段			后工业化阶段
		工业化初期	工业化中期	工业化后期	
人均 GDP2005 年美元(PPP)	745~1490	1490~2980	2980~5960	5960~11170	11170 以上
三次产业产值结构(产业结构)	A>I	A>20%,且 A<I	A<20%,I>S	A<10%,I>S	A<10%,I<S
第一产业就业人员占比(就业结构)	60%以上	45%~60%	30%~45%	10%~30%	10%以下
人口城市化率(空间结构)	30%以下	30%~50%	50%~60%	60%~75%	75%以上

注:A 代表第一产业,I 代表第二产业,S 代表第三产业,PPP 表示购买力平价。

资料来源:陈佳贵、黄群慧、钟宏武、王延中等,《中国工业化进程报告》,中国社会科学出版社 2007 年版。

2015 年我国人均 GDP 为 49351 元,约合 8000 美元,三次产业结构比例为 9.0 : 40.5 : 50.5,城镇化水平达到 56.1%。由此判断,我国国民经济发展总体处于工业化中后期向后期发展阶段,预计 2020 年前后基本实现工业化。但我国目前仍处在城市化的中期阶段,滞后于工业化发展,一定时期内仍处于城镇化加速发展阶段,预计 2020 年城镇化率达到 60%。2020 年后我国将进入工业化和城镇化后期阶段,年增长速度有所下降,2050 年达到 75%以上,基本保持平稳。预判未来我国的客货运需求仍将保持增长态势,但增速会有所趋缓。

2.后发优势形成的更快工业化速度使运输增速更快

一方面,我国属于后发工业化国家,更由于我国各地的发展条件、基础不同,在主体处于工业化中后期的同时,部分产业或地区已进入工业化高级阶段,也还有处于前工业化阶段的地区,实际上是工业化与后工业化并行发展。区域间发展模式不同和发展的不平衡,使得区域间存在的经济社会横向联系更强,同时各地资源禀赋又有较大不同,受此因素影响运输需求增长速度可能比同阶段的发达国家更高,同时还导致原料产品调运、商贸流通、劳动力大规模转移等带来的不均衡运输特征。

另一方面,我国后发工业化受区域一体化、全球化影响明显。20 世纪 90 年代以来不断向纵深发展的全球化浪潮,使得国际产业分工转变为产业链的垂直分工。改革开放特别是 90 年代以来,我国经济的对外依存度日益提高。随着"一带一路"、长江经济带、京津冀一体化等三大国家战略的推进,我国产业结构将得到优化,产业向中西部梯次推进并提升在国际产业链分工中地位。我国劳动力转移以及人口流动将进一步强化,并会产生更多的跨区域、跨国界的长途客货运输。

3.产业结构优化提升使我国高端客货运输发展更快

随着工业化的发展,我国第三产业比重增加,从2000年的39.8%上升到2015年的50.5%。产业结构优化提升,分工进一步细化,产生了对生产性服务业的大量需求,将形成更多的商务出行,尤其对航空、高铁等快速、高服务质量的客运出行有更为明显的促进作用。我国4种运输方式中[1],航空旅客周转量的相对变动越大越会引起第三产业产值的更大增加;铁路、公路旅客周转量的变动会引起第三产业产值的较小变动;水运旅客周转量的增加会引起第三产业产值的减少或丧失(见表2-2)。

不同交通方式旅客周转量 表2-2

年份	铁路旅客周转量（亿人公里）	公路旅客周转量（亿人公里）	水运旅客周转量（不含远洋）（亿人公里）	民航旅客周转量（亿人公里）	第三产业比重(%)
2000	4532.59	6657.40	101.00	970.54	39.8
2001	4766.82	7207.00	90.00	1091.35	41.3
2002	4969.38	7805.80	82.00	1268.70	42.3
2003	4788.61	7695.60	63.00	1263.19	42.1
2004	5712.17	8748.38	66.00	1782.28	41.2
2005	6061.96	9292.10	67.80	2044.93	41.4
2006	6622.12	10130.80	73.60	2370.70	41.9
2007	7216.31	11506.70	77.80	2791.70	42.9
2008	7778.60	12476.11	59.20	2882.80	42.9
2009	7878.90	13511.44	69.40	3375.24	44.4
2010	8762.20	15020.80	72.30	4039.00	44.2
2011	9612.00	16760.20	74.50	4537.00	44.3
2012	9812.00	18467.50	77.50	5026.70	45.5
2013	10596.00	11250.90	68.30	5657.80	46.9
2014	11241.90	10996.80	74.30	6334.20	48.1
2015	11961.60	10742.70	73.10	7282.60	50.5

同时,第二产业结构的优化也将使货运中高附加值产品的运输量有明显提高。与工业快速增长相伴的是工业内部结构的迅速变化。我国工业发展中轻重工业占据上风的情况几度变化。1978年以来,我国工业出现了显著的重工业化趋势。自2002年起,我国新一轮的经济增长周期表现出了日益重化工业特征。到2007年,我国重工业产值比重达到70.5%。但是通过与国际经验的对比,可以发现我国工业结构存在重工业化超前、轻工业早衰的趋势。由于我国是世界大国,重工业将一直是我国第二产业之本,但轻工业比重会有所回升。

从工业结构的行业构成变化来看,改革开放以来我国一般加工制造业的比重相对稳定或有所下降,以电子及通信制造业为中心的技术密集型产业和高新技术产业迅速增长,带动

[1]尹怡晓、刘晓娟、赵珊珊,《交通运输业对我国第三产业的影响探讨》,2010年。

了工业结构的升级。目前,我国工业结构正跨入以加工组装工业为中心的高加工度化阶段,正在从劳动密集型工业、资本密集型工业向技术密集型工业转换,工业的发展从数量扩张为主转向了以素质提高为主,工业结构调整的重点也由解决比例失调转向推进产业结构升级。未来的高价值、分散性、小批量货运需求可能快速攀升,更讲究速度、舒适度的客运需求也将有更快增长。

4.城镇化模式促进交通运输模式宏观集聚、微观分散

进入 21 世纪后,中国的城市化进程步入高速发展阶段。根据世界城镇化发展普遍规律,我国仍处于城镇化率 30%~70%的快速发展区间。按照《全国主体功能区规划》,未来我国城镇化的发展将以若干的城市群为主体。城市群将成为国家的人口、产业和经济重心,人口分布和经济活动在全国层面上向城市群集中,出现宏观集聚的转变趋势。各区域之间产业的错位、配合发展也将促进货运的进一步发展。城市群间的客货流将出现快速增长,各大城市群成为主要的客货流出发到达点。图 2-1 为我国“两横三纵”城市化战略格局示意。

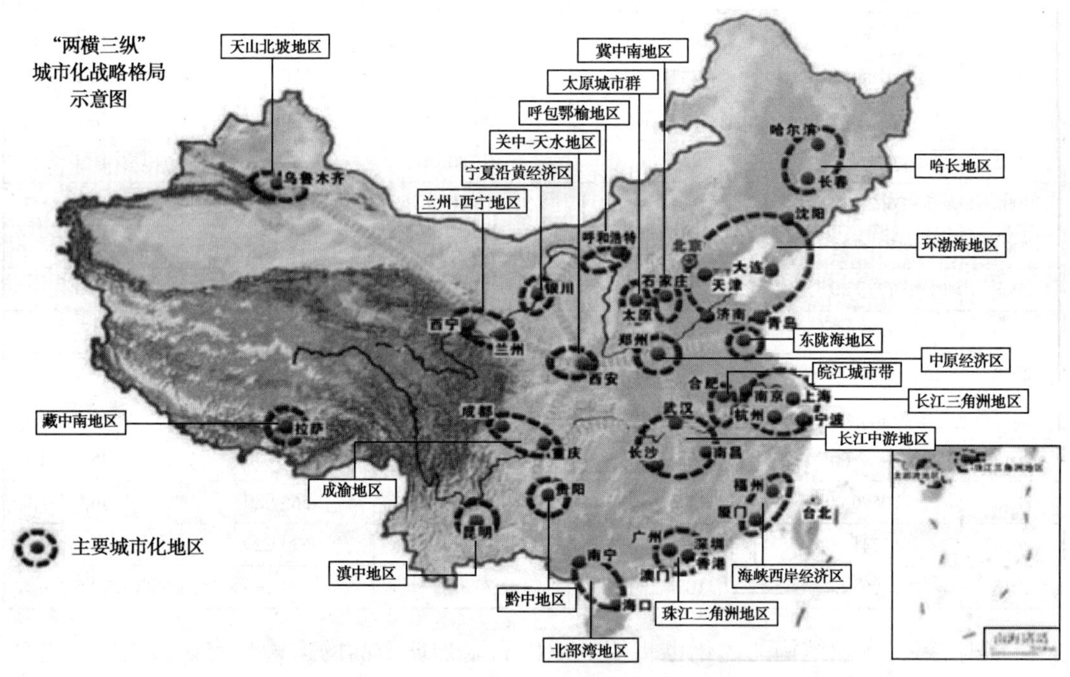

图 2-1 “两横三纵”城市化战略格局示意图

资料来源:《全国主体功能区规划》

在城市群内部,一体化进程不断加快,各城市间的差异度缩小,城市群由“单中心”向“多中心”转变成为大方向,发展的平衡性增强,首位比下降,人口分布和经济活动将出现微观分散趋势。同时,随着城市群快速客运系统进一步完善,区域内以通勤、公务、商务、旅游、务工、探亲等为出行目的的旅行次数增多,客运需求的分布也会在城市群内部进一步平衡分散,改变以往“首位”城市作为最主要客流发生到达地的状况,客流由辐射状向网状分布转变。现代经济发展和人民生活水平提高对于快速、小批量货运的需求也会淋漓尽致地体现在城市群内部。

根据《城镇化地区综合交通网规划》,我国将依托国家综合运输大通道,联通 21 个城镇化地区，重点加强城镇化地区内部综合交通网络建设。至2020年，京津冀、长江三角洲、珠江三角洲三大城市群基本建成城际交通网络，相邻核心城市之间、核心城市与周边节点城市之间实现1小时通达，其余城镇化地区初步形成城际交通网络骨架，大部分核心城市之间、核心城市与周边节点城市之间实现1~2小时通达。根据相关研究，到2030年32个城市群有望建设成熟，城市群人口达8亿左右，城市带人口达12亿左右。

5.消费水平进一步提高，促进交通运输量质全面提升

伴随经济发展水平的提高，人民收入水平有较快增长，以消费主导的经济增长新格局的形成正在成为一个大趋势。2015年最终消费支出对国内生产总值增长的贡献率为66.4%。与过去消费结构相比，中国城乡居民消费结构正在由生存型消费向发展型消费升级，由物质型消费向服务型消费升级，由传统消费向新型消费升级，并且这一升级的趋势越来越明显，速度越来越快。13亿人的巨大消费市场，不仅是支撑中国经济增长的重要因素，而且将成为世界经济再平衡的重要动力。消费总量将继续增长，且消费理念、消费结构、消费模式等进一步向多样化、个性化变化。

从消费结构看，我国2015年城镇居民家庭恩格尔系数为29.7%，农村居民家庭恩格尔系数为33%，按照联合国粮农组织的划分标准，分别处于最富裕和富裕（见表2-3）❶。随着人均收入水平的增长，消费的预算约束越宽松，对出行费用的承受能力越强，各种满足精神需要、自我价值实现、追求生活质量的消费需求将快速增长，由此将派生出大量的消费性客运需求，还会对交通运输服务质量提出更高要求，促进高端运输方式及其市场的发展，如航空、高速铁路、私人小汽车等。

我国城乡居民收入及恩格尔系数情况统计表 表2-3

年份	城镇居民家庭人均可支配收入（元）	农村居民家庭人均可支配收入*（元）	城镇居民家庭恩格尔系数（%）	农村居民家庭恩格尔系数（%）
1995	4283.0	1577.7	50.1	58.6
2000	6280.0	2253.4	39.4	49.1
2005	10493.0	3254.9	36.7	45.5
2010	19109.4	5919.0	35.7	41.1
2015	31194.8	11421.7	29.7	33.0

注*：2010年前为农村居民家庭人均纯收入。

数据来源：《中国统计年鉴》

随着收入水平的提高，交通通信消费占可支配收入和人均消费支出的比例均会逐步提高。从发达国家的经验来看，当收入达到一定水平后，交通和通信消费支出弹性会出现下降并趋于稳定。以北京地区为例，2014年人均可支配收入为44488.6元，人均交通和通信消费为3578.6元，几乎为全国平均水平的两倍；占可支配收入比例为8.04%，比例低于全国平均水平（见表2-4）。预计到2030年全国居民的交通通信消费水平将与2014年北京的消费水平类似。

---

❶联合国粮农组织的划分标准：恩格尔系数在60%以上为贫困，50%~59%为温饱，40%~49%为小康，30%~39%为富裕，30%以下为最富裕。

人民生活水平与交通通信消费关系统计表　　表 2-4

年份	人均可支配收入(元)	人均消费支出(元)	交通和通信消费(元)	交通和通信消费占可支配收入比例(%)	交通和通信消费占人均消费支出比例(%)
2013	18310.8	13220.4	1627.1	8.89	12.3
2014	20167.1	14491.4	1869.3	9.27	12.9
2014(北京)	44488.6	31102.9	3578.6	8.04	11.5
2015	21966.2	15712.4	2086.9	9.50	13.3

数据来源：中国统计年鉴

6.城乡二元结构形成的大规模不均衡客流将有所平衡

我国城市化发展的地区性不均衡问题格外突出，北京、天津、上海等的城市化率已超过80%，而新疆、云南、西藏、甘肃等中西部地区城市化率只有40%或更低，空间上表现为沿海东部地区高度城市化、中部地区中度城市化、西部地区低度城市化。同时，我国现行城乡分割的户籍管理二元结构构筑了严重的城乡不平等，2014 年我国人户分离人口有 2.98 亿人。这种种不均衡导致大批候鸟式的人口迁移现象的出现。同时，被统计为城镇人口的农业户籍人口的收入水平、生活方式、消费模式等与一般意义上的城镇居民有显著差异，交通出行意愿也有较大区别。

2016 年国务院印发《关于深入推进新型城镇化建设的若干意见》，提出到 2020 年户籍人口城镇化率要达到 45%，推动 1 亿非户籍人口在城市落户，2020 年常住人口城镇化率60%左右。随着城镇化优化深入进程逐步加快，流动人口逐渐融入城市，他们的“打工心态”和“过客心理”将逐渐消失，从思想观念、生活方式、社会交往方式等方面真正适应现代城市生活。农村人口的转移速度会逐步趋于平缓下降，并最终形成基本固定的比例结构；转化为城市居民的流动人口客运出行特征将逐渐城市化，每年大规模的“候鸟迁徙”状态得到缓解，预计 2020 年后不均衡客流将趋于平衡。

(二)从社会文化因素分析

经济、社会和文化之间的关系是一种互相支撑的关系。随着我国经济的快速发展，相应社会文化因素也发生了变化，最为显著的变化是人们的价值观取向转变。经济安全仍然是人人必需，但在生存安全感不断提升的今天，已不再等同于幸福。民众越来越强调生活享受、社会公平和环境保护等。

1.人口老龄化发展趋势将导致生产性出行比例降低

截至 2015 年，我国人口达到 13.75 亿人，其中 15～64 岁间适龄劳动力占人口总数的73%。根据联合国《世界人口预测 2015 版》，中国的人口数量将在 2030 年左右(预计在 2028年)达到峰值 14.2 亿，且 15～65 岁间适龄劳动力人口占比下降至 68%。表 2-5 为我国自行统计 1990 年以来人口变化趋势情况。

处于不同生命周期的人群生活方式有显著不同。15 岁以前人群出行主要目的是求学，更多其他目的的出行依托于家庭其他成员；15～65 岁人群出行主要目的是通勤，且担负照顾家庭的主要责任；65 岁以上人群生产性出行下降迅速，可能形成更多消费性出行。受出行目的变化影响，以及个体的交通出行能力的变化，如 15 岁以前无法驾驶私人小汽车、65 岁以上驾驶私人小汽车的能力下降等，相应的交通方式、出行距离等都会发生比较明显变化。总的趋势是人口老龄化会降低生产性出行比例，提高公共交通出行比例，减少出行距离和频次等。

1990 年以来我国人口变化趋势 表 2-5

年份	总人口（年末）（万人）	按年龄组分					
		0~14 岁		15~64 岁		65 岁及以上	
		人口数（万人）	比重（%）	人口数（万人）	比重（%）	人口数（万人）	比重（%）
1990	114333	31659	27.7	76306	66.7	6368	5.6
1995	121121	32218	26.6	81393	67.2	7510	6.2
2000	126743	29012	22.9	88910	70.1	8821	7.0
2005	130756	26504	20.3	94197	72.0	10055	7.7
2010	134091	22259	16.6	99938	74.5	11894	8.9
2015	137462		16.5		73.0		10.5

资料来源：《中国统计年鉴》。

2.公平要求缩小供给差异，促进低需求区域运输增长

改革开放以来，我国经济社会发展的巨大成就令世人瞩目，但唯 GDP 的经济发展方式和以经济建设为中心的效率政治，严重地阻碍了社会公平正义的实现。目前我国东部、中部与东北西部的交通基础设施水平存在较大的差距。总体看，东部地区基础设施建设已经进入“总体适应型”；中部和东北地区属于“随后—跟进型”；西部地区则处于滞后状态，仍制约经济发展。但是，中西部及东北地区与东部之间的差距正在逐步缩小。表 2-6、表 2-7 为我国东中西部铁路、公路里程与密度统计；表 2-8 为我国东中西部运输机场数量与密度统计。

东中西部铁路里程与密度 表 2-6

	铁路营业里程（万公里）				2015 年铁路地区密度（公里/百平方公里）
	2000	2005	2010	2015	
东部	1.13	1.70	2.04	2.87	3.13
中部	1.32	1.75	2.08	2.72	2.65
西部	2.21	2.76	3.59	4.78	0.70
东北	1.20	1.34	1.41	1.71	2.17

东中西部公路里程与密度 表 2-7

	公路里程（万公里）				2015 年公路地区密度（公里/百平方公里）
	2000	2005	2010	2015	
东部	39.76	51.58	98.48	112.4	122.65
中部	32.02	46.35	100.09	122.5	119.16
西部	55.39	78.03	167.86	184.75	26.87
东北	13.10	17.09	34.39	38.09	48.34

注：2010 年后公路里程含村道。

东中西部运输机场数量与密度 表 2-8

	颁证运输机场数量(个)				2015 机场地区密度(个/万平方公里)
	2000	2005	2010	2015	
东部	41	40	46	50	0.546
中部	22	25	25	31	0.302
西部	61	62	85	103	0.154
东北	15	15	19	23	0.292

资料来源:《中国统计年鉴》。

社会公平观念的深入人心和深入推进,要求交通发展成果必须由人民共享,实现地区间、群体间的交通发展普遍享有。近期来看要在 2020 年建成支撑引导全面小康的交通运输系统。“十二五”时期以来累计安排约 5500 亿元车购税资金用于集中连片特困地区公路建设,约占这一时期车购税总投资的 45%,带动全社会对公路建设投入近两万亿元。“十三五”期间中央将进一步加大预算内资金对交通基础设施的支持力度,重点投向中西部铁路、城际铁路。同时要提高中心城市与周边农村的交通网络通达度和公共交通覆盖面,实现城乡交通一体化发展。根据《“十三五”交通扶贫规划》,我国将进一步加大车购税投资支持力度,特别是针对建制村通硬化路这个全面小康兜底性建设任务,将中央投资补助标准提高到平均工程造价的 80%以上,并通过“贫困深度系数”对更加贫困地区再叠加更优惠的政策。落后区域交通供给水平的进一步提高,将有效提升交通运输水平,相应促进经济社会发展水平,使中西部、农村的客货运需求能有更为抢眼的增长。

3.资源环境约束加强,使交通运输向集约型转变

我国重化工业化发展阶段的主导产业与发达国家相似,但发展环境相差很大,尤其是资源及环境约束加强。在全球应对气候变化形势下,我国作为负责任的发展中大国,对国际社会做出了到 2020 年非化石能源占能源消费比重达到 15%和单位 GDP 二氧化碳排放较 2005 年减少 40%~45%的承诺。

未来一段时期,加快发展仍是我国交通运输业发展的主线之一。交通发展势必会导致能源需求和污染物排放量的持续快速增长。2014 年我国交通运输邮政业共消费能源 36336 万吨标准煤,占全社会能源消耗量的 8.53%(见表 2-9)。我国目前交通运输能源消耗占终端用能的比重与重视节能的日本 20 世纪 70 年代初交通运输能耗占终端用能比重相近。目前世界经济发达国家交通能源消耗一般占到终端能源消费的 25%以上。国际比较表明,未来相当长的时期,我国交通运输用能将保持快速增长势头。在各种运输方式中,公路运输(包括道路营业性运输和私人运输)是能源消耗最多的方式。要达到 2020 年的能源消耗承诺,我国未来交通运输应向铁路、水运等节能型交通运输转移。

交通运输、仓储和邮政业能源消费 表 2-9

	1990	1995	2000	2005	2010	2014
能源消费总量(万吨标准煤)	98703	131176	146964	261369	360648	425806
交通运输、仓储和邮政业能源消费(万吨标准煤)	4541	5863	11447	19136	27102	36336
占比(%)	4.60	4.47	7.79	7.32	7.51	8.53

数据来源:中国统计年鉴。

4.互联网新思维使运输服务水平提升且新业态涌现

互联网思维为提高运输服务水平提供了新思路。特别是通过互联网思维实现以客户为中心的价值链再造，提供不同类型、不同层次的运输服务，满足客户的个性化、多元化需求。

未来的交通服务将以需求响应为核心，通过组织模式创新，实现“运力共享”。利用物联网、移动互联网等技术，推动跨地域、跨类型交通运输信息互联互通，形成更加完善的交通运输感知体系，推进一站式服务，提升交通运输服务品质。依托运输服务平台建设，促进旅游、物流、金融、信息服务等行业与交通运输行业的进一步融合，依托景观线路、自驾车房车营地、邮轮等促进旅游业与交通运输行业的一体融合，依托高效低成本的运输服务，促进跨区域的产业合作与发展，打造具有国际竞争力的产业集群，助力交通运输与国民经济整体发展融会贯通。

(三)从技术进步因素分析

1.新一轮科技革命可能使生产性交通运输有所下降

进入21世纪以来，新一轮科技革命正在孕育成长，颠覆性技术层出不穷，并将成为社会生产力新飞跃的突破口。技术的发展最终将给人们更多的自由，可能导致生产性等出行有所下降，消费性出行更为从心所欲。

例如，从实时通信发展到虚拟现实，满足人们身临其境的要求，进而减少出行需要。从电商到3D打印技术，甚至到人机共融的智能制造模式、智能材料与3D打印结合形成的4D打印技术，将推动工业品由大批量集中式生产向定制化分布式生产转变，引领“数码世界物质化”和“物质世界智能化”，进一步降低货运需求、人们购物等类型的客运出行需求。未来科技还将更加重视生态环境保护与修复，致力于研发低能耗、高效能的绿色技术与产品，例如服务机器人、自动驾驶汽车、快递无人机、智能穿戴设备等，这些技术产品的普及也有可能减少出行的需要。

“互联网+”蓬勃发展，将全方位改变人类生产生活，使人类活动全面数据化。工业互联网、能源互联网、车联网、物联网、太空互联网等新网络形态不断涌现，智慧地球、智慧城市、智慧物流、智能生活等应用技术不断拓展，将形成无时不在、无处不在的信息网络环境，对人们的交流、教育、交通、通信、医疗、物流、金融等各种工作和生活需求作出全方位及时智能响应，推动人类生产方式、商业模式、生活方式、学习和思维方式等发生深刻变革。

2.交通运输设备技术水平提升拉动运输创新性发展

我国私人汽车拥有量不断上升，尽管近几年年增长率有所下降，但仍保持在15%以上(见表2-10、图2-2)。私人汽车拥有量的增长反映了人们对于具有更高可达性、交通空间更舒适、自由度更高的交通方式的需求增长。但私人汽车占用资源更多，社会效率更低，需要通过技术水平的提升，提高效率，满足人们对于同类特质的交通出行的需求。到2030年前，新能源交通工具、无人驾驶、个人飞行器等新交通技术有望出现突破性发展，拉动个性化、高水平客运出行的增长，尤其在东部发达地区可能出现较大范围的应用，改变客运出行格局。未来货运工具可能产生质的变化，货运向地下转移，形成与客运分离的基础设施系统。有可能通过无人车、船等实现更高效的货运。

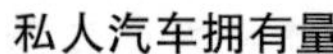

私人汽车拥有量　　表 2-10

单位:万辆

年份	民用汽车	私人汽车	私人载客汽车
1980	178.3		
1985	321.1	28.5	1.9
1990	551.4	81.6	24.1
1995	1040	250	114.2
2000	1608.9	625.3	365.1
2005	3159.7	1848.1	1383.9
2010	7801.8	5938.7	4989.5
2015	16295.1	14128	12762.2

数据来源:中国统计年鉴。

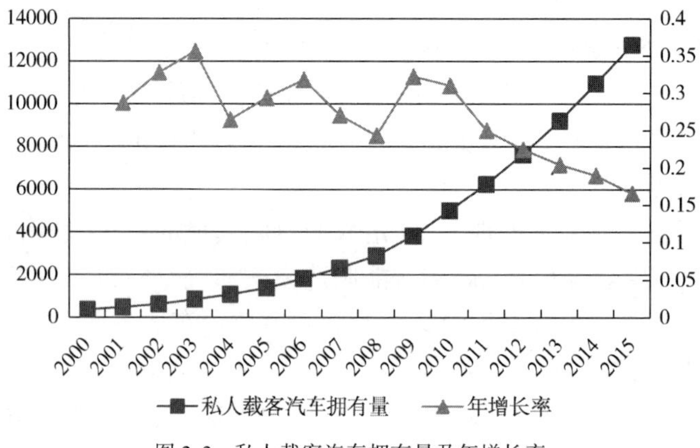

图 2-2　私人载客汽车拥有量及年增长率

三、2030 年的中国交通谋划

到 2030 年,我国交通基础设施网络将进入稳定、成熟的发展状态,进而发展智慧交通,提高交通运输服务一体化水平,基本满足人民群众多样化需求,全面完成第一次交通现代化进程。近年来,国家也相应出台了交通运输相关规划,指导交通运输发展。根据规划,未来交通基础设施供给会进一步提升,铁路建设进一步加快,高等级设施比重会不断提高。以下对这些规划主要内容进行概括性介绍。

(一)《国家公路网规划(2013—2030 年)》

该规划提出构建"两张网":一是普通国道网,包括 12 条首都放射线、47 条北南纵线、60 条东西横线和 81 条联络线,覆盖全国所有县,总规模约 26.5 万公里;另一是国家高速公路网,由 7 条首都放射线、11 条北南纵线、18 条东西横线以及地区环线、并行线、联络线等组成,总计约 11.8 万公里。此外,还提出了远期展望线计划 1.8 万公里,主要发展西部地区。到 2030 年,我国公路总规模约 40 万公里,将基本实现首都辐射省会、省际多路连通、地市高速通达、县县国道覆盖的目标。

(二)规划 2016—2030 年的《中长期铁路网规划》

该规划提出到 2030 年,铁路网规模达到 18 万公里左右,其中高速铁路 4 万公里左右,网络覆盖进一步扩大,路网结构更加优化,骨干作用更加显著,更好发挥铁路对经济社会发展的保障作用。到 2030 年,基本实现内外互联互通,区际多路畅通,省会高铁连通,地市快速通达,县域基本覆盖。

规划提出构建"两张网":一是高速铁路网(见图 3-1)。形成以"八纵八横"主通道为骨架、区域连接线衔接、城际铁路补充的高速铁路网,实现省会城市高速铁路通达,区际之间高效便捷相连。连接主要城市群,基本连接省会城市和其他 50 万人口以上大中城市,形成以特大城市为中心覆盖全国、以省会城市为支点覆盖周边的高速铁路网。实现相邻大中城市间 1~4 小时交通圈,城市群内 0.5~2 小时交通圈。二是普速铁路网。扩大中西部路网覆盖,完善东部网络布局,提升既有路网质量,推进周边互联互通,形成覆盖广泛、内联外通、通边达海的普速铁路网,提高对扶贫脱贫、地区发展、对外开放、国家安全等方面的支撑保障能力。到 2025 年,普速铁路网规模达到 13.1 万公里左右,并规划实施既有线扩能改造 2 万公里左右。

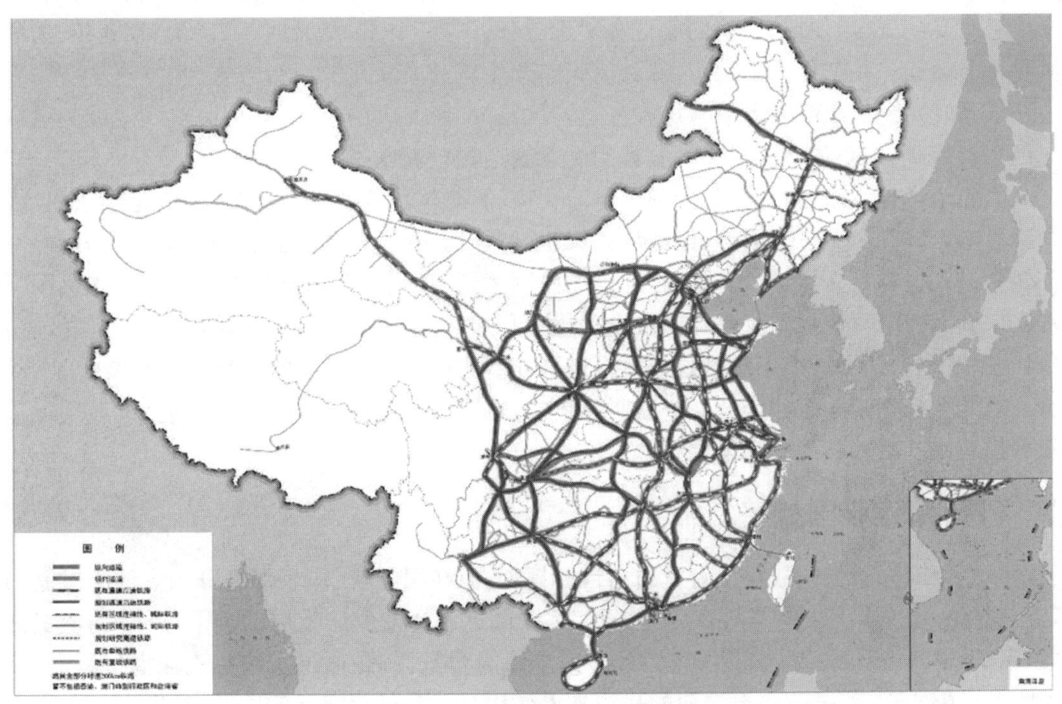

图 3-1　中长期高速铁路网规划示意图

资料来源:《中长期铁路网规划》

(三)《全国民用运输机场布局规划》和《全面推进建设民航强国的战略构想》

《全国民用运输机场布局规划》提出:到 2020 年,运输机场数量达到 260 个左右。到

2025 年，规划建成民用运输机场 320 个左右。展望 2030 年，机场布局进一步完善，覆盖面进一步扩大，服务水平持续提升，民用运输机场达到 370 个左右。

该规划提出完善华北、华东、中南、西南、西北六大机场群，建成覆盖广泛、布局合理、功能完善、集约环保的现代化机场体系，形成京津冀、长三角、珠三角三大世界级机场群，北京、上海、广州机场国际枢纽竞争力明显加强，成都、昆明、深圳、重庆、西安、乌鲁木齐、哈尔滨等国际枢纽作用显著增强。以省会城市和计划单列市机场为重点，打造 29 个区域枢纽机场。服务于国家战略要求，统筹经济社会发展和各种交通方式衔接，提高机场密度，建立与人口分布、资源禀赋相协调，与国土开发、城镇化格局相适应的机场整体布局，扩大航空运输服务覆盖面。

2008 年，民航总局发布《全面推进建设民航强国的战略构想》，提出实施三大战略，即持续安全战略、大众化战略、全球化战略，并把实施这三大战略作为推进民航强国建设的突破口。

实施持续安全战略，就是始终把安全工作放在第一位。到 2020 年，航空安全基础比较稳固，航空安全达到或超过发达国家水平，其中运输飞行每百万小时重大事故率低于 0.15。到 2030 年，航空安全达到世界先进水平，其中运输飞行每百万小时重大事故率不超过 0.10。

实施大众化战略，就是使民航从提供高端性消费向满足大众经济型消费扩展，让社会大众能够享受到安全、便捷、经济的航空客货运服务，实现"县县通、及时达"。到 2020 年，力争满足旅客运输量约 7 亿人次的市场需求；民航开始成为大众化的出行方式，基本建立空中客运快线系统。到 2030 年，力争满足旅客运输量约 15 亿人次的市场需求；民航稳定成为大众化的出行方式；航空消费者对民航服务的满意度达到较高水平。

实施全球化战略，就是要充分利用全球化市场、全球化资源，重点加大力度走出去，扩大国际影响力。到 2020 年，能够有效应对"天空开放"，国际竞争能力得到较大提高，国际旅客周转量进入世界前 3 位，本国国际客运市场份额达到 50%，部分航空运输服务达到先进国家水平。到 2030 年，使我国航空运输市场规模位居世界第一，国际旅客周转量进入世界前两位；我国航空公司国际市场份额位居世界前两位，其中本国国际市场份额达到 60% 以上；将有一家航空公司牵头组建全球航空联盟；航空运输服务质量位居世界前列，创新的航空运输服务模式或产品被其他国家采用。

（四）海运强国战略

虽然目前海运强国战略没有正式出台的规划，但在国务院《关于促进海运业健康发展的若干意见》、交通运输部《贯彻落实〈国务院关于促进海运业健康发展的若干意见〉的实施方案》和《水运十三五规划》中有一定体现。其主体内容是：一是通过实施一流强港工程，加快国际航运中心建设，强化主要港口的战略支点作用。二是优化海运船队结构，提高重点物资承运能力，提升海运船队保障能力。三是深化港口海事国际合作，培育国际港航营运商，深化国际合作。

（五）"一带一路"倡议

2015 年 3 月 28 日，国家发展改革委、外交部、商务部联合发布了《推动共建丝绸之路经济带和 21 世纪海上丝绸之路的愿景与行动》，提出以政策沟通、设施联通、贸易畅通、资金融通、民心相通为主要内容加强合作。基础设施互联互通是"一带一路"建设的优先领域,要共同打造新亚欧大陆桥、中蒙俄、中国—中亚—西亚、中国—中南半岛、中巴、孟中印缅6条国际经济合作走廊;海上以重点港口为节点,共同建设通畅安全高效的运输大通道。

重点抓住交通基础设施的关键通道、关键节点和重点工程,优先打通缺失路段,畅通瓶颈路段,提升通道通达水平;推进建立统一的全程运输协调机制,促进国际通关、换装、多式联运有机衔接,逐步形成兼容规范的运输规则,实现国际运输便利化;推动口岸基础设施建设,畅通陆水联运通道,推进港口合作建设,增加海上航线和班次,加强海上物流信息化合作。

四、我国交通运输需求发展展望

在对经济社会发展趋势进行判断分析的前提下,结合交通谋划,展望我国未来的交通运输需求发展。

(一)运输需求规模初步分析

1.经济发展水平将保持上升态势

综合考虑多方面因素,"十三五"时期(即2016—2020年)我国将全面建成小康社会。2020—2030年,我国将进一步夯实全面小康社会的基础,并逐渐开始向中等发达国家转变。根据国内外主要经济研究机构的预测,综合判断,2030年我国GDP总量接近美国总体水平,达到22万亿美元,约合136万亿元人民币,人均达到1.6万美元,2020—2030年的年均增长率约为4%(见图4-1)。到2030年,中国将成为世界经济强国,不仅经济总量大大超过美国,而且还将成为世界最大的消费市场。我国的经济社会发展将更上一个台阶,东部沿海地区将接近发达国家水平,尤其是京津冀、长三角、珠三角和山东半岛城市群将率先实现现代化。随着经济增长速度逐渐趋于平稳,运输需求也将呈现出高位、低速增长的特点,对交通运输服务质量、水平的要求更高,运输供给也将由高速增长转变为平稳增长,运输服务供给结构、质量、效率与需求进一步优化。

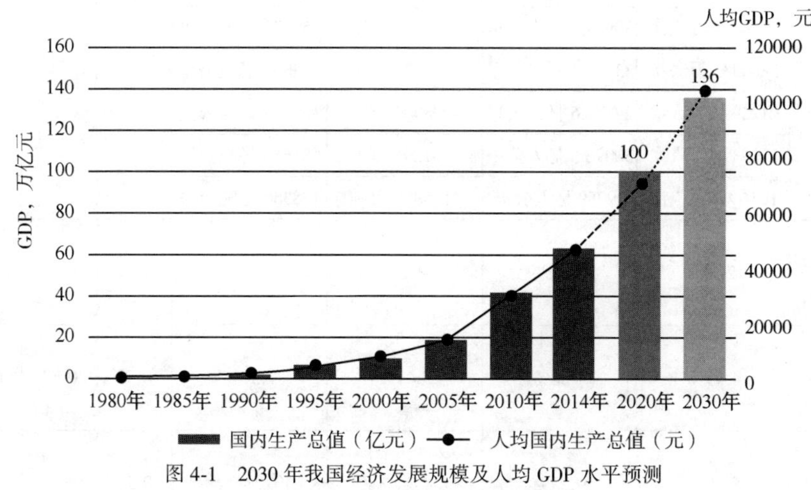

图4-1 2030年我国经济发展规模及人均GDP水平预测

资料来源:金沙江下游地区综合交通运输体系研究

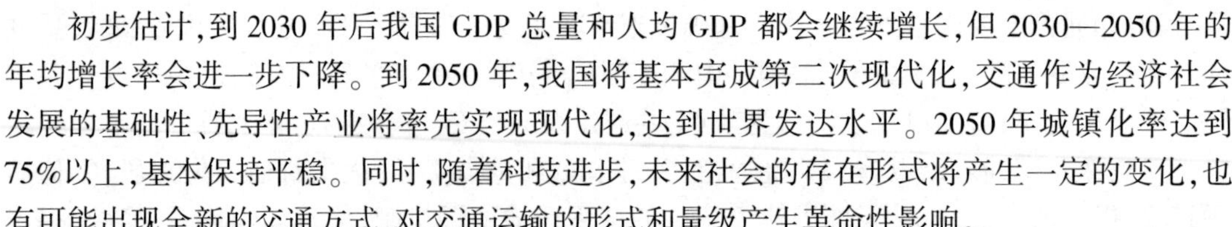

初步估计，到 2030 年后我国 GDP 总量和人均 GDP 都会继续增长，但 2030—2050 年的年均增长率会进一步下降。到 2050 年，我国将基本完成第二次现代化，交通作为经济社会发展的基础性、先导性产业将率先实现现代化，达到世界发达水平。2050 年城镇化率达到 75%以上，基本保持平稳。同时，随着科技进步，未来社会的存在形式将产生一定的变化，也有可能出现全新的交通方式，对交通运输的形式和量级产生革命性影响。

2.需要提升运力以满足运输需求的增长

预计客运量 2016—2020 年间年均增长 6%～7%，2020—2030 年间年均增长为 4%～5%，2030—2050 年间年均增长 3%～4%。预计货运量 3 个时段的年均增长率分别为 6%～7%、3%～4%、1%～2%。客运需求在 2030 年和 2050 年将达到现在的 2 倍和 3 倍左右，货运需求在 2030 年和 2050 年将达到现在的 1.5 倍和 2 倍左右，并趋于稳定。

GDP 与客货运输量和周转量增长 表 4-1

年份	GDP指数	客运		货运		客运量弹性系数	客运周转量弹性系数	货运量弹性系数	货运周转量弹性系数
	1978＝100	运输量	周转量	运量	周转量				
1980	116	341785 万人次	2281.3 亿人公里	310841 万吨	11629 亿吨公里				
1985	192.9	620206 万人次	4435.4 亿人公里	745763 万吨	18365 亿吨公里				
1990	281.7	772682 万人次	5628.4 亿人公里	970602 万吨	26208 亿吨公里				
1995	502.3	1172596 万人次	9001.9 亿人公里	1234938 万吨	35909 亿吨公里				
2000	759.9	1478573 万人次	12261.1 亿人公里	1358682 万吨	44321 亿吨公里				
2001	823	1534122 万人次	13155.1 亿人公里	1401786 万吨	47710 亿吨公里				
2005	1201.4	1847018 万人次	17466.7 亿人公里	1862066 万吨	80258 亿吨公里				
2006	1363.8	2024158 万人次	19197.2 亿人公里	2037060 万吨	88840 亿吨公里				
2007	1557	2227761 万人次	21592.6 亿人公里	2275822 万吨	101419 亿吨公里	/	/	/	/
2008	1707	2867892 万人次	23196.7 亿人公里	2585937 万吨	110300 亿吨公里				
2009	1864.3	2976898 万人次	24834.9 亿人公里	2825222 万吨	122133 亿吨公里				
2010	2059	3269508 万人次	27894.0 亿人公里	3241807 万吨	141837 亿吨公里				
2011	2250.5	3526319 万人次	30984.0 亿人公里	3696961 万吨	159324 亿吨公里				
2012	2422.7	3804035 万人次	33383.1 亿人公里	4100436 万吨	173804 亿吨公里				
2013	2608.6	2122992 万人次	27571.6 亿人公里	4098900 万吨	168014 亿吨公里				
2014	2801.6	2209391 万人次	30096.5 亿人公里	4167296 万吨	181668 亿吨公里				
2015	3004.1	1941444 万人次	30059 亿人公里	4175886 万吨	178356 亿吨公里				
“六五”时期年均增速	10.71%	12.66%	14.22%	19.13%	9.57%	1.18	1.33	1.79	0.89
“七五”时期年均增速	7.87%	4.49%	4.88%	5.41%	7.37%	0.57	0.62	0.69	0.94
“八五”时期年均增速	12.26%	8.70%	9.85%	4.94%	6.50%	0.71	0.80	0.40	0.53

续上表

年份	GDP指数	客运		货运		客运量弹性系数	客运周转量弹性系数	货运量弹性系数	货运周转量弹性系数
	1978=100	运输量	周转量	运量	周转量				
"九五"时期年均增速	8.63%	4.75%	6.37%	1.93%	4.30%	0.55	0.74	0.22	0.50
"十五"时期年均增速	12.12%	5.72%	9.25%	6.51%	12.61%	0.47	0.76	0.54	1.04
2008—2012年年均增速	9.15%	7.32%	9.53%	12.22%	12.04%	0.80	1.04	1.34	1.32
2013—2015年年均增速	7.31%	-4.37%	4.41%	0.93%	3.03%	-0.60	0.60	0.13	0.41

数据来源:《中国统计年鉴》。

为满足不断增长的交通需求,需要继续提升运力,以增加交通供给。通过采用先进的技术与有效的管理最大限度地提高运输能力,在保证运输规模的同时提升运输质量。同时,人们对交通运输的要求将趋向于更加高质、多元、灵活。

(二)我国交通运输发展特征展望

我国交通运输的发展,仍将基于人性的根本追求,结合我国经济发展水平、社会文化因素、技术进步因素等,形成既具有共性、又具个性的中国发展特征。

1.更加快速

从对"日行千里、夜行八百"的宝驹的追求,到对超音速飞机的研发,速度从来都是人类追求的终极目标。"十三五"时期到2030年,再到2050年,速度将会越来越快。这是交通运输发展的必然特征。

(1)更密切的衔接配合

人们对快速的追求并不仅仅意味着一段距离内的速度,更多在于对点对点行程的快速要求。在可预见的交通运输技术条件下,很难仅仅依靠一种交通方式即能完成一次客运或者货运出行。因此,为提高速度,需要强化方式间的衔接,提高系统间的配合效率。未来,随着信息技术的进步,"微细"衔接线路的完善,场站转运等设备的完善,以及我国交通运输体制机制改革,多式联运的速度效率将进一步提高。

(2)更高速的交通工具

在既有规划中,到2030年前我国的高速铁路、高速公路和机场等设施都将形成更大规模的网络,交通运输供给结构更加优化,交通运输向更高速的方向推动。到2030年后,新的更快的交通工具有望面世。尤其是超级高铁,世界上已经有多方在进行试验。

2.更加经济

地球上既有的能源空间等各种资源是有上限的，而人类的欲望是无止境的。工业革命以后，科技的迅速发展使人类利用资源的能力突飞猛进，对地球环境的影响和资源的消耗在短短几百年内远远超过了工业革命前几千年的积累。在人类科技水平达到向其他星球要资源之前，需要更合理、更经济地分配资源以支撑人类的可持续发展。未来交通运输的发展需更加经济合理地适应人类经济社会活动的要求，这是人类生存的必需条件。

(1)空间上利用率更高

人类是群居动物，群体生活能够提高生存效率。在现代社会，人口向城市、城市群集中能够促进产业、经济等的发展，提高空间资源利用效率。未来随着人口聚集的强化，城市进一步从扁平化向立体化发展，空间效率进一步提高，交通运输将更能够为人群提供批量类似服务，以规模化生产降低单位运输产品的资源消耗。同时，随着新材料、新设备、新技术等的推进，货运有可能向地下发展，从空间的另一维度上提高交通运输的经济适用性。

20 世纪中期以后，全球化的趋势越来越明显，深度和广度都达到极高程度。近年来，全球化退潮悄然袭来。地缘政治骚动对全球化基础构成了新威胁，同时人们开始从另一个角度审视本土化，重新发现了本土化的生命力所在。当世界各大区域的经济实力相对差距缩小时，可以预见未来经济发展的大势是全球化与本土化并行发展。随着部分经济活动向本土化转变，无效的交通运输活动将有所减少，在空间的利用上提高交通运输的效率。

(2)能源创新

我国油气消费量的增长速度明显高于产量，已经成为仅次于美国的石油第二大消费国(见图 4-2)，仅次于美国、俄罗斯的天然气第三大消费国(见图 4-3)。尽管增长速度较快、总量较大，但我国油气人均消费量仍然较低，未来可能进一步增长。

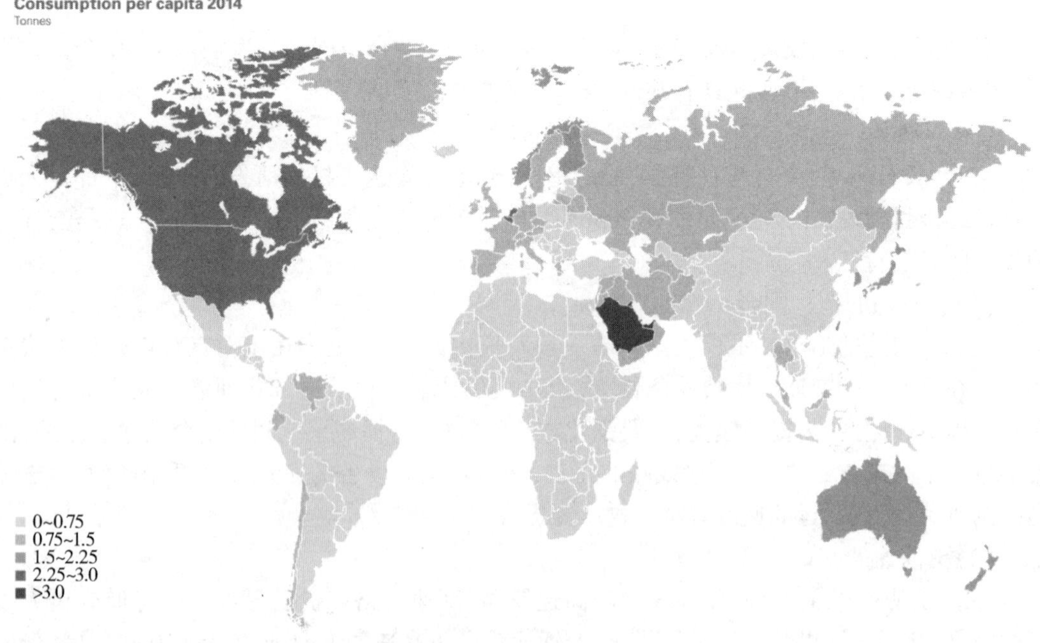

图 4-2　世界人均石油消费量及分布

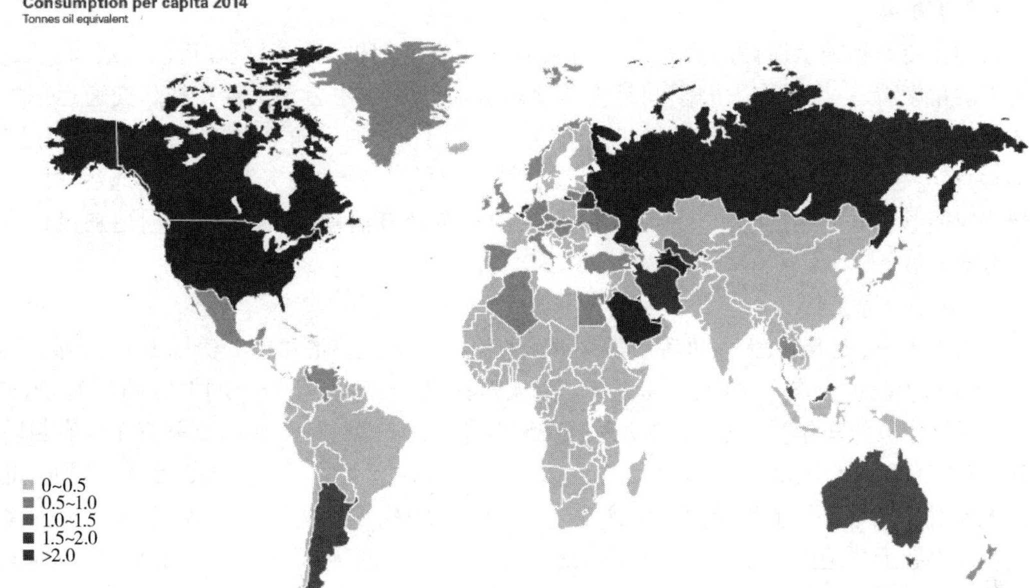

图 4-3　世界人均天然气消费量及发布

资料来源:《BP Statistical Reviewof World EnergyJune 2015》。

目前,国际社会已经形成共识,应在世界范围内酝酿进行一场大规模的发展模式和结构升级。其关键在于建立低碳经济发展模式和低碳社会消费模式,努力减少能源资源消耗,降低污染物及二氧化碳等温室气体排放,协调人类社会经济发展和地球自然环境之间关系。与之相伴的必然是一场大规模的新能源革命,能源开发与消费趋向多元化、低碳化。但 2030 年前化石能源主体地位不可替代,天然气将成为世界第一大能源。

根据 BP 报告的预测,2035 年前所有类型的能源消费均有所增长,其中增长最快的是可再生能源(年均 6.4%)。核能(年均 1.9%)和水电(年均 1.8%)的增速均高于能源总体增长速度。在化石能源中,天然气消费增长最快(年均 1.9%),而且是超过能源总体增速的唯一化石能源。石油(年均 0.8%)增长最慢,煤炭(年均 1.1%)增速仅略高于石油。到 2035 年,化石能源的总体份额将由 2012 年的 86%下降至 81%。

在全球应对气候变化形势下,我国作为负责任的发展中大国,对国际社会做出了到 2020 年非化石能源占能源消费比重达到 15%和单位 GDP 二氧化碳排放较 2005 年减少 40%~45%的承诺。这将对我国能源转型发展起到推动作用,在客观上也强化了能源发展的“碳约束”。

(3)公平更加得到保障

公平的生存和发展机会是现代文明的底线,也是维持文明发展的基石。提高交通运输的经济适用性,是为了让更多的人享受到交通运输的服务,保障有更多的人融入社会机体中。

未来的交通发展成果必须由人民共享,实现地区间、群体间的交通发展普遍享有,增强人民的幸福感,使全体人民朝着共同富裕的方向稳步前进,以集中体现社会主义制度的优越性。这就要实现不同地区之间的交通共享,逐渐消除区域间、城乡间的交通差距,实现交通基础设施与服务的一体化与均等化。不但要充分保障弱势群体的基本交通权,而且还要为“有恒心”的“恒产者”提供高质量、品牌化的交通服务,实现“各得其所”。

3.灵活自由

人类在交通运输上所做的努力,一直是在向无限的空间做出的探索和追求。然而,从量子力学的角度看,一个无限大的空间是需要使用者与其互动才会真正存在的。交通运输的发展也受到了可用时间的约束。根据既有研究,个人用在交通运输上的时间如果每天超过3个小时,将会超越人们普遍愿意分配给交通的时间。时间是刚性的资源,未来交通运输的发展趋势应能够更好地利用时间。结合其他形式的社会经济活动,交通运输将向更加灵活自由的方向发展。

(1)新型交通工具

未来无人车、无人船、无人机等新型交通工具都有成为现实的可能。美国 IEEE 预测,到2040 年全球上路的汽车总量中,75%将会是无人驾驶汽车。市场研究公司 IHS 则预测,2025年全球无人驾驶汽车销量将达到 23 万辆,2035 年将达到 1180 万辆,无人驾驶汽车保有量将达到 5400 万辆。其中,2035 年 4 级完全无人驾驶汽车每年销量可达到 480 万辆。届时,北美在无人驾驶汽车市场上的份额将达到 29%,中国为 24%,西欧为 20%。未来,人类交通系统或将发生翻天覆地的变化。这种新型交通工具能够将人类从驾驶中解放出来,使交通运输的时间同时用于其他活动。

(2)柔化交通需求

随着信息技术、互联网、虚拟现实等新型技术的完善,刚性的交通需求可能会有明显减少。出行将越来越多成为人们自身的自由选择。同时,伴随人们对于个性化、定制化产品要求的提升,客货运的需求可能更加碎片化、无序化、随机化。

(3)创新交通业态

交通运输从来都不是独立于其他经济社会系统的,且未来将进一步与多种行业进行深度融合。通过推进信息化、智能化,交通运输服务将做到"无处不在、实时响应"。依托新技术和新制度,交通产业内部、交通与其他产业之间两个层面由传统部门分割式整合将向超界融会贯通转变,形成优质高效、协调联动、整体跃升的交通新业态。通过设施网、服务网和信息网的"三网"融合可实现交通泛在化、高速化,实现交通运输业与互联网、物流、金融、旅游、信息服务等行业深度融合,助力交通运输与国民经济整体发展融会贯通。

本篇参考文献

[1] 国民经济和社会发展第十三个五年规划纲要[M].人民出版社,2016.

[2] 国家发展改革委,外交部.商务部.推动共建丝绸之路经济带和 21 世纪海上丝绸之路的愿景与行动,2015.3.

[3] 国家发改委,交通运输部.国家公路网规划(2013 年—2030 年),2013.5.

[4] 国家发改委,交通运输部,铁路总公司.中长期铁路网规划.发改基础[2016]1536 号.

[5] 交通运输部.水运十三五规划.交规划发[2016]93 号.

[6] 李家祥.全面推进建设民航强国战略——中国民用航空局局长李家祥答记者问.中国民航局,2010.8.

[7] 交通部.公路、水路交通基础设施发展的三阶段战略目标.交规划发[2001]265 号.

[8] 国务院新闻办公室.中国交通运输发展,2016.12.

[9] 冯飞,王晓明,王金照.对我国工业化发展阶段的判断.我国发展观察,2012.8.

[10] 胡鞍钢.我国国家治理现代化[M].北京:人民大学出版社,2014.

[11] 丁建弘.发达国家的现代化道路:一种历史社会学的研究[M].北京:北京大学出版社,1999.

[12] 张培刚.新发展经济学[M].河南:河南人民出版社,1992.
[13] 荣朝和.运输发展理论以运输化为主要线索的新进展[J].北方交通大学学报,1995 年 12 月.
[14] 荣朝和.论运输化[M].北京:中国社会科学出版社,1993.
[15] 盛磊,赵霄伟,孙施曼,等."十三五"及 2049 中国交通现代化的一种思路.华夏时报,2015.4.
[16] 罗仁坚,宿凤鸣,等."十三五"和"十四五"交通建设发展与投资需求[M].北京:人民交通出版社,2011.5.
[17] 国家发展改革委综合运输研究所.新常态下客货运输发展趋势及对策研究.2016.
[18] 荣朝和.运输发展理论的近期进展[J].中国铁道科学,2001 年第 22 卷.
[19] 尹怡晓,刘晓娟,赵珊珊.交通运输业对我国第三产业的影响探讨.中国科技论文在线,2010.
[20] 桑恒康.中国的交通运输问题[M].北京:航空航天大学出版社,1991.
[21] 张学良.交通基础设施、空间溢出与区域经济增长[M].南京:南京大学出版社,2009 年 6 月.
[22] 樊一江.我国交通运输基础设施 60 年发展回顾与展望[J].综合运输,2009 年 10 月.

执笔人:宿凤鸣　尹震

先进经验篇

内容摘要:发达国家第二次交通运输现代化至今已有半个世纪左右,既有基础设施在质和量上都已经越来越不能满足不断提升的多样化交通运输需求。交通拥堵、环境恶化、能源短缺等愈加成为全球性的挑战。在经济、社会、科技发展新趋势下,为支撑国家继续发展,保持领先地位,满足更安全、更快捷、更高效、更公平、更环保、更智能、更人性化的要求,主要发达国家都提出了面向未来30年的中长期交通运输现代化发展战略。本篇总结借鉴美国、欧盟、日本的交通运输发展战略,为我国未来30年的交通现代化发展提供参考。

一、美国交通发展战略

2015 年 3 月，美国交通运输部网站发布了题为《超越交通-趋势和选择 2045(Beyond Traffic-Trends and Choices 2045)》的报告，对未来 30 年美国交通发展的趋势进行了分析，并提出运输系统未来可供选择的发展战略，目标是要建设一个强大、顺畅、智能、环保的交通系统，支持美国国家的经济繁荣，创造美好的未来。

(一)打造顺畅、智能、高效的旅客运输系统

改变单纯依靠基础设施建设扩大运输能力的思路，实行扩能、挖潜并举，建设交通基础设施，畅通美国运输网络，通过交通需求管理、土地合理利用、发展公共交通等综合战略，提高客运供给能力，适应人口增长及结构、布局变化，打造更加顺畅、智能、高效的客运系统。

增加基础设施能力。在交通量快速增长和高度拥堵的走廊建设新的道路、铁路等基础设施。建设连接巨型都市区域的城际高速铁路系统。加强对既有设施的养护维修，发挥既有设施的潜力。州际公路交通走廊应用车联网技术进行基础设施改造。应用“完整街道”(complete street)等新的土地利用和城市规划理念，促使机动化出行需求减少。应用下一代飞机导航系统等先进技术，提高基础设施使用效率。发布实时公众出行信息，供人们选择最不拥堵、最有效的路径及运输方式，有效平衡交通需求和交通供给的时空分布。

缓解拥堵。通过土地合理利用，实行远程工作制、弹性工作时间、拥堵收费和鼓励使用小型车辆等手段，调节运输供需的时空分布，缓解交通拥堵。进行交通需求管理，引导人们减少高峰时段出行，减少在高度拥堵区域出行。实行基于不同时段、不同费率的交通服务定价机制。实施商业和居住性土地混合开发战略，促使减少通勤出行量，缩短出行距离，出行方式向自行车、步行通勤等转移。推广使用小型车，减少每辆车占用的道路面积。发展汽车共享服务，减少车辆行驶里程数。应用自动驾驶、下一代飞机导航等新技术，通过缩短运输工具安全间距提高基础设施利用率，减少拥堵。

提倡公共交通、自行车、步行等交通出行。加强公交系统的设计和性能改善，建成高质量、高能力、快速、具有吸引力的公交系统，创新公交服务。重点建设纽约、芝加哥、波士顿、费城、旧金山和华盛顿特区的地铁系统、通勤列车系统。完善连接城乡的长途公交网络和交通辅助服务系统建设，服务城市、郊区、农村，发展公交响应式服务。促使包车旅游发展。建造舒适宜人的步行设施系统，鼓励非机动车出行。积极构建与城市发展相适应，与公共交通良好衔接，管理有序的安全、便捷、高效、低成本的自行车系统。

(二)构建高效、顺畅、先进、环保的物流系统

投资新建、扩建公路、铁路、港口、航道、机场等设施，养护、改建老旧、破损基础设施，提高货运承载能力，构建通达全球、连通城乡、高效顺畅、成本合理、先进环保的物流系统，增强美国经济的全球竞争力。

改善货运系统发展规划。制定发展规划和政策，更好地协调政府和民间对货运基础设

施、运输工具及相关设备的投资，推进货运运营高效化。联邦政府创造激励机制，为各州和地方机构提供指导和技术援助，统一研究制定货运发展规划，协调跨越州界的设施投资政策。联邦资金重点资助跨越州际、区域的货运一体化发展项目。规划建设关键货运走廊项目，解决货运瓶颈问题，改善港口的连接通道、配送中心、过境通道，并且发展全国范围的货车专用路网。

疏通货运瓶颈。联邦政府通过投资资助、税收减免等手段鼓励民营企业进行基础设施和设备、技术的更新。疏通港口、物流中心、联运中心与城区，特别是大都市区的城区连接处道路、铁路等货运瓶颈，进行交通基础设施建设、设备更新和服务流程改造，提高运输能力，简化通关手续，提升运输效率，降低物流成本，疏通货运瓶颈。

创新体制机制，解决第一公里和最后一公里货运问题。各州、各城市规划机构、地方政府可以与私人合作伙伴紧密合作，加强协调，解决货运第一公里和最后一公里问题。对配送中心、多式联运中心、"货运村"进行战略布局，促进新的城市商品运输配送网络的构建。使用更小型、噪音更低、更节能的配送车辆。制定车辆在货运走廊和城市地区的停车规划。发展地方智能交通系统（ITS），提供实时停车及交通信息，实行根据道路流量的动态费率的通行费、停车费等价格政策，鼓励在非高峰时间配送，缓解交通拥堵。取消和调整抑制竞争力和抬高货运成本的相关规定。建立跨区域的货运流程和标准，促进货运流程简化、运单标准化、物流高效化。

（三）推广交通新技术、新设备

鼓励交通新技术、新设备的应用，改进交通性能，促进客货运输在不同运输方式间更有效地连接，促进交通拥堵缓解，实现更强大的交通系统能力，确保交通系统的安全性、适应性、灵活性和可靠性。

解决新技术的应用障碍，建立支持新技术应用的基础设施、运输工具的技术标准、制定、推广、应用下一代航空导航系统（NextGen）、车联网（V2V）、电动车、自动驾驶、汽车防撞预警（Collision-avoidance Warning Systems）、飞机无人驾驶等的技术政策、技术标准、监管政策，有效控制新技术带来的安全、环境等潜在风险。通过财政补贴、税收减免等政策鼓励交通技术研发，促进前沿技术商业化推广，提高国家竞争力。有效管理新技术在运输领域应用对交通系统的影响，如新技术的法律和司法的影响。从收集管理大数据转向根据大数据进行投资决策。在搜集数据方面设置标准和规范，以保证个人信息安全。应用大数据进行决策，实现其信息价值的作用最大化，提升各种交通方式的效率和安全性。

（四）发展绿色低碳的交通系统

积极应对全球气候变化的挑战，减少对石油等化石能源的依赖，减少交通活动对空气、水、土地等环境要素的影响。

减少排放。交通运输部门通过提高交通工具的运输效率，使用替代燃料，减少汽车交通量（VMT）等措施，减少对进口石油的依赖，并减少温室气体的排放。鼓励铁路、水运、公共交通等低排放强度的客货运输方式的发展。发展电动汽车及可再生能源。提高轻型汽车、重型汽车和载货汽车的燃油经济性标准，减少汽车尾气排放。首先设立 2025 年能效标准，加速燃油效率提升。

调整成本和激励手段。交通规划与土地利用规划相协调，促进土地的混合使用，将更多的出行方式转变为步行、自行车出行或公共交通方式。通过财税政策，鼓励清洁交通工具使用。发展汽车共乘、定制公交等交通组织模式。通过征收碳税等手段提高碳排放成本，引导旅客运输向铁路、公共交通方式转移，促使重载汽车货运向铁路运输和水路运输转移，实现交通运输结构调整。

设计和构建更好的基础设施。建立新的设计标准，使用更强的建筑材料，设计建造更加坚实、更有弹性的基础设施，抵御气候变化带来的高温、风暴等侵害。基础设施建设地址避免选择易受洪水、高温、风暴等影响的区域，以提高基础设施的寿命和投资使用效益。

避免在环境脆弱区域建设基础设施。引导投资方向，提高基础设施抵御环境侵袭的能力，降低脆弱地区的新投入。法律可规定在洪水易发地区居住的人群须购买私人保险，或制定国土主体功能分区规划政策，以限制在环境脆弱地区的建设发展。

(五)改革交通基础设施建设投融资的体制机制

进行交通基础设施建设投融资的体制机制改革，开辟资金来源。改变联邦-各州之间的交通投融资关系，改变一事一议的做法，对交通建设实行前瞻性的投资，为国家经济的蓬勃发展提供强有力的支撑，保持国家竞争力和国际领先地位。

确保足够的收入来源。在既有的收入来源基础上，包括州及联邦汽油税、消费税、用户收费(如车辆注册登记费用)、公路通行费、交通拥堵费、车辆行驶里程费，开辟新的交通投资资金来源。建立鼓励民营资本投资公共设施的激励机制。研究提高燃油税税率，或将燃油税与通货膨胀率挂钩。研究按汽车行驶里程收取碳税、燃油销售税、联邦车辆登记税等新的资金来源。

按照绩效标准进行投资决策。联邦资金优先投资于成本效益高、绩效好、能显著支持国家发展的项目。制定规则，要求地方政府充分考虑交通项目的成本效益，并进行详尽评估，优先对人口密集和经济增长能力强的大都市区和超大都市区的交通基础设施进行投资，大幅度增加核心高速公路运输项目的投资。重点支持地方交通拥堵收费、智能交通系统创新、交通技术推广等能显著提高交通运输系统效益的项目。

完善投资体制机制。分清政府和私营部门的角色和投资责任，协调不同投资主体间的定位和角色，改革运输管理机构项目投资的衡量标准和准则，提高投资的效率和有效性，以更低的成本、更好的决策建设交通系统。

二、日本交通发展战略

在以往6次国土开发规划基础上(表2-1)，2014年7月日本国土交通省出台了国土交通远景发展规划——《国土大设计2050-形成促进对流的国土形态》。国土规划是以交通体系等国土基础设施的规划建设作为其主要实现手段。该规划虽不是交通专项规划，但基本反映了日本交通发展的战略方向选择。为支持"集约化+网络化"国土空间布局的实现，即形成可持续发展的"大都市圈+地方中小城市"集聚模式，加强交通基础设施网络发展，为客货流的长途位移提供支持。

日本 6 次国土开发规划重点

表 2-1

	全国综合开发规划（一全综）	新全国综合开发规划（新全综）	第三次全国综合开发规划（三全综）	第四次全国综合开发规划（四全综）	21 世纪国土总体设计（五全综）	国土形成规划（全国规划）
公布年月	1962 年 10 月 5 日	1969 年 5 月 20 日	1977 年 11 月 4 日	1987 年 6 月 30 日	1998 年 3 月 31 日	2008 年 7 月 4 日
当时内阁	池田内阁	佐藤内阁	福田内阁	中曾根内阁	桥本内阁	福田内阁
背景	（1）转向经济快速发展阶段； （2）城市问题加剧，贫富差距加大； （3）所得倍增计划（太平洋产业带构想）	（1）经济高速发展阶段； （2）人口、产业向大都市集中； （3）信息化、国际化和技术进步不断发展	（1）经济增长稳定期； （2）人口和产业出现向地方分散的征兆； （3）国土资源和能源和有限性越来越显著	（1）人口等诸功能向东京一极集中； （2）产业构造的急剧变化恶化了地方就业问题； （3）真正意义上的国际化发展	（1）地球时代（全球环境问题、大竞争和亚洲各国的交流）； （2）人口减少、老龄化时代； （3）高度信息化时代	（1）经济社会形势的大变动（人口减少、老龄化、全球化、信息化）； （2）国民价值观的变化和多样化； （3）国土格局的新变化
长期构想	—	—	—	—	由一极一轴型转向多轴型国土格局	自立的广域综合体的国土格局
规划期限	1962—1970 年	1969—1985 年	1977—1987 年	1987—2000 年	1998—2010（2015）年	2008—2020 年
基本目标	地区间均衡发展	创造丰富多样的环境	人类居住综合环境的改善	多极分散型国土的构建	形成多轴型国土格局的基础建设	自立的广域综合体的构建
基本课题	（1）防止城市过大化和缩小地区差异； （2）自然资源的有效利用； （3）资本、劳动力、技术等资源的合理地域配置	（1）人与自然的长期和谐、自然的永久保护和保存； （2）通过基本设施的建设使全国都具有开发可能性； （3）通过发挥地方特色进行开发建设，使国土利用重组和高效化； （4）安全、舒适、文化环境的建设和保存	（1）居住环境的综合提升； （2）国土的保护和利用； （3）应对经济社会的新变化	（1）通过定住与交流增强地域的活力； （2）国际化和世界城市功能的重组； （3）安全、高质的国土环境的建设	（1）促进地域的自立和地域自豪感的建设； （2）确保国土安全和生活的安心 （3）享受和继承富饶的自然； （4）构筑具有活力的经济社会； （5）形成对外开放的国土	（1）与东亚的交流和合作； （2）地域的可持续发展； （3）具有强抗灾能力国土的形成； （4）美丽国土的管理与继承

资料来源：翟国方，《日本国土规划的演变及启示》，国际城市规划，2009 年 4 月。

(一)建设由磁浮新干线和新联络线支撑的巨型都市圈

建设时速600公里的磁浮中央新干线,连接东京、名古屋和大阪三大都市圈,融合东京都市圈的国际功能、名古屋城市圈的制造业优势,以及大阪都市圈的历史、文化底蕴和商业功能,构建东京到大阪1小时交通圈;强化磁浮交通与其他交通网络的连接,将磁浮中央新干线的效果向日本全境推广,支撑世界超级大都市圈;利用4个国际机场、2个国际港口等交通资源,更好发挥全球人才、物质、资金、信息等要素的集聚扩散功能,创造出新的价值,领先世界发展。

(二)打造国际客货运输大通道,支持国际间客货运交流

充分利用北冰洋航路开通、亚欧大陆桥运输发展、巴拿马运河扩建等契机,构建日本海和太平洋两侧的国际资源、能源物流海上运输通道,并进一步降低物流成本。适应不断增长的国外观光客流,加强首都圈的机场的吞吐能力。发展低成本航空,增加直达航班;积极利用各地机场和沿海水运资源,发展邮轮旅游。

(三)提升交通运输功能,促进高密度流动社会的形成

实施高效率、高效果管理,构建世界一流的交通基础设施系统。以磁浮新干线为主干,新建公路、铁路等交通基础设施,连接日本北部、西部和南部的大中城市,建立各种运输方式无缝连接、流动顺畅的交通系统,支撑“集聚+网络”的国土构架,促进人员、物资、信息更顺畅地流动。推进铁路、公共汽车等公共交通设施及运输工具的无障碍化,适应老龄社会发展需求。完善大容量城市间客运网络、城市公共交通网络,实现各铁路公司相互直通运行。构建顺畅、准点性高、损失小、枢纽功能强大、无缝衔接的客运服务系统。推进大型船舶运输、大型车辆运输,实行共同配送,扩大次日配送圈范围,提高物流服务的便利性和时效性,构筑跨越国境的供应链,高效支持经济社会发展和人民生活水平提高。

(四)推广应用先进技术,建设安全、智能、环保型交通系统

为灵活应对巨大灾害危机,保持日本国际竞争力,积极运用先进技术,与既有交通基础设施网络相融合,促进基础设施的智能化发展,发挥基础设施的最大作用。道路运输方面,通过交通情报通信系统(ITS),灵活运用大数据,精细控制交通量,抑制交通拥堵,保证道路交通安全顺畅。灵活应用卫星技术,实现精准的交通工具定位。推进自动驾驶技术的推广使用,以及超小型交通工具的推广普及。道路死伤事故率降低到一般道路的1/10,二氧化碳排放量为一般道路的2/3。航空方面,实行航空管制区域重组,最大限度利用既有设施,积极引进出发-到达最优化的跑道技术,构建未来航空交通系统,改善机场的集疏运。水运方面,配合港口设施的更新,推进码头重组、岸线深水化,增强抗震性能,提升港口功能,改进港口集疏运系统,有效缓解交通拥堵。应用IT技术,使集装箱物流信息在业务相关者间公开共享,促进物流高效化。推进起重机械的远距离操作系统建设,实现港口码头高效运作。

(五)吸收民间活力,推进融资模式改革

最大限度利用民间资本、技术、技能,在基础设施建设中采取 PPP、PFI 模式。以技术创新为基础,构建举国技术开发体制,开发适应社会需求的技术。创建财政投融资支持的制度,应用大数据支持地方公共交通的经营改革,提高地区铁路的安全性和灵活性。

三、欧盟交通发展战略

2011 年 3 月欧盟委员会颁布题为《迈向统一欧洲的交通发展路线图——构建竞争力强、高效节能交通系统》的白皮书,提出构建"面向统一欧洲、竞争力强、便捷高效、节能减排、可持续发展的交通运输体系",2050 年碳排放比 1990 年减少 60%。

(一)实现欧洲交通区域一体化

促进欧洲区域交通一体化发展,进一步降低运输的经济及社会成本,使客货运输更加顺畅流动,以保障欧洲交通可持续发展。

铁路运输区域一体化发展。针对铁路运输这一欧洲一体化运输短板,废除技术管理和法律障碍,解决"欧洲铁路区域一体化"中的瓶颈。开放铁路旅客运输市场,引进竞争,实施公共服务公开竞争投标。加强欧洲铁路协会(European Railway Agency,ERA)的作用,实现欧盟区域内车辆标准统一、铁路安全认证标准统一。实施铁路综合货运走廊的一体化管理,在铁路设施和运输服务"上下分离"的状况下,制定铁路线路接入使用办法,保证不同国家间、不同线路间铁路基础设施与运输车辆的平等、有效接入。

航空运输区域一体化发展。按照已确定的时间表部署未来空中交通管理系统(SESAR),实现无缝的欧洲航空一体化发展。建立适当的法律和金融框架,修改监管条例,支持欧洲航空运输区域一体化发展。改善机场条件,提供优质服务,发展空铁联运,确保所有机场、所有航运企业满足航空运输质量标准,提高运输能力。

水运区域一体化发展。进一步发展"蓝带"(Blue Belt)自由海上运输,破除欧洲各国海上运输的壁垒,充分发挥水上运输的潜力。整合当局监管手段与技术,确保 ICT 系统之间互联互通,保证船舶和货物的有效监管。简化欧洲海域船舶在各港口之间的手续。增强港口公共资金投融资的透明度,明确投入的具体方向和项目,避免不正当竞争。优化欧盟一体化内河航运市场,消除发展的障碍。

公路运输区域一体化发展。评估道路货物运输的市场情况以及道路收费情况、成员国的交通法规,推进道路运输市场开放,特别是消除各国间的通行权限制。进一步整合道路货运市场,提升道路运输的效率和竞争力。适应新形势,修订车辆技术标准(如电池的重量,更好的空气动力性能)。

多式联运一体化发展。建立促进铁水多式联运的责任制度,促进多式联运发展。实现多种运输方式的"电子货运"、单一窗口、一票到底运输和货物实时跟踪,减少能源消耗和排放。

运输市场及服务一体化。在整个欧洲构建公平、开放、统一的交通建设、招投标、运营、

管理、服务市场;消除客货运输无缝衔接的障碍和瓶颈,促进客运和货运的全程化、一体化运输;发展、普及驾驶辅助系统,使道路运输实现“零死亡”。开放工作岗位,改善工作条件,在运输服务和交通安全方面促进欧洲交通一体化。

(二)构建短、中、长途有机衔接、高效环保的综合运输体系

促进长途运输、中途运输和城市交通 3 个不同距离范围客货运输的无缝衔接、融合发展。

长途运输。促进欧盟航空业在使用低碳燃油方面成为世界的领跑者,并使欧洲继续担任国际航空枢纽的角色;建设沿海港口,与内陆港口链接,联通欧洲和世界各地的物流中心,大力发展铁水货物多式联运,促进水运使用可再生能源,2050 年海运碳排放量比 2005 年减少 40%。

中途运输。建设城际间高效的综合运输绿色运输通道。增加对铁路的投资,提高铁路的运输能力,采用静音科技减少对周围环境的影响。促进中长途客运向大型客车和铁路运输的转移。建设高效的绿色货运通道。2030 年 30%运距超过 300 公里的公路货运转移到铁路或水路运输,2050 年超过 50%运距在 300 公里以上的公路货运转移至铁路或水路运输。发展高速铁路客运。2030 年高速铁路网里程达到目前的 3 倍,所有成员国形成高密度的铁路网络。2050 年完成欧洲高速铁路网,大部分中远途旅客运输由铁路承担。建设交通走廊核心网络。2030 年在欧盟范围内建成功能齐全、多运输方式组成的交通走廊核心网络(TEN-T core network)。2050 年建成高品质、高容量的网络和相应的信息服务系统。运输方式间实现无缝衔接。2050 年,所有机场与铁路网络特别是高速铁路网络连接,所有重要海港与铁路网和内河水运系统连接。

短途运输。通过提高货运汽车能效,使用清洁燃料,实现绿色发展。重点发展小型、轻量化乘用车,同时整合公共交通资源,逐步淘汰传统的燃油汽车。到 2030 年,城市传统的内燃机汽车保有量需减少一半,大中城市物流实现零碳排放;到 2050 年,传统内燃机汽车全部退出城市。发展和普及电动汽车和混合动力汽车。

(三)依靠科技创新和理念转变实现交通可持续发展

依靠科技进步和全新的交通理念实现交通环保、安全、可持续发展。

建设智能、环保的交通基础设施,实现各种运输方式基础设施和运输工具之间的信息交互。装备欧洲空中交通管理系统、铁路交通管理和信息系统、海上安全监管系统、内河信息服务系统,以及下一代多方式交通管理信息系统等,实现交通实时管理,掌握、预测、引导客货流。加快电动汽车充电网络、天然气充气设施网络建设。建设车-路交互感应的基础设施。2020 年完成欧洲空中交通控制系统的现代化建设,形成欧洲共同航空区;部署水陆交通智能管理系统,包括欧洲铁路运输管理信息系统、道路运输智能交通系统、内河信息服务系统、安全海运信息系统、长距离船舶识别及跟踪系统。部署名为“伽利略”(Galileo)的欧洲全球卫星导航系统。2020 年建立欧洲统一的多种运输方式一体化的信息、管理和支付系统框架。

运输工具向清洁、安全、噪声低的方向发展。促进不同运输方式的运输工具向清洁、安全、噪音低的方向发展,推广普及电动汽车和混合动力车;发展小型、轻量化乘用车;公共交

通使用低排放运输工具；建立零排放城市物流系统，发展无人机等非常规货物配送系统。

改变交通观念和行为模式。通过实施旅客及货物的碳足迹计量、节能驾驶、道路限速、征收城市道路拥堵费等手段，改变交通观念和行为模式，促进节能减排。

强化交通安全。注重交通安全培训教育，加强基础设施的安全设计，开发欧盟航空、铁路、公路运输的安全管理信息系统，制定统一安全标准、安全认证、维护方法，以及危险货物多式联运的规则等。应用新技术提高车辆的安全性，推广使用安全设备（安全带、防护服装）。注重行人、骑自行车和摩托车者弱势群体的交通安全。2020 年交通意外伤亡人数减半，2050 年公路运输接近零死亡。确保欧盟在航空、铁路和海上等各种运输方式的安全性方面世界领先。

（四）创新交通收费、定价和投融资制度

按照“谁使用谁付费，谁污染谁付费”的原则，将外部成本内部化，由使用者承担。建立联合发展基金，为欧洲核心交通网络建设融资；吸取民间资本进行交通基础设施投融资。改革交通税费制度，包括征收与排量关联的车辆购置税、车辆消费税、碳税、燃油税、高额停车费、拥堵费、环境污染费，引导减少私人轿车出行，减少汽车流交通量（VMT），减少对进口石油依赖，减少温室气体排放。吸收私营资本参与到交通建设中，确保未来交通运输投融资来源。

（五）主导国际交通领域标准制定，提升全球运输的竞争力

与国际合作伙伴和国际民航组织（ICAO）、国际海事组织（IMO）等国际组织一起工作，在交通领域国际标准、先进运输理念、运输技术手段推广等方面发挥领导作用，促进欧洲提升交通运输竞争力，达到世界领先水平。

表 3-1 为欧洲 4 个版本交通白皮书主要内容。

欧盟 4 版《交通白皮书》 表 3-1

版　次	年　份	名　称	重　点
第一版	1992	The future development of the common transport policy	欧洲交通运输市场的整合与开放
第二版	2001	European transport policy for 2010：time to decide	交通方式公平、突破瓶颈、用户中心的交通政策，全球化
第二版修订	2006	Keep Europe moving - sustainable mobility for our continent	欧盟扩大范围、对安全反恐的关注、全球化、能源价格和气候变化等
第三版	2011	Roadmap to a Single European Transport Area-Towards a competitive and resource efficient transport system	欧洲统一的、真正的可持续发展的交通运输体系（2050 年）

资料来源：根据欧盟《交通白皮书》整理。

四、经验借鉴

发达国家虽然国情不同，各国或区域在交通发展战略中注重点有所不同，但在现代交通

运输发展战略中的共同点值得借鉴。

(一)注重发展理念引导

总体看基本转向以人为本,以物流为核心,调整运输方式结构,提质增效降本,力促智能生态环保,推动交通运输与经济社会和谐发展。如美国提出建设一个强大、顺畅、智能、环保的交通系统,客运关注顺畅、智能、高效,货运关注通达全球、连通城乡、高效顺畅、成本合理、先进环保;日本提出了交通发展的战略方向选择,即形成可持续发展的大都市圈+地方中小城市集聚模式,并重视打造国际客货运输大通道;欧盟则提出构建"面向统一欧洲的、竞争力强、便捷高效、节能减排、可持续发展的交通运输体系",强调体系化发展、绿色发展。

(二)注重技术引领现代化

美、欧、日交通发展战略都注重将先进的技术应用于交通运输,并作为支撑国土空间布局,支持国内经济、对外贸易发展,实现经济社会可持续发展,提高国家综合竞争力的必要条件。如日本规划建设时速600公里的高速磁浮新干线,集中体现了其交通装备的技术水平和产业能力,标志着日本引领全球高速磁浮交通产业发展决心。美国推广应用下一代航空导航系统(NextGen)、车联网(V2V)、汽车防撞预警、飞机无人驾驶等,将引领世界智能交通的发展。欧盟则提出促进欧洲交通运输的竞争力和减排目标达到世界领先水平,主导制定国际交通领域标准的战略设想。

(三)注重交通区域一体化发展

美、欧、日交通发展战略均体现了支持交通区域一体化发展的思想。这些国家和地区城镇化发展的新形态是巨型城市群。其中,美国提出围绕巨型城市群建设高速铁路、城际铁路的战略,通过人员和货物的快捷运输推进巨型都市群的凝聚力;日本提出高速磁浮一小时交通圈的发展战略,将首都圈、大阪都市圈、名古屋都市圈更紧密地连接在一起;欧盟也为各成员国更紧密联系提出欧洲交通一体化发展的战略。

(四)注重环境生态和谐发展

美、欧、日都明确提出建立一个资源节约型和环境友好型的交通运输系统。在环境承载力、资源约束下,改善人们生活质量的同时,降低交通系统的环境资源成本和负面社会影响。如欧盟将低碳交通作为交通的核心战略;美国强调转变发展方向和发展方式,既要扩展运输网络能力,服务于人口和经济增长,也要降低交通发展对环境的影响,实现交通可持续发展;日本则以防灾减灾思想为指针,在国土交通布局方面做出重大战略调整。

(五)注重加强交通全球化联通

20世纪中期以后,全球化的趋势越来越明显,全球化的深度和广度都达到极高程度。近年来出现了"逆全球化"的表象,只是全球化发展过程中的一个波折,并不代表全球化过程的逆转。从上述发达国家的战略需求来看,交通全球化是一个重要篇章,也代表了一种趋势。美国是军事强国下的全球化路径,欧盟是技术领先型的路径,而日本则是产业+交通型的路径,各有特点。

本篇参考文献

[1] 历次《全国国土综合开发规划》,日本国土交通省
[2] 历次《欧盟交通白皮书》,欧盟委员会
[3]《Beyond Traffic-Trends and Choices 2045》,美国交通运输部

执笔人:李茜　尹震

技术创新篇

内容摘要：技术创新能够直接提升社会总体生产力水平，引发生产关系调整，改变社会面貌。在迈向2050年的进程中，我们将迎来新的技术革命和产业革命。"无所不在、永远在线"的信息技术，"取之有道、供之不竭"的能源技术，"千变万化、按需供给"的材料和制造技术，迈向"深海、深空、深地"的空间技术等是未来最具有突破意义的技术领域。随着新的信息通信、能源动力、材料制造、空间探索等技术进步的发展成熟，交通运输工具、交通运输运行管理、交通服务方式手段、交通基础设施等方面将发生革命性变化。同时，技术的发展具有很大的不确定性，面向2050年的未来愿景可以被分为自然进步和乐观跃升两种情形展望预测。

一、技术创新历程及演进规律

技术革命能够直接提升社会总体生产力水平，引发生产关系调整，改变社会面貌。历次产业革命均是由创新技术的发明发现引起的。新技术的应用推广有力地推动了社会全要素生产率的提高，显著改变了既有产业运行效率，降低了产业成本。同时，产业革命还创造出了新产业、新业态，导致了落后产业和业态势微消亡。

（一）历次科技革命和产业革命进程

英国经济学家佩蕾丝按照技术经济范式的转变，将 1771 年以来的技术和产业革命划分为 5 次[1]，即：①18 世纪早期，机械时代；②18 世纪末至 19 世纪中叶，蒸汽机与铁路时代；③19世纪末期至 20 世纪初期，钢铁与电力时代；④20 世纪初期和中期，石油与汽车时代；⑤20世纪 70 年代至今，信息与通信时代（见图 1-1）。

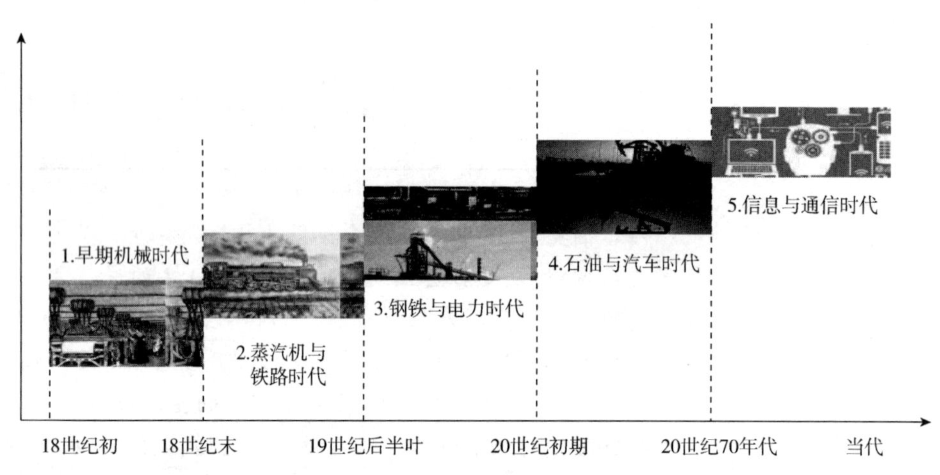

图 1-1　技术和产业革命的划分（英国）

德国则从自身工业化阶段划分工业革命时代，即：18 世纪引入机械设备制造的工业 1.0 时代，20 世纪初的电气化和自动化时代的工业 2.0 时代，20 世纪开始的信息化的工业 3.0 时代，21 世纪初期开始的工业 4.0 时代（见图 1-2）。信息时代被细分为基于信息技术的自动化阶段（3.0）和基于物理信息系统的智能化阶段（4.0），形成从工业 1.0 到工业 4.0 的 4 次工业革命分类[2]。

传统上，我国采用 3 次科技革命的划分方法：第一次科技革命为始于 18 世纪 60 年代至 19 世纪中期，以蒸汽机的诞生和广泛使用为标志；第二次科技革命是 19 世纪晚期至 20 世纪初期，在主要资本主义国家国内电力广泛应用，世界进入电气时代；第三次科技革命始于 20 世纪 40 年代，第二次世界大战和战后对科技的迫切需要，以原子能，航天、电子计算机、生物工程为主要标志。

当前，我国将 20 世纪下半叶信息技术引发的产业革命定义为第三次产业革命，而把过去第二次和第三次科技革命引起的产业革命定义为第二次产业革命，而我们正处于第三次产业革命时期。

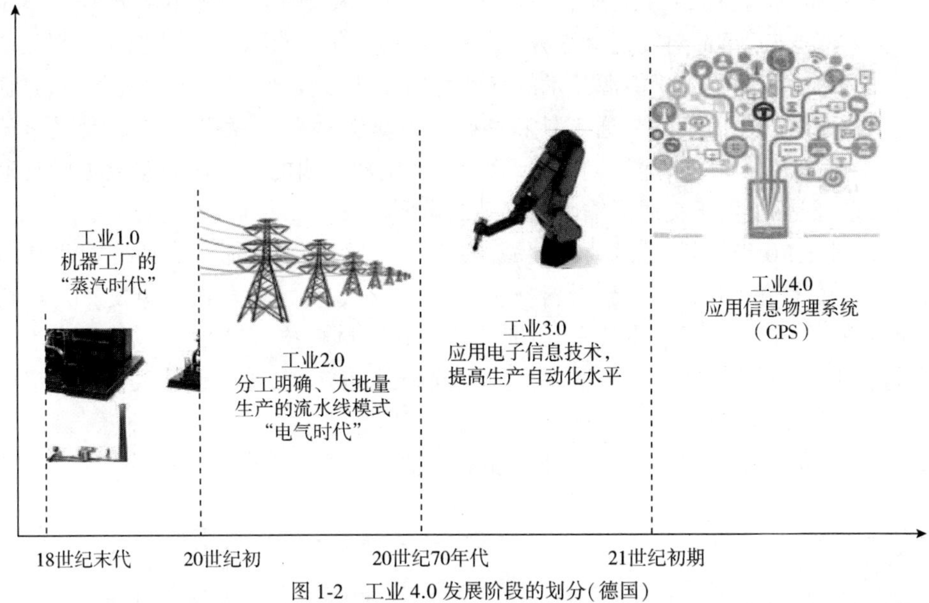

图 1-2　工业 4.0 发展阶段的划分(德国)

专栏 1　“十八大”以来党中央对产业革命历史和现状的表述

——习近平 2014 年 6 月 3 日出席国际工程科技大会演讲《让工程科技造福人类、创造未来》中对产业革命阶段的表述。

每一次产业革命都同技术革命密不可分。18 世纪,蒸汽机引发了第一次产业革命,导致了从手工劳动向动力机器生产转变的重大飞跃,使人类进入了机械化时代。19 世纪末至 20 世纪上半叶,电机和化工引发了第二次产业革命,使人类进入了电气化、原子能、航空航天时代,极大提高了社会生产力和人类生活水平,缩小了国与国、地区与地区、人与人的空间和时间距离,地球变成了一个“村庄”。20 世纪下半叶,信息技术引发了第三次产业革命,使社会生产和消费从工业化向自动化、智能化转变,社会生产力再次大提高,劳动生产率再次大飞跃。工程科技的每一次重大突破,都会催发社会生产力的深刻变革,都会推动人类文明迈向新的更高的台阶。

——习近平 2016 年 5 月 30 日在全国科技创新大会、两院院士大会、中国科协第九次全国代表大会上的讲话《为建设世界科技强国而奋斗》。

科技革命总是能够深刻改变世界发展格局。16、17 世纪的科学革命标志着人类知识增长的重大转折。18 世纪出现了蒸汽机等重大发明,成就了第一次工业革命,开启了人类社会现代化历程。19 世纪,科学技术突飞猛进,催生了由机械化转向电气化的第二次工业革命。20 世纪前期,量子论、相对论的诞生形成了第二次科学革命,继而发生了信息科学、生命科学变革,基于新科学知识的重大技术突破层出不穷,引发了以航空、电子技术、核能、航天、计算机、互联网等为里程碑的技术革命,极大提高了人类认识自然、利用自然的能力和社会生产力水平。一些国家抓住科技革命的难得机遇,实现了经济实力、科技实力、国防实力迅速增强,综合国力快速提升。

国际学术界大体上有 2~3 次科学革命、3~6 次技术和产业革命等不同分类[3]。21 世纪之前，动力能源的技术革命对交通运输方式的影响巨大，每一次重大的进步几乎都与能源革命息息相关。产业革命伴生于能源技术的突破性的发展，人类历经了蒸汽机和内燃机时代、电气时代。每个时代都有新的交通工具和基础设施诞生。风力、畜力和人力是最早的运输动力来源，水运是最古老的长途运输方式。而 20 世纪初发明的飞机则是最新型的交通运输方式。航天领域是 21 世纪交通运输亟待突破的重要领域。

而从 20 世纪 70 年代起，信息通信领域的变革引起的技术革命和产业变革仍在持续不断发展。信息技术、新能源技术、新材料技术、生物技术等交叉融合正在引发新一轮科技革命和产业变革。尤其是基于信息技术、新能源技术和新材料技术等"三新"技术产生的工程科技、制造技术、服务管理技术突破，在交通运输领域融合运用，正在显著改变世界交通运输的面貌。

图 1-3 为公元后 2000 年间人类技术进步和产业革命演进情况。

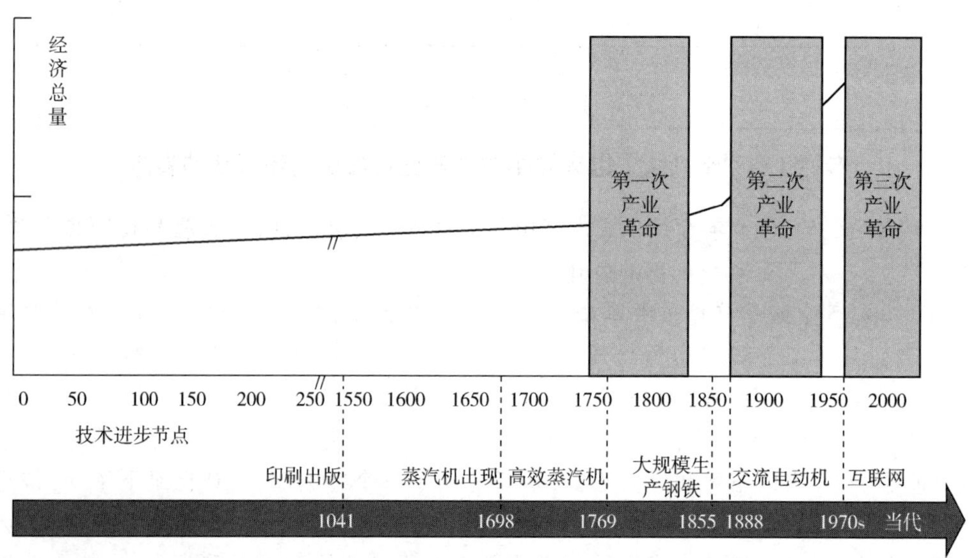

图 1-3　公元后 2000 年间人类技术进步和产业革命演进情况

(二)历次科技革命和产业革命与交通运输的跨越式发展

交通运输的历次变革进步与产业革命关系紧密，蒸汽轮机、火车、汽车、飞机、航天飞机等均是产业革命的代表性产物，对人们的出行和物流运输产生了深刻影响，极大改变了人们的时空观念和世界格局版图(见图 1-4)。

(三)技术创新演进规律

1.技术发展具有一定的不确定性、不可预测性

未来技术进步带来的经济效益和社会效益通常很难量化估算。技术进步催生了新兴产业，但这些新兴产业发展前景常常无法准确预测。技术路线也常具有发散性、多径性。新兴产业与传统产业的最大区别在于政府对它的未来无法完全预知。技术的发明创造具有自身的规律，进化演进过程不以人的意志为转移。政治制度、经济社会体制、战争等外部因素可

能会对技术进步的进程起到促进或是抑制的作用,但很难改变技术演进轨迹。同时,技术创新也会影响生产关系,反作用于政治、经济和社会演进。

	原始畜力阶段	蒸汽、内燃机时代 蒸汽机、内燃机 广泛应用	电气时代 电力普及	信息时代 信息技术、核能、 航天技术大发展	
航天				航天飞机 航天飞船 太空空间站 人造卫星	
航空		飞艇 燃油飞机	涡轮螺旋桨飞机 涡轮风扇发动机	大型喷气式飞机 超音速飞机 太阳能飞机 纯电动飞机 现代空管系统	
轨道交通		铁路 蒸汽火车 内燃机车	内燃机车 电力机车	铁路计算机联 锁和调度系统 高速铁路	
道路	畜力车 人力车 马匹 马路	自行车 蒸汽汽车 内燃汽车 公路	燃油汽车 高速公路	混合动力汽车 燃气汽车 电动汽车	
水路	帆船 桨船	蒸汽动力船 内燃动力船	内燃动力船 电力动力船	核动力潜艇 核动力航空母舰	
	1600	1700	1900	1960	2000

图 1-4　重大技术创新与交通运输领域的新发明

2.技术创新是高投入、高风险的长周期过程

将资金、人力等稀缺资源投入具有很大不确定性的研究开发活动具有很高风险。技术投入产生效益所需要的环境条件比任何硬件投入和基础设施建设的要求都更为复杂,产生效益的周期较长,存在不确定性。政府创造良好的创新环境与企业自主创新互动非常重要。当前,新技术产业化有周期缩短、成功率上升的趋势,能够更好更快实现新兴技术产业化已成为企业的核心竞争力。

3.市场在技术创新方面发挥主导作用

政府不掌握技术,也不承担市场风险,不具备市场感受,同时还缺乏必要的信息支持,很难预知未来技术发展的结果。创新本质上是一个试错的过程,政府也很难评判技术的好与坏,预测未来应用效果。社会资本(特别是风险投资)在技术进步中发挥着重要作用。技术的优劣应该通过市场得到检验,在应用中不断完善。政府也很难通过调控左右技术进步的方向,只能在国防、航空航天、核心工业、基础研究等国家命脉行业或市场调节失灵的行业起主导作用,并对社会创新环境进行规范。政府应该确立新兴产业的市场主导地位,创造良好的市场环境,更好发挥企业、科研机构作为创新主体的作用。

4.技术创新能够显著改变比较优势

技术创新是国家和企业核心竞争力的重要支撑。随着技术进步的节奏逐渐加快,技术更新周期缩短，技术研发投入在一定意义上将比任何硬件的投入更高。创新驱动的发展道路难度大、风险高，但是一旦成功，则可以为后发国家提供技术跨越的机会。当前，高技术含量、高附加值产品的研发，技术集成和关键零部件制造主要集中在发达国家。而发展中国家的技术创新则可能改变要素禀赋的比较优势，减少对发达国家技术拥有者专利、其他知识产权及技术路径依赖的问题。

(四)分析技术进步趋势的方法

下面将对技术发展趋势加以分析，主要基于国家战略方向、社会的重大需求、现有技术路线的发展趋势外推、军事领域技术民用化等。

1.依据国家战略方向

重大科技进步直接关系到国家的综合竞争力，科研能力则是世界发达国家核心竞争力。国家通常会对未来产生战略影响的新兴产业进行提前布局和大力支持。政府虽然对市场的反应处于滞后的位置，但是还是应该对某些技术和产业，尤其是具有很强的“外部性”、有超越经济意义的领域，以及对国家安全和国防需求产生重大影响的技术领域进行引导扶持。

交通运输是基础性、战略性、服务性产业，它的进步直接关系到经济运行效率效益和国家安全。政府需要基于国家战略，通过产业政策、科技政策对其加以扶持和引导。以智能、环保等为特征迅速崛起的新兴产业，当前已成为发达国家激烈争夺的产业制高点。美国、欧洲和日本都在对交通运输领域的新兴技术研发和产业化加以引导和支持。

“十三五”时期，我国相继发布了《“十三五”国家科技创新规划》《推进“互联网+”便捷交通 促进智能交通发展的实施方案》《“互联网+”高效物流实施意见》《交通部十大重大技术方向和技术政策》等文件，对交通运输未来5～10年内重点发展的技术方向加以明确，以目标导向的方式进行引导。我国的科技政策紧密跟踪世界科学技术发展前沿，表1-1为我国交通运输领域“十三五”技术方向和技术政策。下文将基于国家科技政策涉及的科技领域对未来发展趋势进行推导。

我国交通运输领域“十三五”技术方向和技术政策　　表1-1

国务院《“十三五”国家科技创新规划》	交通运输部《交通运输重大技术方向和技术政策》	国家发展改革委、交通运输部《推进“互联网+”便捷交通 促进智能交通发展的实施方案》
(1)电池与电池管理、电机驱动与电力电子、电动汽车智能化技术、燃料电池动力系统、插电/增程式混合动力系统、纯电动力系统； (2)高速列车、高速磁浮、中速磁浮、联合运输、快捷货运、高速货运； (3)绿色、智能船舶核心技术，形成船舶运维智能化技术体系，研制一批高技术、高性能船舶和高效通用配套产品； (4)未来民机产品概念方案(新构型、新能源、超声速)论证，气动声学与低噪声设计，先进航电、飞控技术，先进多电、飞发一体化设计	(1)建筑信息模型； (2)水上安全应急技术； (3)公路长大桥隧及运营安全技术； (4)公路重大地质灾害监测与控制技术； (5)车路协同技术； (6)船舶与港口污染防控技术； (7)城市与城市群交通发展技术政策； (8)多式联运发展技术政策； (9)桥梁智能制造技术； (10)高坝通航技术	(1)铁路和城市轨道交通自动运行技术； (2)车联网和自动驾驶技术； (3)智能港航和船舶技术； (4)新一代空中交通管理技术； (5)智能城市交通管理技术

2.满足经济发展和社会进步的重大需求

人民群众对美好幸福的生活充满各种向往,孩童脑海中对未来世界的憧憬往往代表着人类最本真的愿景。技术进步可使多种社会矛盾迎刃而解,难以逾越的千山万水轻松可至。触手可得的信息、取之不竭的能源、随心所欲的材料、呼之即来挥之即去的机器人都是我们梦想的生活情境。基础技术进步支撑起来的自动驾驶、车联网、超高速铁路等,则正是经济发展和社会进步的重大需求。在重大技术创新和产业化应用的背景下,各种新奇的交通工具和基础设施将会在应用中不断完善,过去遥不可及的远方也可在弹指间到达。技术发展和应用应该以社会需求为导向。源自社会最迫切的需求和公众的智慧想象,是技术进步的最大驱动力。

3.技术演进趋势外推

除却突破性重大技术创新,还有大量的技术创新是基于已有技术基础,沿着既定技术路线取得的突破。技术进步虽然具有偶然性、阶跃性,但是都与已有的技术成果是分不开。在交通运输领域,新的交通运输方式是从既有的交通方式衍生发展而来,不少新的交通工具是在既有交通工具基础上改进和创造的,新的交通运输管理和服务方式也是融合了前沿领域的先进技术才得以进步。

4.当代军事技术转民用

军事技术通常代表了一个国家的最高技术水平,很难直接用投入产出比衡量效益。对军事斗争胜利的渴求,可以驱动国家动用一切资源去攻克技术难关。我国在科技水平起点非常低下和人民生活极端困难的条件下取得“两弹一星”的研制成功,达到世界先进水平即是例证。在20世纪,已有大量的军用技术转为民用。计算机技术、雷达、互联网、自动控制等均来源于军事领域。军用和民用也会相互促进发展。预计未来还有大量当代的军事技术应用于民用交通运输方面,如自动驾驶汽车、机器人、超音速飞机等。

二、新的技术革命正在酝酿之中

技术创新往往要经历理论突破、集中攻关、试验示范、应用推广、产业化等阶段。技术创新具有很大的不可预测性和不可控性。重大的技术创新通常是阶跃突变式的,而沿既有技术路线的完善成熟往往是渐进式的。

当前社会正处于信息技术、能源技术、材料技术、空间技术、生物技术等快速发展的黄金时代。该时代以信息化和智能化的快速发展为主要特征,并伴随着能源供给和消费革命、新材料技术突破等一系列技术进步。信息通信、动力能源、新材料、空间技术等对交通运输的进步和业态演变具有重大推动作用。新技术的交叉集成,融入应用系统往往会产生新业态、新模式、新产业,带来交通供给和需求结构显著变化。

下面选取了信息技术、能源技术、新材料和制造技术、空间技术领域具有代表性和关键性的技术突破点进行介绍和评述。

(一)“无所不在、永远在线”的信息技术

在全球新一轮科技革命和产业变革过程中,以信息技术(IT)全面应用为主导,正在驱动

生产力变革和社会发展。信息技术以无与伦比的渗透力和影响力，逐渐成为各产业和企业竞争力的中心环节。几乎任何领域的技术创新都离不开信息技术的支持，信息技术的创新发展则为其他领域的进步提供了不可或缺的工具、手段和平台。

20 世纪 70 年代以来，计算机芯片处理技术、数据存储技术、网络通信技术和计算分析技术获得重大突破，以移动互联网、大数据、物联网、大数据、人工智能等为主要标志的信息产品和信息获取处理方法呈指数级增长。

信息化是当代最伟大的新型生产力，是提高经济和社会效率的源泉。信息技术在经济社会中广泛运用和深度融合，带来了智能交通、智慧城市、电子商务、智能制造、工业互联网等生产生活方式的变革。以信息技术为核心共同构成新一代高技术产业群，为社会生产力革命性发展奠定了技术基础。尤其是互联网与各领域的融合发展具有广阔前景和无限潜力[4]，"互联网+"的新业态也在悄然改变公众的衣食住行。

人类的社会活动与信息（数据）的产生、采集、传输、分析、利用直接相关。在未来，在"云（云计算）网（移动互联网）端（智能终端）"的信息传导模式下，信息（数据）逐步成为社会生产活动的独立投入产出要素，而且可以借助信息物理系统（CPS）等大幅度提高生产边际效率，以信息和数据等为核心要素投入显著提高社会经济运行效率。随着信息技术的突破发展，云计算、大数据、互联网、物联网、个人电脑、移动终端、可穿戴设备、传感器及各种形式的软件等信息基础设施不断完善，信息（数据）已经成为决定社会经济运行效率、促进可持续发展以及提升现代化水平的关键因素。

信息技术领域即将面临重大突破的主要有通信传输技术、大数据和云计算技术、物联网技术、机器人和人工智能技术等。

1.通信传输速率快速提高

宽带通信网络全面部署。移动通信技术以 5~10 年左右更新一代的速度快速向前发展，每一代技术演进都会带来传输速率数量级的提升。目前我国正在深入普及高速无线宽带，第四代移动通信（4G）网络，城镇热点公共区域的高速无线局域网将得到广泛布局。在 5 年内，我国还将启动 5G 移动通信技术商用，加强超宽带关键技术研究。同时，我国还将加快空间互联网部署，实现空间与地面设施互联互通。预计 5G 移动通信系统可随时随地提供 100Mbps~1Gbps 的体验速率的指标要求，甚至在 500km/h 的高速运动的列车中也要求具备基本服务能力和必要的业务连续性。同时，在世界范围内，专用车路协同通信技术也在逐步推广应用。未来车联网将全面部署，带来道路交通安全水平和通行效率显著提高。随着空口资源利用技术以及光传输能力的不断加强，预计到 2030 年端到端无线传输能力可能会达到 500Mbps~1Gbps，空口延时可降低至 10ms 以下。另外，1Gbps 以上固定宽带网络将在世界范围内全面普及。

量子通信全面普及。在通信传输速率不断增强的同时，数据通信安全保障也在同步增强。量子通信网络是由环绕全球、相互纠缠的粒子组成的，能让人们安全地共享密钥，最大程度减少窃听和篡改通信数据。当前，量子通信网络在全球范围内已经得到初步发展。"十三五"时期我国大力发展量子通信网络，2016 年底建成了"京沪干线"量子通信骨干网工程。未来我国还将陆续发射多颗量子通信卫星，预计在 2030 年前后率先建成全球化的广域量子保密通信网络。到 2030 年，量子通信传输将会在政府部门、金融机构、军事部门以及关键设施设备通信之间全面普及，数据传输安全将得到充分保障。同时，量子通信也将会在发达国家同步普及。

2.核心计算能力稳步上升

计算能力是信息技术的核心能力。自20世纪70年代以来,计算机的计算能力进步基本遵从了摩尔定律。目前,世界上运行最快的超级计算机是我国的“神威·太湖之光”超级计算机,每秒能够计算10亿亿次($10×10^{16}$)以上。根据英特尔公司研究员Al Gara预测,到2022年世界超级计算机系统的处理能力将提升至2百亿亿次($200×10^{16}$),20百亿亿次水平将于2026年实现,而2030年的发展目标则为100百亿亿次($10000×10^{16}$),是2016年的1000倍。超级计算机可以同时运行50000种专业应用。大规模模拟仿真、状态推演、超多线程实时控制将成为可能。超级计算机在交通领域可以模拟巨型系统,真实重现历史状态,仿真和实时推演交通状态的变化,挖掘海量交通数据和响应云计算服务需求等。

对于个人用户而言,计算机硬件过剩阶段即将到来。当前,任何一款主流智能手机的计算能力都能够强于10年前主流桌面计算机的计算能力。办公和家用计算机的淘汰周期将会越来越长,常规办公用计算机足以应付日常需要。硬件更新提升缓慢,同时也为开发更为智能的软件提供了更强劲的推动力。预计到2030年,普通移动终端的计算能力可以达到甚至高于当前的图形工作站和网络服务器的计算能力。

专栏2-1 摩尔定律

1975年,英特尔创始人之一戈登·摩尔提出:“当价格不变时,集成电路上可容纳的元器件的数目,约每隔18~24个月便会增加1倍,性能也将提升1倍。每1美元所能买到的电脑性能,将每隔18~24个月翻1倍以上。”这一定律揭示了信息技术进步的速度。摩尔定律并非数学、物理定律,是对集成电路发展趋势的分析预测。

近年来,摩尔定律所描述的计算能力提升速度似乎在减缓,将晶体管做得更小并不能保证晶片能够更便宜或是运算速度更快。晶片计算能力的提升速度正在减缓。据英特尔最新表述,计算能力需要每2年半(30个月)才能翻1倍。

3.物联网、云计算和大数据技术协同作用

物联网、云计算和大数据技术是信息技术的重要组成部分。这些技术关联密切,相互影响,并协同作用。物联网提供了用以支撑应用的基础信息来源,云计算则使得存储和计算资源通过网络服务共享,大数据则提供了分析海量数据支撑决策的方法。未来,物联网、云计算和大数据将成为经济社会都不可或缺的关键技术。

物联网实现万物互联。物联网是物物相连的网络,也是互联网的业务应用拓展。物联网本质上是使现实世界数字化——每个物体都具有唯一的数字标识或地址,具备感知自身和周边状态的能力,并能够与其他物体进行通信连接,最后可接受指令进行运转操作。未来,在移动通信技术的支持下,万物高速互联将会成为可能。物联网已经在运输物流领域、健康医疗、智能环境(家庭、办公、工厂)、智慧城市等领域得到充分利用。在下一代互联网(IPv6)技术和低能耗无线通信技术的支持下,万物互联的场景将会真实显现,任何物体都能够作为网络终端获取信息和提供信息。物联网为云计算和大数据提供了数据获取源头,是支撑信息社会的基础网络。

云平台服务显著加强。云计算以分布式计算平台和高效的网络连接为支撑,为在线实时信息服务和数据计算提供了广阔的空间。未来跨地区和跨公司的数据分享将变得非常便利。计算机不需要依靠自身的计算能力，而只要联网云端，就能够借助超级计算机完成任务，充分利用云端的计算资源。同时可以依靠巨量云存储空间提供数据信息存储服务。为云计算神经网络处理、计算机视觉和其他任务而设计的专用芯片将会大行其道。分布式数据中心将会在世界范围内加快部署。面向企业和普通民众的云计算平台将会作为基础设施大力发展。云计算资源将会在世界范围内进行共享。云计算服务则可以让人随时随地享受全方位一站式精确的出行和物流信息服务。

大数据支撑力度明显加大。近年来，数据驱动发展趋势非常明显，大数据应用效果已经深入人心。大型互联网企业也在向数据服务转型，居民出行和物流生成的海量数据蕴含的价值在大数据技术的支持下，将得到充分挖掘利用，用于产生个性化和定制化的分析结果，支撑政府决策、企业商业计划和个人选择。大数据分析的精准性和云计算的快速响应是将来的发展趋势。在未来，电子数据将渗透到每一个行业的任一业务领域，无论政府、商界还是学术界都将享受大数据带来的巨大红利。

4.机器人与人工智能替代人力劳动

基于人工智能的环境感知能力全面加强。人工智能是对人本身的意识、自我、心灵等哲学问题的探索，是研究、开发用于模拟、延伸和扩展人的智能的理论、方法、技术及应用系统的技术科学。在未来10~30年里，随着理论和技术日益成熟，人工智能将会取得突飞猛进的发展，机器的语言识别、机器视觉、自然环境识别、自然语言处理、自动控制等能力显著增强。同时，机器人研发成本明显下降，具备人工智能的机器人能够完全胜任人类大多数低技能工作岗位。

云机器学习和深度学习能力显著加强。在未来，人工智能深度学习能力全面加强，云机器学习和深度学习将会是机器人的核心竞争力。云机器学习将来会大行其道。机器人可以在一起相互学习，取长补短，相互借鉴经验，并导致能力快速增强。深度学习将是取得突破的重要领域。机器人能够自动搜索互联网上知识和书本知识，通过处理海量数据扩展能力，形成可以归纳的关联，从而胜任任何赋予它的任务。

5.以虚拟现实技术获得实景体验

视觉成像技术和通信传输带宽的进步使得人体能够获得与现实同等体验的沉浸感。虚拟现实技术目前已经在游戏领域广泛应用，同时在医疗、建筑、计算机辅助设计（CAD）、应急训练等领域也正在发挥更大作用。未来，虚拟现实将可能是下一个最重要的计算和交流平台，并会演变成为下一代显示设备、下一代交互设备和下一代计算设备。由虚拟现实技术带来的商业模式也会不断创新。交通运输、旅游观光、科研考察等活动可能也会随着虚拟现实技术的发展发生翻天覆地的改变。

（二）“取之有道、供之不竭”的能源技术

能源技术是科技革命和产业变革的重要突破口，是体现综合国力和工业竞争力的重要技术。当前，能源技术创新已经进入了高度活跃期。新型能源技术正以前所未有的速度加快迭代，对世界能源格局和经济发展产生重大而深远的影响。在未来的数十年里，能源技术极有可能出现重大进步。提高已知能源生产能力，发现新能源，高效利用能源，发展绿色低碳能源是能源技术创新的主要方向。

能源技术面临的重大突破集中体现在传统化石能源高效利用，新能源大规模开发利用，核能安全利用，能源互联网和大规模储能，以及先进能源装备及关键材料等的研发与应用[5]。与交通运输密切相关的电源供给、能源互联网、节能与能效技术、先进储能技术等将取得突破。

1.可控核聚变技术彻底解决能源供给问题

核聚变是两个较轻的原子核聚合为一个较重的原子核，并释放出能量的过程（见图2-2）。核聚变燃料可来源于海水和一些轻核（氘、氚）。核聚变不会产生核裂变所出现的长期和高水平的核辐射，产生的核废料半衰期极短，核泄漏时总危害较低，更不会发生类似切尔诺贝利和福岛等核裂变发电站的核泄漏事故。

核聚变产生的能量是一种近乎无限供给的、清洁的、安全的新能源。当前，控制核聚变过程并将核聚变产生的能量转化为其他种类的能量是困扰人类数十年的关键技术问题。一旦可控核聚变技术取得突破性进展，就有可能彻底改变人类的能源供给和消费结构，让化石燃料使用比重显著下降。但是，可控核聚变技术突破难度很大，预计在乐观跃升情况下到2050年会出现突破性进展，产生的能源将会被人类生产生活所利用。

2.油气资源生产创新

随着未来世界向低碳经济过渡，技术进步将在开采石油和天然气，满足经济社会需求方面发挥重要作用。在石油、天然气资源被长年开采后，世界油气资源储量也在不断降低，已开发的优质储层产量下降，开采难度会越来越大。同时，在开采技术不断进步情况下，深水油气田、冻层带油气开发、非常规油气（页岩气、页岩油）等开采成本会显著降低。

根据英国石油公司（BP）预测[6]，到2035年世界主要能源和新能源消费情况如图2-1和图2-2所示。到2050年石油和天然气的累计需求量将会达到2.5万亿桶油当量。

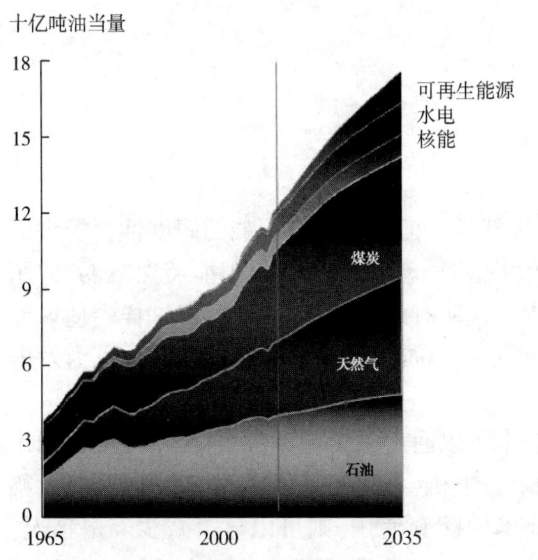

图2-1 世界主要能源2035年消费情况预测

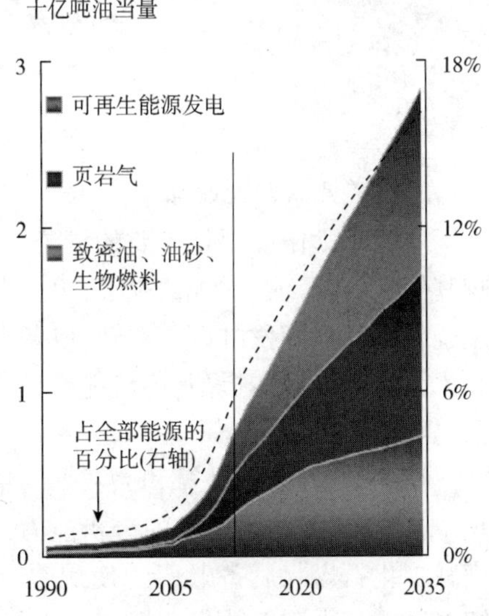

图2-2 世界主要新能源2035年消费情况预测

对页岩和致密岩石的开采可以使石油和天然气潜在可开采量增加 1 倍以上，使用当前最先进的技术开发，可将可开采的储量由当前的 2.9 万亿桶提升至 4.8 万亿桶当量（见图 2-3）。地下成像、传感器、机器人以及超级计算分析技术都可以实现油气开采作业的改进。同时，低碳经济的发展还可能会使得油气资源的实际需求显著降低。油气资源的开采技术的成熟和新能源供给的不断发展也可能会导致油气资源价格维持在较低水平。预计到 2050 年，包括页岩油、页岩气开采等非常规油气勘探开采技术将非常成熟。

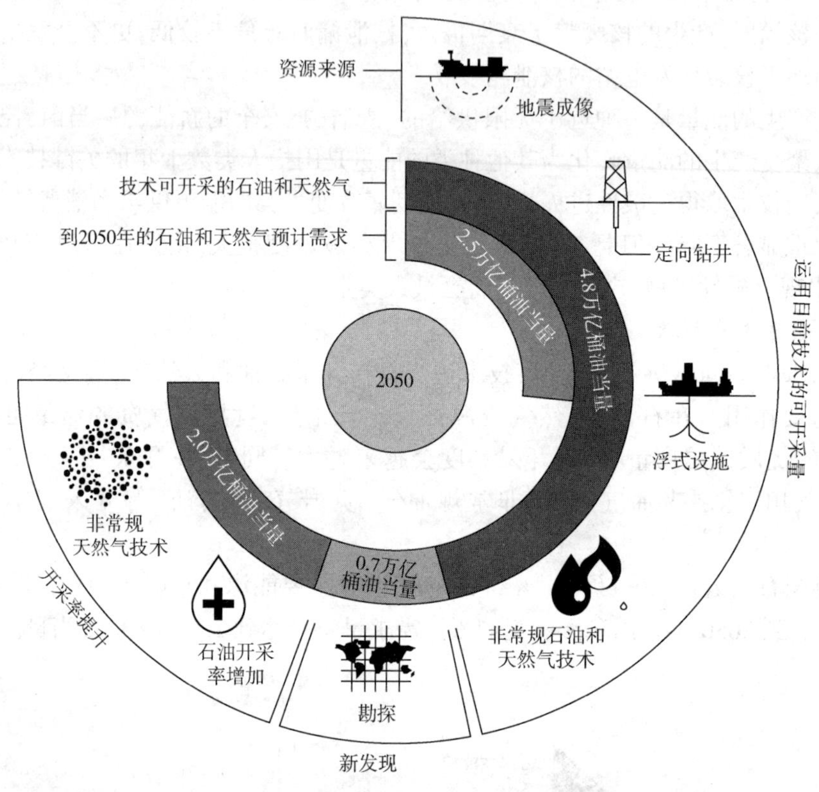

图 2-3　技术进步可以保持石油和天然气资源的供应[6]

3.智能风能和太阳能

风能和太阳能都是重要的清洁能源和可再生能源。但风能和太阳能的间歇性会极大影响其使用效率。在常规情况下，电力公司都会做好预案，防备风力和太阳能突然减弱，使用燃烧化石燃料使发电设备空转，以备在几分钟内替代所有的风电和太阳能，但这样会使风能和太阳能发电成本提高，还可能会使得碳排放量进一步加剧。常规的风力预报与风力发电情况经常完全不符。

基于物联网、云计算和大数据的精确预报技术可以通过收集和分析数据，从发电机的表现中自主学习，提高自身的分析能力，以实时调节发电机，显著提高预测的精准性，同时大幅度减少化石燃料后备电厂的使用量。与储能技术的配套使用，则可以显著减少弃电情况。智能风能和太阳能技术可提高再生能源的使用效率，以及提升可再生能源在能源供给体系中的作用。

4.电能全面替代

电能替代是推进能源消费革命的重要举措。电能具有清洁、安全、便捷的优势,使用电能替代散烧煤、燃油等消费方式能够极大改善我国的环境状况,同时减少对煤炭、燃油等化石能源的依赖,丰富能源供给。在未来,电采暖、工业电锅炉、农业电排灌、电动汽车、船舶使用岸电、机场桥载等应用领域的电能替代都会带来广泛的能源消费方式的变化。电力替代可以广泛应用各类分布式能源,减少能源运输量和周转量。在交通运输领域的电能替代,需要建设大量的电动汽车充换电设施,要在沿海、沿江和沿河港口码头推广靠港船舶使用岸电和电驱动货物装卸。另外,还需要支持空港陆电新兴项目推广,应用桥载设备,推动机场运行车辆和装备"油改电"工程。在交通运输领域进行电力替代将会是一个渐进而漫长的过程。

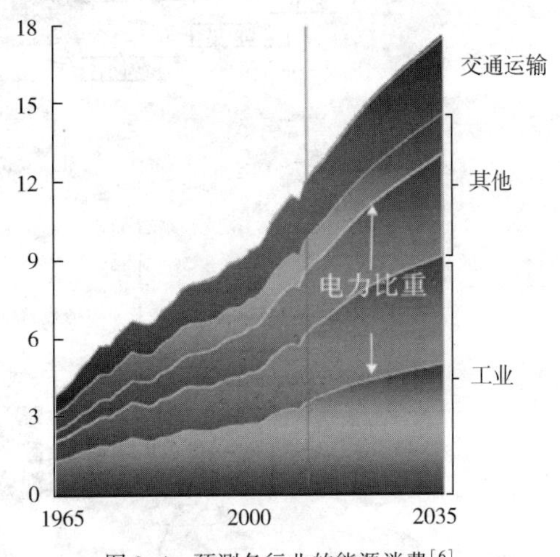

图2-4　预测各行业的能源消费[6]

5.能源互联网使多类型能源互联互通("互联网+"智慧能源)

能源互联网是一种互联网与能源生产、传输、存储、消费以及能源市场深度融合的能源产业发展新形态,具有设备智能、多能协同、信息对称、供需分散、系统扁平、交易开放等主要特征。[7]使多类型能源互联互通的能源互联网技术将是未来数十年里世界范围内能源领域的突破重点。能源互联网是能源革命的重要战略支撑,对提高可再生能源比重,促进化石能源清洁高效利用,提升能源综合效率,推动能源市场开放和产业升级,形成新的经济增长点,提升能源国际合作水平具有重要意义。能源互联网相关技术、模式及业态均处于探索发展阶段。

预计到2030年,我国将初步建成能源互联网产业体系,建成较为完善的能源互联网市场机制和市场体系,形成较为完备的技术及标准体系,形成开放共享的能源互联网生态环境。到2050年,预计世界范围能源互通共享的互联网将被建成。

6.电池储能技术使电力储存不再困难

电池储能技术是未来储能领域的重要一环,对交通工具电力化和绿色化具有深刻影响,同时也是制约新能源交通工具发展的重要瓶颈。高能量密度、高总体能量效率、高安全性、低温化、长循环寿命是电池储能技术的发展方向。同时,储能电池的先进能量管理技术、电池封装技术、电池中稀有材料及非环保材料的替代技术也是影响电池发挥效率的重要基础技术。除了固态锂电池、锂硫电池、铅炭储能电池、锌镍单液流电池技术有望取得重要突破外,以钠离子电池、氟离子电池、氯离子电池、镁基电池等为代表的新概念电池技术也在加速布局。电池材料、电池集成与管理技术也亟待突破。预计到2030年,固态锂电池计算将取得重大突破,电池能量密度显著提高。在乐观条件下,到2050年通用的高能量密度的能量块将在生产生活领域广泛应用。

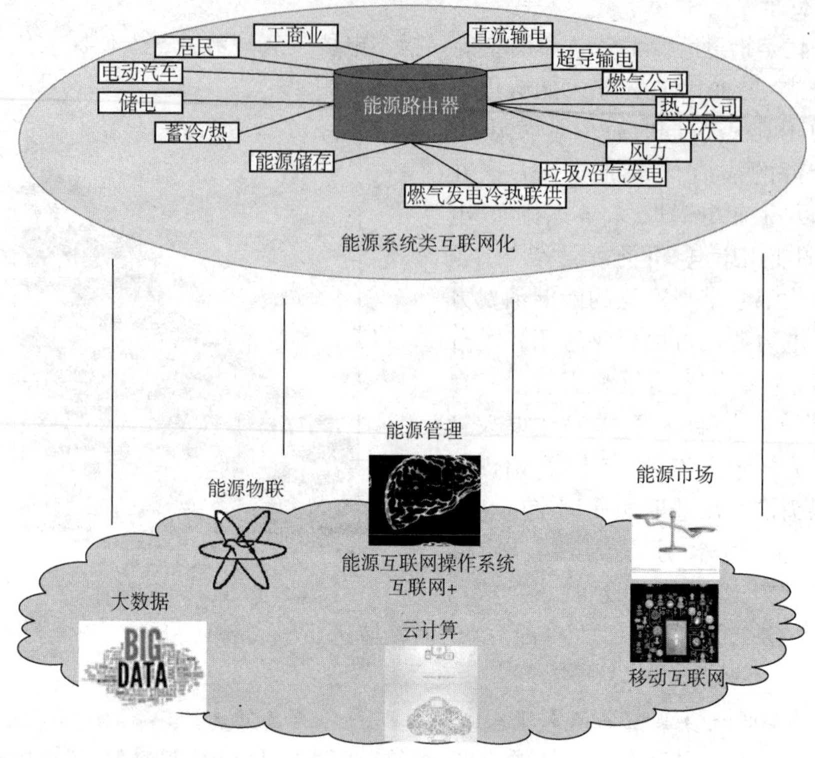

图 2-5　能源互联网基本架构[8]

(三)“千变万化、按需供给”的材料和制造技术

1.新材料技术为设施设备制造升级提供支撑

新材料涵盖广泛,包括金属材料、无机非金属材料、有机高分子材料、先进复合材料等。新材料技术是高新技术的基础和先导,也代表了人类的物质认知水平,是未来最重要和最具潜力的发展领域。纳米技术为新材料的发现和应用提供了有效路径。新材料技术可以创造出更轻、更坚韧、更多样化的材料,可以为交通工具、交通基础设施的发展创新提供坚实基础。

专栏 2-2　石墨烯技术

石墨烯是目前新材料中最受关注的一种。它所具有的超强韧性、导电性、导热性以及透光性等特性,使其拥有巨大的发展空间,能够广泛应用于交通装备车身制造、航天器部件制造、电子器件制造等领域。而它的商业化应用,则将带动信息、能源等一系列产业走向变革。当前,欧盟、美国、日本等的企业和研究机构在石墨烯领域的研发成果层出不穷。

2.增材制造颠覆制造业生产过程

以 3D 打印技术为代表的增材制造技术的出现是世界性制造业革命,颠覆了制造业对生产工艺的依赖,无须机械加工或使用模具,制造企业可以只依托计算机建模软件建立的图形数据即可完成产品构件的制造。由此制造业生产效率得以大幅度提高,产品生产周期得以大幅度缩短,制造材料显著减少,生产成本大幅度降低。3D 打印的分布式制造、大规模定制、快速制造、快速定型理念正深入人心。3D 打印将在服装、汽车、飞机、建筑、医疗器械制造等领域发挥不可替代的作用。同时,高性能、去中心化的 3D 增材制造系统特别适合小批量生产形状复杂的部件,将显著降低产品的物流成本和库存,提升商品小批量本地化生产的比率。

专栏 2-3　3D 打印在交通运输工具制造上的应用

空中客车最新的 A350XWB 型客机上有 1000 多个 3D 打印的塑料部件,从 2016 年起开始用增材制造工艺大批量生产金属部件。根据空中客车未来的生产目录,其一半的飞机零件采用增材制造技术生产。

美国 2016 年升空的阿特拉斯 V 火箭不仅自身带有 3D 打印的管道、整流罩支架、喷嘴等,其搭载的飞船中还为国际空间站送去了第一台商用 3D 打印机。Space X 公司"猎鹰"九号火箭在 2014 年首次将 3D 打印部件带上太空,其 9 个梅林 1D 发动机中有一个包含 3D 打印的氧化剂阀门阀体。

3.自动化工厂加速普及

未来,随着劳动力成本的不断提高,"机器换人"的自动化工厂将加速普及,无须人工干预的全自动化生产线制造将成为可能。工厂中的机器人将变得更加灵活且智能。机器人将装备更加智能的传感器和控制单元,能够胜任更多的复杂精细的操作。工业机器人之间不但可以互联互通,还可以安全的与人类一起工作,不断从人身上学取技能,快速成长。

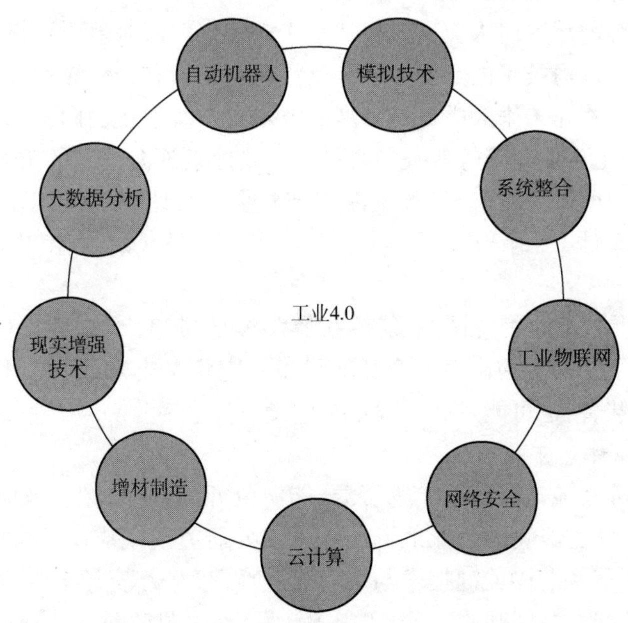

图 2-6　技术创新促进工业生产制造实现转型[2]

(四)迈向“深海、深空、深地”的空间技术

1.航天技术助力探索未来人类发展新空间——深空

无限的宇宙空间充斥着未知奥秘,等待人类探索。太空中不仅有可以供人类居住生活的空间和无尽的资源宝藏,也存在其他未知智能生命体。太空还提供了各种地球上不具备的科学技术试验环境。航天技术的发展通常以集成系统的探测范围突破作为进步依据。在未来,空间站、登月探测器、太阳系行星探测器、重型运输火箭等将是空间技术的重要突破点。

航天技术是体现一个国家科研水平和工业能力的核心技术。发达国家通常也需举全国之力才能完成航天探索。进入 21 世纪以来,以美国、俄罗斯为首构建的国际空间站在太空探索方面发挥了重要作用。2024 年,国际空间站将完成其历史使命返回地球。预计 2025 年前后,新一代国际空间站将启用,航天探测将迈入新阶段。突破近地空间的范围,迈向深空宇宙是未来太空探索的发展趋势。面向月球以及太阳系其他行星的探测也将迈入新阶段。在太空中寻找适合人类生存的新空间,发掘新型资源,探索宇宙运行的奥秘是未来太空探索的重要任务。

预计新一代国际空间站面向太阳系、银河系等深空探测所获得的知识,将会突破人类的认知极限。我国虽然比美俄起步晚,但大有后起直追之势,迄今已经相继发射了神舟 1~11 号、天宫 1~2 号、天舟 1 号,在载人航天方面取得了初步成果。未来我国将会形成较为完备的深空探索体系。预计到 2030 年,人类将实现登陆火星。预计到 2050 年,宇宙空间站将具备自主往来穿梭地球和其他太阳系星球的能力,并为人类提供自给自足、常年生存生活的环境。

2.海洋技术发掘人类未知领地——深海

深海技术是对深海环境和资源的调查、勘探和开发利用技术。海洋占据了地球 70%以上的表面。大量的深海地区对人类来说仍然是未知地带。深海地区可以为人类提供新的发展空间和各种资源。深海技术的重要突破点是深海空间站和全海深潜潜水器。

深海空间站技术将是未来人类重点发展的技术之一。发展面向深海探测、大洋钻探、海底资源开发利用、海上作业保障等业务的装备系统是探索深海地区的重要支撑。同时,人类还将继续推动深海空间站建设,研发大型浮式结构物。预计到 2030 年,人类深海空间站将完成构建。在乐观条件下,到 2050 年人类将建成可供人类长期生存、生活资料自给自足的深海新空间。

全海深潜水器是突破全海深限制,能够在最大深度 11000 米深度潜行的潜水器,具备在全球各种海洋环境下潜探测的深海安全战略设备。它将是未来深海技术发展的重点,是重要的海洋资源探测装备,也可能发展为战略军事设备。

3.深地技术发掘地球宝藏

深地探索主要涉及地球深部的矿物资源、能源资源的勘探开发,极地开发,也包括对国土空间的安全利用、防灾减灾等。深地资源探索需要研究发现成矿系统的三维结构与时空展布规律,开发矿产资源勘探关键技术与装备,建立深度矿产资源勘探实践平台、深层油气和铀矿勘察平台。同时,极区观测网、海底资源开发、深冰芯钻探、高原地区勘探科考等技术也是深地空间开发的关键技术。

4.城市地下空间开发技术

地下空间的开发是城市发展到一定阶段的产物,是对城市空间布局的再造。城市地下空间是一个巨大而丰富的空间资源,开发的资源量为可供开发的面积、合理开发深度与适当的可利用系数之积。随着深层挖掘技术和装备的不断完善,服务配套技术趋向成熟,地下空间开发技术也不断成熟。

另外,地面开发成本不断上升,开发余量越来越少,也会倒逼地下空间开发。预计在大城市将形成以人为中心,交通线路、商业设施、市政管线、污水和垃圾、物流管道、仓储设施、地下车库、军事工程等分层次隔离充分利用的空间。地下空间还可以充分发挥其抗震避灾、防空袭避险等诸多应急功能。城市地下空间开发技术为大城市进一步发展提供了空间潜力,在地下再造一个大城市将是未来的发展趋势。

三、交通运输领域技术创新发展趋势

交通运输工具的变革在交通运输领域发展中处于引领先行地位。交通管理和服务的变革则处于跟随演进的位置。交通基础设施的发展则具有一定的滞后性,对技术创新的反应最慢。

(一)技术创新引起的交通运输领域变革路径趋势

首先,交通工具的创新具有带动作用。交通运输工具产生了超前性的变革,进而需要同步配套基础设施,完善交通管理和服务。新交通运输工具的产生通常是阶跃式的。接着,交通管理和服务需要适应交通工具和基础设施的发展产生创新,具有附着性和跟随性。技术创新提供了更高效的交通管理和服务方式,使交通运输工具和基础设施运行得更有效率、更安全。交通管理和服务通常是渐进改良式的。最后,基础设施对技术创新的响应最慢。基础设施前期投资最大,折旧周期长。新型基础设施往往需要交通工具和交通管理和服务完全成熟后才会投入应用。基础设施领域的变革往往也是阶跃式的。

在迈向2050年的30多年内,技术创新会显著改变交通运输领域的面貌,创造出新的交通运输工具、交通运行管理方式、交通服务手段及新的交通基础设施。这些设施设备、方式手段会以不同方式向前演进(如图3-1所示)。

信息技术、能源技术、制造技术新材料技术和空间技术的创新在交通运输系统的应用将会产生新的交通工具、新的管理和服务模式及新的基础设施。图3-2为2050年前技术创新有可能带来的交通运输领域新的改变。

表3-1为从图3-2中选取的具有代表性和具有变革意义的新交通运输工具、新基础设施和新管理和服务方式。下面以2030年和2050年为两个时间节点,分析创新技术的可实现性以及技术变革的形式。技术变革形式分为渐进式和阶跃式。技术可实现性分为:

①几乎不可能实现(☆);

②实现可能性很小(☆☆);

③实现可能性较大(☆☆☆);

④非常有可能实现(☆☆☆☆);

⑤可以实现(☆☆☆☆☆)。

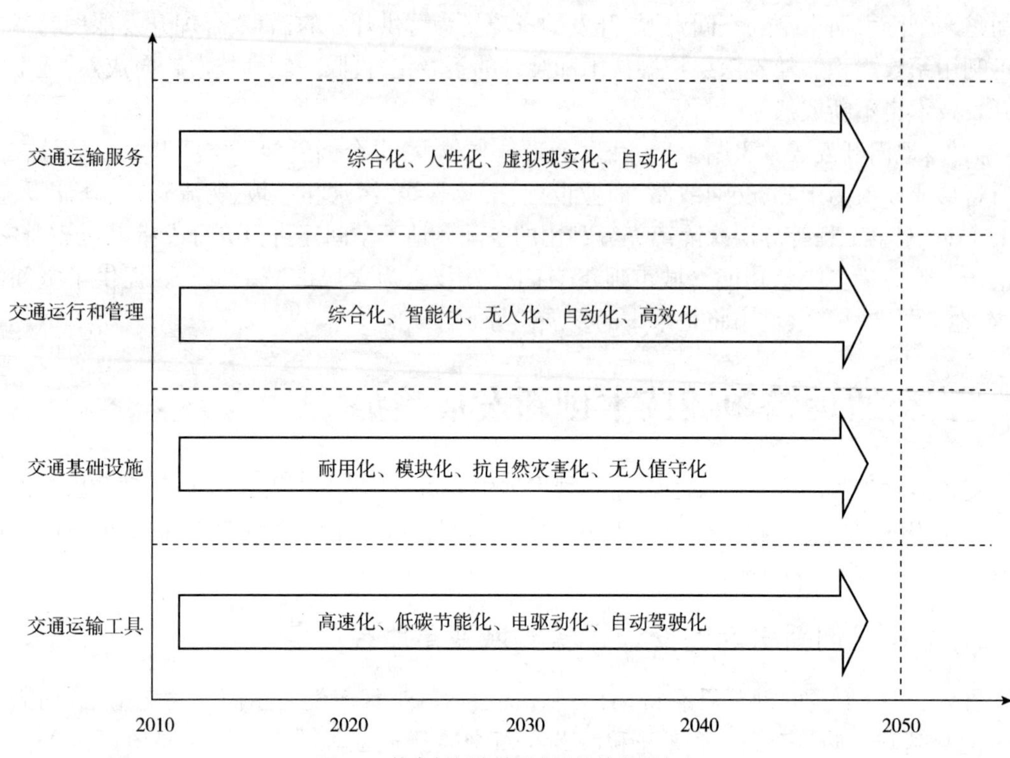

图 3-1　技术创新背景下交通运输发展方向

	信息通信	能源动力	制造和材料	空间技术
当代至2050年的创新技术	5/6/7/8/9G移动通信、超级计算机、云计算、大数据、物联网、移动互联网、人工智能、机器人	可控核聚变核反应堆、能源互联网、纯电动交通工具、电力革命、小微型核反应堆、页岩油、页岩气	石墨烯、3D打印、自动化工厂、真空管道、超大型盾构机、架桥机	深空航天技术、深海技术、深地技术
交通运输领域的新产品、新业态举例	智能交通、高速互联网、车联网、船联网、电子航道、智慧港口、全自动驾驶汽车、全自动运行城市轨道交通、自动配送物流无人机、列车转向架置换调整装置	节能汽车、新能源汽车、快速充电站、车载（船载）核反应堆	航天空间站、深海空间站、航天飞机（船）、管道物流、真空管道列车、超高速列车、高原隧道、深海隧道、超大跨径桥梁、特殊材料交通工具	空天飞机、宇宙空间站、深海空间站、全海深潜水器、载人飞船、航天飞机、深地空间站、极地空间站

图 3-2　当前至 2050 年技术创新对交通运输带来的影响

交通运输领域重大创新技术可实现程度和实现路径 表 3-1

重大创新技术	2030 年	2050 年	变革形式
自动驾驶汽车	☆☆☆	☆☆☆☆☆	渐进式
节能和新能源汽车	☆☆☆☆	☆☆☆☆☆	渐进式
常规磁悬浮高速铁路	☆☆☆	☆☆☆	阶跃式
超级高铁	☆	☆☆☆	阶跃式
超音速客机	☆☆	☆☆☆☆	阶跃式
核动力海上民用平台和船舶	☆	☆☆	阶跃式
一体化个人交通工具	☆	☆☆	渐进式
巨型共用交通工具	☆	☆	阶跃式
智能交通运行和管理	☆☆☆☆☆	☆☆☆☆☆	渐进式
智能交通服务	☆☆☆☆☆	☆☆☆☆☆	渐进式
新一代交通基础设施	☆☆☆	☆☆☆	阶跃式

2030 年和 2050 年时间节点发展进度预测 表 3-2

交通运输领域重大创新技术	2030 年	2050 年		变革形式
		乐观跃升情形	自然进步情形	
自动驾驶汽车	在行业内全面应用	全面取代当前道路交通系统的各类汽车	占到道路上行驶汽车的 1/3 以上	渐进式
节能和新能源汽车	在行业内全面应用	新能源汽车将会在市场上超过一半的市场份额	新能源汽车将占据 90% 以上的市场份额	渐进式
常规磁悬浮高速铁路	德国、日本和我国将出现数条长距离磁浮高速铁路	出现连接亚欧大陆、美洲大陆内部的磁浮高速铁路干线	磁浮高速铁路将成为发达国家铁路系统的重要补充	阶跃式
超级高铁	技术将趋向成熟	超级高铁将成为连通洲际的高速列车，成为跨大洋、大洲、高原通行的交通工具	在美国、我国等幅员广阔的国家重要交通通道建设 1~2条示范线。	阶跃式
超音速客机	新一代超音速客机将试验成功并试运营	世界洲际航线将主要由超音速客机执行航行任务。主流超音速客机的巡航时速达到 3 马赫。	世界部分跨洋洲际航线、例如美欧、美亚等部分航线将由超音速客机执行航行任务。主流超音速客机的巡航时速达到 2 马赫。	阶跃式
核动力海上民用平台和船舶	在部分区域投入应用	远洋船舶和海上平台的动力装置将基本由核动力设施替代	少部分远海地区的动力装置由小型核反应堆提供能源	阶跃式
一体化个人交通工具	—	—	具有小型化、低能耗、自动控制、可压缩折叠、悬浮式等特性的一体化交通工具	渐进式
巨型共用交通工具	—	—	具备亚光速飞行能力的太空飞船	阶跃式

因为技术的发展具有很大的不可预测性和不可控制性，因此我们将 2030 年设置为基于当前发展趋势的演进结果。而 2050 年则是以愿景期望分析为主，分为乐观跃升情形和自然进步情形两种。乐观跃升情景为出现划时代意义的科技并得以应用，包括交通产业的技术及非交通产业的技术，对克服空间距离的方式产生根本性影响，对交通运输形成颠覆性的改变。自然进步情景为既有交通技术发展较为顺利，但不会出现颠覆性改变。

由于交通运输管理和服务与交通运输工具、交通基础设施的革新关联性较大，在时间节点进展上不单独进行分析。

（二）交通运输工具的创新发展

1."来去自如"的自动驾驶汽车

自动驾驶汽车是未来汽车的发展方向，也是道路交通具有革命性影响的交通工具。[9] 随着人工智能、传感检测等核心技术的突破和完善，以及整体可靠性的提升，自动驾驶汽车会逐渐被公众接受，成为出行和物流工具。但是，从当前的初步应用阶段，到成熟推广阶段，乃至全面普及阶段的过程可能需要很长时间，技术成熟之后还要经过解决立法推行问题、社会心态调整的漫长阶段。自动驾驶汽车是未来国际汽车产业和信息产业的一个制高点，其研发能力将直接反映国家工业竞争力。从各国政府和企业的发展行动来看，未来 5~10 年将是发展自动驾驶汽车非常关键的时期。

自动驾驶汽车可以显著降低人为因素导致的交通事故数量。根据美国交通部统计，在 2015 年美国因交通事故死亡人数为 3.52 万人，其中有 94%是人为因素导致，包括操作不当、判断失误等。自动驾驶汽车可以有效避免这些人为因素。另外，自动驾驶还可以解决老年人和残疾人不适合驾驶汽车的问题。随着自动驾驶汽车的普及，道路交通运行效率、效益也会显著提高。汽车司机这一职业有可能会彻底消亡。

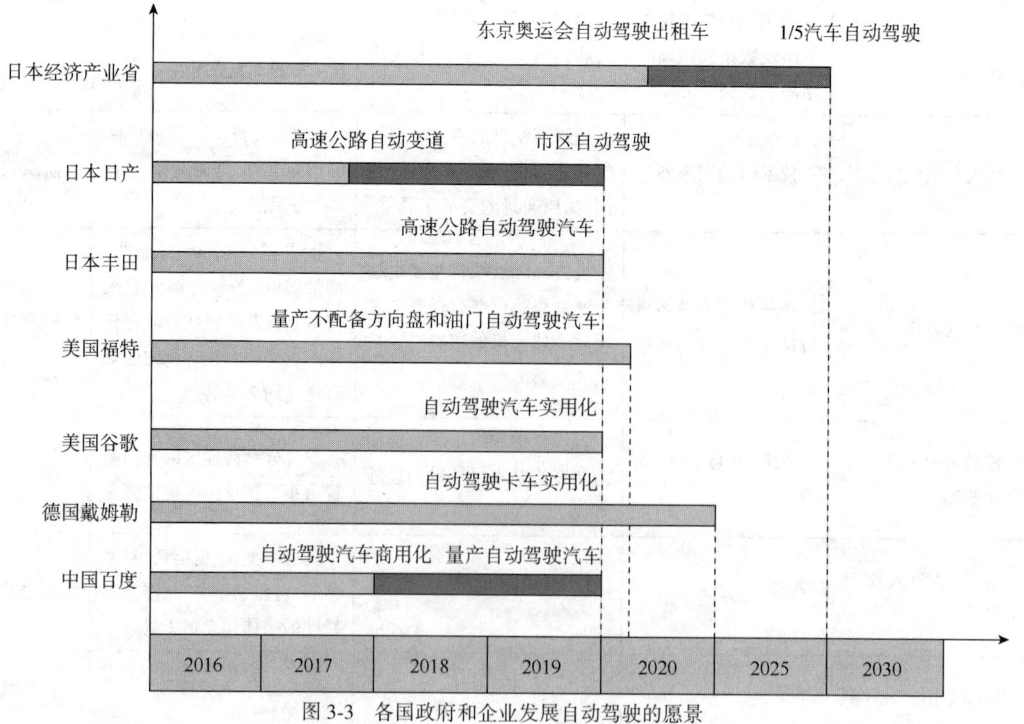

图 3-3　各国政府和企业发展自动驾驶的愿景

当前,国际自动驾驶研究热潮主要是由谷歌公司开启,发展演进由市场主导,并得到了各国政府的大力支持。2009 年谷歌开始在其总部所在的山景城开始驾驶试验,到 2016 年 7 月为止共试验了 289 万公里,总计发生事故 13 起,主要为后车追尾事故(谷歌无责),无人员伤亡记录。与此同时,美国、日本和欧洲的车企和互联网企业纷纷开始了自动驾驶汽车的研发。苹果、优步等企业也在低调地进行研发工作。

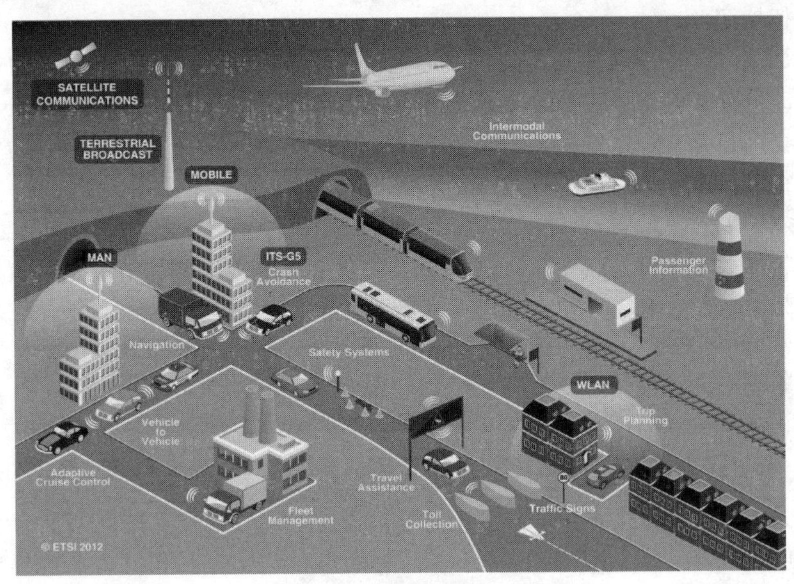

图 3-4 交通互联网示意图
图片来源:欧洲电信标准化协会(ETSI)。

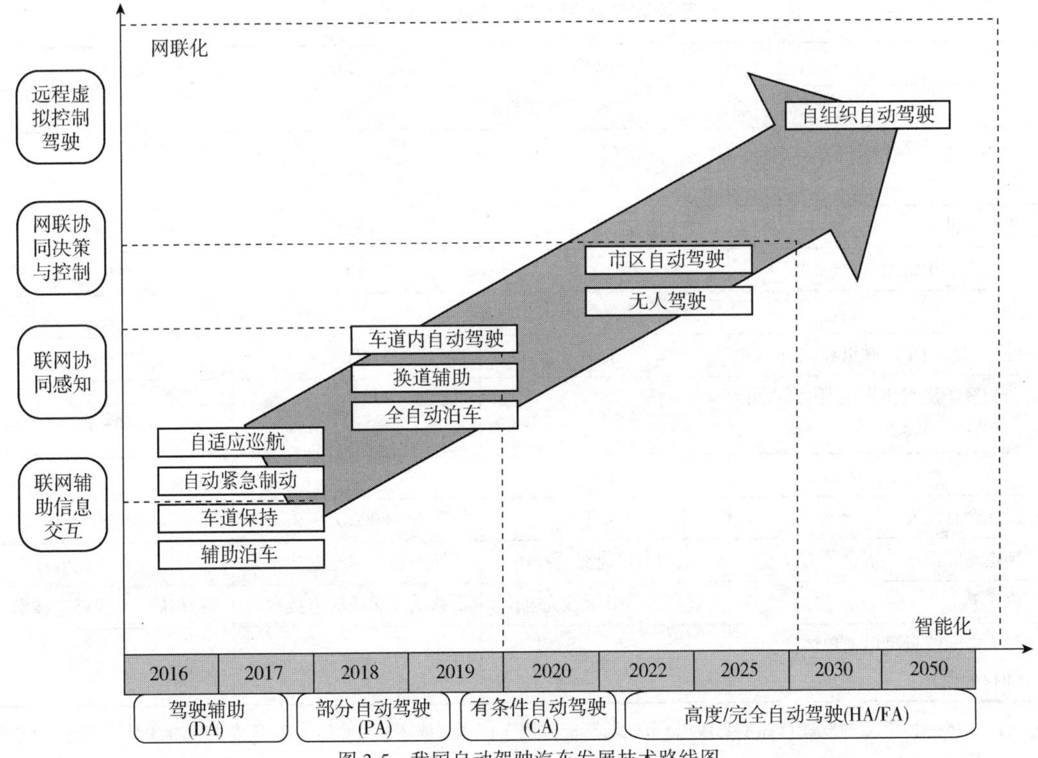

图 3-5 我国自动驾驶汽车发展技术路线图

目前，国内的百度、长安等企业以及国防科技大学、军事交通学院等军事院校的自动驾驶汽车走在国内研发的前列。美国国防部支持的 DARPA（Defense Advanced Research Projects Agency）挑战赛和我国国家自然科学基金委员会支持的"中国智能车-未来挑战赛"分别是国际和我国自动驾驶汽车最高水平的展示舞台。目前，国内外的汽车制造商和互联网企业将研究焦点和业务重点投向自动驾驶。未来，汽车制造商也将向出行服务供应商和物流服务商拓展演变。

预计到 2030 年，自动驾驶汽车会在交通运输系统全面应用，与人工驾驶的汽车混合行驶。完全自动驾驶车辆市场占有率接近 10%。在乐观跃进情形下，到 2050 年自动驾驶汽车会全面取代当前道路交通系统的各类汽车；在自然进步情形下，到 2050 年自动驾驶汽车将占到道路上行驶汽车的 1/3 以上。

2.节能和新能源汽车

节能和新能源汽车将是汽车未来的演进方向之一。低碳、环保、节能是对汽车基本的技术要求。国际上各车企和研究机构正同步进行节能和新能源汽车的研发工作。我国的节能和新能源汽车发展正在迈向世界前列。根据我国节能和新能源汽车技术路线图[10]，至 2030 年我国乘用车新车油耗将达到 3.2 升/百公里，商用车油耗同步国际先进水平，新能源汽车销量占汽车总体销量的比例达到 40%以上。

当前，大量发达国家都把新能源汽车的发展重点定位为纯电动汽车。纯电动汽车的突破点将是动力电池能量密度、电驱动系统效率和底盘电动专用化。插电式混合动力汽车发展方向将是优化混合动力系统构型、基于多信息的整车预测控制和动力系统集成设计。充电基础设施的发展方向是快速充电技术、能源互联互通技术和便利充电技术。

节能和新能源汽车发展的技术目标 表 3-3

	2015—2020 年	2025—2030 年	2050 年*
节能汽车			
乘用车新车整体油耗（升/百公里）	5	3.2	1
排放标准	国五排放标准	国七排放标准	国十排放标准
节能汽车年销量占比（%）	30	50	90
纯电动汽车			
纯电动乘用车续驶里程（公里）	300	500	2000
公交客车法规工况电耗（千瓦小时/百公里·吨）	<3.5	<3.0	<2
建成充换电站（万个）	1.2	4.8	—
建成交直流充电桩（个）	500 万	8000 万	5 亿
纯电动和插电式混合动力技术	大功率快速充电技术	新型超快速充电技术	移动快速无线充电技术
汽车充电	高效率、小型化无线充电技术	移动式无线充电技术	移动快速无线充电技术
动力电池能量型电池单体比能量（瓦时/公斤）	350	500	1000

注：2016—2030 年的发展目标主要依据《节能与新能源汽车技术路线图》[10]，而 2050 年发展目标主要是基于当前发展趋势的外推展望。

在未来10~30年,与节能汽车和纯电动汽车相关的总成开发技术、动力电机与底盘集成技术、纯电动汽车动力系统集成及其控制技术、高性能动力电机技术、新型电机控制器技术、充电技术等得到进一步研发强化,节能汽车和纯电动汽车的性能将得到飞跃式的提升。

电网企业、充换电设施运营商、电动汽车企业等的数据将会得到充分集成,建成基于电网、储能、分布式用电等元素的新能源汽车运营云平台。电池能量信息化和互联网化技术将得到全面应用,实现电动汽车与智能电网间能量和信息的双向互动。汽车行业与能源行业、信息行业融合发展的趋势将会更加明显。

对清洁能源的高效利用是未来汽车的发展取向。在2030年,风能、太阳能等可再生能源会在新能源汽车上得到充分利用,城市、景区、高速公路等区域将会建设更多新能源充放电站等基础设施,提供电动汽车充放电、换电等业务,实现电动汽车与新能源的协同优化运行。在自然进步情形下,到2050年新能源汽车将会在市场上占据大部分市场份额,成为家家户户的重要出行工具。

3.磁浮超高速铁路

磁浮高速铁路是未来高速铁路技术的发展方向。世界各发达国家已经开始着手磁浮高速铁路的开发和布局。磁浮超高速铁路的运营速度、舒适性等都要远高出当前高速轮轨铁路。常规磁浮高速铁路仍是在正常空气阻力环境下运行,而超级磁浮高速铁路是在低空气阻力的大型管道中运行。

(1)常规磁浮高速铁路

日本已经在2016年10月开工建设东海铁路公司(JR东海)磁浮中央新干线,最高时速500公里,40分钟即可连接日本东部地区和名古屋、大阪等关西地区。日本采用超导磁浮的高速铁路,目前在山梨试验线做试验,最高试验时速已经达到603公里。德国采用常导磁浮技术,最高试验时速505公里。

2016年起,我国中车四方公司计划建设1条长度不少于5公里的高速磁浮试验线,研制1列设计时速达到600公里的高速磁浮试验列车。我国科技重点研发计划也已将“磁浮交通系统关键技术”列入“十三五”重点攻关项目。

世界典型的高速铁路列车和研发中的高速铁路列车 表3-4

序号	高速铁路	运营速度	投入运营时间
1	中国高速铁路CRH380A	380公里小时 最高试验速度486公里/小时	2011年
2	中国高速磁浮	运营时速600公里/小时	预计2020年样车面世
3	日本东北新干线E6系(超级小町号)	E6系:最高时速可达320公里/小时	2013年3月
4	日本磁浮新干线L0系	2015年4月山梨试验轨道603公里小时载人运行 预计运营时速500公里/小时	预计2027年
5	法国的TGV-v150	运营时速318公里/小时 最高试验时速574.8公里/小时	1972年11月

预计到2030年,德国、日本和我国将出现数条磁浮高速铁路。到2050年,在乐观跃升情形下,将出现连通亚欧大陆、美洲大陆的磁浮高速铁路干线;在自然进步情形下,磁浮高速

铁路将成为发达国家铁路系统的重要补充。

(2)超级磁浮高速铁路(超级高铁)

超级高铁是运行于低空气阻力大型管道中的磁浮高速列车。美国新创公司 Hyperloop One 已经在户外测试超级高铁。低空气阻力的管道环境是超级高铁的重要创新点。列车所需电力由铺设在管道顶部的光伏面板提供。胶囊型磁浮列车可在低空气阻力的管道内达到 1100 公里的时速,超过民航飞机的巡航时速。虽然超级磁浮高速铁路已经完成首次试验,但是投入应用还需要很长时间,建设成本能否控制在可接受的范围也是未解难题。预计在 2030 年,超级高铁技术将趋向成熟。在乐观跃升情况下,到 2050 年超级高铁将成为连通洲际的重要通道,成为跨大洋、大洲、高原通行的交通工具;在自然进步情形下,在美国、中国等幅员广阔的国家的重要交通通道将建设 1~2 条超级高铁示范线。

4.“瞬间传送”超音速客机

超音速客机比普通民航客机具有更高的速度和效率,因此一直吸引着不少飞机制造商的注意和兴趣。超音速客机早在 20 世纪 70 年代就已经在法国和英国、苏联等国研制成功,并投入运营,但由于事故频发、能耗大、污染严重被弃用。但发达国家对新一代超音速客机的摸索和研究并没有停止过。超音速飞机的技术进步将使普通民用飞机和航天飞机的界限更加模糊。

以目前的航空技术,研发新一代经济、可靠的超音速客机依然会遇到不少挑战,主要是噪声严重(音爆)、庞大的研发和生产成本支出、高油耗、环境污染严重等问题。

当前,欧洲空间局正在研制一款能够快速进入轨道的飞行器“云霄塔”,能够满足飞行器以 5 倍音速进行飞行。根据欧洲空间局的计划,2020 年英国喷气发动机公司将完成关于发动机的测试。预计“云霄塔”起飞后大约 15 分钟抵达巡航高度,在 4 个小时内能达到世界上任一地方。

美国 NASA(National Aeronautics and Space Administration)正在研制的 X-43 飞行器,设计时速为 7~10 马赫,使用新型的冲压式发动机取代原始的火箭推动。美国 NASA、SpaceX 和波音同时也正在合作研发 Boom XB-1 超音速客机。XB-1 超音速客机的飞行速度将比协和超音速客机快 10%,预计最终投产机长 51.8 米、翼展 18 米,可搭载 6 位机组人员和 55 名乘客,航程 8334 公里,将于 2017 年试飞。预计 2030 年,新一代超音速客机将试验成功并试运营。在乐观跃升状况下,2050 年世界洲际航线将主要由超音速客机执行飞行任务,主流超音速客机的运营时速达到 3 马赫。在自然进步状况下,2050 年世界部分长途航线(如美欧、美亚、欧亚等部分航线)将由超音速客机执行航行任务,运营时速达到 2 马赫。

当前世界主要民航客机和军用机(包括研制中心)巡航速度 表 3-5

序号	用途	机　型	最大巡航速度(马赫)	最大航程/转场航程(公里)	运营/服役时间
1	民用	XB-1	2.2	8334	预计 2017 年试飞
2	民用	原协和式飞机	2.04	7000	1976 年
3	民用	图 144	2.15	6200	1977 年
4	民用	C919	0.78~0.8	5560	预计 2020 年
5	民用	A350	0.85	16300	2014 年 12 月

续上表

序号	用途	机　型	最大巡航速度（马赫）	最大航程/转场航程（公里）	运营/服役时间
6	民用	B787	0.85	15700	2011 年 10 月
7	军用	歼-20	2.7*	5500*	2017 年
8	军用	F-22	2.25	2960	2005 年
9	军用	F35	1.6	2220	2006 年 12 月
10	军用	B2	0.95	11100	1997 年 4 月
11	军用	图 160	0.9	16000	1987 年 5 月
12	军用	苏 35s	2.25	4500	2014 年 2 月

注：1 马赫（Ma）= 1126 公里/小时（km/h），亚音速 0.3 马赫 $\leqslant v \leqslant$ 0.8 马赫，跨音速：0.8 马赫 $\leqslant v \leqslant$ 1.2 马赫，超音速：1.2 马赫 $\leqslant v \leqslant$ 5 马赫，超高音速：$v \geqslant$ 5 马赫，* 为估计数据。

专栏 3-1　协和式超音速客机兴衰

协和式客机（Concorde）是世界上第一种商用超音速客机，由英法两国合作研发生产，在 20 世纪下半叶将商业航空运输推向新高峰。

协和式客机在 1969 年首飞，1976 年投入服务，主要用于执行从伦敦希思罗机场（英国航空）和巴黎戴高乐国际机场（法国航空）往返于纽约肯尼迪国际机场的跨大西洋定期航线。飞机能够在 1.5 万米的高空以 2 倍音速巡航，从巴黎飞到纽约只需约 3 小时 20 分钟，比普通民航客机节省超过一半时间。协和式客机票价昂贵，但仍然深受商务旅客的欢迎。

2000 年 7 月 25 日，法国航空 4590 号班机空难发生。法国航空一架协和客机（F-BTSC）由巴黎戴高乐机场滑行起飞时，被跑道上的一块由一架美国大陆航空 DC-10 发动机脱落的金属薄片割破轮胎，轮胎碎片冲击油箱造成油箱内部燃油剧烈波动，油箱从内向外破裂，造成客机起火失事，造成机上 100 人全部遇难。2003 年 10 月 24 日，协和式飞机执行了最后一次飞行，剩余 12 架从事商业飞行的协和式飞机全部退役。

安全性是导致协和式飞机退出运输市场的主要原因。协和式客机的轮胎一直是其弱点之一，历史上曾多次在跑道滑行途中因异物导致爆胎事故。虽然远程飞行速度高出其他普通民航客机一倍，但是高昂的票价也会影响协和式客机普及应用。同时，超音速飞行导致的大气污染和噪声污染也远大于普通民航客机，这也是其常被诟病的一大问题。

5.“移动岛屿”核动力海上民用平台和船舶

大型化、专业化是未来远洋船舶的发展方向。预计核反应堆小型化和安全化将取得重大突破，核能将被广泛用于远洋运输船舶和海洋平台。核潜艇、核动力航母、核破冰船等军用技术将会逐渐转为民用。核动力远洋船舶可以减少船舶的燃料补给时间，同时也能显著降低运输成本。海上移动式小型核电站则可以为海洋资源开采平台以及偏远岛屿提供安全有效的电力供给，也可以用于海水淡化。

核安全技术将是制约核动力在水路领域应用的重要瓶颈。预计在2030年，海上核动力平台将投入应用。在乐观跃升情形下，2050年远洋船舶和海上平台的动力装置将基本由核动力设施替代。在自然进步情形下，部分远海地区的动力装置由核动力装置提供能源。

6.一体化交通工具

(1) 一体化交通工具特点

随着技术不断创新发展，在乐观跃升情况下，预计在2050年或是更远的未来，会诞生一体化的终极交通工具，能在道路、轨道交通、民航、水路等各种环境下兼容运行。

一体化交通运输工具的特点 表3-6

序号	运行特点
1	可在空气悬浮（真空漂浮）和路面附着两种条件下兼容运行
2	可在地面、水面、近地、低空、高空（太空）兼容运行
3	独立享受路权、航权，自动调度管理
4	可全球门到门一站直达
5	可至少兼容使用两种以上能源（电、油、气）
6	完全无人干预下自动运行（仅需提供目的地）

(2)个人交通工具发展方向

在乐观跃升条件下，到2050年具有小型化、低能耗、自动控制、可压缩折叠、空气悬浮式等特点的交通工具将成为私人出行的主流交通工具，如图3-12所示。个人交通工具对各种交通基础设施的利用效率将更高。基础设施也将具有更好的通行能力，以容纳更多的交通工具高效出行。

(3)共用型交通工具发展方向

在乐观跃升情形下，到2050年，随着人类空间技术的突破，可以亚光速飞行、具备深海潜行能力的交通工具（太空飞船）有可能研发成功，并用于地球洲际飞行、太空中的穿梭飞行、深海潜行及海面巡航。将来星际间往返穿梭也会像我们乘坐长途汽车一样方便。

同时，太空飞船可以作为漂浮陆地，在空中或是海面运行，成为人类新的生存空间。太空飞船可具有农业生产的能力，可以在能源和食品方面自给自足，像一座城市一样提供人类生产生活场所，满足人类各种所需。

(三)智能交通运行和管理

1.一体化综合交通运输运行和管理大行其道

交通运行和管理将凸显一体化，跨交通运输方式的信息互联互通使得各类交通运输方式的协调调度管理更为顺畅，交通运输系统的组织性进一步加强，综合运输体系将进一步完善。自动驾驶汽车的全面普及将会使得运输管理部门承担道路交通运行组织的责任。道路交通的自由接入性将进一步降低，取而代之的是在车联网环境下车辆的统一调度组织。交通运输系统的效益将得到极大优化，交通事故率将显著降低。

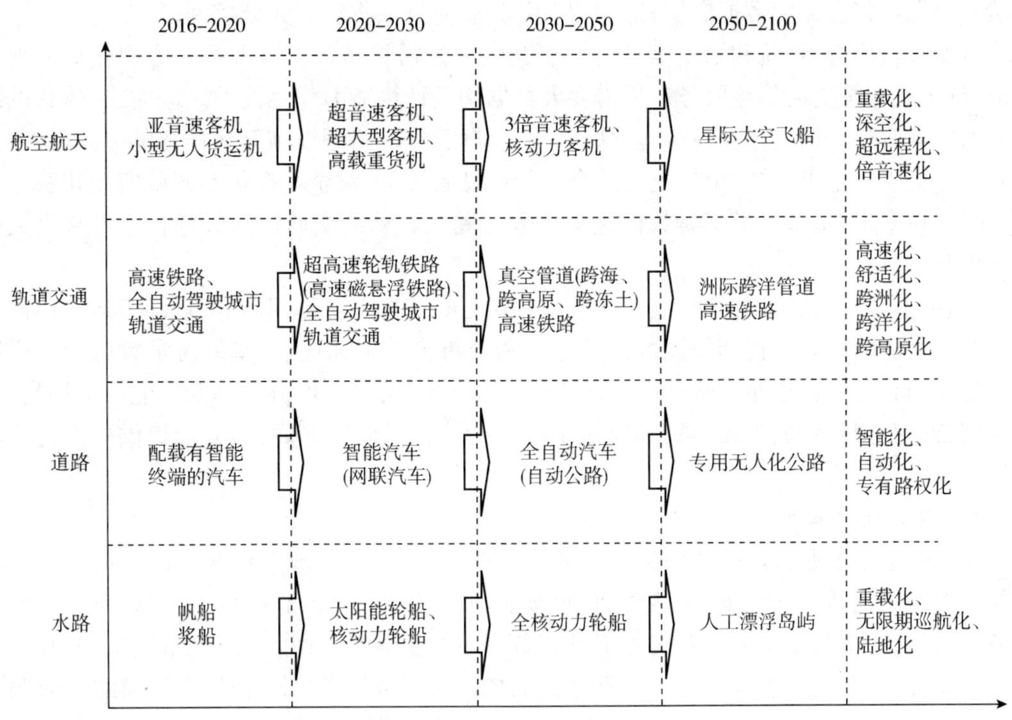

图 3-6　分交通运输方式技术演进路线预测

2.交通运输监管和执法能力显著提高

在车联网、船联网等技术的支撑下，在路网上运行的车辆、船舶、列车、民航飞机等全方位实时运行状况将会在管理中心的平台上一览无余。互联网平台的数据和交通运输管理部门的数据互联互通，将会使交通管理者更便于发现交通系统运行过程中的问题，能够有效地对交通参与者和物流参与者个体行为进行管控，交通运行的组织性和运行效率将得到极大提高。在物联网环境下，随着无线传感网络、高清视频监控以及卫星定位技术的发展，交通运输系统运行的一举一动都将处于远程智能监控之下；包括电子车牌等电子标识的普及使用将可以使交通管理者精确锁定执法对象而无须现场干预，对交通违法者进行远程非现场执法，对交通运输事故进行远程处理和判决。支付手段的发展则使得交纳罚金等事项均可以在手掌上的移动客户端完成。交通违法违章事件都可以通过移动客户端进行举报监督。

3.交通运输决策指挥水平明显提升

在大数据、云计算等技术的支持下，交通管理和决策者可以获得近似全样本交通运行数据，能够更为清晰的了解系统的运行状况和客货运实际需求，消除交通主管部门与运输企业、互联网企业之间的信息不对称，进而超前性地对运力或基础设施进行调整和补充。虚拟现实技术则可以使管理者对重大事项、重大事故进行实时远程指挥、管理。

(四)智能交通服务

1.数据驱动的交通运输服务

大数据和云计算技术将在交通规划、建设、服务、监管等方面发挥更为重要的作用。个人的出行轨迹和包裹的物流信息，以及互联网上的在线视频、网络点击操作行为、电子交易消费等信息都将会作为数据资源被充分利用，其商业价值将得到充分挖掘。

掌握大量出行、物流和消费信息的大型互联网公司将向数据服务业务方向拓展。地图导航、打车服务等交通信息服务应用需要大数据和云计算能力作为支撑。同时，一体化的综合交通信息服务正通过移动终端、互联网应用、车载终端、路侧设施等多样化的方式，针对出行者个体提供完整出行链、个性化的综合出行信息服务，针对企业提供精确的定制化物流信息服务。在未来，基于海量实时数据和历史数据混合驱动的交通运输服务将会带来巨大的经济效益。

信息技术的普及应用，将打通不同运输方式之间信息不对称问题，实现综合运输协同发展。基于个体的交通出行和物流数据的挖掘和分析将会更加透彻，掌握海量数据的互联网公司将会拥有与交通运输主管部门等量齐观的数据信息，对于形势的判断也能够更加精确。互联网公司有望发展成为集出行和物流于一体的综合运输服务商，为公众提供更为优化和个性化的出行和物流服务。

2.一体化交通出行和物流服务

互联网平台企业将进一步向交通服务产业链两端延伸，形成全球统一的一体化出行服务商。将提供包括商务包车、公共交通、轮渡船舶、邮轮游艇、民航包机、旅游观光等一条龙服务。同时，互联网企业也在向交通工具装备制造产业延伸，无人化的出租汽车、公共汽车将会全面普及，交通运输运行对人类驾驶员的依赖将显著降低，全天时、全天候的交通服务将会全面普及。未来，客运和货运分离运行的情况将会更加明显，运输效率进一步提高。基于云计算和大数据的服务将会使公众借助智能终端即可随时享受一体化、定制化的交通运输服务。

3.一体化电子支付手段

未来依托互联网平台的电子支付手段将空前发达，支付账户将与个人身份深度绑定。只需出示身份证、交通卡、智能终端、二维码或凭借个人体征即可对出行和物流运输等服务进行统一支付，实现“一卡在手，行遍天下”。运输的支付行为将由第三方支付平台进行担保，支付过程将变得非常顺畅。在未来，电子货币将取代纸币成为交通运输系统中的主要流通方式。运输支付行为将电子化、透明化、去纸币交易化。

（五）交通基础设施

1.信息通信设施成为重要的交通基础设施

交通信息通信网络将在交通运输领域中发挥更为重要的作用。专用的交通行业通信网络会逐步完善，无线通信频谱资源会愈发珍贵。同时，信息传输成本显著降低，传输速率大幅度提升。包括车联网、船联网、空地通信网等信息通信网络将为自动高效运行的交通系统提供强力支撑。依托通信网络，自动驾驶的指令信息可以通过远程获取。交通动态信息可以通过智能终端实时获取，交通运输服务可依托各类网络终端推送，交通管理指令能以极低的延迟下达。预计在 2050 年，交通运输行业将构建形成天地一体、全球覆盖、超高速传输的交通运输信息化基础通信信息网络。

2.空间基础设施亦将成为交通基础设施的一部分

随着人类空间技术的不断进步，深空、深海、深地地区的空间站、传输通道将成为人类往来新空间、拓展新领地的重要交通方式。空间基础设施不仅是运输工具，而且也将是人类赖以生存的设施。随着动力技术的进步,太阳系行星卫星、深空探测器、太空飞船的数量将显著增长,飞船发射场和降落地也将成为重要的交通运输设施。卫星通信导航系统将在交通行业发挥更为重要作用,毫米级精确定位导航将成为现实,实时3D电子地图将能够事无巨细的反映交通运输系统中一车一船的一举一动。

3.虚拟现实和增强现实设施广泛部署

借助高带宽和低延迟的通信网络,虚拟现实和增强现实基础设施将得到广泛部署。虚拟现实(VR)可以将远程的高清视频画面实时的传输给需求者,实现“足不出户便可洞晓天下”,有效减少交通出行需求,从而改变客运结构。增强现实技术(AR)则可以把真实世界和虚拟世界“无缝”集成,拓展人类的视觉感知能力,增强出行者对周边环境的了解。可穿戴的虚拟现实和增强现实设备与地面(空中)配套的基础设施相结合,将产生新的运输管理、服务、出行、观光游乐体验。

4.基础设施建设模式翻天覆地

随着材料成型技术和工程机械技术的进步,交通基础设施的施工建设将更加模块化,一体成形技术将得到全面应用。同时,基础设施现场施工量显著减少,现场建设需要的人力成本显著降低。工程机械的科技含量将会越来越高,机器人将来可能会取代人力成为工程施工的主要劳动力,铁路、公路等常规交通基础设施的建造将主要由机器人来完成。材料和施工技术的进步将使更多难以逾越的天堑变为通途,常规基础设施的建设成本将得到大幅度降低,构造体结构将可能取得重大突破。基础设施建设所需人力物力也会基于工艺完善和新材料诞生而不断减少。超大型桥梁隧道,高寒、高原地区基础设施工程,填海造岛工程,跨海跨洋通道工程等过去无法实现的超级工程将成为现实。

四、相关思考

(一)技术创新是国家竞争的制胜法宝

1.技术创新助力国家赢得经济竞争

当前,国家间的经济竞争已取代军事竞争成为国际竞争的主要形态。利用技术创新提高交通运输的效率和降低交通运输的成本,有利于促进国家和地区全要素生产率提高,更有利于集聚优质生产要素,从而在国际经济竞争占据有利地位。在全球化合作的背景下,不断向产业链高端攀升是大多数国家的发展取向。国家经济竞争会促使各国加强技术研发,力求抢占国际竞争制高点。为了使交通基础设施、技术装备和管理服务水平达到世界一流,更好地支撑交通运输和引领经济社会发展,技术创新将起到至关重要的作用。

2.技术先进性直接影响军事竞争胜败

军事工业是衡量一个国家工业制造水平的标杆,也反映了一个国家的工业能力和潜力。军备竞赛和战争会明显加快国家某些领域的技术研发进程。国家会举全国财力、物力和人力进行技术攻关,以求在军备竞赛和战争中取得胜利。在未来数十年里,由于逆全球化的波折、能源危机以及其他不可调和的矛盾,世界大国间可能会发生大规模的国家(军事集团组织)之间军备竞赛或战争。战争事关国家安危和民族存亡,国家为赢得战争会动员所有力量,这过程会催生大量技术创新。20世纪美苏争霸、19世纪末20世纪初德国和英国的军备竞争、两次世界大战期间均产生了大量的技术创新。未来，还会有大量的军用先进技术转为民用。

交通运输对战争、军备竞赛起到后勤保障作用。不少对交通运输行业产生革命性影响的发明创造，都是在战争期间或是备战时发明的。随着世界经济不断发展，人民生活水平显著提高，战争中人的成本不断提升，而机器等先进装备的成本则持续下降。预计下一次世界大国军备竞赛和战争有可能导致机器人和自动化技术的全面运用，自动驾驶和运行的汽车、坦克、飞机、舰艇会大量取代自然人作为战斗单位，人只需要远程指挥操控即可完成战斗过程。战争会变成大国间科技实力更直接的比拼。技术能力的较量将直接影响军事竞争的胜败。

(二)自动化、智能化等技术进步导致生产关系变革

1.机器人综合智能水平超越人类

在大部分单项能力方面，机器人实际已经超过了人类的智能。日本的仿人机器人、德国工业机器人、美国的 Watson 超级系统等已经超越了人类在某个领域的能力。2016 年，谷歌机器人 AlphaGo 在围棋领域挑战李世石成功已经取得全世界的关注。但是当前机器人要达到与人一样的综合智能水平依然困难很大。人类的简单活动伴生有海量的信息产生，现有的信息传输和计算处理水平还无法支撑机器人与人同样的复杂认知能力。据专家预测，机器人的发展今后会进一步走向智能化和自动化。人类将来有可能和机器人生活在一起，机器人则会成为与人类共生的群体，并产生自己的文化和情感。“家家都有机器人，出门全靠无人车”的情况有可能在 2030 年后成为现实。预计到 2050 年，机器人的综合智力水平有望接近或超过人类的水平。

随着交通设备智能化水平的进一步提高，智能机器人会在交通运输行业发挥更重要的作用。机器人在交通运输某些领域有可能超过人类的智能。例如，对交通数据的关联性分析，需要人全天值守的监控工作，高危险性高、重复性的驾驶工作，高人力成本的换装工作等的劳动力有望被机器人全面取代。

2.低技能劳动者面临大量失业

早在工业革命时期，普通民众就对技术进步的影响有着周期性的恐慌，从最初的工人罢工打砸纺织机械，到对火车、汽车出现的畏惧，直到当前对自动驾驶的恐惧。技术进步带来的替代效应是从业人员忧虑的重点。交通运输行业的大量劳动人口可能会被机器替代。根据牛津大学弗雷和奥斯本 2013 年发表的一项研究报告指出，美国 47%的工作岗位容易受到自动化的威胁。机器正在掌握日益复杂的任务，机器人也变得能够胜任那些迄今为止只能由灵巧的人类进行的手工劳动。发展中国家受到威胁的工作岗位更多，印度为 69%，中国为 77%，埃塞俄比亚为 85%。发展中国家的工作岗位相对而言更不需要太多工作技能。在这些国家，吸引劳动密集型的制造业带来了经济起飞，但是随着机器人在各产业的大量投放，其投入成本可能比普通人力成本更低。而发达国家有更多机器人难以胜任的工作岗位，尤其是需要原创想法、需要复杂的社会互动以及需要分析技能和灵巧手艺相结合的工作。但同时，劳动力相对资本和技术的比价关系会影响自动化、智能化的速度，过低的人力成本会阻碍自动化、智能化的发展。

在未来，自动化、智能化的机器设备有可能会大量取代人工劳动，低端劳动力有可能会

大量失业,而对高技能劳动者的需求会越来越多。人类只需要付出更短的劳动时间,便可以享受更多的闲暇时刻。同时,交通工具的驾驶者有可能面临大量的失业,由此产生的社会问题可能会被激化。在交通领域中,汽车驾驶员、售票员、客户服务、现场执法人员等岗位可能随着自动驾驶、电子支付及非现场执法的快速发展,会越来越多被能够全天候、全天时工作的机器人所取代。机器人能够带来更高的工作效率、更低的劳动力成本和更好的服务体验。

(三)能源和环境压力倒逼技术创新

能源和环境条件主要由国家和地区的先天禀赋决定,是外在约束条件。能源和环境先天条件会直接影响某个国家或地区的技术创新路线的选择。在我国以及其他一些发展中国家,经济的发展导致对能源的需求与日俱增,而对环境的破坏逐步增大。人民生活水平的提高又会对能源、环境等提出更高的需求。

交通运输系统的运行与能源、环境息息相关。交通运输业是重要的能源消费行业,也是造成环境污染和碳排放的重要源头。在没有新的替代性能源发现之前,我国的交通运输发展的能源和环境约束条件将进一步收紧,对低碳节能的交通运输工具和交通运输方式需求更为迫切。当前需要解决一系列技术瓶颈问题以利于能源供求矛盾的缓解,生态环境的全面好转。

(四)信息安全和隐私泄露问题日益严峻

随着信息通信技术的发展,互联网等科技公司和网络型运营企业获取用户信息和个人隐私的方法不断完善,大数据挖掘能力不断加强。社交软件深入渗透到人们生活的每时每刻,用户的个人数据也变得更加容易获取。信息安全已经从离大众很远的军事安全、外交情报等领域逐渐走向了社会生活的方方面面。大到工作、商务信息,小到购物喜好等信息在未来都能全方位获取。

在交通运输领域,个人出行链全程各环节会由于使用定位导航、电子支付结算、网络购票、社交网络等智能终端的各项先进功能而完全展示在商业公司面前。而个人的实名认证或是与用户名绑定的实名认证手机号以及其他账号,方便商业公司精准定位追溯到个人,每个人的一举一动、一言一行都会处于不间断的严密跟踪监视之中。政府主管部门对个人在网络上的各项服务进行实名信息认证虽然有利于打击网络诈骗、侦破违法案件,同时起到监控社会舆论、维护社会稳定的作用,但也带来了个人隐私数据泄露的极大风险。商业公司(如阿里巴巴、百度、腾讯等)可以凭借互联网平台精准获取个人出行数据、物流信息。其掌握的个人和国家经济运行数据的能力甚至超过国家统计局。随着全社会对信息通信技术的愈发依赖,个人行为会更加透明,甚至在未来可能完全无个人隐私秘密可言。保护信息安全和隐私将会成为每个人都需要面临的挑战和难题。

(五)体制机制改革要顺应技术创新发展

体制机制是生产关系的体现,体制机制的变革对于解放生产力和发展生产力具有非常重要的作用。随着技术进步推动生产力的发展,当前的交通运输行业的生产关系也会逐渐不适应生产力的进步,所以有必要适时对生产关系进行调整和变革。

交通运输管理和服务的机构设置和职能,以及交通运输行业的企业运营模式需要顺应技术创新发展做出变革。近来，由“互联网+”以及业态融合发展产生的新业态、新模式已经显著冲击了旧有的交通运输管理和运营模式。随着信息技术、能源技术等先进技术的发展，跨界融合的趋势更加明显，由此也会产生更多新的业态模式、新的产业，只有不断变革体制机制才能适应这一发展的需要。

本篇参考文献

[1] Carlota Perez; Technological Revolutions and Financial Capital—The Dynamics of Bubbles and Gloden Ages; 北京：中国人民大学出版社，2007.

[2] The Boston Consulting Group; 工业 4.0：未来生产力与制造业发展前景；2016 年 5 月.

[3] 黄群慧.从新一轮科技革命看培育供给侧新动能.人民日报.2016 年 5 月.

[4] 国务院.国务院关于积极推进“互联网+”行动的指导意见.2015 年 7 月.

[5] 国家发展和改革委员会，国家能源局.能源技术革命创新行动计划(2016-2030).2016 年 3 月.

[6] 英国石油(BP).2035 世界能源展望.2015 年 2 月.

[7] 国家发展和改革委员会，国家能源局.关于推进“互联网+”智慧能源发展的指导意见.2016 年 2 月.

[8] 中投顾问研究中心.“互联网+”分布式光伏发展趋势预测.2016 年 9 月.

[9] 国家发展和改革委员会，交通运输部.推进“互联网+”便捷交通 促进智能交通发展的实施方案.2016 年 7 月.

[10] 中国汽车工程学会.节能与新能源汽车技术路线图.2016 年 10 月版.

[11] I doYehimovitz.Ze Future.2016 年 3 月版.

执笔人：陈晓博

体验交通篇

内容摘要：在科技创新和多元市场的驱动下，交通行业的观光、休闲、娱乐等体验式功能越来越受到重视和欢迎，体验交通将逐步成为未来交通发展的新方向。本篇对国内外的既有体验交通发展状况进行了回顾，并结合我国经济、社会和交通运输发展趋势分析，认为发展体验交通是未来我国发展体验经济的重要抓手，推进体验生活的重要载体，实现交通运输现代化的重要途径。在此基础上，本篇对2030年和2050年两个时间节点我国体验交通的发展愿景进行了展望，并提出了我国体验交通的发展战略与行动计划。

一、体验交通概念

随着我国经济步入新常态,各行各业都面临转型升级的挑战和机遇。电子商务和移动办公等技术的全面推广,使得交通行业所承担的为人和物提供位移服务的传统运输功能将逐渐淡化。在科技创新和多元市场的驱动下,交通行业的观光休闲功能越来越受到重视,体验交通将逐步成为未来交通发展的新方向,成为未来公众出行的诱发源和吸引物。

目前有关体验交通的研究较少,尚未对体验交通的定义、构成、内涵进行清晰界定和分析,相关概念主要有交通设施景观化、体验导向的旅游交通、交通旅游产品、交通吸引物等。

交通设施景观化。有学者把交通设施分为交通工具、交通道路、交通桥梁、交通站点(车站、港口渡口码头和航空港)4 类。交通设施景观化需要具备一定的依托条件,主要包括历史依托、景物依托、高新技术依托。历史依托是指那些历史遗留下来的交通设施,其中有的已经废弃或者消失,有的仍然保留着。比如香港的有轨电车,已经成为香港旅游不可或缺的一部分。景物依托主要是针对交通道路或者说是交通线路而言的,通常可以包括自然景物依托(如大连的滨海路)和人文历史景物依托(如美国 66 号公路)两种。高新科技依托主要是指高科技的交通工具景观化开发利用(如磁浮列车)。

体验导向的旅游交通。有学者指出,应以获得美好的旅游体验为导向,以旅游区的资源分布与特色为基础,通过协同景观和旅游产品,合理布局交通路线,组织交通方式,规划交通设施,安排交通活动,使“交通”与“旅游”充分融合,交通过程成为美好的体验过程,交通路径成为体验路径。

交通旅游产品。有学者将交通旅游定义为以交通为旅游消费对象,或以交通体验为主、景点游览为辅的专项旅游形式。交通旅游产品则是指旅游经营者为了满足旅游者特定的旅游需求,以交通线路、交通旅游项目设计为主要依托,或以交通体验为主、景点游览为辅,将交通资源转化成旅游吸引物和旅游体验对象,满足旅游者观赏、参与的动静结合的旅游产品形式。

交通吸引物。有研究指出,从体验角度而言,交通工具本身可以成为吸引物,能够缩短间接乘车时间,缓解疲劳和紧张压力,使出行者在游览中体验交通的新奇和乐趣。研究者从交通成为吸引物的特性着手,提出了交通吸引物的开发模式,即要把交通视为旅游资源,使其品位、规模、档次、技术含量与旅游目的地发展目标相适应,从而成为目的地吸引物的有机组成部分。

从国内外有关体验交通的研究看出,当前对体验交通的系统研究不足,多数研究仅从作为公共交通的运输业角度出发,虽然强调体验在交通活动中的重要作用,但往往将交通体验同旅游等领域联系起来,没有强调体验交通本身的系统性,对于体验交通的发展目标和方向等更没有涉及。

本篇所称体验交通,是指能够为出行者提供观光、休闲、娱乐等体验式功能的交通基础设施、运输服务和载运工具等,强调的是出行过程的舒适、愉快、便捷。由于目前我国缺乏对体验交通的体系建构和总体设计,各地自我摸索尚有一定的盲目性。倘有国家战略、政策、法规和标准的支撑,体验交通将更好地在全国得到发展,成为体验经济的新供给,成为我国交通运输行业的一道亮丽风景线。本篇将围绕体验交通的定义和内涵,在国内外案例剖析的基础上,从基础设施、运输服务、载运装备等方面对我国体验交通的组成内容进行构建,并提出我国发展体验交通的愿景、战略与行动计划,供国家宏观经济管理部门决策参考。

二、既有体验交通

虽然关于体验交通的概念尚未取得普遍共识,但有关体验交通的理念却一直贯穿于国内外交通的发展实践之中。在交通体系较为完善的发达国家,过去几十年的发展过程中一直十分注重交通的体验感,建设了大量的休闲步道、风景道、汽车营地、景观铁路等交通基础设施,发展了多式多样的观光列车、低空旅游、邮轮游艇等运输服务,为我国发展体验交通提供了很多很好的范例和理念上的借鉴,值得总结学习。近年来,随着我国经济实力的增强和人民对美好生活的向往,在一些交通领域也出现了体验交通的身影,其发展过程同样值得总结和思考。

本篇将目前国内外得到发展的各类交通体验分为休闲交通体验、观景交通体验、交通产品体验、交通服务体验 4 种类型。其中,休闲交通体验是指基于休闲交通基础设施,以进行身体保健、身心调节与放松等休闲活动为主要目的的体验活动。此类休闲交通基础设施包括休闲步道、汽车营地等。观景交通体验是指基于观景交通基础设施,以欣赏沿途名胜古迹、自然风光等观景活动为主要目的的体验活动。此类景观交通基础设施包括风景道、景观铁路等。交通产品体验是指以体验交通工具与交通服务本身为主要目的的活动。此类体验包括低空飞行体验、邮轮游艇体验等。交通服务体验是指以在出行全过程中享受优质出行服务为核心的体验,如运输服务体验、交通枢纽体验等。此外,随着科技的发展,人类也一直在探索通过研发新型交通工具实现太空旅游,因此本篇也将此类交通体验归为第五类,即新型体验交通。

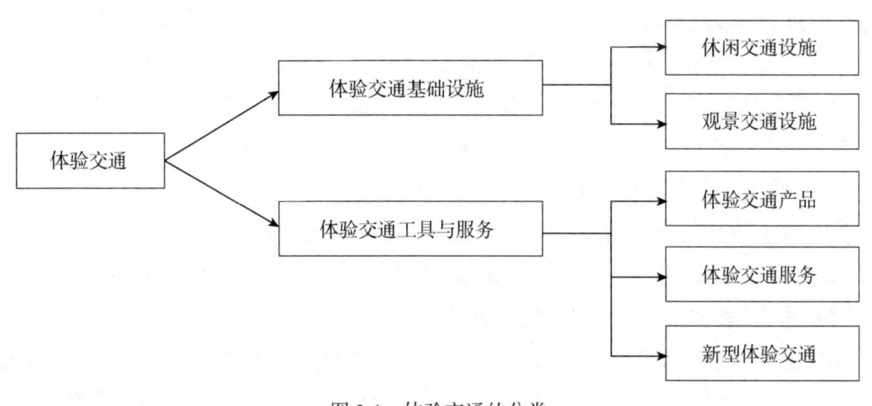

图 2-1　体验交通的分类

(一)休闲交通体验

1.休闲步道

(1)国外经验

在 1968 年出台的国家步道系统法案(National Trails System Act)指导下,美国建立了世界上最早和最完善的国家步道系统。该系统由国家风景步道(National Scenic Trails)、国家历史步道(National Historic Trails)、国家休闲步道(National Recreation Trails)和边道连接步道(Connecting or Side Trails)共同构成。不同类型的步道各有特色,在系统中发挥着各自的作用。国家风景步道是指 160 公里或更长的、连续的主要针对非机动车辆的著名步道,大多穿越国家公园、国家森林等自然资源禀赋很高的地区,重在展示原始的山林之美;国家历史步道是指历史上或史前的线路,对美国具有重大的历史意义;国家休闲步道是指地处都市或近郊地区,为城镇居民提供多种就近的户外休闲游憩机会的步道;连接边道步道指连接上述三大类的步道,或给人们提供进入上述三大类步道的通道。目前美国已形成了遍布 50 个州的国家步道系统,共有 11 条国家风景步道、19 条国家历史步道、超过 1080 条国家休闲步道与 2 条边道连接步道,成为国家步道系统建设的世界典范。

20 世纪 30 年代,随着人们对户外休闲游憩产生了迫切需求,法国一些喜爱步行远足的志愿者联合一些保护自然生态的民间组织开始酝酿步道建设。如建筑师让・路瓦斯在法国野营俱乐部的支持下起草了法国步道计划。1946 年,法国观光俱乐部实施了步道项目计划,并在全国范围内推广步道建设工作;同时还出台了步道指导方案,对国家步道系统建设给予指导和规范。到 20 世纪 70 年代后期,步道的发展日趋成熟,覆盖了法国大部分地区。1978 年,法国健步远足协会成立。该协会得到了政府部门的支持和帮助,同时还获得了一些大企业(如法国燃气公司)的资助,负责国家步道系统的开发与管理工作,保障国家步道系统规范化、规模化和可持续化发展。目前,法国形成了包括长距离国家步道、区域步道和地方步道等 3 种类型,长达 177023 公里的国家步道系统。该系统纵横全国,连接村庄,穿过葡萄园、果园、田野、森林,使人们能够很便捷和轻松地享受户外休闲游憩的乐趣。

随着在野外和环境优美的地区步行在英国的盛行,同时受到美国阿帕拉契步道的启发,英国记者 Tom Stephenson 于 1935 年提出了建立奔宁线(Pennine Way)的想法。跟美国与法国相似,英国建设步道的想法最早也是由个人提出,在民间发源的。第二次世界大战后,为保护英国特色地区不被快速工业化发展破坏,为人们提供更多良好休闲空间,1949 年国家公园与走进乡村法案(Natinnal Parks and Access to the Countryside Act)出台,提出发展国家公园、国家杰出风景地区等,以及建设长距离路径(Long Distance Routes),即后来的国家步道(National Trail)。1965 年奔宁线全线开通后,英国步道系统网络开始发展起来,形成了包括英格兰、威尔士的国家步道和苏格兰的远足道在内的英国国家步道系统。其中,英格兰、威尔士的国家步道主要由自然英格兰机构(Natural England)、威尔士乡村委员会(Countryside Council for Wales)共同管理,苏格兰的远足道主要由苏格兰遗产组织(Scottish Natural Heritage)管理。同时,国家林业、公路、环境等机构及非政府组织等也参与其中。国家步道作为国家的休闲游憩设施,在国家资金的支持下得到广泛的建设与发展,步道管理体系也基本建立,政府机关与社会团体相互分工合作,达到了保护遗产、满足国民休闲需要的最终目的。目前,英国共有 19 条步道,包括 15 条英格兰、威尔士的国家步道和 4 条苏格兰的远足道,总长约 4000 公里。

在日本,步道系统概念源于 20 世纪 60 年代末。当时日本经济迅速增长,富裕的城市居民对户外休闲游憩的需求越来越强烈,而以美国为代表的欧美等国家的国家步道系统的成功建设也引起了公众的关注。1969 年,日本福利部宣布建设连接东京到大阪的东海岸自然步道,成为日本步道系统计划的第一次尝试。1971 年环境部成立后,日本步道系统的建设与发展由环境部直接负责管理,并建立了由环境部、地方政府、当地社区、非营利组织和步道使用者等共同组成的一个自上而下的步道管理体制。该管理体制的建立极大地促进了日本国家步道系统发展。2003 年,4586 公里的日本最长的北海道自然步道(Hokkaido Nature Trail)获批准建设。该步道的建设标志着日本国家步道系统大规模的开发与建设已渐近尾声,进入了重视维护与管理的成熟发展阶段。目前,日本国家步道系统全长 257938 公里,形成了由 9 条步道及子系统构成的、连接日本 47 个都道府县中的 46 个(除冲绳岛外)、覆盖全国的步道网络。

总结国外步道交通系统发展有以下特点:

从发展起步看,国家步道系统的建设是社会经济发展到一定阶段人们渴望有更多的户外休闲游憩机会,以及在保护自然文化资源的同时有效利用这些资源的产物。该系统在满足人们户外休闲游憩需求,提高人们生活质量,保护自然文化资源等方面发挥着重要作用。

从时空发展看,世界一些国家(地区)国家步道系统都经历了启蒙、形成和成熟完善的发展阶段,步道发展也经历了从初期重视开发建设到后期注重管理与维护的转变;各国步道在发展的初期阶段往往是单条、短距离和零散分布的,随着政府强有力的介入以及立法的保障,步道穿越了州界,甚至国界在地域广度上无限扩展,形成了长距离、网络化和系统化国家步道系统。

从管理体制看,各国(地区)国家步道系统的发展都得到了国家(地区)层级的高度重视,建立了由国家(地区)政府主导,地区政府、地方社区、非营利组织和志愿者广泛参与和协作分工的自上而下的多级合作管理体制,从管理体制上给予了保障。此外,对法律法规建设的高度重视,极大地保障了国家步道系统在法案的指导下获得规范化、法制化和可持续化发展。从运作机制看,步道的建设往往采取政府主导下的市场化运作模式,即政府通过立法形式给予了一定量的资金资助,大部分建设资金则通过多元化渠道获得。而修建开发与维修管理等工作主要由投资商、非营利组织和志愿者联合进行。

(2)我国尝试

在我国,目前休闲步道以“国家登山健身步道”“绿道”“骑游道”“漫游道”等形式存在。我国官方还没有正式提出“国家步道”的概念,还没有形成完善的国家步道系统,也没有相关的法律法规和标准可供参考。

相比较而言,目前我国最完善的当属“国家登山健身步道”系统,它的英语翻译为“National Trail System(NTS)”,沿用了美国国家步道的概念,可以说是中国特色的国家步道。国家体育总局登山运动管理中心(中国登山协会)是中国国家登山健身步道的积极倡导者与推动者,制定并发布了统一的建设标准——《国家登山健身步道标准》,并与地方政府合作建设国家登山健身步道系统。2009 年 12 月中国登山协会与地方政府合作,于浙江宁海修建了我国第一条国家步道,长 100 多公里(含 50 公里山地自行车道),路径上设计了各种标识牌、休息站、露营区、接待站、报警点、出入口、垃圾处理系统等辅助设施。这种步道适合开展越野行走和露营、登山、攀岩、峡谷穿越、野外生存、山地自行车等户外运动。它与各级公路通过出入口整合成各级系统,但禁止机动车行驶入内。步道宽度不大,基本按自然原地貌,不作过分铺装,分为落叶步道、砂石步道、岩石步道或草皮步道等多种类型。目前,我国已建成的 NTS 有:浙江温州大罗山 NTS,湖北崇阳 NTS,山西代县雁门关 NTS,广西乐业 NTS,浙江宁海 NTS,河北下花园 NTS 等。NTS 受到了户外运动爱好者的普遍赞誉和一致好评。中国登山协会也因此在“第二十一届国际步道研讨会”上被授予“国际健康步道奖(Trails for

Health Award)”。这预示着以国家登山健身步道为代表的中国国家步道正迈向国际性发展的新起点。

2013 年,北京门头沟区发布我国首个国家步道系统规划,并启动国家步道一期建设,拉开了我国国家步道高标准建设的序幕,标志着我国国家步道建设在规范性和与国际标准接轨方面向前迈进了一步。

2.汽车营地

目前国内外尚无比较权威的汽车营地概念。国际露营协会(FICC)认为:“宿营是人们在户外短暂居住时进行的娱乐活动,汽车营地就是人们进行宿营活动的地方。”国内一般认为:“汽车营地是在交通发达、风景优美之地开设的,专门为自驾车爱好者提供自助或半自助服务的休闲度假区。其主要服务包括住宿、露营、餐饮、娱乐、拓展、汽车保养与维护等。”

(1)相关经验

美国作为世界上最大的房车生产消费国和汽车露营旅游产业发展最为成熟的国家,汽车露营活动已风行了一个世纪之久。美国人对于汽车营地有着特别的热爱,拥有广泛的房车旅行爱好者和相当成熟的基础,房车旅行已经成为人们日常生活的一部分。根据美国房车工业协会 RVIA 公布的数据显示,美国约有 3000 万的房车旅行爱好者,有 800 万的庞大人群常年居住在房车内。每年生产房车 30 多万辆,房车保有量已达 1000 万辆以上,9%~10%的家庭拥有房车,每户家庭年使用房车 50 天以上,且还在不断递增。

在美国,1/3 的旅游住宿设施、1/3 的旅游时间、1/3 的旅游土地以露营形式存在。美国 3.5%的土地面积被划设为国家公园,每万人拥有国家公园面积达 11.3 平方公里。为进一步完善这个蓬勃发展的大市场,美国已建立起与露营配套的两万多个的公共、私有营地。这些营地从最早只提供加油、加水和停车等简单服务,发展到现在的复合型多功能营地。露营地种类繁多,分布广泛,大都位于景色优美的国家公园或风景名胜景区,为房车旅行爱好者提供食宿、游乐、休闲度假、汽车保养与维护、汽车租赁等功能齐全的接待服务。

此外,随着露营运动的发展,在美国还出现了大型的露营营地组织,如美国露营协会(ACA)、美国汽车协会(AAA)、美国豪华营地联盟等;还有美国连锁营地企业,如美国营地公司(KOA)。这些组织和企业的活动更有效地促进了汽车营地的发展。它们并与各种专业组织或公用事业部门构成立体的汽车营地服务支持体系。

美国是户外休闲产业大国,汽车营地属于房车产业,是其子系统。美国房车工业协会估计,户外休闲业年产值已达 2150 亿美元,约占美国 GDP 的 1%。营地俱乐部随处可见,还有专门的房车杂志、电视频道、各类展会、消费服务体系、房车题材的电影、各类书籍等,并已综合形成了一个完整的产业系统。

(2)我国尝试

目前,我国汽车营地的建设正处在初始阶段,在北京、海南、四川、广西、浙江、青海、新疆等少数地方建有房车宿营地,但还没有形成全国性服务网络,大多数城市和旅游景点都没有建设符合国际露营标准的宿营地。国内仅有北京怀北国际汽车露营地、平谷桃花深处汽车露营地、海南海口假日海滩露营地、大连金石滩汽车露营地、青海湖露营地、松兰山海滨型汽车露营地、新疆喀纳斯露营地、四川死海露营地、广西大新明仕汽车旅游营地等几十处初具规模的露营地,数量很少,规模都不大。

近几年,随着我国居民拥有私家车的比例逐年攀升,自驾车旅游市场火爆,汽车营地成为自驾车旅游发展的必然产物。目前,我国的露营组织已有中国汽车运动联合会汽车露营分会和中天行房车俱乐部等。许多大型企业集团开始投资汽车营地。各级政府在编制旅游规划时,也充分考虑到了汽车营地的发展。北京、山东、海南、青海、浙江、江苏、广东、安徽等省市都积极推进自驾车旅游发展以及汽车营地建设。

目前我国自驾游以家庭小轿车或越野车旅游为主,房车旅游很少,房车保有量仅为2万辆左右,游客主要来自于中高端群体。我国的汽车营地多设立在城市边缘、近郊区、海滨或湖滨等宁静、环境优美的地区,基本上都是依托景区或在景区附近经营。营地主要功能为休闲娱乐,部分营地提供拓展等活动项目。而对于汽车营地最重要服务项目的汽车服务,以及信息、医疗等服务,多数营地尚未开展。从区域分布来看,我国的汽车营地主要分布在环渤海经济圈、长江三角洲经济圈和珠江三角洲经济圈等经济发达区域,以及西南地区等具有良好自驾车发展资源条件和汽车营地建设需求的区域。

(二)观景交通体验

1.风景道

(1)相关经验

美国是风景道的发源地、主要实践地和研发地。自20世纪80年代以来,美国风景道建设得到了国家层面的高度重视。各类风景道法案和国家风景道计划(National Scenic Byway Program)的相继出台,有效促进了美国风景道规范化、规模化和快速化发展。依据美国国家风景道计划的规定和标准,美国分别于1996年、1998年、2000年、2002年和2005年分5批共计评选出了32条泛美风景道(All American Road)和133条国家风景道(National Scenic Byway),建立了由泛美风景道、国家风景道和州际风景道三级风景道组成的国家风景道体系。美国国家风景道计划制定的出发点是为了“致力于取得经济发展和资源保护的平衡”。它的价值和意义在于:一是为美国国家风景道建设提供联邦投资,使建设获得一定的经济资助;二是通过国家风景道和泛美风景道的评定,促进地方政府与公众对风景道建设的重视,对道路景观、历史、生态等价值的保护;三是国家风景道和泛美风景道已成为美国汽车旅游的重要线路,带动了当地经济和旅游业的极大发展。

美国国家风景道计划主要内容包括基金和提名两大部分,规定了风景道的提名和选拔标准,并对基金使用做出了规定。“基金”由美国联邦公路管理局财政拨款,是一种资助和可回收的专项基金。“提名”是指向美国联邦公路管理局提出申请的州际风景道,通过国家交通部和国家风景道委员会组织的评定,从而成为泛美风景道或国家风景道。国家风景道计划是美国政府对国家风景道体系实施评定、建设和管理的章程和依据,虽然不是强制性的,但得到了各州的普遍重视和广泛认同。可以说国家风景道计划的出台,极大地促进了美国风景道的建设和发展,更加有效地指导了风景道的开发和管理。由泛美风景道、国家风景道和州际风景道三级风景道组成的隶属于美国联邦交通管理局的国家风景道体系的建立,体现了国家(联邦)对风景道开发和管理的重视。这些风景道建成后,在道路规划、景观设计、城市建设、旅游休憩、环境保护、历史遗迹保护和优化自然风景、带动地方经济发展等方面发挥着非常重要的作用。

(2)国内尝试

目前,我国风景道多以旅游公路的形式出现。旅游公路是具备一定技术标准和设施,帮助游客完成空间位移，具有地方特色和独特景观，能够满足游客审美等需求的公共道路。但旅游公路的概念主要强调了公路在游客旅游过程中的串联和运输特质，对风景道的特点和功能揭示不够全面、系统。

处于零散状态的黑龙江伊春小兴安岭风景道、福建宁德滨海风景道、温州柑橘花滨海风景道等，多是适应地方建设需要而衍生的，缺乏国家层面深入、系统的规划，远不能满足我国道路建设、景观规划、城市建设和旅游业等方面迅猛发展的需要。为此，我们需要建立风景道体系，规范风景道开发和管理，使风景道与更加广泛的领域融合发展，发挥更大的应用效益，形成新的经济增长点。

2.景观铁路

(1)相关经验

自然景观方面，景观铁路发展比较成熟的区域主要集中在欧洲、非洲及北美等地区。其中，以瑞士的景观铁路最有代表性，瑞士结合高山、湖泊等自然景观修建了大规模景观铁路系统。

人文景观方面，以列车及铁路本身的历史文化价值为景观的铁路产品中，有代表早期铁路建设中杰出科技手段的世界遗产——谢莫林铁路上行驶的观光列车。另外，还有一些有名人效应或者重大纪念事件的列车也可以开发成观光列车产品，如行驶在世界文化遗产塞梅宁铁路上的奥地利茜茜公主曾乘坐过的皇家号列车等。同时，带有浪漫情怀的载着 20 世纪人们梦想的蒸汽火车本身就可以作为一道景观，如跑过 116 个年头的奥地利阿亨湖蒸汽观光列车。

(2)我国尝试

我国景观铁路建设尚处于尝试阶段，多为在旅游景区内部建设的铁路，通过开行小火车实现观景功能，如北京双龙峡景区观光小火车、四川嘉阳小火车、浙江溪口雪窦山风景区观光列车、赣南森林小火车、大兴安岭森林小火车等。这些旅游景区的内部铁路，无论从开发规模还是影响力都十分有限，尚不能称作真正的景观铁路。

(三)交通产品体验

1.低空飞行体验

(1)相关经验

低空飞行体验可分为观光体验类、通航运动休闲类、通航赛事活动类等 3 类产品。

①观光体验类产品

观光体验类产品属于偏静态的产品，可面向大众及高端游客，包括产业参观、文化体验、空中览胜、通航旅游航线等。

产业参观：属于工业旅游范畴，基于游客对航空产业存在好奇的心理，组织游客参观通航相关设施与企业，从而达到增长知识、体验乐趣、扩大影响的目的。具体产品形态包括通航机场游览、通用航空器生产线参观、通用航空器内部参观、公务机运营基地参观等。

文化体验：以航空科技、航空发展历程和航空展品为吸引点，以博物馆、科技馆、文化公园等为载体，通过参观、近距离接触体验等方式实现游览过程。

空中览胜：游客通过搭乘热气球、飞艇、轻型飞机等通用航空器，升至空中俯瞰地面景观。这种游览方式可改变以往通过景区(点)或游线观光仅能获得“点”、“线”印象的旅游方式,可为游客提供更为完整空间印象和全新的旅游体验模式。这种观赏方式十分适合大尺度、拥有较为丰富视觉景观效果的自然、人文景观俯瞰。

旅游航线:类似邮轮航线,以通用航空飞行作为交通方式,途经多个通航机场,在较短时间内实现对航线串联的多个景区景点和旅游城市进行观光游览。在面向大众游客开发固定旅游航线的基础上,还可针对高端客户开发定制式旅游航线,即客户可以自选航空器类型、途经目的地、经停时间等内容,航线运营公司负责具体操作。

②通航运动休闲类产品

通航运动休闲类产品为满足游客飞行梦想而发展,具有一定挑战性和刺激性,多以户外活动为主,分飞行体验和通航运动两类。

飞行体验:游客或在模拟机上获得驾驶飞机的乐趣,或直接坐在驾驶舱中、驾驶员身旁近距离体验驾驶飞机的过程。此外,还有航空模拟飞行运动,采用视觉、人感、互动以及电子游戏的方式高仿真模拟飞行运动。该运动现已纳入我国正式体育项目,目前主要采用竞赛的方式组织活动。未来可进一步推进该类游戏的大众化程度,同模拟机平台一起,为游客提供高仿真的虚拟飞行体验。

通航运动:在保障安全的前提下,游客经过培训后或在专业人士的辅助下,利用多种通用航空器或其他器械,在空中进行飞行、滑翔、跳伞、热气球、航模等运动,放松身心。该类产品带有一定的专业性,对参与者的体能、知识和心理素质等有一定要求。此外,针对不同的参与者可设定不同专业级别的运动内容。

③通航赛事活动类产品

依托通航设施,还可举办专业的通航运动竞赛、专业峰会、各类航展等,并可举办空中婚礼、空中摄影等。通过成功举办以上,能极大丰富地区通航氛围,快速提升地区知名度,带动相关消费,为地区产生积极的经济和社会效益。

通用航空产品 表 2-1

产品类型	产品内容	具体产品示例
观光体验类	产业参观	通用航空器生产线参观、公务机运营基地参观
	文化体验	航空博物馆、航空科技馆、航空文化公园
	空中览胜	热气球观光、飞艇观光
	旅游航线	固定运营旅游航线、定制旅游航线
运动休闲类	飞行体验	模拟机体验、电子游戏模拟体验、飞行体验
	通航运动	飞行、滑翔、跳伞、热气球、航模
赛事活动类	通航赛事	航空运动竞赛、模拟飞行竞赛
	航空会展	行业峰会、航空展览
	空中活动	空中摄影、空中婚礼

美国是世界上通用航空最发达的国家,联邦航空管理局将在美通用航空活动分为6类,其中娱乐飞行(含个人运输)和空中观光(含空中巴士)两类占到46%。空中观光是美国最主要的通用航空旅游形式,主要集中在国家公园所在地、国家游憩区及城市旅游区,例如大峡谷国家公园等。此外,在美国还有主题航空旅游、“通用航空日”、娱乐飞行等多种通用航空旅游形式。通用航空休闲业是加拿大通用航空的重要组成。据加拿大运输部的统计,休

闲飞行占了大约加拿大飞行员总人数的 2/3 以及注册飞机总数的 3/4。

欧洲娱乐航空最大的部分是私人动力飞行,超轻型航空是发展最快的娱乐航空活动。据欧洲娱乐航空和航空体育统计数据,欧洲有相当数量的轻型和便携式航空器,从事娱乐航空和体育航空的航空器为个人所有或所在俱乐部所有。英国早期的飞行目的都是休闲和运动,现在对娱乐性飞行的需求仍是支撑英国经济的一个重要产业。

澳大利亚的娱乐飞行包括私人娱乐飞行、体育运动或游憩飞行,含跳伞及与商业和职业无关的个人运输,其中体育运动航空器飞行占到了娱乐航空飞行小时的一半多。在澳的娱乐飞行主要集中在悉尼、佩思和大布里斯班。业余爱好者自制航空器、旋转机翼航空器和超轻型飞机飞行小时不断增长。新西兰专门的运动和休闲航空器占到航空器总数的 38%,通用航空的运营企业从事旅游观光的占大多数,娱乐航空与体育航空是通用航空的重要组成。

(2)我国尝试

我国的通用航空发展远远落后于西方国家,并主要用于航空作业。在通航运动方面,河南安阳定位于打造“航空运动之都”,建设林滤山国际滑翔基地,举办国际航空运动旅游节;山东莱芜成为中国国际航空体育节永久举办地,大力发展航空体育竞技表演、航空体育文化和旅游。在通航展览、赛事方面,我国已形成了如中国国际航空航天博览会(珠海)、沈阳法库 AOPA 国际飞行大会等一系列较知名的品牌。自 20 世纪 80 年代起,游憩目的的通用航空增多,较早开展空中观光的有北京的长城和十三陵,河北南戴河,黑龙江哈尔滨太阳岛,上海浦东,山东烟台,辽宁大连,河北石家庄,以及新疆、四川。此外,还有航空俱乐部的航空体育、航空展会和航空节。私人飞行目前还未大众化。近几年我国开始低空空域管理体制改革,先后在部分地区设立空域开放试点。2009 年批复的西安航空基地通用航空产业园区试点推出航空主题旅游、飞行体验、通航大会和航模比赛等旅游项目。

我国一些低空飞行体验项目的安全问题频发,引发了社会的普遍关注。例如,2016 年 7 月 20 日中午 12 时许,一架水上飞机(幸福通航 B-10FW)在执飞上海金山—浙江舟山航线起飞过程中发生事故,撞上沪杭公路 7835 号大桥,导致 5 人遇难、5 人受伤。

2.邮轮游艇体验

(1)相关经验

①国际邮轮体验的发展历程

Vance Gulliksen 认为邮轮旅游源于 1840 年 Samuel Cunard 带领 63 位邮轮乘客从英国出发穿越大西洋的一次旅行。远洋邮轮作为从 A 点到 B 点运输工具的历史已长达两个世纪,第一次世界大战和第二次世界大战时候又被用于输送军用物资。20 世纪 80 年代,喷气飞机的广泛使用,使得邮轮作为交通工具的地位一落千丈,邮轮公司不得不寻求其他的途径生存。邮轮旅游最初只有高收入者才能负担得起,参与的主要群体是老年人。

为了吸引更多的旅游者参与,邮轮公司做出了不懈的努力。如嘉年华邮轮公司的创立者 Ted Arison 认为,在船上提供适合的设备组合能吸引到各种人群乘坐邮轮。他购买了一艘邮轮,改名 Empress of Canada,主题定位“Fun”(即取乐、愉悦)。这种新型的旅游哲学开启了邮轮旅游的新篇章。

此后,为了使邮轮旅游更上一层楼,邮轮公司还做了许多努力。为了迎合现代人追求时尚健康的生活理念，引进昂贵的健身设施成立健康中心；在吸引家庭旅游市场方面，以较低的价格提供旅游项目和服务；保证在邮船上可以上网，每个房间拥有通信设备；保证服务人员的素质和服务水平过硬；为了能为有车一族提供便利，在港口附近建造大型停车场。邮轮旅游为游客提供难忘的旅游经验、高品质的假期生活，更为旅游地带来了巨大的经济效益，发展前景十分广阔。

现代邮轮旅游是从歌诗达公司推出第一艘专为旅游娱乐设计的名为 Franca C.邮轮开始的。20 世纪 60 年代初至 70 年代末，邮轮旅游正式诞生并起步发展。歌诗达邮轮公司以独到的眼光，瞄准了这个新市场，以邮轮作为载体，用旅游服务代替以往单一的运输服务。此后游客对于邮轮的传统观念逐渐被新型的邮轮度假理念所取代，越来越多的游客开始接受乘坐邮轮在海上放松度假而不是仅仅作为交通工具。此阶段邮轮目标市场以本国游客为主，航线观光也是以本国观光地为基本港。

20 世纪 80 年代初至 90 年代中后期，欧美邮轮旅游市场蓬勃发展，形成了较稳定的市场格局，世界邮轮旅游业的成长进入兴盛期。随着 90 年代初期马来西亚丽星邮轮公司的成立，原有的市场格局被打破，邮轮旅游市场开始向亚洲拓展。这一时期，邮轮旅游的研究开始出现，美国人类学家 Foster 最早指出了邮轮旅游将是未来旅游研究的前沿阵地。

从 20 世纪 90 年代的末期至今，伴随着邮轮旅游业的兴起，人们对新型邮轮旅游的观念逐步更新，邮轮旅游已由贵族阶层的专属旅游方式转为中产阶级的大众旅游。这一时期，由于各大邮轮公司的激烈竞争，邮轮旅游的价格呈逐年下降趋势，邮轮旅游也逐渐向年轻时尚化、大众化、平民化方向发展。邮轮旅游的产品种类趋向多元化，航线安排也日益灵活多样。越来越多的出境游客成为邮轮产品的消费者，邮轮旅游进入了繁荣发展的成熟期。

目前，国际邮轮旅游的主要区域有加勒比海—百慕大、地中海、亚洲—南太平洋、阿拉斯加、墨西哥西海岸与西北欧等地。各个航行区域都建有配套的邮轮港口为邮轮服务，供邮轮停靠，补给物资以及游客上岸游览观光等。

邮轮港口主要有母港、停靠港和小码头 3 种类型。邮轮母港是邮轮的基地，为邮轮提供全面的服务，可对邮轮进行维护和修理。邮轮母港所在地设置有邮轮公司的地区总部或公司总部。停靠港码头是邮轮网络的延伸点。邮轮在停靠港的停靠时间较长，一般为 4~8 个小时，不仅供乘客上岸观光，而且还可进行一定的补给、补充和废料处置。小码头型港口仅供乘客上岸观光，作较短的停靠，停靠时间一般少于 4 小时，基本上不增加补给，也很少有乘客辞别邮轮或新增加乘客。

最著名的三大邮轮公司为嘉年华（Carnival）邮轮公司、皇家加勒比（Royal Caribbean）邮轮公司以及丽星/挪威（Star/NCL）邮轮集团，占世界邮轮产业 80%的市场份额。近几年，三大邮轮公司都获得了较快的发展。以嘉年华为例，总部设在佛罗里达的迈阿密，公司邮轮主要服务于北美、南美、欧洲以及南亚太平洋地区。该集团是世界上最大的邮轮集团，到 2009 年 1 月拥有 88 艘邮轮 169040 个床位，在北美、欧洲、英国、德国、新西兰、西班牙及澳大利亚有 11 个邮轮品牌。

②国外游艇体验发展概况

据估计，美国游艇业在世界市场上的占有率为 55%，平均每 16 人就拥有一艘游艇，私人拥有游艇的比例更是位居世界首位，1998 年在美国注册的游艇就达 1300 万之多。这主要是美国拥有漫长的海岸线和众多的港口、湖泊、河流等自然条件加上经济发达、观念普及等社会经济条件。在美国，游艇花样繁多，从六七十米长的超级游艇到能在最小湖泊上垂钓的小船，形形色色，应有尽有。另外，美国还有大约 12000 个水上活动中心，其中仅佛罗里达就有 2000 多个。这些众多的水上活动中心既是船只的停泊地，又是一个功能齐全的娱乐中心和目的地。它们能提供游艇所需的配套服务，如维修、加油、保养等；满足人们的基本需要，如饮用水、清洁的卫生间、废物处理设施等；还有自动售货机、餐馆、游泳池等。配套设施的齐全，配套服务的完善，解除了游艇拥有者的后顾之忧，促进了游艇在美国的普及。

(2)国内尝试

①邮轮

21 世纪以来，邮轮旅游作为一种新兴的休闲度假旅游逐渐被我国游客认识和喜爱。同时，由于欧美邮轮旅游市场的饱和，歌诗达、皇家加勒比等世界著名邮轮品牌纷纷瞄准了中国这个最具潜力的邮轮旅游市场。在这种情况下，邮轮旅游在中国开始稳步发展。中国的邮轮旅游经历了以下两个阶段：

20 世纪 90 年代末至 2010 年以前，是以国际邮轮到港接待为主的起步发展阶段。伴随着越来越多的国外游客乘坐邮轮来到内地，拉开了国内码头接待国际邮轮到港的序幕，如上海、天津港的到港接待。但是因国内游客对邮轮旅游的认识还非常局限，消费人数不足万人。2006 年，歌诗达公司的“爱兰歌娜”号以上海为母港进行初航。随后，借力 2008 年北京奥运会，国际邮轮到港规模日益扩大，国内邮轮游客的规模也逐年增加，到了 2009 年国内游客乘邮轮出境的人数达到了 38 万人次。

自 2010 年起，邮轮度假、邮轮旅游也逐渐为国内游客所认可。与此同时，中国积极融入世界邮轮产业体系，鼓励邮轮出境游市场的全面发展。世界各大邮轮公司也纷纷增加以上海等内地港口为母港的航线。2012 年 6 月，世界排名前十的豪华邮轮“海洋航行者号”就以上海为母港开始了它的亚洲航程。2012 年 9 月“中国邮轮旅游发展实验区”在上海成立。2012 年年底，我国首家拥有豪华邮轮的公司——海航旅业邮轮游艇管理有限公司在北京成立，并推出内地首艘豪华邮轮“海娜”号，开启了邮轮旅游在中国发展的新篇章。2015 年，上海邮轮旅游吞吐量已超过了纽约，亚洲排名第一，全球排名第八。

据中国交通运输协会邮轮游艇分会(CCYIA)统计，2015 年我国有 10 个港口接待过邮轮，包括大连、天津、青岛、烟台、上海、舟山、厦门、广州、海口、三亚。全年共接待邮轮 629 艘次，同比增长 35%；邮轮游客出入境 2480454 人次(124.0227 万人)，同比增长 44%。其中，接待母港邮轮 539 艘次，同比增长 47%；访问港邮轮 90 艘次，同比下降 10%；乘坐母港邮轮出入境的中国游客 2224209 人次(111.2104 万人)，同比增长 50%；乘坐邮轮访问中国的境外游客 256245 人次(12.8122 万人)，同比增长 4.7%。

《2015 中国邮轮发展报告》指出，过去 10 年我国邮轮产业发展处于培育期，属粗放式的起步发展阶段，发展力量主要集中在邮轮政策制定、邮轮码头建设、邮轮船队引进、邮轮旅游观光和接待等方面，在邮轮管理、邮轮产业规划、邮轮制造、邮轮服务体系、邮轮市场机制、邮轮消费理念等方面还存在许多空白和不足。未来 10 年，我国邮轮产业发展将处于爆发期，进入市场细分的快速发展阶段。

②游艇

中国目前游艇保有量约2500艘,拥有现艇停泊的游艇会有62家,停泊游艇数近2000艘,其中大部分集中在20家较大规模的游艇会,游艇停泊数量超过1000艘。

对于刚刚经历10来年发展的中国游艇市场,目前遇到了瓶颈:一方面大量的游艇泊位空置,游艇停泊率低下,游艇销量增长缓慢;另一方面,游艇停泊费用高昂,严重影响人们对中小游艇的购买意愿。

(四)交通服务体验

1.运输服务体验

(1)观光车辆设计

一些观光产品通过对车辆和线路的设计,实现了体验化的运输服务。如北京时代环球国旅的新东方快车专列被2015年首届中国旅游大会评为年度最佳旅游产品。

北京时代环球国旅(新东方快车专列——坐火车游欧洲) 表2-2

	第1天	第2天	第3天	第4天	第5天	第6天	第7天	第8天	第9天	第10天
行程	北京—伊斯坦布尔	伊斯坦布尔—索菲亚	索菲亚—布加勒斯特	布加勒斯特	布加勒斯特—布达佩斯	布达佩斯—布拉格	布拉格	布拉格	布拉格—维也纳	维也纳—北京
早餐		当地餐厅	列车	列车	当地餐厅	列车	列车	当地餐厅	当地餐厅	
午餐		当地餐厅	当地餐厅	当地餐厅	当地餐厅	当地餐厅	当地餐厅	当地餐厅	当地餐厅	
晚餐		列车	列车	当地餐厅	列车	列车	当地餐厅	当地餐厅	当地餐厅	
交通	飞机	列车	列车		列车	列车				飞机
住宿	伊斯坦布尔	列车	列车	布加勒斯特	列车	列车	布拉格	布拉格	维也纳	飞机

一些观光列车通过独特主题设计,成为体验交通吸引物。如以动漫为主题的日本哆啦A梦观光列车,就是动漫主题和观光列车旅游结合开发的范例。再比如比利时首都布鲁塞尔到荷兰首都阿姆斯特丹定期开出的"夜总会"列车,运行在巴黎和马赛之间以音乐和戏剧为主题的观光列车等。

观光巴士是观光车辆设计的又一典型代表。目前,世界主要城市,如伦敦、巴黎、新加坡、首尔、纽约、香港、马德里等,均运行有游览城市景观的观光巴士。观光巴士一般具有如下特点:采用便于观光的敞篷双层巴士,往返于城市主要景观之间,车上提供多语言讲解和其他相关游览服务,有效期内不限次数上下车,乘车与景点的优惠通票服务,作为城市一道风景的优美车辆造型设计等。近期,纽约兴起的The Ride观光巴士项目,更是将乘车体验与游览城市文化充分融合,真正丰富了人们的出行体验。

进入21世纪以来,我国国内的许多城市纷纷尝试开通了城市观光的巴士游览服务。如北京、上海、成都、贵阳、厦门、济南等地,先后尝鲜双层观光巴士。虽然在投入之初,观光巴士都为乘客带来了新鲜、时尚的乘车体验,但由于定位模糊、运营线路受限、票制不灵活、装备选用不当、配套设施不足等原因,多数城市的观光巴士项目观光体验效果不佳,运营状况并不理想。

(2)出行信息

在全过程出行信息服务方面,我国走在世界前列。

以“百度地图”“高德地图”为代表的电子地图的出现，优化了公众的出行方式，给出行者带来高效、便捷的出行体验。电子地图能为用户提供丰富的综合出行信息服务，包括公交换乘和实时公交信息、驾车导航和实时路况、叫车服务等。电子地图产业已相当成熟，未来将成为庞大的基于位置的增值服务以及提供分时共享、无人驾驶汽车等全新业务市场的关键性。电子地图所衍生出的众多增值服务将为整个市场带来巨大商机。

在公共交通领域，移动互联网与公交服务系统的结合成为趋势。以“车来了”“爱帮公交”“腾讯实时公交”等产品为代表的实时公交出行信息服务，不仅能提供公交车的到站距离、预计到站时间，而且还能显示整条公交线路的通行状况，让乘客可以更合理地安排出行时间。

在民用航空领域，以“航班管家”“飞常准”“航旅纵横”为代表的民航实时信息服务应用，能帮助飞行旅客跟踪航班，提供延误智能预报。“航班管家”提供机票搜索、预订以及详细机场攻略，意在通过综合的航班、机场信息帮助用户做出航旅决策。“飞常准”依托强大的航班动态数据分析，强调信息的及时和准确性。“航旅纵横”则依靠中航信的优势，掌握着用户行程信息。旅客只要输入身份证号，全部行程就会呈现在手机上，并可以在客户端实现选座和二维码值机。

(3)多元功能

除了传统的运输功能外，部分体验交通项目还通过多元化服务功能的供给，丰富顾客的体验效果。如美国的东方快车全程行驶 8 天，经过美国西部黄石、大峡谷、提顿印第安人聚集区等 5 个最迷人的国家公园，除了能欣赏落基山脉和爱达荷瀑布以外，列车在夜间还开设落基山酒吧专箱，使游客在无法欣赏窗外景色或在没有特色景点时，可以享受其他丰富的代替性旅游产品。

我国部分城市也在提高传统交通服务的体验感上进行了探索。如厦门市提出在 BRT 桥下方建设“空中自行车道”网络，即架起自行车专用道高架桥，独立路权，不再与行人、机动车“抢道”，供市民在桥上畅通无阻地骑行。深圳市地铁 11 号线为提高对商务人士乘坐地铁的吸引力，推出商务车厢，开创了国内在地铁列车上设置商务车厢的先河。

2.交通枢纽体验

交通枢纽体验，是指将休闲、购物、娱乐等体验活动贯穿于旅客在交通枢纽候车或等候换乘的间隙中，使得出行者能够充分享受在交通枢纽的时光。

目前，机场的旅客体验处于交通枢纽体验的前沿。

新加坡樟宜机场内布置了 300 米的绿色墙面，近 30 种绿色植物攀缘其上，还有 6 个露天花园和 1 个露天游泳池，堪称机场界的植物园。机场内共有 350 家商铺及超过 120 家餐饮店，还有 SPA、影院、奢侈品商店等服务，让中途停留的客人可以把这里当作享乐的一站。樟宜机场自 1981 年建成以来，已经拿下了 280 多个奖项，单在 2007 年就 19 次被评为最佳机场，堪称世界航空服务产业的标杆。

首尔仁川机场坐落在永宗岛上，距离首尔市 52 公里。机场周围无噪音影响，绿化率高达 30%以上，环境舒适优美。经日内瓦国际机场协会 2005 年到 2010 年的调查，仁川机场连续 6 年获得“全球服务最佳机场”第一名。机场内设施丰富，网吧、按摩桑拿室、儿童室、免税店、餐饮区应有尽有。此外，机场内还设立了韩国传统文化体验处，旅客可亲手制作手工艺品作纪念。

东京羽田机场四层的江户小路是一条颇具日本特色的购物街,在此可以买到 ROYCE 生巧和果子等抢手又精致的日本美食。五层的全开放式观景台是机场内最具魅力的空间,以广阔的东京风景为背景,可近距离观赏飞机起降。此外,机场还提供淋浴 SPA、宠物宾馆、24小时便利店等贴心服务。

台北桃园机场内提供丰富多元的美食,包括亚洲风味(含穆斯林)、日本料理、西式快餐、台湾小吃等。等待的时光里也可以到航空科学馆、公共艺术专区、多媒体专区等处打发时间。候机室内装饰邀请台湾剪纸艺术家邱雨玟老师,以高难度的大型剪纸艺术,将蝴蝶兰优雅柔美的姿态展现出来。

香港国际机场内有 5 个购物中心,它的贵宾候机室是全球机场中最大的。旅客到达机场后,顺着一个方向登上飞机即可,其间不需左右转,并可一直欣赏风景。

慕尼黑国际机场的天井和拱顶设计在功能和美学上都做得十分出色。在 Skytrax 举办的 2011 年世界最佳机场评比中,慕尼黑机场当选欧洲最佳机场,世界名列第四。航站楼的玻璃构造和自然采光的氛围既现代又古朴。穿梭在航站楼中的火车轨道让人仿佛坐上了时光机,回到了那个老式的维多利亚风格的火车站。

迪拜国际机场并不是因为"繁忙"而著名,而是因为拥有众多的商店,成了人们在阿联酋购买免税商品的主要场所。这些商店设施华丽,世界知名品牌林立,与欧美流行风尚保持高度的同步,可以说是世界上最佳购物场所。迪拜机场免税店拥有 33000 平方米的零售区域,2015 年零售额达到 21 亿美元。

(五)新型交通体验

2001 年 4 月 28 日,世界上首位真正的太空游客、美国富翁丹尼斯·蒂托搭乘"联盟"TM32 号飞船从哈萨克斯坦拜科努尔航天发射场出发,到国际空间站上旅游观光,拉开了太空旅游观光序幕。此后,相继有 6 名太空游客进入太空。他们所参与的是旅游最为昂贵的项目——"太空轨道飞行"。基本内容包括飞行前的严格训练与身体检查,乘坐太空飞船抵达国际空间站,在空间站停留 8 ~10 天,参与各类试验,最后乘坐飞船返回地球。

太空旅游的巨大利润和广阔前景,得到了一些国家政府与企业的极大重视。当初作为美国人的蒂托搭乘俄罗斯飞船进驻国际空间站曾遭到美国航天主管部门的强烈反对。而后由于太空旅游的巨大商业潜力等多种原因,美国政府改变了态度,并与俄罗斯签署具体协议,同意更多太空游客访问在轨的国际空间站。2004 年 12 月 23 日,美国总统布什签署了《2004 年商业空间发射修正案》,授权联邦航空局(FAA)发放允许私营航天器经营商运,送付费游客进入太空的许可证。2005 年 12 月 29 日,美国政府发布了太空旅游管理规则,用以规范管理未来的太空旅游,内容涉及从乘客体检标准到行前训练等太空旅游的方方面面。

目前已有多家公司正在或准备参与太空旅游经营,其中最为著名的是美国太空探险公司。该公司是迄今为止唯一一家将游客送入太空的公司,其合作伙伴是俄罗斯太空署与加加林宇航员训练中心。成立于 2005 年的英国维珍星际旅游公司于 2007 年 1 月 23 日揭开了新型私人宇宙飞船的神秘面纱。该飞船能将游客送入亚轨道飞行,费用约为 20 万美元每人次。西班牙"银河套房"私人太空旅游有限公司宣布,将开设太空旅馆,提供价值 300 万欧元的太空三日游服务。此外,日本、俄罗斯等也纷纷开设经营太空旅游的旅行社等。

从目前正在实施与计划的项目来看，太空旅游共有 6 种形式，其中前两种并不是严格意义上的太空旅游。

(1)抛物线飞行。飞机沿抛物线的形状向上飞，直至飞到抛物线的最高点。游客在这一过程中能体验约半分钟左右的太空失重感觉。旅游工具为俄罗斯"伊尔-76"等飞机。该项目价位约为 5000 美元，在技术上比较成熟，安全也较有保障。

(2)接近太空的高空飞行。游客能够体验身处极高空才有的感觉，看到地球的地形曲线。乘坐的工具包括俄罗斯"米格-25"和"米格-31"等高性能战斗机，旅游费用约为 10000 美元。

(3)亚轨道飞行。飞船进入太空后，离开地球表面的大气层，在距离地面大约 100 公里处的太空边缘飞行。其速度和动力赶不上真正的宇宙飞船，但仍能感受到几分钟的失重，以及观赏地球的奇异景象。旅游工具包括美国私营载人飞船"宇宙飞船一号"和俄罗斯计划研制的"C-XXI"旅游飞船。其飞行费用约为 10 万美元。

(4)轨道飞行。乘飞船以每秒 7.8 公里的卫星飞行速度，围绕地球轨道在离地面200~400 公里的太空轨道飞行。进入轨道后，一直处于微重力状态。实现长期轨道旅游的工具目前主要是国际空间站，游客可身临其境地体验到太空飞行的所有乐趣。

(5)太空旅馆。太空旅馆比国际空间站更具旅游特征。旅馆将会有多个窗口，适合游客观看。为了使太空旅馆能够达到或接近地上旅游的舒适程度，旅馆将创造人造重力，甚至布置流水景物，配备医疗设施等，使游客能享受极为惬意的旅游经历。

(6)绕月飞行。目前俄罗斯和美国都已经提出这项计划。游客将有机会在环月轨道上俯瞰地球美景，并能近距离观察月球表面。

三、大众对体验交通的需求日渐迫切

在体验交通的发展趋势中，要深刻把握体验交通与经济、社会发展的关系，以及体验交通与交通自身所处发展阶段的关系。

(一)体验经济时代造就日益增长的体验交通需求

在经济领域，体验经济被称为继农业经济、工业经济和服务经济阶段之后的第四个经济发展阶段。体验经济的概念是由经济学家 B.Joseph PineⅡ和 James H.Gilmore 最先正式提出来的。体验经济的倡导者们从服务提供者的角度，把以商品为道具、以服务为舞台，围绕着消费者，创造出符合消费者天性的、值得回忆的活动称为体验。各种迹象表明，随着经济的高速发展，人们生活水平的日益提高，体验经济正以很快的步伐向我们走来。作为经济活动派生需求的交通需求必将发生史无前例的变化，追求个性化、具有体验意味的交通需求正在日益增加。

1.交通需求模式将由目的性出行向过程性出行转移

随着科技的进步和人们生活水平的提高，以通勤交通为代表的传统交通需求模式将不可避免地被以休闲出行为主的体验交通需求模式所替代。现阶段，通勤交通的通畅性、远距离出行的可达性等问题，仍然是交通行业迫切需要解决的主要问题。然而，随着电子商务和移动办公等技术的全面推广，未来人们的休闲时间和休闲出行将大幅度增加，而这些休闲的时间和出行必然是以追求体验、追求感受为主体的。这就意味着,随着经济的发展,未来的交通需求模式将以通勤为主的目的性出行向以休闲、体验为主的过程性出行转移,将不可避免地导致以出行时空分布为主要特征的人们出行特性的改变。

2.创造出行中的体验价值将成为交通发展的重要着眼点

交通是社会经济活动的派生需求,因此人们往往更多地强调目的的重要性。然而,未来由行为目的的体验化转化向整个行为过程的体验化转化的趋势日益明显。例如,人们不仅要求在旅游的目的地获得丰富的体验,在前往目的地的过程中也渴望获得难忘的体验。体验经济时代的事物发展要在很大程度上满足人的这种体验需求。由于每个人多方面的差异,对体验的要求必定千差万别,导致了个性化、多样化成为体验经济时代交通发展的重要特征。

(二)全域休闲生活要求交通体验全程优化

旅游与休闲生活是社会发展到一定阶段人们出行的主要目的之一。旅游作为一种产业,发展与完善的过程既与社会经济发展、民众生活水平直接相关,也同旅游的诸多要素变化紧密相关。交通要素是沟通旅游需求和旅游供给的纽带和桥梁,便捷的交通能够满足游客方便的时空选择需求。从我国旅游业的发展上看,国内旅游需求的旺盛与传统景区景点有限的接纳能力之间产生了尖锐矛盾。而在国家提出发展全域旅游的战略背景下,作为旅游业重要组成部分的体验交通能够成为旅游业转型升级的新动能。

1.全域旅游要求交通景观全域覆盖

发展全域旅游,需要整体优化环境、景观,推进全域景区化,形成处处是景观,处处可以欣赏美、传播美的优美景区环境。在发展全域旅游的过程中,需要推进旅游景观生态全域覆盖,创造优美旅游环境,将有吸引力的资源、产业、元素都转化为旅游新产品和新的吸引物。如城镇建设,除了满足居民居住生产功能,还要注重文化特色和对外来游客的服务;水利建设,不仅要满足防洪、灌溉,而且还要为游客提供审美游憩价值和休闲度假功能;交通建设和管理,不仅要满足运输和安全,而且道路应建成风景道,还要完善自驾车旅游服务体系等。在全域旅游的思维之下,高速公路、高铁等交通基础设施建设需要按景区标准规划建设,并要与沿线旅游发展统筹谋划。

2.休闲旅游要求交通服务全程优化

传统的观光旅游是点到点式的游览模式,交通在其中扮演的只是连接旅游目的地之间的通过性工具,通达性要求高,舒适性、体验性要求相对较低。全域旅游必须要做到旅游要素和服务全域覆盖,构建随处可见的温馨便捷服务,尤其对旅游期间耗时较长的交通服务提出了更高的要求。这就需要整体优化交通的全过程服务,完善旅游集散体系,创新完善快旅慢游的自驾车、自行车、自助游服务体系等。

(三)交通运输全面实现现代化需要体验交通的重要支撑

交通运输作为国民经济的基础性、先导性、服务性产业,是实现"两个一百年"奋斗目标的有力保障。在我国基本实现现代化之时,交通运输也必将全面实现现代化。交通运输的现代化,是指以技术先进、能力充分的交通基础设施为基本条件,以科学高效的交通管理手段和组织方式为重要保障,以为经济社会和人的全面发展提供安全、便捷、舒适、高效、经济、低碳的服务为根本目的，不断促进产业升级并达到世界先进水平的发展过程。只有深刻认识交通运输的现代化进程，才能更好地把握住体验交通的定位和发展要求。

1.完美的交通体验是交通现代化的重要组成部分

经过改革开放以来的大规模投资建设，我国综合运输网络体系基本形成，交通基础设施基本适应了经济社会的发展需要。但是也要看到，我国交通运输的总体服务质量不高，距离实现交通现代化尚有很长的距离。未来，我国交通运输将不可逆转地进入到优化网络结构、强化协调衔接、提升一体化服务的发展新阶段，为旅客提供舒适、愉快、便捷的体验交通服务也必然成为交通运输转型升级的重要内容。此外，新技术的不断出现，将对传统运输组织模式、服务形态和出行方式产生重大影响。部分新技术推广应用和新装备的研制，也将丰富和革新传统交通体验，从运输组织模式、交通技术工具等方面创造新的交通体验。

2.追求交通的体验感是发展个性化、多样化、定制化交通的必然趋势

随着人民生活水平的提高，人们在追求“走得了”等传统交通需求的基础上，将会更加重视“走得好”，更加注重高品质的交通服务。个性化、多样化、定制化的交通需求将不断增多，出行与公务商务、购物消费、休闲娱乐相互渗透的“交通移动空间”将成为未来的发展趋势。交通的体验感是个性化、多样化、定制化交通需求最为关注的内容之一，也必将成为交通运输现代化进程中受到市场瞩目最多的重点领域之一。

四、我国体验交通的发展愿景

在总结国外发展体验交通和我国发展体验交通的探索实践经验基础上，结合体验交通的发展趋势，本研究对我国体验交通的发展愿景做出展望。展望分 2030 年和 2050 年两个节点。其中 2017—2030 年为近中期，是我国体验交通体系建立和完善的关键时期；2030—2050 年为中远期，是我国体验交通体系持续丰富和发展的时期。

（一）2030 年我国体验交通发展愿景

到 2030 年，我国将基本建立由发达的基础设施、舒适的载运工具、多元的交通服务构成的适应国情需要的体验交通体系。

1.舒适的休闲交通基础设施

休闲交通基础设施从人的身心休闲需求出发，通过网络化、生活化、人性化、多样化的规划布局和设计，全面融入人的休闲生活体验，成为出行者享受休闲生活的重要载体。

（1）环境友好的休闲步道

休闲步道是位于生态与人文资源富集的山岳、水岸或郊野地区，穿越并连接具有代表性的人文与生态资源，串联多样性国家级景区，为到访者提供自然和人文体验、环境与文化教育、健康休闲游憩等多元机会，实现传承保护文化遗产、利用生态资源、促进旅游产业、活络乡村经济的廊道系统。休闲步道的发展，为公众提供了可以平等享受多样化户外休闲游憩的机会，有助于塑造国家优良的户外休闲游憩空间，促进自然文化资源的区域整合与保护，对经济社会发展和人民生活改善具有重要意义。

专栏 4-1　美国阿巴拉契亚国家风景步道

阿巴拉契亚步道(Appalachian Trail)位于美国东部,沿阿巴拉契亚山脉从缅因州的卡塔丁山到乔治亚州的斯普林格(Springer)山,全长约3500公里。步道穿越了14个州,8个国家森林公园,6个国家公园,以及60个州立公园及森林公园。阿巴拉契亚步道是美国最早发展的步道,已有近90年的历史,被称为"祖父级"的步道。

(2)功能多元的汽车营地

汽车营地是以自驾车为目标客源主体,集自驾车补给保养、旅游餐饮住宿、露营休闲娱乐于一体的综合服务体。综合型汽车营地不仅为车辆提供补给,还有迷人的自然风光,可为人们提供全面的休闲度假服务。

专栏 4-2　美国的汽车营地

美国的汽车营地种类繁多,有国家公园(NP)、国家森林(NF)、州立公园(SP)、州立休闲区(SRA)等营地,美国内政部土地管理局(BLM)、田纳西河流管理局(TVA)、垦务局(BOR)管理的营地,还有只提供给军人使用的军事营地等。

2.优美的观景交通基础设施

观景交通基础设施追求人与自然的和谐共生,致力于使交通基础设施与沿线的自然文化景观相融合,并利用美学方法设计交通系统自身,符合观景的需要,成为出行者欣赏各种景观的重要载体。

(1)怡然自得的风景道

风景道是兼具交通运输和景观欣赏双重功能的通道。这类道路的旁边或视域之内拥有自然的、文化的、历史的、考古学上的和(或)值得保存、修复、保护、增进的具游憩价值的景观。

专栏 4-3　美国蓝岭风景道

美国蓝岭风景道(Blue Ridge Parkway)位于美国东部,是道路规划、景观设计、环境与文化遗产保护、旅游游憩等有机结合的卓越案例。700多公里的道路是连续不断的优美宜人的风景,每年有超过2000万名的游客来此游览,是世界上最为独特和最受欢迎的旅游吸引物之一。

(2)风光迤逦的景观铁路

景观铁路是在风景秀丽地区建造的,以安全舒适、设施齐全的观光列车为载体,以欣赏行驶线路沿线的自然与人文景观为主要目的的铁路设施。其开发不以追求快捷的通达性为目的,而是强调沿线区域的观景价值挖掘和展示。

专栏 4-4　瑞士最著名的观光列车产品

黄金列车

黄金列车以位于瑞士心脏地带的琉森湖畔为起点，串联琉森、茵特拉根、兹怀斯文、蒙特勒，一路延伸到素有“瑞士蔚蓝海岸”之称的日内瓦湖畔。除了路线沿途均风光明媚外，黄金列车还是世界上第一辆拥有天窗般窗户的空调景观火车，这种特大的玻璃窗使车厢内的旅客能够享受整片的绝佳视野。

冰河列车

冰河列车的铁道筑在冰河遗迹上，时速仅 35 公里，有“全世界最慢的观景列车”之称。乘客们可以体验铁道先驱们的杰作，在旅途中巧妙地穿越拱桥，越过如云霄飞车般的轨道，在深山的隧道中回旋 270 度，最高与最低点的落差达 1429 米。冰河列车线路总长超过 300 公里，7.5 小时的途中经过 291 座桥梁及 91 座隧道，沿途景观多变，溪流、山谷、飞瀑、村庄、田野各类风景美不胜收。

伯尼纳列车

伯尼纳列车从冰天雪地的圣莫里茨穿过草地和灌木林的阿尔卑斯，来到阳光灿烂的湖畔意大利语区的卢加诺，一路上仿佛经历从冬到夏的季节变迁。旅程从火车开始，以巴士结束，全程约 7 小时。窗外连绵不绝的美景不断地转换，让人忘却时间的存在。由于采用无齿轨设计，因此这段铁路为克服坡度的问题，采用“之”字形的设计，火车迂回蜿蜒，极为有趣，让乘客能尽情观赏恩加丁山谷的美丽景色。

皮拉图斯山齿轨列车

1889 年 6 月 4 日，世界上最陡峭的齿轮铁路——皮拉图斯山齿轮铁路正式投入使用，起初使用的是蒸汽机车，1937 年被电力机车代替。齿轨铁路全长 4618 米，攀越高度 1696 米。铁路平均斜度 42°，最陡处 48°。皮拉图斯山齿轮铁路的车身呈红色，设施更为完善舒适，可以同时搭载 40 名游客。列车行进时，就好像一条红色的巨龙游弋在群峰之中，蔚为壮观。

3.丰富的体验交通产品形态

作为体验交通的新形态、新业态，一批创新性的体验式交通工具与交通服务产品不断涌现，能够为体验者创造独特、新奇、难忘的价值体验，成为旅行者出行的核心吸引物。

(1)独特的低空飞行产品

低空飞行产品是利用通用航空设施，整合周边旅游资源开发的，以低空飞行为特色的交通体验产品。不同于其他体验产品，低空飞行体验能提供的“飞行”游览方式和游览体验都具有较强的独特性。

专栏 4-5　美国飞艇体验项目

Airship ventures 公司是一家经营飞艇旅游交通体验项目的公司，为顾客提供在高空飞翔并俯瞰城市美景的特别服务。该公司提供的服务主要分成两大类，一类是景区服务，主要是载乘客在几个主要城市和地区上空飞行，提供欣赏风景的独特视角，如俯瞰硅谷、旧金山、洛杉矶、蒙特利海岸、圣地亚哥等；另一类是综合项目，如 Day trips、

Pilot for a day、Group events 等。Day trips 是一种点对点飞行体验项目，从一个地区飞往另一个地区，用时在 8~10 个小时之间，既可定制单程服务，也可定制往返服务。在 Pilot for a day 项目中顾客可以亲自驾驶飞艇，由专业飞行员辅助，完成按照自己意愿的飞行游览。Group events 是为集体活动的团队或组织提供定制服务，包括特别的庆祝活动(如生日、职位升迁、婚礼)，节日活动(如新年、圣诞节、情人节)等。

专栏 4-6　美国拉斯维加斯大峡谷直升机观光项目

拉斯维加斯大峡谷直升机项目主要由 Maverick Airlines、Sundance Helicopters、Scenic Airlines、Papillon Helicopters 等几家直升机公司经营。因直升机公司有多家，且每个游客倾向的飞行路线和目的地不同，所以大峡谷直升机游玩套餐有诸多选择，如拉斯维加斯南峡谷陆空之旅、拉斯维加斯西峡谷巴士一日游、大峡谷西缘直升机日落观光半日游等行程。

(2)先进的邮轮游艇产品

邮轮游艇产品是一种以大型豪华游船或小型游艇为载体，以海(水)上巡游为主要形式，以船上活动和岸上游览为主要内容的高端海(水)上体验活动。

专栏 4-7　亚洲最大邮轮“云顶梦”号广州首航

2016 年 11 月 13 日上午 9 时，亚洲最大最新最豪华的邮轮“云顶梦”号搭载近 3400 名中国游客从南沙首航越南。“云顶梦”号高 18 层，排水量达 15 万吨，拥有 142 间豪华套房，高达 70%的客房设有私人露台，可享受私人欧式管家 24 小时恭候。“云顶梦”号拥有超过 35 种餐饮概念，更有酒吧天地汇聚各式美酒。乘客可搭乘先进的海底观光器潜入迷人深海，咫尺接触海洋生物。邮轮上还有亚洲最大的逾 1000 平方米海上理疗中心，配备超过 20 间按摩理疗套房，让游客随时释放压力，愉悦身心。邮轮上有超过 1100 平方米的大型海上免税购物中心。此外，泳池、儿童乐园、篮球场、直升机停机坪、画廊等设施一应俱全。“云顶梦”号就像一个巨大的城市综合体。

4.完善的体验交通服务体系

对于既有以运输为主要目的的交通系统，交通工具的人性化设计不断强化，运输服务的供给不断丰富，出行者能够在出行过程中获得更加规范化、定制化、多元化的运输服务，出行过程的体验感不断增强。

专栏 4-8　纽约 The Ride 观光巴士

The Ride 是纽约兴起的体验项目，整个行程大约有 7 公里，游览时间长达 75 分钟，沿途访问曼哈顿街区的众多著名地标景点。观光巴士的座位与普通巴士不一样，沿着长长的车身一字排开。游客坐在座位上，脸直接面对着车窗玻璃，可以看到纽约街上的风光。抬头往上看，车顶采用了透明玻璃，方便游客欣赏纽约的摩天大楼。巴士里面有 40 个车载等离子电视、3000 盏 LED 灯，把车子内部打扮得如梦如幻，为游客提供最好的观赏体验。透过高保真喇叭和话筒，街头演员和游客能够进行交流，真切地感受纽约街头的氛围。

专栏 4-9　日本瑞风列车

运行于山阳线和山阴线的豪华卧铺列车"Twilight Express 瑞风"整体设计理念为"复古摩登风"。外部装饰以深绿色为基调，并配有金色线条等装饰；内部装饰则采用艺术风格，客房门使用的是山口县产的锥木和岛根县产的樫木等制成。列车车窗设计得很大，左右两侧的景色可一览无余。列车上还设置了可通向室外的展望台。在每辆列车中有一间套房，设置有起居室，还设有带浴缸的浴室等设施。而到了用餐区，保证让乘客感受到自己并不是在搭火车，而像是在参加婚宴。

专栏 4-10　伦敦巴士转型成动感单车室

英国健身品牌 1 Rebel 计划将伦敦巴士转型成为动感单车室，让乘客能够在上班的途中燃烧热量。从他们的设计图中可看到，巴士上摆放的不再是座位，而是两排动感单车，乘客可以在上班途中踩着单车进行健身。巴士会在城市的 4 个站点停靠，乘客可以在站点买票上车。一次 45 分钟的车程每人大概需花费 12～15 英镑（约合人民币 113～141 元），还可以在下车的站点洗完澡之后再去上班。其中一位创始人 James Balfour 表示，设计的宗旨是通过改变人们的交通方式，提高人们日常生活的效率。

专栏 4-11　全球设有飞机观景台的机场

20 世纪 60 年代，机场通常都设有观看飞机的户外观景台。但是考虑到安全问题，以及航站楼需要越来越大的面积，这些观景台逐渐消失了。现如今，在机场观赏飞机的热潮又再一次回归。表列出了世界各地设有飞机观景台的机场，其中许多位于户外。从航站楼到达这些观景台的交通十分方便。机场观景台的设置对于航空爱好者和希望得到一丝新鲜空气的机场乘客们来说，绝对是一件令人开心的事。

部分机场观景台简介

机　　场	观景台说明
阿姆斯特丹（AMS）	全景露台提供了观察机坪上飞机和滑行中飞机的绝佳视角。儿童更可以享受福克 100 飞机上的交互式航空体验

续上表

机　　场	观景台说明
亚特兰大(ATL)	F航站楼的达美航空新天空俱乐部内设有一个被称为天空甲板的独特的户外露台。在休息室的正前方是跑道和停机坪,观测视线极佳。此外还提供免费零食、饮料及无线网络。俱乐部位于登机区内,只有当天航班的乘客可以进入
奥克兰(AKL)	观景台位于国际航站楼的顶层,观测距离很近,即便是肉眼观测也很清晰。此外,还有航空展览可以慢慢欣赏
巴尔的摩(BWI)	观景台位于机场路侧安全检查点附近的室内空间,提供了出色的停机坪观测视角
柏林(TXL)	观景台位于离港D航站楼,借助机场的基础设施可以近距离观察飞机和跑道
科隆/波恩(CGN)	位于1号航站楼户外的宽敞观测台可以提供较好的观察停机坪的视角。对于那些对机场运营有兴趣的人们,支付少量费用后,还可以有导游带领参观整个设施
法兰克福(FRA)	观景台位于2号航站楼,游客在这里可以欣赏到熙熙攘攘的停机坪场景。遗憾的是,观景台远离机场的主要区域
香港(HKG)	航站楼高层的观景台提供了观察停机坪的绝佳视角。这个观景台同时也是航空探索中心的一部分,中心还设有博物馆和互动式航空教学部
火奴鲁鲁(HNL)	火奴鲁鲁机场的航站楼由长长的露天走道连接,站在走道上可以近距离地观察飞机和整个停机坪
伊斯坦布尔(IST)	机场航站楼陆侧部分的食品中心有一个小型吸烟露台,可以俯瞰停机坪上的飞机及主要用于着陆的跑道。虽然此处吸烟者占了多数,但透过烟雾,用相机仍旧可以拍出极好的照片
苏黎世(ZRH)	苏黎世机场的户外观景台是欧洲观察终端和跑道视角最好的观景台之一。观景台位于B航站楼内。E航站楼内还有一个较小的观景台,只在4~10间开放
圣萨尔瓦多(SAL)	机场的屋顶观景台很受欢迎,乘客的家人和朋友可以在接机前在此处观看飞机。机场计划将其改造为一个美食街

(二)2050年我国体验交通发展愿景

到2050年,随着科技的进步和交通需求的演变发展,我国体验交通体系的内涵和组成不断丰富完善,我国体验交通体系与便捷高效的综合运输系统相互融合,共同构成现代化的中国交通运输体系。

1.发展特征

(1)人性化

与传统交通运输系统更多关注整体交通运输效率的提升不同,体验交通系统设计将从满足人的体验需求这一根本出发,充分考虑出行者的观光、休闲、娱乐等体验需求,满足出行者的舒适、愉快、便捷等体验感受,把出行者满意不满意作为评价体验交通系统成功与否的最重要依据。

(2)过程性

与传统交通运输系统更多追求运行速度的提升不同,体验交通系统将更加注重提升出行过程各环节的体验感,将出行过程的体验化摆在体验交通系统设计的核心位置,通过对线路安排、交通换乘、配套服务等出行全过程的精细化设计，最大限度地满足出行者的体验需求。

(3)多元化

体验交通系统注重通过多元化的服务增强出行者的体验感，在出行信息获取、交通方式选择、运输服务供给等各方面提供个性化、定制化、多元化的交通出行解决方案或交通体验方案，满足不同层次、不同兴趣、不同类别出行者的交通体验需求。

(4)融合性

作为我国现代化综合交通运输体系的一部分，体验交通系统的边界逐渐模糊，与传统交通运输系统相互渗透、相互融合，为交通使用者提供越来越多的体验式交通运输服务。同时，体验交通系统与旅游、住宿、餐饮等上、下游产业逐渐融合，共同构成体验经济的核心吸引物。

2.发展模式

根据体验经济理论，出行者的体验类型可分为 4 种，称为“4E”(Entertainment, Education, Escape, Estheticism)，即愉悦体验、教育体验、遁世体验与美学体验。出行者通过交通离开日常生活的环境(遁世体验)，在出行过程中接受各种人文与自然景观的洗涤(美学体验)，尽情享受休闲时光(愉悦体验)，并通过一系列感官刺激和心灵感受获取精神的成长(教育体验)。

(1)愉悦体验模式

愉悦身心，应当成为最主要的交通体验之一。出行者不再将交通过程当作负担，而是能够充分观赏出行过程中的多变景观，接受出行过程中的多样服务，分享出行中的多种乐趣，充分放松自我、愉悦身心。人们能够在城市道路或乡间小道上进行户外运动和交友、亲子等休闲活动，行走时闲庭信步、怡然自得。人们驾驶或乘坐交通工具驰骋在城市之间、山川之间时，将出行与公务商务、购物消费、休闲娱乐相互结合形成“交通移动空间”，充分享受出行过程的美妙时光。人们在驾驶出行间隙、交通换乘中，能够体验到人与自然亲近的种种乐趣，购物娱乐的种种便利，使出行全过程成为美好的回忆。

(2)教育体验模式

在出行过程中见前所未见、闻前所未闻，可使人们每一次出行都会有新的收获。交通基础设施的独特设计、交通服务的不断升级、交通工具的技术革新，可将自然知识、文化底蕴、历史传统、现代科技等自然而然地融入交通过程当中，成为体验交通中的教育体验对象。通过体验历史遗留下来的交通设施和交通装备，人们能够回顾特定历史时期的交通方式和生活方式，体会交通发展的历史传承；通过体验高科技交通产品，能够满足人们内心求新、求异、求奇的体验动机，体会交通文明的变迁进步；通过参观各种交通工具的生产制造过程，人们能够深度体验交通制造的全过程，体会交通装备的独特魅力；通过体验交通运行、操控、管理的各种过程，人们能够深度接触交通行业，体会交通人的使命与责任。

(3)遁世体验模式

工作的压力、日常生活的烦恼、人际交往的复杂、生活空间的拥挤与喧闹使人们希望能定期到自然中去修身养性，寻找生活中另一个摆脱束缚的真实自我。交通的发展将为人们寻找这种遁世体验提供最佳方式。穿越在名山大川的交通基础设施，能使人们遍访自然美景，体验向往的清新；航行在远洋、湖泊中的交通工具，能使人们身处蓝色世界，体验心中的宁静；运营在云端乃至太空的交通服务，能使人们遨游于天地之间，体验万物的美好。

(4)美学体验模式

美好的事物令人心情舒畅、精神愉悦。在出行过程中感受交通基础设施、交通工具、交通服务设施与名山大川、人文建筑的完美融合，就是获得从身体到精神的放松、通畅、忘我感觉的过程。交通基础设施、交通工具、交通服务设施的设计，将从出行者的视觉感和美学的角度出发，力求与周围的自然环境协调共生、交相辉映、融为一体。

3.发展形态

(1)既有交通运输系统的体验提升

随着既有交通运输系统基础设施的优化布局，载运工具的人性化设计，运输服务的多元化供给，体验交通深入综合交通运输体系的各个环节。出行者从离开家至到达目的地的全过程，畅享舒适、愉快、便捷的体验感受。

(2)体验交通新业态

体验交通服务新业态、新形态的持续涌现，如汽车营地、观光列车、邮轮游艇、低空飞行等公、铁、水、航领域的体验交通模式不断创新和发展，也是交通体验出行的目的之一。

(3)新型交通运输系统带来的新体验

智能驾驶、车联网等新技术发展成熟，进一步解放人的双手，带来新型交通体验。个人飞行器、管道高铁等新型运输工具的出现，以及将人类带入太空、深海的新型交通运输方式的出现，将创造全新的交通体验感受。

专栏 4-12　中国研制的新型飞行器

2016 年 8 月 1 日中央电视台新闻联播披露，中国航天科技集团公司正在研制组合动力飞行器项目，未来普通人上太空的成本和门槛将有望大大降低。据介绍，组合动力飞行器是一种集成涡轮发动机、冲压发动机、火箭发动机等多种动力的飞行器，较传统的火箭动力装置而言是一种新型动力装置。该公司计划用 3~5 年的时间掌握相应的关键技术，在 2030 年左右达到亚轨道应用和入轨应用。未来的组合动力飞行器可以回收利用，可重复天地往返航天运输。组合动力飞行器可以像飞机一样在普通机场起降，既能让航天发射不再需要精挑细选发射场的条件，又能为飞行器的可重复使用和未来实现航班化奠定基础，使进入太空的成本大大降低。

五、我国体验交通的发展战略与行动

(一)战略选择

1.提升体验的优化发展战略

发展体验交通，重在提升交通出行全过程的体验感。无论是既有交通运输系统，还是体验交通新业态、新形态，都应围绕交通设施、载运装备、交通服务等交通系统的各个环节，积极谋划改进提升交通体验的思路方法举措，实现创新发展、优化发展。

(1)建立体验交通体系

将发展体验交通置于我国未来交通运输的优先发展方向，建立和完善我国体验交通体系，科学规划体验交通的整体构成，稳步推进体验交通的设施建设和服务提升，并在重点领域重点环节形成示范，大力发展体验交通基础设施、载运装备和交通服务，满足日益增长的体验交通需求。

(2)优化既有交通系统

将改进提升综合交通运输系统的体验感作为我国综合交通运输系统优化发展的重要途径，通过强化交通设施的体验化设计，推进交通装备的人性化改造更新，推动交通服务的提质升级，增强交通出行过程的体验感，打造安全舒适、便捷高效、体验感强的综合交通运输系统。

2.天人合一的可持续发展战略

发展体验交通，重在坚持可持续发展战略。体验交通是经济社会和交通运输发展到一定阶段的产物，是为了适应和满足日益增长的体验需求而产生的一种交通产业形态。其发展也必须与经济社会发展的要求相适应，成为平衡生态、经济、社会的共赢选择。

(1)建设生态体验交通

发展体验交通，应高度关注人与自然的和谐共生，加强对沿线生态环境、文物古迹等的保护性开发，强化体验交通经营者、出行者以及沿线居民的环境保护意识，严格控制环境容量，节约能源，降低能耗。

(2)发展绿色体验交通

坚持绿色发展，优化体验交通结构，促进体验交通服务过程和消费方式绿色化。积极发展国家休闲步道、骑行道、景观铁路等绿色低碳的体验交通基础设施，支持和鼓励市场主体利用火车、巴士等集约化交通工具创新体验交通服务模式，引导体验交通需求的绿色化、低碳化。

(3)打造经济体验交通

发展体验交通，应充分发挥市场机制作用，鼓励和支持各类市场主体根据居民收入水平、人口结构和消费升级等发展趋势，创新体验交通服务业态和商业模式，优化服务供给，增加短缺服务，开发新型服务，积极稳妥去除无效供给，发展与我国国情相适应的经济体验交通。

3.创新联动的协同发展战略

发展体验交通，重在坚持协调联动，充分利用新理念、新技术、新模式，推动体验交通体系创新发展，推动体验交通基础设施、载运装备、运输服务同步发展，推动体验交通与整体交通系统协调发展，推动体验交通与上下游相关产业联动发展。

(1)差异化一体化发展

坚持体验交通的一体化战略，用政府的力量推动国际、区域合作的实现。处理好新开发体验交通项目与既有交通运输体系的再发展之间的关系，处理好传统体验交通产品和新型体验交通产品之间的竞合关系，处理好各种体验交通基础设施、载运装备与交通服务之间的协调和衔接关系等。

(2)协调性联动性推动

体验交通的发展，需要国家政府的高度重视，地方政府的积极作为，处理好政府引导与市场主导的关系，处理好各级政府部门的协调关系。要将发展体验交通放到整个体验经济的大背景中统筹谋划,促进体验交通产业与旅游、住宿、餐饮等上下游产业的联动发展。

(二)提升既有交通运输系统的体验感

1.强化既有交通基础设施的体验功能

(1)加强公路体验设计

随着自驾车时代的到来,公路已成为消费升级和个性出行的重要基础保障。新时期的出行需求要求公路拓展体验功能,加强体验设计。公路建设应因地制宜,结合沿线自然风光及人文风貌,合理确定设计主题,与沿线自然景观协调统一,使公路本身成为一道风景线;要结合公众出行需求,鼓励在路侧空间设置完善服务设施,拓宽完善公路体验服务。

(2)建设绿色生态铁路

利用铁路出行是集约节约、绿色生态的出行方式,也是我国未来中长距离交通出行的主导方式和主要方式。铁路建设时要注重与沿线生态环境、城市景观协调统一,开发生态铁路廊道,通过线性路线将点、面状的自然风景连接成网;不断优化铁路安全性能,降低铁路运行的不稳定性,减少铁路运行噪音,不断提高铁路出行的舒适性。

(3)推动城市交通设施的体验化改造

城市交通出行是居民工作生活的日常需要,城市交通设施的优劣直接影响每个城市居民的切身体验。要根据出行者的感受不断推动城市交通设施体验化改造。利用美学设计、建设和改造城市道路,使之与沿线自然景观和城市景观协调统一。特别要注重美化步行、自行车等慢行交通设施环境,改善城市公交、轨道交通乘车环境,增强城市绿色出行的体验感,促进城市交通结构优化。

(4)增强交通枢纽的体验感

交通枢纽是交通出行、换乘的主要场所,其体验品质的高低直接影响出行的体验感受。要加强对公路站、铁路站、机场、港口等枢纽设施的体验化设计,通过设施设备的更新改造、组织流程的重组优化,改进提升交通出行与换乘的舒适性、便捷性。同时鼓励各类市场主体与交通枢纽管理主体开展合作,将交通枢纽打造成为集等候、换乘、休闲、娱乐、购物等多种功能于一体的城市综合体,增强交通出行与换乘环节的体验感。

2.推动各类运输服务提质升级

(1)创新运输服务模式

鼓励和支持各类市场主体利用交通基础设施开展各类体验式运输服务,创新服务模式,打造参与性强、创意性突出的出行体验。鼓励开辟主题体验线路,通过线路将点状景点景区连接成网,发展集历史文化风貌讲解、车上全程全方位观景、身心调节与放松等多种功能于一体的观光巴士、观光列车、观光游艇等项目。发展体验感强的交通工具与装备,创新适用于此类服务模式的票价票制、联合营销策略等,丰富出行者的过程体验。

(2)加强提升体验的智能服务

加强政企合作,完善各类交通信息平台,形成涵盖运输、停车、租赁、修理、救援、衍生服务等领域的综合出行信息服务平台,实现全程、实时、多样化的信息查询、发布与反馈,保证公众通过移动互联终端及时获取交通动态信息,使用掌上设备获得导航、票务和支付等客运全程"一站式"服务,提升用户出行体验。利用最新科学技术,大力发展"互联网+"交通、智能交通等新业态,打造旅客出行与公务商务、购物消费、休闲娱乐相互渗透的"交通移动空间"。

(3)发展多元化的运输服务

充分利用市场机制,创新运输服务差异化、多元化、个性化供给,满足不同类型、不同层次出行者的需求。鼓励通过创新不同等级车厢设置、推出高端定制服务、完善精细化过程服务等方式,丰富铁路、道路客运、城市公共交通等集约化交通方式的中高端运输服务供给,增强体验性。完善各类沿途服务设施,健全私人小汽车、私人游艇等个性化交通方式的服务保障。支持运输企业与餐饮、健身、酒店、商业等服务型企业开展合作,拓展交通出行过程中的综合服务。

(三)统筹推动体验交通系统建设

1.建立国家步道体系

(1)加强国家步道有关法规建设

从法律层面明确国家步道是国家管理的体验交通设施和资源,每条国家步道都需经过法定程序予以认定,并予以有效维护与保护。从顶层设计和战略高度重视国家步道体系的建设发展。在最大限度地尊重自然与不破坏自然风貌的基础上,对一些历史悠久的古道、马道,以及山区旅游镇的现有步道进行挖掘,依据地形走向相互连通,依照旅游资源类型设置登山、休闲步道,串联文化古迹、自然景区、民俗村、采摘园等元素,形成覆盖全国的国家步道体系。加强国家步道网络的分级分类规划建设,突出自然风光、人文景观等不同类型步道的差异,从国家整体层面、突破行政区划的区域层面、具体实施的地方层面等多层面进行规划,完善步道主体、兼顾骑行功能的步道体系、户外运动功能区、配套设施等,并在各个层次上做到相互衔接。

(2)强化国家步道体系的协调管理

我国国家步道体系协调管理的关键是要构建适合我国国家步道系统协作发展的管理机构与体制,制定区域调控与协作的机构和制度。在体制与机制层面,成立国家步道系统管理机构,对国家步道系统的研究、开发与管理进行宏观指导与协调。在建设层面,建立联动机制,统筹协调交通运输部、文化部、体育总局、旅游局、农业部、国土资源部等相关部门对国家步道进行遴选、规划与建设,完善国家步道建设与管理。步道的日常管理也要规范化,要进一步建立健全安全巡查机制,做好步道的维护和保养,并加强步道网络的动态信息化管理。

(3)调动社会力量参与国家步道体系建设

规划方面,动员民间户外运动组织、文化旅游学者、户外运营商共同组成队伍,野外踏勘线路,就全国步道的规划设计、建设标准与方法、运营管理以及法规制定进行充分研讨,并反复比选评优。投资方面,可由中央政府、各级地方政府、民间资本配比投资。支持民间资本投入,在相关节点建立低密度、小体量,与环境背景相融的接待设施,开展各类体验式商业服务。维护管理方面,政府鼓励与支持成立各种户外活动协会与志愿者团体,参与国家步道的日常维护;建立志愿者维护队伍,协助步道的维护整修。

2.建设国家风景道体系

(1)加强国家风景道有关法规建设

积极推进国家风景道体系相关内容列入《中华人民共和国公路法》和《中华人民共和国旅游法》,或通过国务院文件的形式,规定风景道的相关制度内容;从顶层设计和战略层面高度重视,在交通运输规划及旅游业发展规划中明确推进国家风景道体系建设。研究制定风景道国家标准,规范风景道评选、管理、资助等程序,对全国境内不同类型的风景道(如森林、海滨、遗产和国家公园等)进行评估和资格认证,对风景道的规划设计、建设施工以及运营管理等进行管理和协调,构建中国特色的国家风景道体系。通过风景道串联各个核心景区和景点,促进全域旅游,让游客体验“移步易景”“人在画中游”的全新感受。

(2)推动国家风景道基础设施建设

从国家层面、省域层面、市县级层面,结合地理环境、历史文化和民俗风情,构建层级旅游公路体系和内容,开发建设不同类型的风景道(如森林风景道、草原风景道、滨水风景道、滨海风景道和文化遗产风景道等),展示不同级别和区域的文化内涵。加快风景道配套设施建设,如标识系统、汽车营地、观景平台、急救中心和游客服务中心等,进一步满足自驾游旅客的多方需求。

(3)强化国家风景道的组织管理

风景道涉及公路、旅游、规划、建设、环保等各个部门,需要得到各级相关机构的支持。加强有关单位的交流与合作,使得规划能够顺利实施,获得广泛认可,并具有示范作用和推广价值。成立国家风景道管理协调机构,开展国家风景道体系的管理协调工作。同时,成立涵盖各方面专家的委员会,根据制定的风景道认定的国家标准,参照“自然保护区”的评选方式,对全国境内拟建风景道进行评估和资格认证。

(4)做好国家风景道建设的资金保障

为鼓励和推广风景道建设,设立专项补助资金,补贴试点示范工程建设。可在交通运输部车购税资金中列支国家风景道体系建设资金,以适当的比例补助各地开展风景道建设与改造。当前,老旧国道升级改造是公路建设运营的重要支持方向,可结合国道的改扩建工程,将国道作为试点领域推进风景道示范工程的建设。

3.推进景观铁路建设

(1)制定景观铁路相关规划

景观铁路是满足公众出行体验需求的新供给,引导公众绿色低碳体验的关键方式,推动区域整体开发的重要手段。要将国家景观铁路总体规划纳入国家铁路网规划范畴,结合当地景观资源,从国家整体布局、重点区域规划、景点景区实施等层面,对景观铁路的线路走向、目标定位、实现功能以及与其他交通方式的衔接等做出科学合理的规划。对具有潜在开发价值的地区,要制定景观铁路专项规划,优先考虑通过建设景观铁路提升整体区域的体验品质。

(2)鼓励社会资本参与景观铁路建设

作为体验交通基础设施,景观铁路是为满足较高层次的交通体验而建设的。其建设和运营应当完全向社会资本开放。要通过 PPP,BOT 等政府与社会资本合作模式建设景观铁路。鼓励景观铁路建设主体与景点景区、上下游产业开展联合营销,将整个区域打造成全域旅游、休闲体验的重要吸引物,提高景观铁路的运营能力和盈利能力。加强对景观铁路建设和运营的监管,建立和完善体验交通开发中的环境影响评估制度,强化经营者、出行者以及沿线居民的环境保护意识,规范体验活动相关行为。

(3)发展景观铁路载运装备

不同于一般铁路,景观铁路必须配备适合观景的载运装备才能满足观景体验的需求。

因地制宜发展蒸汽车、胶轮车、齿轮车、单轨车等多种列车制式，采用双层车厢、玻璃天窗、宽松座位等便于观景的车厢设计，为出行者创造良好观景体验。

（四）加快发展体验交通新业态

1.创新汽车营地发展模式

（1）科学定位和规划汽车营地发展

将汽车营地定位为以自驾车为目标客源主体，集自驾车补给保养、旅游餐饮住宿、露营休闲娱乐于一体的体验交通综合服务体。要借鉴国内外建设和运作的成功经验，科学编制全国性的汽车营地发展规划，合理布局汽车营地网络，避免无序开发、跟风建设，或将其作为特色酒店变相进行地产开发。制定汽车营地建设标准和管理、服务规范，明确给水设施、供电设施、排污设施、汽车营地信息查询网络和道路交通指示牌等汽车营地配套服务标准。

（2）分类推进汽车营地建设

结合当地资源分布和发展实际，推动景区型、城镇型和郊野型等不同类型汽车营地建设。景区型汽车营地是指依托景区景点或大型文体设施，选择道路交通状况好的地点建设的汽车营地。建设这种营地着重考虑与自然环境相融合，与大型节事活动相配套，主打景观体验。城镇型汽车营地是指依托交通枢纽城镇、特色小镇建设的汽车营地。建设这种营地要充分利用周边城镇已有的接待资源，相互补充和配套，并与当地文化特色相融合，主打文化体验。郊野型汽车营地是指依托城市环城绿化隔离带，建设能够满足当地居民郊野休闲和外地自驾游客到访所需的汽车营地，主打生态体验。

（3）推动汽车营地综合发展

综合开发汽车营地，实现汽车营地与其他特色体验交通项目的互动发展。如在郊野型汽车营地周边建设国家步道，打造“自驾+徒步”交通体验；或在城镇型汽车营地设置观光巴士换乘点，打造“郊区自驾+城镇观光”交通体验。围绕各汽车营地的资源特性，鼓励联合餐饮、娱乐、休闲、拓展等上下游产业开发供出行者体验的各类活动项目，实现汽车营地的综合发展。

2.发展低空飞行体验新业态

（1）加快推进低空飞行网络建设

政府投资与社会投资相结合，在条件成熟的地区建设通用航空机场，形成低空飞行体验的地面服务网络。科学规划低空飞行航线，结合周边景色特点、商业因素、地面交通便利程度、游客聚集度、空域繁忙程度、噪声污染情况等，设计选取最佳游览航线。

（2）细分市场引导低空飞行业态形成

结合低空飞行体验潜在消费群体特点及其消费习惯，细分低空飞行体验产品种类和形式，增加体验的多样性，提升体验感和趣味性。丰富入门级细分市场产品，扩展热气球、飞艇、滑翔伞等价格低、布点多的飞行体验形式，选取交通便利、游客流量大的区域进行空中游览，逐步引导低空飞行体验新业态的发展。

（3）完善低空飞行体验的保障机制

加强低空飞行体验运营企业的安全管理，通过风险管理提升企业安全管理水平。加强对低空飞行体验者的安全宣传与培训，让“有钱任性”的游客充分了解可能存在的危险，时刻以安全至上为准则约束自己。加快通用航空器的研发与生产，加强对飞行器的风险管控，完善低空飞行体验的保险机制。

3.扩大邮轮游艇体验消费

(1)高标准推进邮轮母港建设

根据空间要素资源条件和腹地经济发展实际情况,科学规划邮轮母港布局,推进邮轮母港建设,避免盲目建设和同质化竞争。坚持"以人为本"理念,高标准建设邮轮配套设施和口岸联检设施,配备安全、规范、高效、便捷的登轮设施、邮轮码头开放空间、作业空间以及亲水环境空间,创造宜人的邮轮港口体验休闲环境。完善邮轮母港周边商业配套服务,构建邮轮要素市场,拓展邮轮产业链。

(2)推进邮轮游艇上下游产业联动发展

引进欧美等国在邮轮游艇产业发展方面的先进技术和经验,支持邮轮游艇的设计、制造和维修等上游产业发展,提升自主品牌竞争力,支撑邮轮游艇新业态体验感的提升。鼓励邮轮游艇与旅游、住宿、餐饮等上下游产业联合营销,使邮轮游艇的线路设计、沿途风光、旅途服务等与体验者的综合体验需求相匹配,提升邮轮游艇体验服务的竞争力。

(3)营造邮轮、游艇业良好发展环境

对邮轮准入门槛和强制报废船龄是否仍按客渡轮标准执行,游艇是否仍沿用之前的定义,无目的地航线(公海游)经营项目是否可开展试点,邮轮、游艇的购置税是否可减免以及游艇入境边检程序和担保费用是否可调整等问题进行深入论证研究,探索建立有利于我国邮轮、游艇业健康发展的政策与法制环境。推进自贸区政策适用于邮轮母港,创新海关监管模式和检验检疫制度,按照国际标准筹建邮轮物资供应平台,提升邮轮物资供应的质量和效率。同时,进一步规范票务市场,提升从业人员素质等。

(五)加强新型交通体验产品研发

随着科学技术的快速发展,许多新技术、新模式、新方式正在以不可阻挡之势改变着现有的交通出行结构,使新型交通出行需求持续不断涌现。我国体验交通的发展,也应顺应发展形势,赢得主动才能赢得未来。

1.加强体验智能交通技术研发

要继续加强对目前正在积极推进的各种先进智能交通技术的研发力度,特别是智能驾驶、无人驾驶等能够显著提升出行者体验的技术。根据技术成熟程度逐步推动上述技术的应用,争取在5~10年内全面实现在体验交通领域的应用。

2.支持有关新型交通方式的研发

要积极支持有关新型交通方式的研发,为发展体验交通新体验创造条件。在资源、环境约束日益趋紧的21世纪,人们活动范围向空中和地下延伸,交通系统立体化、快速化的趋势不会改变。体验交通要认识和把握这一趋势,加强在个人飞行器、管道高铁等新型交通方式方面的研发。

3.发展空天飞行体验

要支持对未知领域的探索,发展空天飞行体验。人类已经比以往任何时候都要更加接近实现太空往返飞行体验的梦想。要加强对航空航天和火箭技术的研发投入,特别是对载人飞船、航天飞机等太空飞行交通工具的研发投入。可从支持抛物线飞行、接近太空的高空飞行以及亚轨道飞行等高空飞行的技术研发开始,待各项技术逐步成熟之后,与各国开展合作,发展太空飞行体验。

本篇参考文献

[1] 孙有望, 李云清.论旅游交通与交通旅游.上海铁道大学学报第 20 卷第 10 期,1999 年 10 月.

[2] 何世辉,全华.大连交通设施景观资源及其开发利用.桂林旅游高等专科学校学报第 18 卷第 2 期,2007 年 4 月.

[3] 刘芬芳.体验导向下的旅游区交通规划策略研究.华中科技大学硕士学位论文,2011 年.

[4] 张芳芳.交通旅游产品设计研究.中国海洋大学硕士学位论文,2008 年.

[5] 方百寿,张芳芳,张伟.论作为吸引物的旅游交通及其开发.桂林旅游高等专科学校学报第 18 卷第 5 期,2007 年 10 月.

[6] 范勇,苗波涛,赵兰勇.中国国家步道建设及发展状况概述.山东林业科技,2014 年第 5 期.

[7] 鲍蕾.中美汽车露营地发展的比较研究.北京体育大学体育硕士学位论文,2014 年.

[8] 范业正.我国汽车营地发展模式研究.北京第二外国语学院学报,2012 年第 7 期.

[9] 余青,樊欣,刘志敏,等.国外风景道的理论与实践.旅游学刊第 21 卷,2006 年第 5 期.

[10] 朱高儒,衷平,徐洪磊,等.试论中国国家风景道体系的构建.公路第 9 期,2015 年 9 月.

[11] 蔡晓霞.通用航空旅游产品类型及发展条件.中国民用航空第 169 期,2014 年 1 月.

[12] 王珂.通用航空旅游的系统构成与发展模式研究.长安大学硕士学位论文,2011 年.

[13] 孙晓东,冯学钢.中国邮轮旅游产业：研究现状与展望.旅游学刊第 27 卷第 2 期,2012 年.

[14] 张伟,李长如,赵心宇.国内外游艇产业发展状况及问题分析.海洋经济第 3 卷第 3 期,2013 年 6 月.

[15] 李瑞,刘建中.港口旅游发展研究进展与实证——以宁波港为例.经济地理第 31 卷第 1 期,2011 年 1 月.

执笔人:蒋中铭

全球交通篇

内容提要：全球化是当今时代的基本特征。展望未来，经济全球化仍将以新的形势、新的特点继续发展。与此同时，全球交通将逐步呈现出设施“全球一网”、运输“互联畅通”、信息“融合共享”、出行“高效超速”、管理“全球共治”等特征。这其中，中国将扮演重要角色，有望逐步发展成为世界经济中心和全球贸易中心，以及全球交通网络轴心、全球交通运输组织中心、交通规则和标准的输出中心等。为此，中国需要未雨绸缪，在全球交通基础设施建设、国际互联互通、海外战略格局、国际软实力、世界性重大工程等方面做出统筹部署，加快谋划构建面向全球的交通运输体系，争取在建国百年之时成为世界一流强国。

全球化是人类社会发展的必然趋势，经济全球化是全球化的主要表现形态。而交通作为经济全球化的主要支撑，随着全球化进程的不断深入，交通的全球化趋势也愈发明显。从发展阶段来看，截至目前的全球化共经历了 3 个不同阶段。各阶段均发生了交通方式的变革，以支撑全球化进程。21 世纪以来，全球化步入 2.0 时代，快速综合交通的发展势如破竹，引领经济全球化滚滚向前。

全球化不同阶段及主要特征

全球化阶段	时　　间	交通方式	代表国家和地区	主要方式
前全球化	15—18 世纪中叶	马车、帆船	葡萄牙等	军事掠夺
全球化 1.0	18 世纪中叶—20 世纪中叶	机动车、机动船	英、法、德等	军事殖民
全球化 1.5	20 世纪中叶—21 世纪初	综合交通	美、日、欧等	西方主导
全球化 2.0	21 世纪初至今	快速综合交通	多国	平等参与

在新一轮的全球化浪潮中，中国已成为时代的“领头羊”。2016 年 11 月 20 日，习近平在亚太经合组织第二十四次领导人非正式会议上发表题为《面向未来　开拓进取　促进亚太发展繁荣》的重要讲话，表示要坚定不移地引领经济全球化进程，推动发展创新、活力、联动、包容的世界经济。未来 15~30 年，将是中国日益走近世界舞台中央，开启下一个世界时代的关键时期。在此期间，以交通全球化支撑、引领经济全球化，将是顺应时代潮流发展的大战略。

一、交通全球化愿景

经济全球化是交通全球化的主要推动力量，未来经济全球化的发展趋势将在很大程度上决定交通全球化的发展方向。随着经济全球化的深入发展，交通全球化发展需求、未来交通全球化发展态势等将是谋划我国交通全球化发展蓝图，关乎我国交通全球化发展战略的基本前提。

(一)未来经济全球化趋势

经济全球化是世界经济的重要特征之一，也是世界经济的重要发展趋势。在历史上，经济全球化往往是国家发展的重要战略机遇期。谁把握住这个战略机遇，谁就有可能实现“弯道超车”。19 世纪后期的美国和德国，20 世纪中期的日本和东亚四小龙，90 年代以来正处于发展中的中国和印度，都证明了这一点。随着人类社会的不断进步和科技水平的不断提高，全球化步伐日趋加快，世界格局调整周期也渐趋缩短。

1.经济全球化发展阶段

尽管“全球化”这一词语出现于 1960 年之后，但经济全球化的过程早已开始，到目前为止世界经济全球化大致经历了 3 个阶段。15 世纪至 18 世纪中叶，为前全球化阶段，是全球化的孕育发展时期，以殖民主义国家对殖民地、半殖民地的人力、自然资源的掠夺为主要特征。第一阶段，18 世纪中叶至 20 世纪中叶，为初始发展阶段，以跨国投资为主，但跨国投资的方式较少且所涉及的国家和行业十分有限，主要被当作各发达国家的企业保卫各自海外市场的防卫手段。第二阶段，20 世纪中叶至 21 世纪初，为高速发展阶段，各国企业纷纷以主动的姿态开展国际化经营,几乎所有的国家均纳入世界经济的运行体系之中,世界经济在空间范围上空前扩展。第三阶段,21 世纪初至今,为全球竞争阶段,各国经济相互联系和相互依赖的程度不断加深,几乎所有的国家都被纳入到国际分工体系中。同时,由于信息技术的革命和各国市场的日趋开放,国家间、企业间的竞争日益激烈。

总体来看,进入 20 世纪 90 年代以后,经济全球化的进程大大加快。其历程大致又可以细分为 3 个发展阶段❶:

(1)第一阶段(1990—2001 年)

这一阶段是普遍享受全球化红利的发展阶段。其中美国 GDP 占全球的比重从 1990 年的 26.1%上升到 2001 年的 32%,而且是持续上升。同时,中国的快速发展也得益于经济全球化,这一时期的全要素生产率增长率达到改革开放以来的最高水平。

(2)第二阶段(2001—2008 年)

2001 年作为一个重要时间拐点,主要发生了 3 件大事:一是“9·11”事件的爆发,标志着文明冲突加剧和恐怖主义抬头;二是互联网泡沫破灭,标志着美国新经济繁荣周期的结束;三是中国加入 WTO,标志着中国经济的快速崛起。在这个阶段,美国 GDP 占全球的比重达到了顶点(2001 年的 32%),之后出现了一路下滑的趋势,到 2008 年下降到 23.3%。同期,中国出现了经济 10%以上的飞跃增长,并在 2010 年超越日本,成为世界第二大经济体。

(3)第三阶段(2008 年至今)

2008 年金融危机发生以后,经济全球化发展到了一个十字路口上。美国 GDP 占世界的比重继续下跌,美日欧主要发达国家和地区先后陷入危机。而新兴经济体经济前景依然看好,世界经济正进入新一轮调整期,新一轮的经济全球化发展变革正暗潮涌动。

可以肯定的是,在当前人类科技水平日新月异,以及区域经济一体化进程持续深入的背景下,世界经济正处于新一轮全球化的肇始期。

2.未来经济全球化发展的影响因素

经济全球化的根本原因是生产力的不断发展。尤其是高科技(特别是信息技术)的发展为经济全球化奠定了物质技术基础。此外,国际经济的市场化,国际贸易和投资的自由化,企业经营的国际化等都是经济全球化发展的重要影响因素。其中,越来越多的国家发展市场经济,成为经济全球化的体制保障;国际贸易和投资自由化则是经济全球化的直接动因;而企业经营国际化,尤其是跨国公司在全球范围的迅速扩张,则对经济全球化起了巨大推动作用。未来,影响经济全球化发展趋势的主要因素可归结为 3 个驱动:

一是开放驱动,即世界各国之间的关税、非关税措施和服务业市场准入、贸易投资便利化等措施,都在向更加开放的方向调整和转变,从而出现有利于各国企业积极参与国际交换、国际合作和竞争的新趋势。

二是市场化驱动,即市场规则和市场竞争规律正在成为支配全球资源配置格局的决定性力量,从而不断改善全球经济福利,吸引更多国家和地区积极参与经济全球化进程。

三是创新驱动,即知识积累、技术进步和高端人才集聚正在全球范围内扩散并产生重大推动作用,致使新兴经济体积极参与其中,获得明显的后发比较优势。

总体来看,从现在至 2030 年,乃至 2050 年,对世界各国而言既是可以大有作为的重要

❶张燕生.当代世界:适应经济全球化新形势构建开放型经济新体制.人民网,2014.

战略机遇期，也是容易引发内部矛盾和外部动荡叠加效应的风险期。

3.经济全球化发展前景展望

尽管目前绝大多数学者认为，全球化将成为新世纪最重要的特征之一，经济全球化是当今的一种不可阻挡的大趋势，但对于全球化还存有不同看法。在国外仍有反全球化的示威者，学术界对于经济全球化“是一种自然产生的过程，是不可遏止的技术与经济进步的结果”，还是“由于(人们)有意识推行追求既定目标的政策所造成的结果”仍存在争议。尤其是美国新一届总统特朗普的执政理念，或许会给未来全球化进程带来不确定因素。但有一点是可以肯定的，即全球经济联系越来越密切，任何国家都难以置身于全球化进程之外。总体来看，经济全球化是各国经济发展的客观要求。虽然由美国次贷危机引发的全球性金融危机带来的世界经济的重大调整会使经济全球化暂时出现一些调整，但是从长期来看经济全球化的总体趋势没有改变，将以新的形势、新的特点继续发展。按照当前的发展进程，在不考虑大的动乱或战争的情况下，我们仍然可以预期未来 15~30 年的经济全球化景象。

(1)区域经济一体化程度更高

区域经济一体化趋势明显，多极化的国际经济发展格局全面形成，亚太经济合作组织(APEC)、上海经济合作组织(上合组织)、东南亚国家联盟(东盟)、欧洲联盟(欧盟)、阿拉伯国家联盟(阿盟)、拉美和加勒比国家共同体(拉共体)、非洲联盟(非盟)、北美自由贸易区等多个区域、次区域经济合作组织深入发展。与此同时，一些新的区域、次区域经济合作组织也将逐步产生。各合作组织的深入发展以及新合作组织的不断形成必将推动区域经济一体化迈向更高水平。

(2)全球贸易格局深刻变化

区域经济一体化的发展，使世界的经济联系更加紧密与广泛，国际贸易快速发展。1990—2012 年间全球货物贸易年均增长超过 5%，而 2005—2012 年均增长高达 8%。全球最主要的货物贸易分布在东亚、西欧和北美之间，其中欧洲、北美占全球货物贸易额的约一半。未来，全球贸易格局将发生深刻变化，亚洲、非洲、中南美洲等地在全球货物贸易中的比重不断提升，并迅速崛起，世界经济的重心也逐渐从大西洋两岸转向亚太地区。

(3)物流集群快速发展和布局调整

物流集群作为各种物流活动在地理上的集中和集聚，从全球范围来看，正在进入一个加速发展的新阶段。金砖 4 国(巴西、俄罗斯、印度、中国)和灵猫 6 国(哥伦比亚、印度尼西亚、越南、埃及、土耳其、南非)等新兴市场快速发展，成为创造物流集群的沃土，新的运输通道及贸易线路的拓展将促进全球物流集群布局的加快调整，新一轮技术革命将重塑全球物流集群的竞争格局。新市场、新线路、新技术的出现将成为未来全球物流集群快速发展的主要动力。

(二)经济全球化对交通全球化的战略需求

随着经济全球化步伐的加快，世界各国和地区间经济、贸易以及人员往来增多，彼此依赖进一步加深。交通运输业必须通过更多、更快的技术创新以适应不断增长的需求和不断变化的形势。

1.经济全球化对交通全球化发展的影响

首先，经济全球化将进一步极化各国交通发展差距。世界各国间交通运输发展差距比较明显,导致世界经济贸易交往受到很大限制。在经济全球化背景下,各国间交通运输业的差距将会进一步极化,反过来致使经济全球化进程的进一步深化也必然受到限制。当前,世界交通发展不平衡性与全球化进程深化相互制约的这一现象已为许多发达国家或国际组织所警觉。有些发达国家或国际组织已开始援助有关相对较落后国家的交通发展,许多地区合作组织内部也开始协调交通发展的不平衡问题。可以预见,未来15~30年引导世界交通运输业均衡发展的国际组织机构或政策将不断出现。

其次,世界交通发展受国际利益因素的影响将进一步加强。一国交通的国际化进程,既是一定政治目的和政治意图的反映,也是实现国家统一与发展的重要保证。从历史上来看,秦始皇统一六国后,迅速统一全国道路和车轨,修筑了以咸阳为中心向外辐射的驰道;罗马帝国通过国家公路系统的设计与建设,对其广大领土实施有效管理。在当今社会,国际航班飞越他国领空,必须要得到主权国家的许可,否则只能改变路线,花费更高成本绕道飞行。可见,世界交通运输的布局是国际和国内政治经济联系的基础之一。在此基础上的各种政治因素,如国家主权、国家利益、政府政策等,都会影响和制约世界交通运输业的发展。未来,随着世界政治经济的不断发展,国际利益因素对世界交通运输发展与布局的影响作用也将不断加强。

2.经济全球化对交通全球化发展的需求

全球范围的货物贸易及人员交流快速增长,迫切需要更加紧密的交通运输互联互通的支撑,促进区域乃至全球交通运输的一体化发展。全球化使得各生产要素以空前的速度和规模在全球范围内自由流动,形成相互依存、共同发展的全球化经济。全球化背景下的世界体系空间结构是建立在节点、网络、连接和"流"的逻辑基础之上的,交通是串"点"并"网"、广"连"畅"流"的重要载体。全球经济新格局、世界空间新秩序需要交通的引领支撑。

具体而言,在经济全球化的带动下,未来交通全球化的以下几个发展方向是可以预期的。

一是顺应经济全球化发展的全球性交通新节点、新路径将逐步形成,进而改变当前的全球交通运输空间格局。一些新的物流集群将伴随新兴经济体的快速崛起而发展起来,一些新的运输通道也将因贸易线路改变或重大工程的建设而快速形成。

二是全球范围内的运输方式多样化、运输过程统一化的综合运输体系将快速形成并不断完善。综合交通运输体系具有分工协作、有机结合、布局合理、联结贯通的技术经济特点,体现了各种运输方式的协作、协调和协同,能够显著提高国际运输效率和社会整体的经济效益。国际铁路运输、公路运输、水路运输、航空运输和管道运输等各种运输方式的国际网络体系和运输体系将日臻完善。

三是随着世界新技术革命的发展,交通运输业的全球化发展将广泛采用新技术。特别是通过原有系统的信息化改造,提高交通运输设备现代化水平和运输管理决策的科学水平。

四是各国各地区交通运输效率将有较大幅度提高,承担跨国高速和专业化运输任务的运输工具、组织或企业将不断出现。高速铁路、超音速飞机、大运量油轮等的发展就是这种趋势的体现。

五是为解决国家和地区间交通发展不平衡及交通信息不对称导致的运输障碍,引导世界交通运输业发展的国际组织机构或政策将不断出现,基于国际交通运输便利化的全球交通治理或将是大势所趋。

(三)未来交通全球化的愿景

基于经济全球化发展对交通全球化的战略需求,我们可以较为明确地预判未来交通全球化的发展方向。这一愿景可以从交通设施、交通运输、交通信息、交通出行、交通治理等5个方面进行描绘。

1.设施"全球一网"

展望未来,经济全球化、区域经济一体化将深入发展,世界各国、各区域纷纷规划建设交通运输互联互通网络。在现有泛亚、泛欧等全球区域性交通网络架构下,新的网络格局将加快形成,并逐步打破交通网络的区域限制。全球性的交通网络体系将基本建立,形成全球交通"一张网"。

(1)泛亚交通网

泛亚交通网包括较为完善的泛亚铁路网、泛亚公路网。建设目前还未联通的一些区段的交通连接线,实现东北亚、东南亚、中亚、西亚、北非陆路的互联互通。通过建设我国与东南亚等周边国家之间的铁路及公路连接,实现我国与东南亚、中亚、西亚之间的陆路交通畅通。目前,亚欧之间已经形成了两条大陆桥通道,未来将规划建设第三条通道(中国—中东—欧洲通道),连接亚欧、亚非。未来亚洲国家之间及亚欧、亚非之间的交通运输联系将更加紧密。

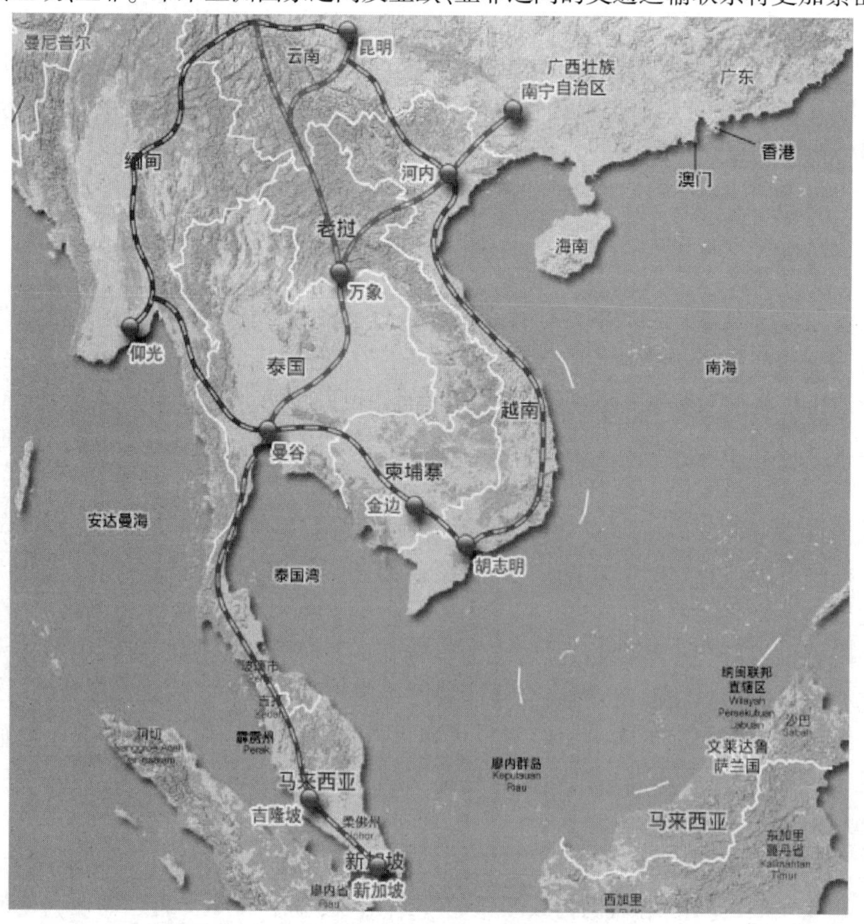

图1-1 泛亚铁路网布局示意图

(2)泛欧交通网

为实现欧盟内部市场的平稳运作、一体化发展,以及增强经济和社会凝聚力,欧盟通过跨欧洲规则确定了欧洲范围内的交通运输核心网络,并致力于2030年之前建成一个功能齐备、多方式的跨欧洲运输"核心网络"。该核心网络具备高效率且低排放的货运和客运通道,通过填补缺失环节、缓解网络瓶颈以及综合运用多种运输方式提供更高效的服务,以承担统一市场中大部分的交通流量。根据《跨欧洲运输网络共同指导纲领》,欧盟确定了10条综合运输核心通道和多条其他核心运输区段作为跨欧交通运输核心网络。未来跨欧交通运输核心网络建设重点包括:通过改进跨境连接和新建连接线,消除运输线路上的瓶颈;通过积极利用铁路现有系统,并建设高速铁路系统,促进交通运输的可持续发展和更加高效;通过连接港口、机场、客货运输枢纽等,实现对各运输方式的整合、互连和优化。欧盟的目标是在2030年之前完成核心网络的建设,预计总投资将超过1.5万亿欧元,其中跨境项目和其他具有欧盟整体利益的项目为优先建设项目。

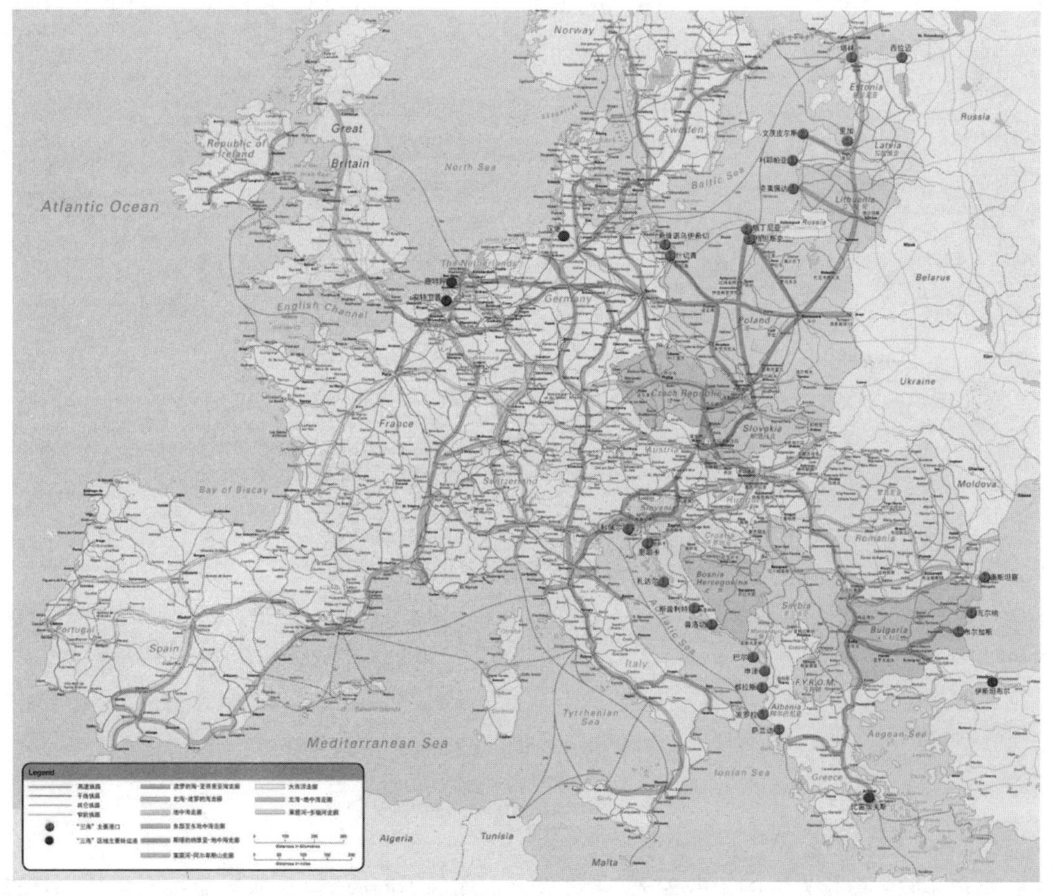

图1-2　跨欧交通运输网核心通道示意图

(3)非洲交通网

规划建设北非高速公路,总长度8636公里,沿地中海海岸线从埃及首都开罗至塞内加尔首都达喀尔,连接埃及、利比亚、阿尔及利亚、突尼斯、摩洛哥、毛里塔尼亚和塞内加尔等国家，建成后将成为世界上最长的高速公路之一。规划建设北非铁路，连接埃及、利比亚、阿尔及利亚、突尼斯、摩洛哥、毛里塔尼亚和塞内加尔。摩洛哥也正在规划建设连接丹吉尔港和卡萨布兰卡的高速铁路，并将建设穿越直布罗陀海峡的海底隧道，实现与欧洲大陆的陆路连接。未来非洲大陆的铁路网、公路网将有一个比较全面的完善。

(4)阿拉伯地区交通网

巴勒斯坦、约旦、以色列、摩洛哥、突尼斯、苏丹、阿尔及利亚、科威特、埃及、伊拉克、阿联酋、巴林、黎巴嫩、阿曼、卡塔尔、沙特、叙利亚、毛里塔尼亚、利比亚、索马里、也门等 21 个阿拉伯国家，正在规划建设跨越整个阿拉伯地区的铁路网。这一铁路网将覆盖除岛国科摩罗之外的其他阿拉伯国家，自东向西将西亚和北非的广大区域连接起来，实现亚洲、欧洲、非洲的便捷连接。

总之，在全球范围内，基于以上网络的建设，通过交通运输基础设施互联互通的建设，将形成泛亚、中亚、欧亚、中俄加美等若干条跨国、跨区域、跨洲的国际交通运输主通道，并通过其他铁路网、公路网等的连接，形成覆盖全球的互联互通交通运输网络，实现各国、各区域、各大洲之间交通运输更加紧密的连接。

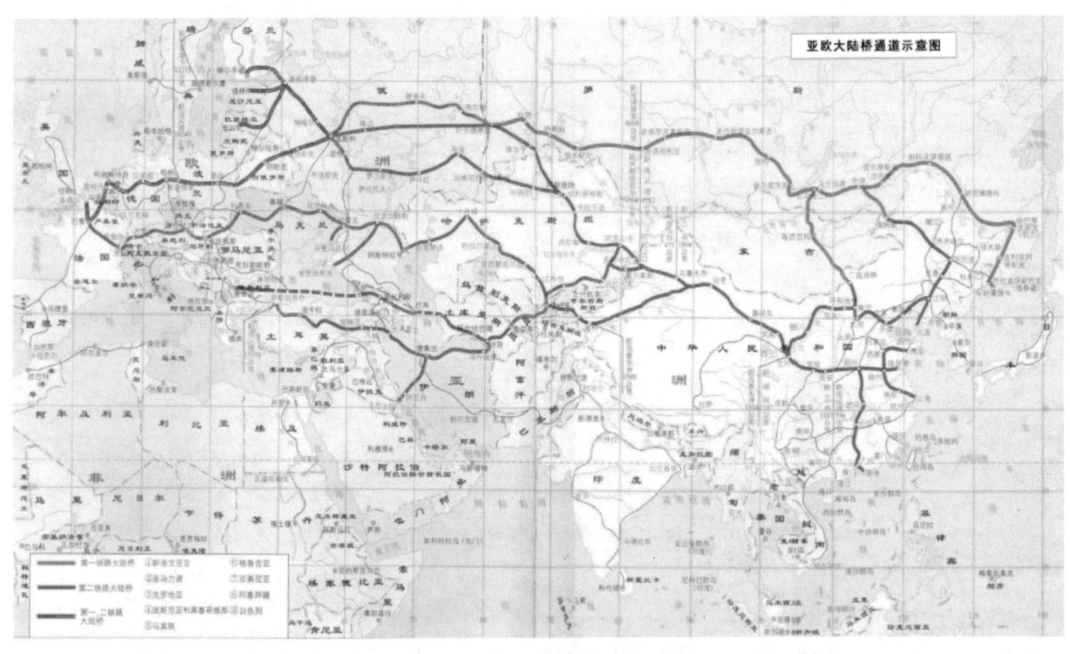

图 1-3　亚欧大陆桥通道示意图

资料来源：《中国铁路地图集》2015.01

2.运输“互联畅通”

随着区域一体化发展的不断深入，跨境交通运输的不断改善，交通运输技术标准的逐渐统一，信息技术的互联互通，以及更加开放的投融资政策，加上各国政府、国际组织的共同努力，全球未来的交通运输互联互通将更加紧密。尤其是在联合国经合组织、国际铁路组织、国际海事组织、国际铁路联盟、铁路合作组织等的共同努力下，因基础设施连接、技术标准、运营规章、法律法规等方面的差异所造成的全球交通运输互联互通障碍将逐渐减少，并通过体制、制度、法律、法规确保未来全球交通运输互联互通更加顺畅。

(1)全球交通互联互通的体制障碍将逐渐减少

未来随着区域一体化的深入发展,在建立区域统一市场的过程中,将不断完善统一贸易政策、运输政策、关税政策、货币政策、劳动力市场政策,区域交通运输的互联互通体制障碍将逐渐减少或消失,交通运输一体化发展将加快。未来世界各国家将更多地通过区域政府间、企业间、国际交通运输组织间的协调,更加有效地解决交通运输互联互通出现的各种问题。

(2)跨境交通运输互联互通效率将明显提高

随着政府间组织、国际运输组织的共同努力,跨国客货运输过程中的各种障碍将得到深入研究,并从法律法规、协定、技术、协调运输各方关系等方面提出切实有效的解决方法,促使跨境客货运输更加顺畅。如通过采用国际货约/国际货协统一运单,简化重复办理运送票据的环节,节省跨境货物运输的时间,使重庆至杜伊斯堡集装箱班列运行时间缩短了12小时。另外,通过与边检、海关、安全检查部门的合作,优化检查流程,简化跨境客货运输在行政、技术等方面的程序,也将减少货物的在途运送时间,有效提高跨境客货运输效率。

3.信息“融合共享”

信息系统是实现全球交通运输互联互通的重要支撑,未来相关一体化地区将通过改造现有信息网络,建立统一的服务规范、技术标准,做到信息资源的互联互通、协同共享,提高信息网络系统的联通效率,实现交通信息无国界、交通组织全球化。例如,欧洲交通运输信息系统一体化建设已在进行中,特别是正在积极推进欧洲铁路运输管理系统(ERTMS)建设,取代各国不太兼容的类似管理系统,为使用者提供高质量和高安全性的服务。其他多个一体化信息系统也正在全欧范围推进中,包括:针对机场建立的单一欧洲天空计划,针对公路运输建立的智能交通系统(ITS),针对内河航道建立的统一的内河航运信息协同服务系统(RIS),针对海上运输和海上“高速公路”建立的船舶交通管理信息系统(VTMIS),以及针对核心网络港口和机场建立的创新性管理系统和服务。未来全球相关国家信息系统的兼容及标准化将使交通运输互联互通更加顺畅。

4.出行“高效超速”

新技术的出现和应用,不仅显著提升了跨国出行效率,而且改变了出行的成本结构。伴随全球新一轮技术革命,出行工具的革命性创新也在加快。例如,世界上最大的集装箱船公司马士基航运公司近年新投入使用的超大型集装箱船,可装载18000个标准箱,装载量比原有最大的集装箱船提高了16%。这是一种更具规模经济、能源效率和符合环保要求的“3E”级现代化集装箱船。新技术的不断革新还直接带来了出行速度的跃升。从步行到马车,从公路到铁路,从普速铁路到目前时速300~350公里的高速铁路,陆地出行的速度不断刷新。2015年,美国Hyperloop运输科技公司计划在加利福尼亚建设一条5英里的高铁轨道,开启了人类“超速交通”的梦想。据预测,“超速高铁”本地旅行速度将达每小时350公里,城际间旅行速度达每小时1000公里,国际旅行速度大于每小时4000公里。届时,华盛顿至北京仅需2小时左右,旧金山到洛杉矶24分钟,纽约到洛杉矶45分钟,数小时就可完成环球旅行。虽然这一设想仍处于实验阶段,但从交通工具速度变革的周期在不断缩短这一客观事实来看,未来15~30年“超速高铁”的诞生或许并非“天方夜谭”。

5.管理“全球共治”

随着经济全球化的深入发展,未来的全球化交通运输将更具有国际性、公共性,国际货物运输更具有连通性、关联性,呈现出相互渗透、相互依存、相互制衡的特点。可以预期,未来国际交通运输的"全球共治"现象将非常普遍，比如交通规划建设的衔接统一，交通运输的行业组织、标准、规则的全球通用等。目前，由于全球的货物运输主要通过海洋运输，已形成很多世界各国的海上双边、多边合作机制，并出台《联合国海洋法公约》，交通运输的"全球共治"在远洋运输领域已得到很好的印证。美国 2007 年 10 月出台的《21 世纪海上力量合作战略》明确提出，"任何一个国家都没有足够的资源为全部海域提供安全和保证"，倡导"联合各国……在世界各地管辖全球公共海域"。未来，随着交通基础设施的"全球一网"，交通运输的"全球共治"将逐步成为现实，这也是交通运输全球化发展的基本需求。在这方面，互联网的全球共治❶为我们提供了发展实例。

二、交通全球化的中国蓝图

根据国际相关研究机构的预测，未来 15~30 年中国极有可能成为世界最大经济体，全面进入现代化社会，升级为世界范围内最具影响力和号召力的国家之一。与在经济全球化中的角色地位相一致，中国在交通全球化中的地位也将显著提升。这就需要我们做好充分准备，适应这一角色的转变。

(一)未来中国在全球中的地位

21 世纪的第一个 10 年是属于中国的 10 年。10 年前的亚洲金融危机让中国成为亚洲经济的新发动机，10 年后的世界金融危机又让中国成为世界经济的新发动机。党的十八届三中全会决定提出"要适应经济全球化新形势"，在未来 15~30 年如果不出现不可预测的内外部环境剧变，中国仍有望领跑世界经济。

1.中国国际秩序的角色演变

在历史上，中华民族是一个具有辉煌文明与领先于世界的民族。在亚洲，尤其是东亚地区，中华文明无论是在物质层面还是精神层面都具有广泛与深刻的影响。展望未来，中国将面临全球构建新一轮国际秩序的战略机遇，正处于扩大国际影响力、奠定引领地位的关键时期。

(1)"1.0 版"国际秩序

自汉朝至明朝，中国一直实行对外开放政策。明朝初年，国土不算广袤，军力不算强盛，但是制订了开明的对外政策，带来"海外诸番与中国往来使臣不绝，商贾便之。近者安南、占城、真腊、暹罗、爪哇、大琉球、三佛齐、渤尼、彭亨、百花、苏门答剌、西洋邦哈剌等凡三十国"❷的对外交往的繁荣景象。永乐年间，朝廷派遣郑和为正使，率庞大船队出访西洋，"风帆海舶，远迩必通。所至披靡，孰有不从。群星共北，众流趋东"❸。当时中国的国际地位可见一斑。

(2)"2.0 版"国际秩序

明中叶以后，朝廷实行闭关锁国政策，拒绝与世界其他国家往来，中国"失去了调整自

❶2014 年 3 月，美国政府公开声明，愿意放弃对互联网名称与数字地址分配机构(ICANN)的管理权，标志着互联网全球共治时代从此开启。

❷《太祖高皇帝实录》，卷二百五十四。

❸据洪保《寿藏铭》。

身、适应世界历史变迁的持续性的机遇”。中国与工业化进程中的欧洲国家的实力差距不断扩大。西方列强从17世纪中期起将“2.0版”国际新秩序强行推行到世界各地。由于制度和生产力落后，中国的经济和政治地位不断下降。1840年以后，拒绝改革的清政府使中国丧失了世界大国的地位。在“2.0版”国际秩序下，中国实质性的收获是开始了解来自西方的各种政治和经济思想，开始学习现代国际关系的各种规则。

(3)“3.0版”国际秩序

第二次世界大战以后形成的“3.0版”国际秩序仍然是实力基础上的秩序，美苏两国拥有其他国家不能企及的巨大军事和经济力量。战后的美国经济一度占到世界经济总量的45%以上，为美国掌控战后国际秩序奠定了基础。美国主导建立的战后国际秩序不仅依靠庞大的军事和经济力量，而且也建立在它坚实的软实力基础上。美国在规划战后国际秩序时，设计了一整套国际制度，由联合国、国际货币基金组织、关贸总协定及世界银行等构成，后来还增加了北大西洋公约组织等多个军事同盟组织。依靠这些国际制度和一些国际法准则，美国形成了一种以操控国际制度为特点的霸权。新中国成立之初，“3.0版”的国际秩序已经形成，中国要提升自己在这一秩序中的位置十分艰难。

(4)“4.0版”国际新秩序

21世纪中叶，是孕育“4.0版”国际新秩序的阶段。随着中国在国际新秩序中逐渐崭露头角，中国参与国际秩序的能力将不断加强。尤其是美国新一届总统特朗普上台后，确立了回归国内的执政理念，加上欧盟阴晴不定的发展前景，引发了“逆全球化”，给中国在全球化进程中的快速崛起带来机遇。总体来看，全球范围内短期可能存在“逆全球化”的现象，但从较长历史发展周期来看，全球化仍是必然趋势，“逆全球化”只是全球化进程中的偶然现象，也可视作全球化进程中的一部分。因此，在全球化的“逆全球化”阶段，正是中国加快走向国际的重要战略机会，有利于中国在国际新秩序构建中确定自身地位。

2.未来中国的全球地位展望

2012年习近平总书记在参观《复兴之路》展览时指出，到新中国成立100年时，中国人民建成富强、民主、和谐与文明的社会主义现代化国家的目标一定能实现，中华民族伟大复兴的梦想一定能实现。实现中华民族复兴大业的一个重要目标是中国在国际经济秩序中形成重大影响力。自公元元年到19世纪初期，中国经济始终占世界经济的20%以上。到2050年，中国经济总量在世界经济中的占比应当高于20%❶，这个比重是衡量中华民族复兴大业是否成功的主要标志。2015年，中国经济总量占到世界经济总量的15%左右，已经是世界第二大经济体。根据国际相关研究机构预测，中国未来几十年如能继续保持经济发展优势，在2050年有可能超越美国成为世界第一大经济体。

第一，追赶潜力。经济增长理论表明，当其他条件不变时，初始的人均收入越低，增长速度越快。中国目前的人均GDP只有8000多美元，与美国等发达国家有着巨大的差距，因此追赶空间与追赶潜力非常巨大，也就是说中国经济发展的潜力是巨大的。未来30多年中国的经济将继续增长，年平均增长率在6%左右。

❶美国诺贝尔经济学奖得主罗伯特·福格尔预测，中国在全球GDP中的份额将达到40%，远高于美国的14%和欧盟的5%。

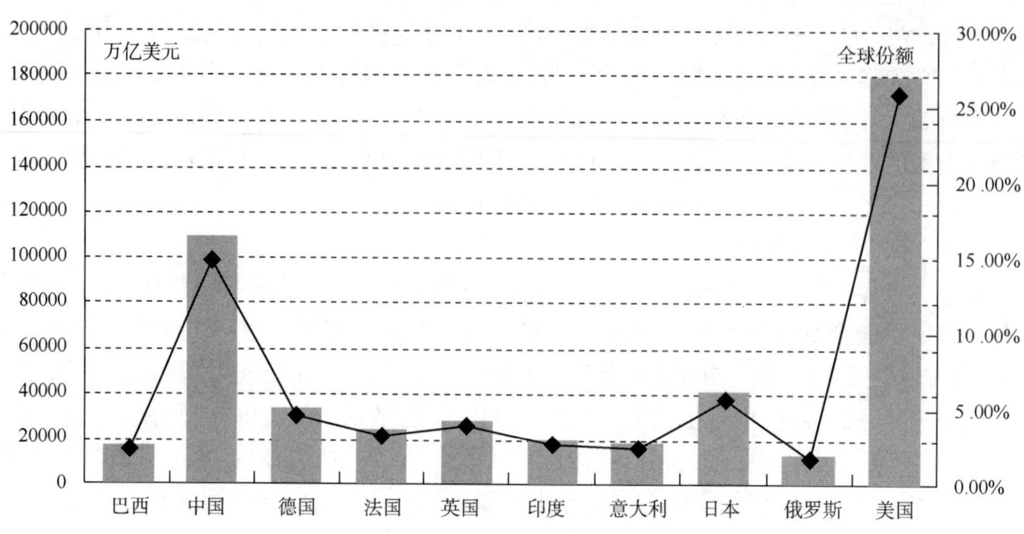

图 2-1 2015 年世界主要国家经济总量与占全球的份额

资料来源：世界银行数据（World development indicators）。

第二，高投资增长。中国 GDP 增长目前来说主要靠投资拉动。尽管在经历了亚洲金融危机后，高投资拉动经济增长受到质疑，但是靠投资带动经济增长仍然是中国经济发展的主要方向。中国目前的投资保持 20%～30%的高速增长，投资占 GDP 的比率已经高达 40%。但是中国作为一个低收入的发展中国家，在公共基础设施、机器、厂房、住宅等方面都有很大的投资需求。同时，民间投资所占的比重正在加大，私人企业、跨国公司在投资中的比重越来越高。因此，中国投资占 GDP 的比率还可以提高 1 到 2 个百分点。

第三，劳动力素质提升。中国的劳动力数量众多，而且随着教育质量的提高，劳动力素质也得到了改善。通过高等教育，普通劳动者素质与能力得到提升，一人能够从事多个工作。这一方面减轻了企业的劳动成本，提高了企业的工作效率；另一方面也让劳动者个人有了更多的选择，降低了失业率，给中国经济发展带来了巨大的人力资源优势。尤其是二胎政策全面放开后，在未来的几十年里中国高素质人才越来越多，会源源不断地给企业发展提供高技术人才，推动中国经济发展。2020 年中国人口将控制在 14.2 亿左右，常住人口城市化率达到 60%；2030 年人口将维持 14.2 亿左右，常住人口城市化率达到 70%；2050 年人口降至 13.8 亿，常住人口城市化率将达到 80%以上。

第四，市场机制的建立。目前，中国传统的中央计划经济制度已经打破，私人经济、自由竞争秩序逐步建立，私有经济得到发展。私有企业与私有产权是现代市场机制的体现，市场机制的初步建立给了中国经济巨大的发展空间。社会主义市场机制已成为中国财富增长的无穷动力。

第五，中国正在走向全球化。自 2009 年以来，中国已连续 8 年保持全球第一大货物贸易出口国和第二大进口国地位，贸易总额占全球的 40%。中国将继续坚定不移地发展对外贸易，作为拉动经济增长的三驾马车之一的“出口”仍将保持一定增长态势，成为中国经济增长的主要源泉之一。

基于以上考虑，在建国 100 周年时，中国有可能超越美国成为世界最大经济体。届时人均 GDP 将达到中等发达国家水准。在经济发展的基础上，人民生活水平也会逐步提高。同时,全球经济格局也将发生巨大的变化,新兴市场的经济总量将超过发达市场。根据汇丰集团预测,到2050年全球30大经济体中,新兴经济体将占据19席。

3.中国有望成为世界经济重心和全球贸易中心

进入21世纪以来,以中国为首的新兴市场和经济体发展迅速,成为世界经济增量的最主要贡献者。从目前发展情况来看,世界经济重心东移速度加快。尤其是亚洲,在世界经济中的地位愈加突出,有望成为世界经济新的增长极。未来15~30年,全球经济和贸易版图将呈现"三足鼎立"格局。

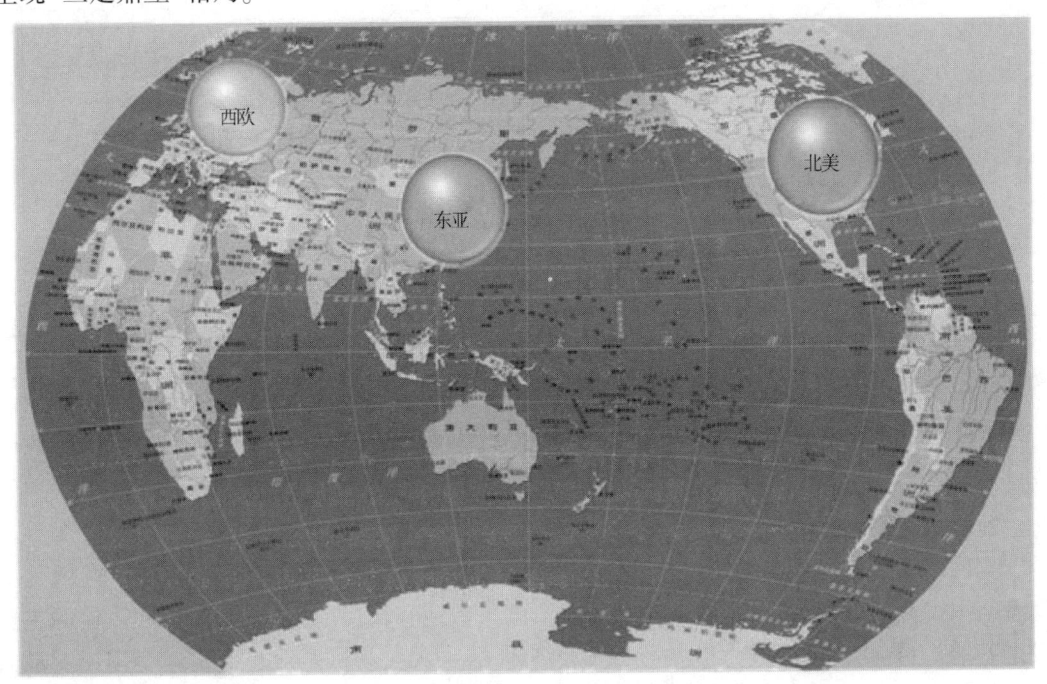

图2-2 全球经济和贸易版图"三足鼎立"格局

改革开放以来,中国的对外开放先后经历了4个阶段:1978—1991年的沿海开放阶段,1992—2000年的沿边开放阶段,2001-2012年的开放型经济阶段,以及2013年以来的全方位开放("一带一路"战略)阶段。未来15~30年对中国是重要战略机遇期,我国将实现从贸易大国向贸易强国的转变。商务部研究院《后危机时代中国外贸发展战略研究》提出,从现在至2020年中国对外贸易发展要巩固贸易大国地位,并实现"从大到强的转变";到2030年前后"初步实现贸易强国的目标"。可以预期,未来15~30年,中国不但成为世界经济重心,而且还将成为全球贸易中心。

(二)中国在交通全球化中的角色

改革开放以来,利用经济全球化带来的发展机遇,我国国民经济获得了持续的高速增长,综合国力大幅度提升。面向"第二个百年",为了适应未来不断扩大和深化的经济全球化,加强我国与全球的经贸联系,我们需要构建全球化的交通网络体系,缩短我国与世界主要经济体时空距离,高度集聚全球经济活动,加速汇集各种"流",连接区域和世界的节点、经济体系的控制中心。

1.全球交通网络的轴心

根据“轴辐式”网络演进的基本逻辑，未来15~30年在全球范围内极有可能形成围绕枢纽节点向外拓展的“轴辐式”全球交通网络。中国作为世界经济重心和全球贸易中心，通过“一带一路”互联互通国际大通道建设，在全球交通网络体系中，将处于核心枢纽地位，成为全球交通网络的“轴心”之一。

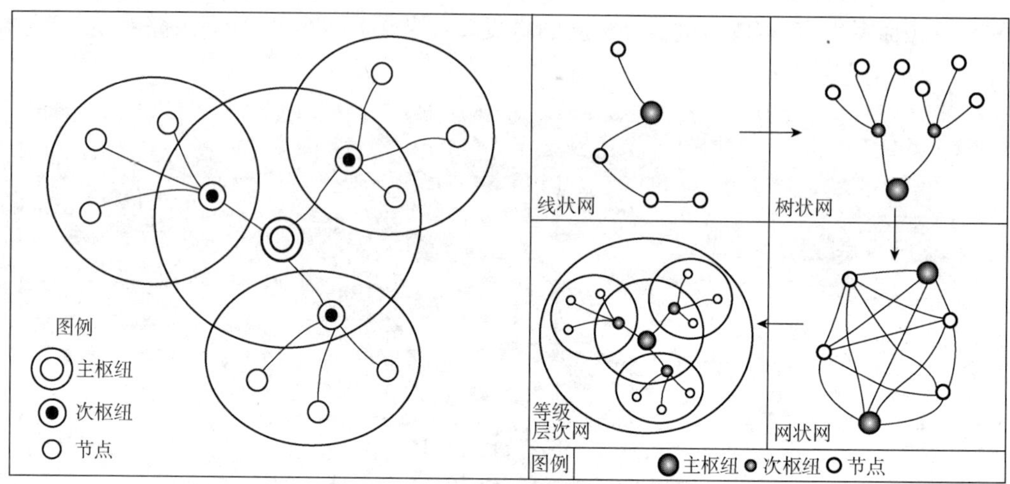

图 2-3 轴辐式网络结构及其演进示意图

资料来源：金凤君《基础设施与经济社会空间组织》，2012 年。

2.全球交通运输组织中心

比网络中心更高层次的是组织中心。未来，中国在全球交通运输中的发展方向就是要朝着组织中心的方向迈进，既要成为全球物资的集散地和转换地，又要成为交通运输的主要投送基地。目前，中国已成为世界第二大经济体、第一大贸易国。全球有124个国家的最大贸易伙伴是中国，而只有56个国家的最大贸易伙伴是美国。美国的明显优势集中在北美和西欧。中国则横跨亚洲、非洲、东欧，并渗透南美，未来在全球贸易版图上还将进一步扩张。因此，中国完全具备成为全球贸易中心和交通运输组织中心的条件。

3.交通规则和标准的输出中心

交通规则和标准是提升软实力的重要体现。在地缘格局深刻变化，科技革命风起云涌，运输形态日新月异的今天，现有国际交通运输组织及其运行规则对全球交通运输治理越来越不适应，必须要加以修订和重构。与此同时，适应新的发展形势，一些新的交通运输规则和标准也将应运而生。中国应抓住这一难得的机遇，乘势而上，基于现有国际组织及未来可能的变化重构，依托装备和技术走出去，在国际规则和标准制定中发出更多声音，注入更多中国元素，逐步发展成为交通规则和标准的输出中心，着力提升国际地位，增强角色话语权。

三、中国交通全球化的战略重点

展望建国百年之时，世界经济力量格局将发生巨变，中国有望取代美国成为世界上最大的经济体。加快谋划构建面向全球的交通运输体系，功在眼前，利在长远。

(一)加快交通走出去步伐,积极参与全球交通基础设施建设

当前,全球交通基础设施建设方兴未艾。根据亚洲开发银行的估算,2010—2020年亚太地区的基建融资将高达8万亿美元。如果将已在规划中的项目和优先考虑的项目计入其中,亚太地区每年所需要的基础设施投资总额约为7500亿美元。牛津经济研究的一项预测也表明,在未来10年中亚太地区的基础设施投资将可能每年增长7%~8%。到2025年年底,该地区的基建投资将占到全球的60%,其中中国将达到36.4%。亚洲新兴市场,包括中国、印度、印度尼西亚、马来西亚、菲律宾、泰国和越南,基建投资占全球的比重将达到47.7%。亚洲新兴经济体的基础设施投资将占到全球的近一半,意味着未来的基建投资将从西方转向东方。

中国的交通基础设施建设取得举世瞩目的成就,形成了独具特色的基础设施建设"中国模式"。非洲、中东欧、东南亚、拉美等基础设施建设和改造对我国投资需求空间较大,合作意愿强,合作项目需求多。对中国而言,加快交通"走出去",既有利于积极开拓国际市场,扩大有效需求;也有利于国际社会共享中国发展经验,让中国发展成果广泛惠及世界人民。总之,对中国的交通而言,这是一个重要的战略机遇。

1.拓展交通"走出去"领域和模式

一是拓宽交通"走出去"领域。中国交通运输企业"走出去",已由过去的业务领域主要集中在劳务输出和工程承包上,主要广泛参与境外铁路、公路、桥梁、港口、机场等基础设施的设计、咨询、建设和运营,开始转向推动相关企业向资本输出、标准化输出、技术输出、管理输出。未来,还应加强交通运输行业设备、技术、标准和服务"走出去"。

二是拓展交通"走出去"模式。推动交通与产业联合走出去,以产能合作撬动基础设施建设。对具体交通项目做好长期收益设计或规划的基础上,配合中国资本外溢和产业转移合作等需求,积极对接相关国或地区的经济发展或产业布局。实施产业联动,探索"交通+"走出去模式。鼓励不同领域企业抱团走出去,围绕交通走出去,打造走出去的产业链模式。

2.以交通走出去推进人民币国际化

未来人民币国际化不能单靠贸易结算"单兵突击",而应该发挥好对外投资的推动作用,形成"双轮驱动",以直接投资为主❶。加大基础设施建设,保障交通畅通,实行贸易畅通化、便利化,乃至成立丝路基金银行、亚洲基础设施投资开发银行等金融平台,都需要人民币实现国际化。同时,这样做也有助于消除人民币"走出去"中遇到的诸多障碍。未来一段时期,正是全球交通基础设施进行大规模建设的时期,需要庞大的资金,同时建设周期相对较长。因此,在推进交通走出去的同时,以中国为主导提供的相应建设资金应将人民币作为流通货币,推动人民币的使用范围扩大到相关国家,并使人民币的使用常态化。只有这样才能加快人民币的区域化乃至全球化进程,有利于未来人民币的进一步国际化。

(二)加强国际互联互通,构建面向全球的世界交通网

加强交通基础设施互联互通,构建面向全球的世界交通网。密切与全球其他国家(特别是周边国家)的合作,积极规划中蒙俄、新亚欧大陆桥、中国—中亚—西亚、中国—中南半岛、

❶交通银行董事长牛锡明。

中巴、孟中印缅等六大经济走廊建设，超前谋划中俄加美国际通道，通过国际产能合作撬动交通基础设施布局全球拓展，形成畅通全球的交通网络。

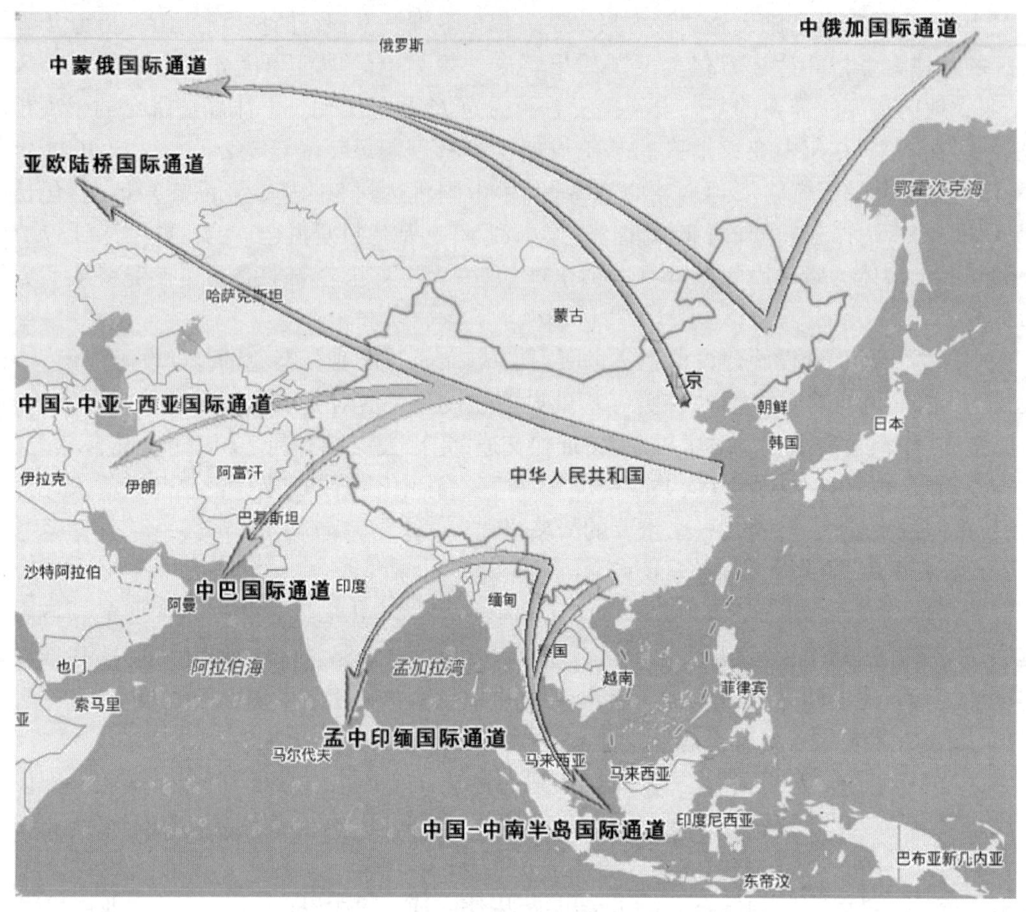

图 3-1　对外互联互通主要通道示意图

1.中国—中南半岛国际通道

该通道由多条线路构成，主要分东线、西线、中线，从昆明、南宁出发，连接缅甸、老挝、越南、柬埔寨、泰国，经马来西亚直抵新加坡。它的建成可大大缩短中国到新加坡的距离，并可绕过马六甲海峡直连泰国、缅甸西入印度洋的出海口。该通道将中国与东南亚交通网连为一体，是泛亚交通网络的核心。

2.中国—南亚孟中印缅国际通道

该通道是我国连接南亚乃至欧洲的重要通道，对维系中国与南亚国家的友好关系、密切多(双)边联系、进一步扩大对外开放、深化交流合作具有重大意义。它是实现我国交通网络向南亚印度洋方向延伸的重要通道，也是构建泛亚交通网的重要组成部分。

3.中国—印度洋中巴国际通道

中巴经济走廊是“一带一路”战略构想中的重要组成部分。除了中国至巴基斯坦瓜达尔港的公路，从中国新疆喀什至巴基斯坦港口城市瓜达尔的中巴铁路也在酝酿之中。中巴陆路大通道对中巴两国具有重要意义，是中国最快捷地由陆路入印度洋、抵近波斯湾等地区的主要通道，可作为中国近期考虑的优先项目之一。

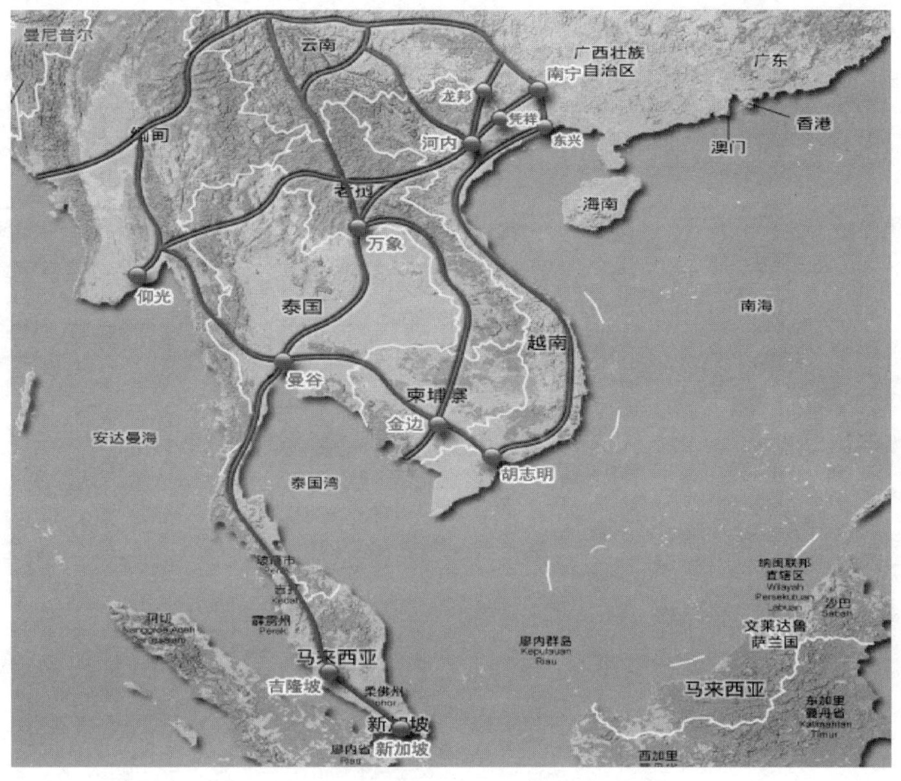

图 3-2　中国—东南亚陆路运输通道示意图

4. 中国—中亚—西亚国际通道

该国际通道与古老的“丝绸之路”重合，起点是乌鲁木齐，经由吉尔吉斯斯坦、哈萨克斯坦、乌兹别克斯坦、土库曼斯坦、伊朗、土耳其等国家，最终到达德国。这一贯通欧亚的便捷大通道，将助推沿线国家发展的大提速，实现“丝绸之路”的复兴。

5. 亚欧陆桥国际通道

该通道从新疆的阿拉山口北上，途经哈萨克斯坦、俄罗斯、白俄罗斯、波兰、德国、法国，至英国伦敦。它还可以与连接匈牙利、塞尔维亚、马其顿、希腊 4 国的中欧陆海快线对接，抵达“欧洲南大门”——希腊比雷埃夫斯港。该通道还将建成连接中俄的欧亚高铁，作为贯通欧亚的主干大通道，开创沿线经贸的新格局。

6. 中蒙俄国际通道

该通道自内蒙古的二连浩特和满洲里北上，连接第一亚欧陆桥通道，目前已全线贯通。从远期来看，该通道还将纵越亚洲大陆，打通与北冰洋航线的连接。北极地区构成了连接亚、欧、美 3 地的“中介”，3 地之间的往来构成世界交通的主脉。随着气候的变暖，北极地区夏季的海冰正在快速消融。“北极航线”愿景离现实越来越接近。而且未来北极地区丰富资源的开发，需要有最为便捷的通连出海口的通道。

7. 中俄加美国际通道

该通道为远期展望通道，线路从东北出发一路往北，经西伯利亚至白令海峡，以修建隧道的方式穿过太平洋，抵达阿拉斯加，再从阿拉斯加去往加拿大，最终抵达美国。这一通道贯通以后将实现亚洲、欧洲、北美洲和南美洲的互联互通。

通过以上国际大通道建设，将构建起联通世界的全球交通网络。

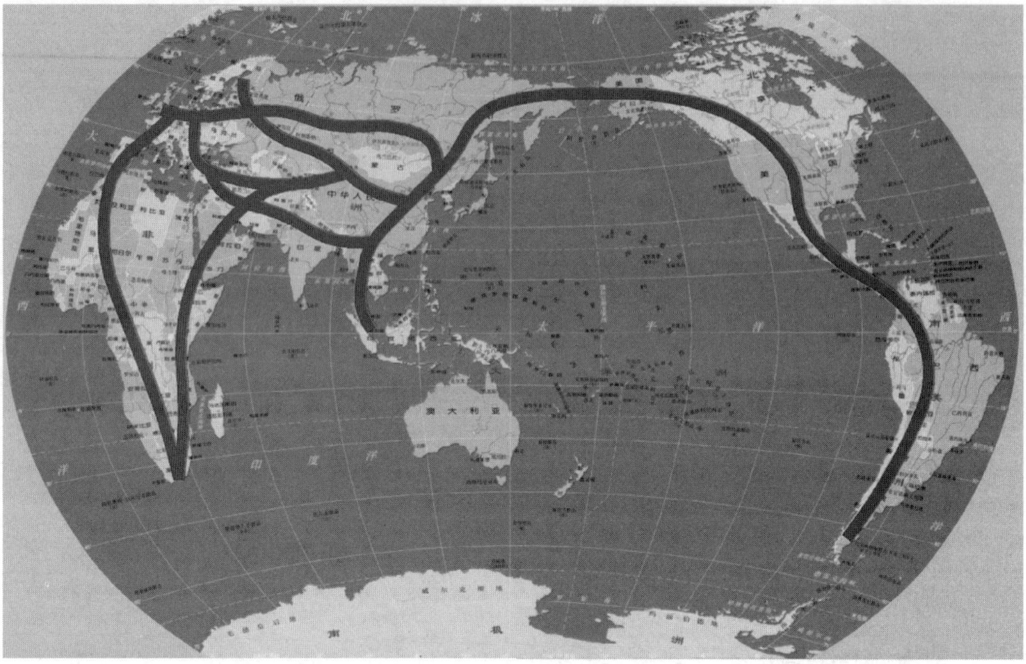

图 3-3　全球骨干交通网示意图

（三）统筹谋划全球格局，增加海外枢纽节点布局

前瞻性加强与全球或区域经济竞争力强、具有“门户”地位的海外港口、物流枢纽的联系。以此为节点，强化我国与相关地区的经济贸易往来，形成海外“轴辐式”物流网络布局，加快世界资源和市场的全球性流通。

1.枢纽节点

（1）加强与国际城市的密切联系

全球化主导和推动全球范围内的资源要素按照扁平化、网络化的机制进行流动和配置，使世界形成一个巨大的网络空间。在这个网络空间中，国家之间的界限变得模糊起来，城市成为资源集聚、辐射、流通和增长的载体，也是资源配置的网络节点。中国大大小小的建制市有 660 多个，全世界的城市有 3000 多个。在网络空间的资源配置过程中，根据等级的高低、能量的大小、联系的紧密程度，可把这些城市分成不同层次的节点，其中对全球政治、经济、文化或全球资源配置起到关键作用的主要节点城市即为国际城市❶。国际城市是全球城市网络体系中的重要节点，也是全球交通网络的重要枢纽。

❶国际城市的形态从层次上可以分为高端、中端和低端。高端形态是指全球性国际城市，也叫世界城市，如纽约、伦敦、东京，目前理论界、学术界公认的只有这 3 个；中端形态是指区域性国际城市，在跨国界的区域资源配置中起关键作用，如巴黎、新加坡、中国香港等；低端形态是指国家性国际城市，也叫国家中心城市，北京、上海、天津、重庆和广州就是国家认定的中心城市。

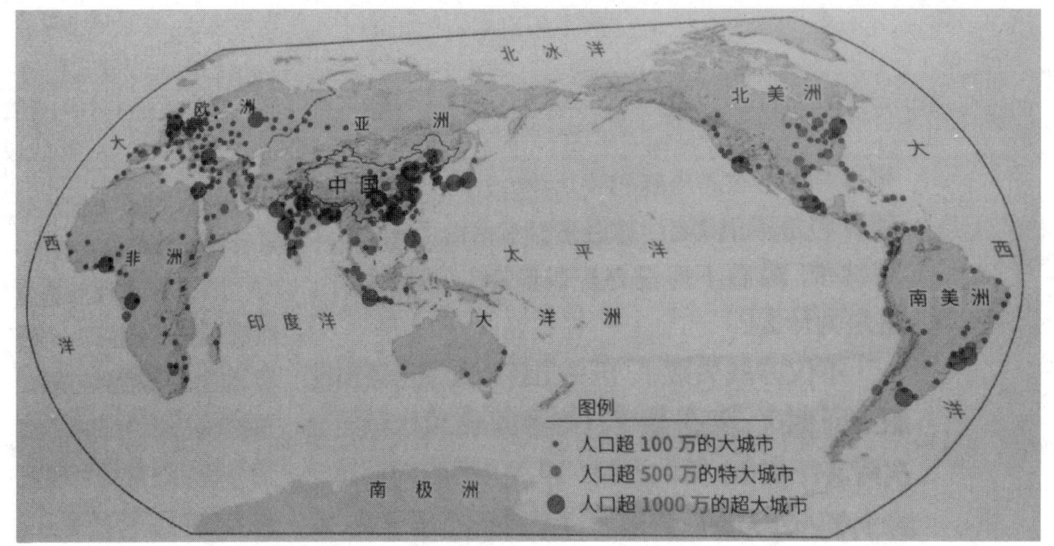

图3-4　世界大城市分布图

资料来源:《中国国家地理》2015年第10期。

(2)加强与全球新兴物流集群的合作

加快发展物流集群已经成为世界许多国家或地区经济发展战略的重要组成部分和关键举措。物流集群作为全球经济活力的重要标志正处在不断发展变化中,新的物流集群层出不穷。金砖四国和灵猫六国约有20亿人正加入中产阶级,享受着快速提高的生活水平。经济的快速发展和众多的人口是创造大量新的物流集群的肥沃土壤。如雅加达人口2400万,孟买2100万,墨西哥城2100万,圣保罗2000万,这些世界特大城市的发展正刺激着新的物流集群的快速兴起,影响着原材料的流入和产成品的流出与分销。在全球经济结构调整与经济地理、贸易格局重塑的过程中,需要关注全球新兴物流集群的发展,实现与全球物流集群的对接和开展物流合作。

2.海外港口

海外港口是我国海上丝绸之路在海外的主要枢纽。目前,我国已与全球600多个港口开通有航线联系。其中,与我国港口交流密切的海外港口主要是各个国家和地区的重要港口。在这些港口中需要遴选出一批重点和优先布局的港口,作为我国海上丝绸之路建设的海外"关键节点"。

(1)积极加强与全球主要集装箱枢纽港的合作

新加坡、釜山、迪拜、鹿特丹、巴生、汉堡、安特卫普、丹戎帕拉帕斯、长滩等全球集装箱港口排名前20强的港口一般都是我国国际航线的重要船舶停靠港口。这些港口不但区位优越,而且干支航线密集,航班集中,在全球的海运航线网络中处于枢纽地位,是国际枢纽港。我国发展海上丝绸之路与这些港口的联系必不可少。以国际枢纽港为"关键节点",构建辐射全球的航运网络,是我国海上丝绸之路建设的基本保障。

(2)积极推进与重要外贸区域核心港口的合作

我国海上丝绸之路"铺设"的最终目的是尽可能辐射与我国有贸易往来的各国家和地区,尤其是与我国双边贸易联系最为密切并具有较大发展潜力的地区。港口作为货物运输的重要中转点，承载着资源、资金、信息技术的流通，是一个国家或地区对外联系的重要纽带。我国国际航线已通达世界 130 多个国家和地区。在与这些国家贸易往来的过程中，双方的重要港口成为主要载体。因此，各国家和地区的重要港口既是该国和地区对外开放的前沿窗口，也是我国海上丝绸之路海外布局的重要节点。从当前我国港口与全球主要区域的外贸情况来看，我国与东北亚、东南亚、大洋洲、印度洋（含东非）、中东等地区及其近周边区域的双边贸易在我国对外贸易中占据重要地位。而从我国海上丝绸之路国际海运航线发展的潜力来看，未来中国—东南亚、中国—地中海和中国—非洲等航线发展潜力较大。这几大地区是我国海上丝绸之路的核心区域，这些地区相关国家的重要港口是我国海上丝绸之路延伸至具体国家和地区、加强双边经贸往来的重要枢纽节点。

（3）积极参与国际次区域合作相关港口的开发建设

在新的形势下，我国加快走出去步伐，统筹谋划对外发展新格局，在对外经贸合作加速面向海洋的国家战略布局中，需要积极谋划海外港口布局，加强全球资源和市场的共享共用。目前，我国以大湄公河为核心的面向东南亚和南亚的国际次区域合作、以中亚为核心的面向中亚的国际次区域经济合作和以图们江为核心的面向东北亚的国际次区域经济合作三大格局已经形成。这三大国际次区域合作区域是我国对外开放在边境地区的具体体现，也是我国边境地区融入国际经济大格局的最前沿。

在面向东南亚和南亚的国际次区域合作中，主要布局有“孟中印缅经济走廊”“中巴经济走廊”建设。其中，向西建设“中巴经济走廊”，强化与巴基斯坦合作，重点依托巴基斯坦的瓜达尔港打通印度洋的重要出海口；向南建设“孟中印缅经济走廊”，重点依托孟加拉国的吉大港、缅甸的皎漂港等港口，使中国云南、四川、西藏等西南地区敞开通往世界的大门。在面向东北亚的国际次区域经济合作中，主要加快图们江次区域合作，重点依托朝鲜罗先特区的罗津港、俄罗斯哈桑区的扎鲁比诺港等港口打通中国图们江区域的出海口。

（4）积极加强具有较好介入基础的港口的示范带动效应

近年来，我国相关企业纷纷加快“走出去”步伐，加大了对海外港口的投资。后金融危机时代，中资企业越来越快投资海外港口，加速拓展海外市场。从企业的角度，投资的海外港口首先应具备较好的经济效益，因此，目前我国已在国外介入的港口多为海外枢纽港或较具发展潜力的港口，例如希腊比雷埃夫斯港、肯尼亚蒙巴萨港、巴基斯坦瓜达尔港等。这些港口可以作为我国海上丝绸之路海外“关键节点”布局的重要考虑对象。随着中国加入海外港口的日益增多，中国海外港口的“珍珠链”正日益加长，为中国和全球市场开启了一扇更加方便的贸易大门。总体上看，我国具备一定介入基础的港口，一般都是具有重要合作意义的港口，在未来的合作发展中具有广阔前景，在我国海上丝绸之路海外“关键节点”布局中具有先行导向作用。

（5）加快参与有利于促进国际产业分工与合作的码头建设

近年来，中国正在逐步改变被动承接国际产业转移的角色，企业“走出去”步伐加快。港口是对外开放的窗口和经贸活动的门户，是内外贸物品的集散地。我国企业“走出去”，对外产业转移需要寻求海外港口作为“走出去”的重要支点。同时，中国的快速发展需要积极利用全球资源，海外重要的资源型港口同样也应是我国海上丝绸之路的海外“关键节点”。与我国产业海外转移步伐和方向保持一致，积极参与相关国家和地区的港口码头建设，如杜迈港、巨港等港口原油码头，海防港、岘港等港口煤炭码头，曼谷港、宋卡港等矿石码头，金边港、仰光港等木材码头，胡志明港、西哈努克城港等农产品码头，重点加快我国在东南亚和非洲地区的产业渗透。

(四)全面提升软实力，增强国际话语权

积极推动交通装备、技术、标准的全球推广与普及应用，形成我国在国际竞争中强大技术软实力。全面提升我国在全球主要交通运输组织中的角色和话语权，主动参与并引领国际市场竞争规则的制定，掌控国际运输主导权、贸易定价权和资源配置权，全面提升交通运输的国际软实力。

1.推动交通装备、技术、标准的全球推广与普及应用

目前，我国已在高铁、轨道交通等领域具备了较强的竞争优势，包括世界领先的技术水平，丰富的运营经验，全天候的服务精神和具有国际竞争力的价格优势等。在轨道交通等优势装备出口方面，实现了四大转变：一是出口产品呈现出从中低端到高端的升级；二是出口市场从亚非拉市场到欧美市场的飞跃；三是出口形式从产品出口到产品、资本和技术的组合出口；四是出口理念上大力推动国际产能合作，实现从“走出去”到“走进去、留下来”的转变。2015年，国务院印发的《关于推进国际产能和装备制造合作的指导意见》也指出，要加快铁路“走出去”步伐，拓展轨道交通装备国际市场；在有条件的重点国家建立装配、维修基地和研发中心；加快轨道交通装备企业整合，提升骨干企业国际经营能力和综合实力。

依托交通基础设施的互联互通和交通装备的走出去，重点实现走出去的“三结合”：一是装备输出与技术输出和标准输出的结合，二是设计、施工、装备供应、运营维护及融资等各环节的结合，三是设计、基建、产业、高校、金融等相关部门的结合。发挥在设计、施工、装备供应、运营维护及融资等方面的综合竞争力，积极开展一揽子合作。同时，加强与设计、基建、产业、高校、金融等相关部门的合作，组成联合舰队协同出海。最终目标是以工程输出带动装备和技术输出，以装备和技术输出带动标准输出，全面提升国际软实力和国际竞争力。

2.积极融入国际交通运输组织

加入国际组织不但可以让我们更好更快地融入世界，与相关国家进行更好的接触，让世界了解中国，而且可以在世界范围内树立良好形象，扩大中国在国际上的影响力，促进国家地位的提高，更好地发挥中国的国际作用。改革开放以来，我国在对外交往领域逐步扭转了过去消极和被动参与的局面，成为多边外交机制的主动参与者和倡导者，不仅积极参与原有的多边机制，而且还积极推动建立或促成新的多边机制的产生和会议的召开。特别是在国际组织和多边合作，中国改变了以往被动接受原有规则的局面，提出了许多事关全球问题和世界发展前景的有益和建设性的主张。这些既标志着中国在国际社会中状况的改变和地位的提高，也反映了中国在当今国际体系机制建设过程中作用的增加。

未来15~30年，随着国际地位的进一步提高，中国在国际交通运输事务中将发挥更大的积极作用，融入更多相关组织，增强政治互信，切实维护相关企业在海外的合法权益。中国应积极参与相关国际组织和会议，努力构建公平合理的协调机制。同时，我国应乘大国崛起之东风，主动承担国际责任，在交通运输与保护生态环境、应对气候变化等方面积极发声，逐步介入国际运输事务，在国际运输问题协调中与他国进行积极而富有建设性的理性对话，逐步树立中国的权威，提升中国在国际交通运输问题上的国际地位和国际影响力。

3.主动参与国际交通运输相关规则的制定

我国已经成为世界第二大经济体、第一大进出口国，全球最重要的跨国投资目的地和资本输出国之一，世界政治经济舞台上的重要力量，积极主动参与全球规则重构是形势的客观要求和发展的必然选择。习近平总书记在 2014 年 12 月 5 日中央政治局集体学习上的讲话提到，要“在国际规则制定中发出更多中国声音、注入更多中国元素，维护和拓展我国发展利益”。《中共中央关于制定国民经济和社会发展第十三个五年规划的建议》中也明确提出，要“积极参与网络、深海、极地、空天等新领域国际规则制定”。未来随着中国国际地位的不断提升，我们应更主动参与交通运输相关国际规范、标准的制定，尤其是在北极航道法律法规、极地水域航行准则、船舶技术标准等新领域发出中国的声音。

(五)密切关注并参与世界性重大工程，加强多双边合作

加强与其他国家在重大工程和新通道上的合作，密切关注北极航道、克拉地峡等有望改变未来全球运输格局的重大工程和战略新通道的进展，扩大对相关事务的参与权，积极参与未来支撑交通全球化的战略新通道规划、建设。

1.北极航道

北极航道是指通过北冰洋，连接大西洋和太平洋的海上航道。广义的北极航道可分为东北航道、西北航道和极点航道(又称穿极航道)3 条。通常所说的北极航道主要是指东北航道与西北航道。北极航道的开通将大大缩短我国至西欧、北美的航程和时间。根据测算，往西欧方向，中国上海至西欧汉堡的传统航线经马六甲海峡、苏伊士运河约 10729 海里，而经北极航道约 7941 海里，缩短航程约 2800 海里；往北美方向，中国上海至纽约的传统航线跨太平洋经巴拿马运河约 10581 海里，而经北极航道约 8106 海里，缩短航程约 2500 海里。航程的缩短将明显降低运输成本。据测算，如果北极航道完全开通，我国每年可节省 533 亿~1274 亿美元的海运成本。

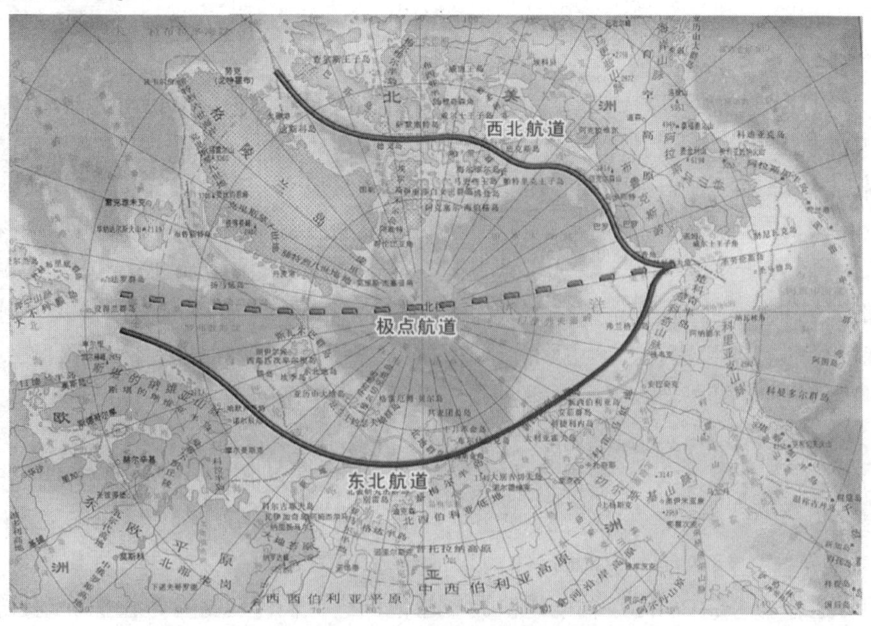

图 3-5 北极航道示意图

从现有的环球海洋运输线看，马六甲海峡—北印度洋—红海—苏伊士运河—地中海—直布罗陀海峡—加勒比—巴拿马运河—东南亚构成世界运输大动脉。未来，随着北极航道的开通，将构成北半球大西洋—北冰洋—太平洋的“轴心航线”和“黄金水道”，对世界经济和贸易格局产生重大影响，对中国经济社会和贸易发展具有重要战略意义。北极航道通航将整体性地提升北极地区在世界地缘经济格局中的地位，使世界重心向北方偏移，在一定程度上改变既有世界格局。中国靠近北极地区，北极航道将为中国与欧洲、北美、俄罗斯之间的联系增加新的纽带，有利于加强中国与这些地区之间的相互依存关系，尤其是更加密切中国与欧洲的经济交往和互动，提升中国国际地位。

未来世界各国将密切关注北极航道发展的最新动态，以和平、友好、互利为导向，制定符合各自国情及长远发展利益的国家层面的北极战略。根据实际观测数据显示，北极的升温现象从1995年以来(尤其是从2000年以来)特别显著。2007年，北极某处的海表温度高于以往平均温度5℃，某些区域的冰冻期比通常晚了两个月。2007年夏西北航线上海冰完全解冻，自8月起出现了持续5周的缺口。2008年8月美国宇航局的卫星监测北极海冰照片显示，西北航线和东北航线第一次同时冰融开通。因此，有专家乐观地估计，到2020年这两条航线每年将会有5个月的适航期，而到2050年商船有可能一年四季畅通无阻地航行。美国华盛顿大学NOAA太平洋环境实验室的海洋学家甚至提出，北极夏季海冰将在不到30年时间内全部消失。因此，我们应未雨绸缪，按照“深入研究—积极参与—联合共赢”的思路步骤，及早谋划利用北极航道。

2.克拉运河

克拉运河位于泰国南部马来半岛上，连接印度洋安达曼海和太平洋泰国湾。印度洋的运河口位于沙敦府，太平洋的运河口位于宋卡府。运河在陆上的长度约102公里，在海的两面挖出大约120公里的水道。该运河属海平面类，基本不需要像巴拿马运河那样调剂水位，开凿的相对成本和运营成本都较低。

泰国人早在200多年前就有了开凿克拉运河的想法。2014年9月26日，代表泰国政府的克拉运河开凿可行性研究国家委员会发布公告，正式从政府层面重启克拉运河开凿计划的可行性研究。克拉运河开凿工程的付诸实施，将增加太平洋与印度洋之间新的航运通道，从根本上改变目前完全依赖马六甲海峡的状况，而且航运距离缩短了1200公里左右，航行时间缩短2~3天。这一变化不仅影响区域乃至全球的海运业格局，而且对东南亚、东亚的地缘政治、经济和军事格局也会产生极其深远的影响。

参与克拉运河开凿项目既具现实经济意义，更具深远意义。从我国未来贸易格局来看，南亚和非洲将是对外贸易最具发展潜力的地区，是“21世纪海上丝绸之路”通达的主要目标地区。参与克拉运河，能强化我国海上运输通道的保障能力，夯实我国与这些地区深化合作的基础，进而推动贸易、产业、资源、金融等领域“走出去”，实现中国与沿线国家互利互惠、共同发展，也将成为建设“21世纪海上丝绸之路”的重点项目之一。克拉运河建成通航后，无疑将成为沟通东亚与南亚、中东乃至亚非欧贸易的便捷通道，具有巨大的地缘战略意义与经济价值。

3.尼加拉瓜运河

尼加拉瓜运河全长约300公里，西起布里托河河口，东至加勒比海鹰岬，横跨尼加拉瓜地峡，连接太平洋与大西洋，可通过40万吨的大型油轮。该运河建成后，大量的15万吨到40万吨之间的船舶不必绕道南美合恩角，可经由运河完成从大西洋到太平洋的航程。

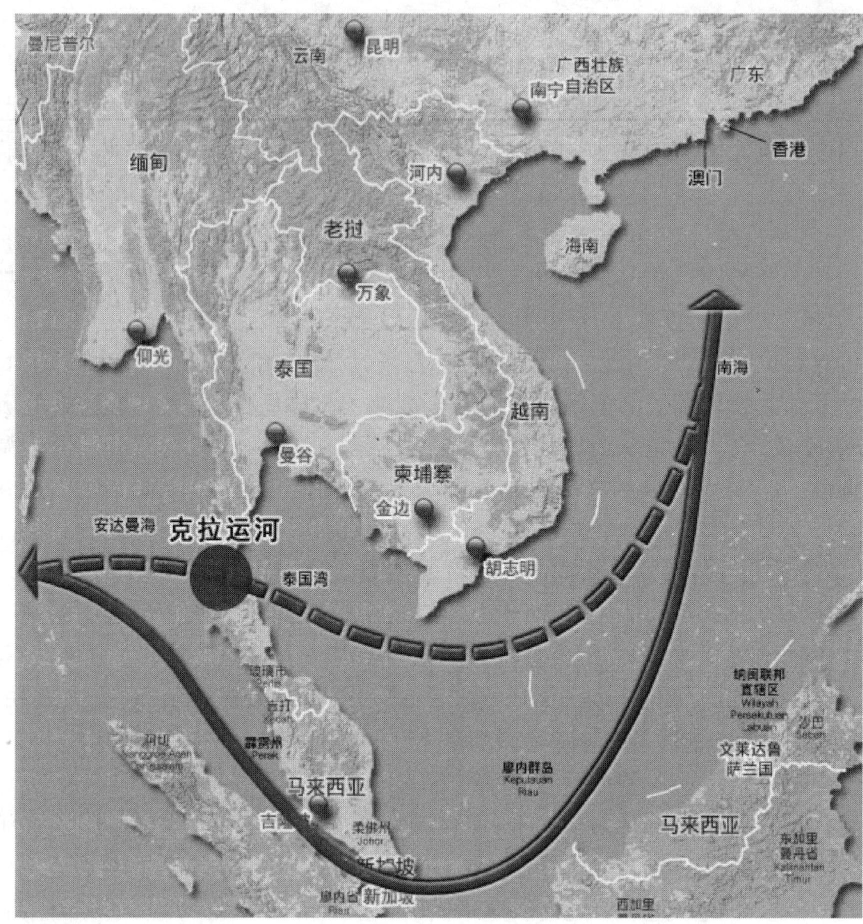

图 3-6　克拉运河计划示意图

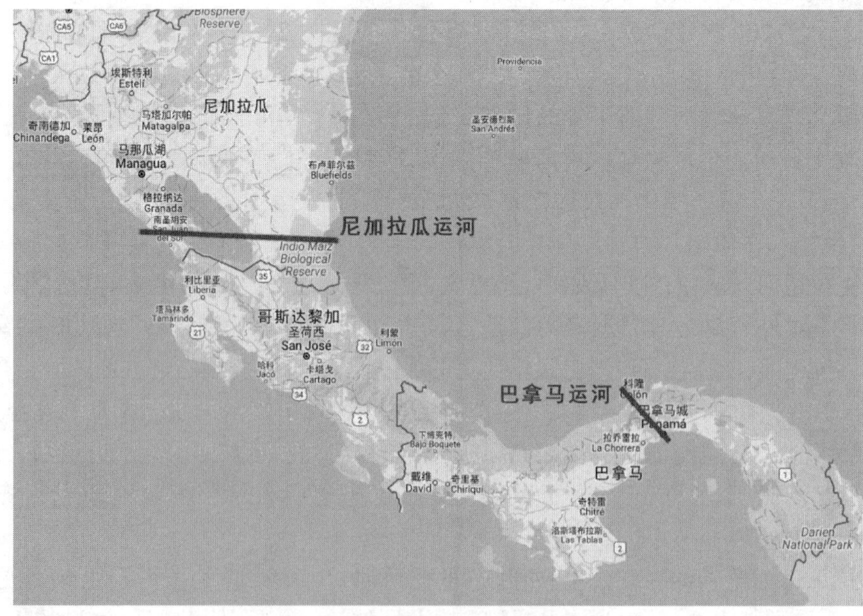

图 3-7　尼加拉瓜运河计划示意图

早在19世纪初美国西部淘金热时，就曾有人提出开凿沟通大西洋、太平洋运河的设想。尼加拉瓜政府于1833年正式将这一设想付诸讨论。1914年巴拿马运河通航，开凿尼加拉瓜运河的计划即束之高阁。20世纪90年代，尼加拉瓜运河计划被再度提出，美国、日本和欧洲多家大型建筑集团跃跃欲试，但由于尼加拉瓜政府财政不足，无法实施。2011年11月，尼加拉瓜总统奥尔特加成功连任，加快实现酝酿已久的“尼加拉瓜运河计划”的愿望变得越发迫切。2012年9月，尼加拉瓜和中国香港尼加拉瓜运河发展投资有限公司(HKND)签署了连接太平洋和大西洋的深水运河的谅解备忘录。2013年6月，尼加拉瓜国会经表决批准了该计划，双方正式签署协议。

尼加拉瓜运河的建设将极大改变航运版图。目前亚洲主要市场及欧洲和美洲贸易伙伴之间的跨洋航运集装箱运输大部分要经过巴拿马运河。据统计，全世界货物贸易总额的近5%是通过巴拿马运河完成的，这其中88%是美国与亚洲地区的贸易货物，与中国有关的贸易货物占38%。2016年刚完成扩建工程的巴拿马运河，可供通过的货轮吨位最大为15万吨。随着远洋贸易越来越多地使用更大型船舶，巴拿马运河将逐渐难以满足这种远洋货运发展的需求。尼加拉瓜运河的建成，将打破美洲大陆只有巴拿马运河一条人工水道连通两大洋的状况。这样一来，40万吨的大船从委内瑞拉开往中国，还将节约两个月的航行时间。从上海到巴尔的摩，走尼加拉瓜运河，航线长度要比走苏伊士运河短4000公里，比绕过好望角短7500公里。

4.南美两洋铁路

南美两洋铁路是可以打破美国控制下的巴拿马运河对国际物流垄断地位的又一全球性重大工程。该铁路横贯南美洲大陆，连接太平洋及大西洋，初步构想是东起大西洋海岸的巴西里约热内卢州，向西北方向延伸，跨过铁矿储藏量丰富的米那斯吉纳斯州到西北部地区，然后穿过盛产大豆和牛肉的马托格罗索州，通过亚马孙州，最后从巴西边境进入秘鲁境内，并在秘鲁的卡亚俄港、蔓延多港或者阿里卡港入海。铁路全长约为5000公里，其中2000公里是既有线路，另外需要新建约3000公里。

2014年7月，习近平主席访问拉美时，首次正式提出修建“两洋铁路”的计划。中国、巴西以及秘鲁3国领导人就开展两洋铁路计划发表共同声明，中国和巴西两国签订加强铁路合作备忘录，两洋铁路作为政府间的合作项目被正式推出。2015年5月18—26日，李克强总理出访拉美四国，中国同巴西签署了未来5年共同行动计划，并决定启动“两洋铁路”可行性研究工作。

南美两洋铁路这一超长铁路如果修建成功，将会开启南美大陆的全新陆路运输通道，成为横跨南美、贯通两洋的陆上大动脉，极大地推动拉美与亚太的连通。参与两洋铁路建设，对我国意义重大。中国现已成为许多拉美国家产品的主要出口目的地，巴西的铁矿、秘鲁的铜矿、阿根廷的大豆等都大量出口到中国。两洋铁路的建设将进一步促进中国与南美洲地区的经贸合作。而且，我国正积极推动国内铁路设备和技术输出，如能承建两洋铁路，也会达到开拓铁路出口广阔的市场空间的目的，并进一步提振中国出口贸易。

5.非洲两洋铁路

非洲版两洋铁路是指横贯非洲大陆，连接大西洋、印度洋的铁路。该线路西起安哥拉的洛比托，东向经赞比亚，至坦桑尼亚的达累斯萨拉姆。2015年，中国企业已经建成了贯穿安哥拉全境的本格拉铁路，可与安赞、坦赞铁路及周边国家铁路网接轨，实现南部非洲铁路的互联互通。

非洲两洋铁路建设对我国同样意义重大。目前，中国在非洲修建的大型铁路项目主要有坦赞铁路及其修复工程、尼日利亚铁路现代化项目、尼日利亚沿海铁路项目、安哥拉本格拉铁路、埃塞俄比亚到吉布提铁路、东非铁路网、肯尼亚蒙内铁路等。此外，中企在跟进、探讨中的较有影响力的项目还有：南非倡议建设的连接博茨瓦纳、刚果（金）、南非、赞比亚、津巴布韦的“非洲南北铁路走廊”，西部非洲地区正在规划修建的连接塞内加尔、马里、科特迪瓦、布基纳法索、贝宁和多哥的铁路等。随着这些项目的推进，纵贯非洲中部和北部的直达线将被打通，并将实现大西洋、印度洋的快速连通，同时削弱从直布罗陀海峡经地中海，穿苏伊士运河过红海，最后由曼德海峡往印度洋的海上生命线的制约作用。

图 3-8　南美两洋铁路基本走向示意图

6.白令海峡大通道

随着亚太地区日益成为全球经济发展的中心，跨太平洋的交通运输系统建设显得越来越重要。俄罗斯、美国正在研究、规划白令海峡大通道的建设，即修建一条长约 103 公里的隧道，将俄罗斯西伯利亚和美国阿拉斯加连接起来，实现亚洲与美洲的陆路连接。白令海峡大通道是一项工程浩大、影响深远的大手笔项目，将实现人类以陆路交通的方式把亚欧大陆、非洲大陆、北美大陆、南美大陆四大板块连接在一起的梦想。

白令海峡大通道也是实现中国与美国两大世界经济体陆路联通的洲际大通道。条件成熟时，还可以谋划上万公里长的中俄加美高速铁路，路线为中国漠河—俄罗斯楚科奇半岛（4000 公里）—白令海峡（200 公里海底隧道）—美国阿拉斯加—加拿大（1500 公里）—美国西雅图(1800 公里)—洛杉矶(2000 公里)。这条国际高铁若能建成,旅客将可乘高铁穿越白令海峡,两天内抵达美国。

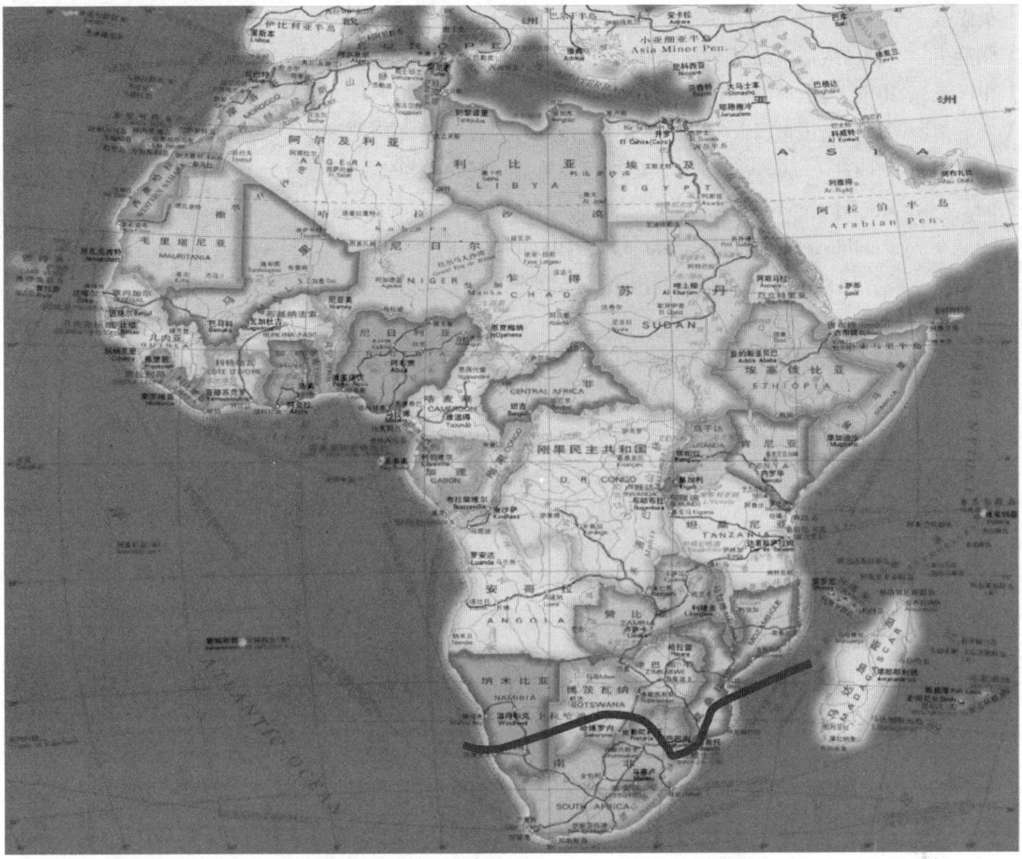

图 3-9 非洲两洋铁路基本走向示意图

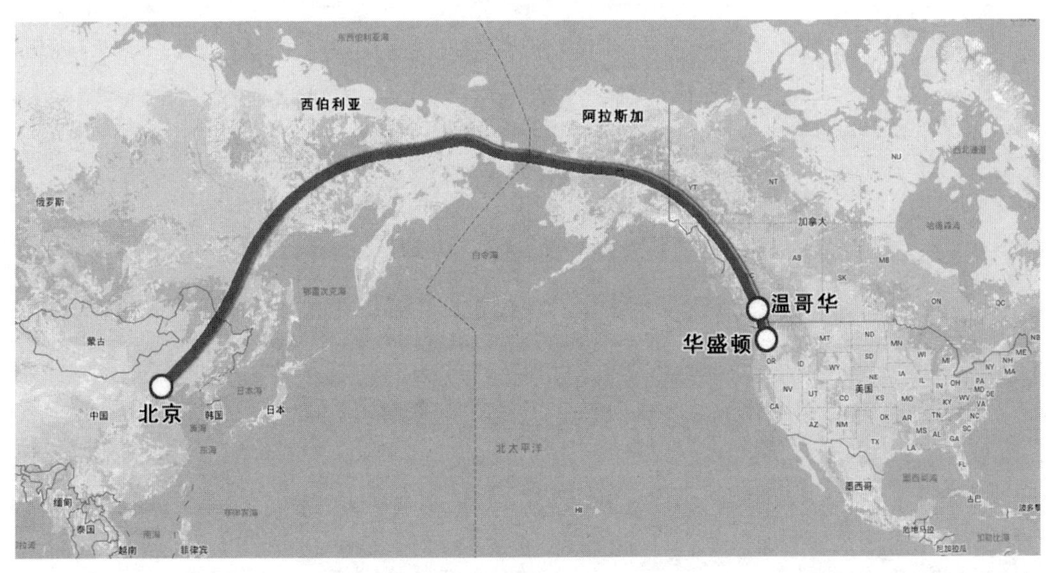

图 3-10 白令海峡大通道示意图

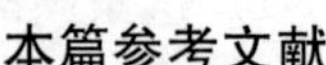

本篇参考文献

[1] 吴志强."全球化理论"提出的背景及其理论框架.城市规划汇刊,1998(2).
[2] 张燕生.当代世界:适应经济全球化新形势构建开放型经济新体制.人民网,2014.
[3] 中国未来 30 年.吴敬琏,俞可平,译.中央编译出版社,2016.
[4] 物流集群.岑雪品,王微,译.机械工业出版社,2016.
[5] http://www.360doc.com/content/15/1231/13/77611_524403285.shtml
[6] http://www.360doc.com/content/13/0328/20/7536781_274534914.shtml
[7] http://www.kmhhy.com/guoji/content/12454195.html
[8] 中国科学院区域发展领域战略研究组.中国至 2050 年区域科技发展路线图.科学出版社,2009.
[9] 中国国家地理.2015 年第 10 期.
[10] 吴文化.关于我国参与泰国克拉运河开凿项目的建议.综合运输参考资料,2015(1).
[11] 樊一江.认清"两洋铁路"的核心作用.世界知识,2016(7).
[12] 李欠标.全球交通运输互联互通现状及发展趋势.综合运输,2013(11).

执笔人:丁金学

货运新型业态篇

内容提要：本篇结合经济社会发展，对货运内涵外延的变化进行了分析，并从技术、需求角度回顾货运发展历程。在此基础上，展望2050年我国货运发展格局、新型技术和模式等可能形成的新业态。

一、货物运输的内涵拓展

货运的最基本意义在于货物的空间位移，却并不改变物品除了所在空间之外的属性。由于货物运输的本质是满足人类需求，因此人类进化形成的日渐复杂的社会经济关系也就相应赋予了货运不断拓展的内涵。

（一）从位置移动到物资流通

货物是指凡经由运输部门承运或仓储部门储存的一切原料、材料、工农业产品、商品以及其他产品。货物自身不具备自主移动性，其运输过程既包括由载运工具完成的位移，又包括装卸等过程，是一项需要人力、设备和大量中间消耗的物理操作过程。

在现代工业生产中，随着经济贸易活动的日渐频繁和扩大，货物运输重要性不断提升，作为处于整个物流系统核心地位的重要环节，实现货物在空间各个环节的位置移动，以解决供给者和需求者之间场所的分离。其意义不仅仅囿于空间内发生的位置移动，还具有创造空间效用、以时间换取空间的特殊功能。因此，货运内涵应进一步向物资的流通配置拓展，包括制造商、流通商的装卸、运输、仓储、搬运等一系列的过程[1]。

（二）从运输产业到价值链条

随着经济贸易等活动密度的强化，互联网+等信息化技术的成熟，运输、装卸技术的进步，货运也在不断地进步中，规模越来越大，距离越来越远，速度越来越快，尤其是涉及的产业越来越多，运输权与贸易权、物权、信息权、金融控制力等的联系越来越密切。货运的内涵从运输产业向物流业拓展的同时，更向商流、物流、信息流、资金流、人流等“五流合一”进化。货运的价值也将从计划、供应、生产、销售、回收等全产业链条的层面上升到提升社会整体价值链条的层面。这就表现在增强企业竞争力，提高服务水平，加快商品流通，促进经济发展，保护环境，创造社会效益和附加价值等。

二、货物运输发展历程

货运的发展是整个人类交通运输发展的重要体现和构成。随着载运、装卸、信息等技术的进步，货运速度不断提高，延伸范围不断扩大，货运模式从简单到复杂，货运功能从业内到跨界，整体发展日新月异。

在世界进入工业社会之前，我国货运发展代表着世界先进水平。进入工业化社会后，西方发达国家的货运水平直线提升。随着全球化进程的推进，世界货运发展水平更上一层楼，我国也逐渐跟上了世界主流的发展脚步。尤其近年来，随着我国电商、快递的井喷式发展，我国的货运在某些领域开始向世界“领头羊”地位迈进。

---

[1] 部分参考百度百科。

(一)载运工具的进步

客货运输载运工具发展与人类机械器具和能源技术的进步息息相关。器具方面从畜力车辆到汽车、火车、飞机等,仍在不断进化。能源方面从生物动力向煤炭、石油、电力等能源利用拓展演化。

上古时代的陆上货运,全靠手提、头顶、肩扛、背负、撬引完成,后又采用马、牛等畜力驮运。随着农业、畜牧业和手工业生产的发展,产品不断增多,交换需求也愈益扩大,人们对能够承载更多货物的器具产生了越来越迫切的要求。于是,人力车、畜力车等货运工具产生了。较早的独轮车据说由三国时的蜀国丞相诸葛亮创造的,即所谓的“木马流牛”,在当时是一种既经济又能在广大地区推广使用的交通工具。两晋南北朝至唐时期出现了牛车,宋代出现了太平车与平头车,明清出现了骡车。

同时,人们还利用水力进行货运。商代甲骨文中就出现了“舟”字,说明那时已经有水上运输。早期的船主要靠人力,例如独木舟等。随着造船业的发展,风力逐步得到更好的应用,秦汉是我国造船史上的第一个高峰期,宋元时期更出现了大型海船的制造高峰。以南宋初为例,当时江淮四路年造船数就达2700余只。到明代,我国造船水平达到了前所未有的水平,郑和下西洋时所乘宝船的大小尺度、船型结构以及数量等都蔚为壮观。欧洲的帆船发展也历史悠久、装备精良。16世纪以后,欧洲帆船的排水量逐渐增大到500~600吨,三桅船渐趋普遍。1800年前后,英国及其殖民地拥有海上帆船500艘。19世纪40年代,美国人制造的飞剪式帆船横越大西洋只需13天,代表着帆船发展的巅峰。

欧洲在18世纪后进行的第一次工业革命奠定了在化石燃料载运工具上的领先地位。1807年世界上第一艘蒸汽机船“克莱蒙特”号在纽约哈德逊河下水,且结合了欧美国家运河的建设大高潮。1825年,世界上第一条行驶蒸汽机车的公用运输基础设施英国斯托克顿—达灵顿的铁路正式通车。西欧各国和美国随即掀起铁路建设的高潮。到19世纪后半叶,铁路热已经扩展到非洲、南美洲和亚洲各国。蒸汽机船和火车能够承担大宗原料和产品的调运,支撑了大规模的社会分工和市场经济的发展。

19世纪末,世界上的发达国家开始进入了“石油时代”,直到今天货运的能源动力也主要是化石燃料或来源于化石燃料的电力。20世纪初,柴油机开始应用于船舶。早期杂货船承揽一切货种。后由于对石油需求日增,开始形成专用油船。散货船略早于油船出现。第二次世界大战后,油船和散货船都向大型化方向发展,专用船也发展很快。1957年出现第一艘集装箱船,还有液化气船,滚装船等。船舶也在向快速化、自动化方向提升。这个阶段,货运的另一个发展重点是公路。公路运输机动、灵活、快速,不仅在短途运输方面显示出优越性,而且随着大载重量专用货车的出现,在长途运输方面也发展迅速。与此同时,以石油为动力的飞机逐渐走上交通运输舞台。第一次世界大战时,飞机用于军事货物运输。1918年,随着美国邮政第一条定期航线(华盛顿特区—费城)开辟,航空货运走向民用。20世纪50年代,老一代全货运飞机逐渐退役,客货混载型飞机成为主流。1973年,联邦快递引领世界进入航空快递的新时代。

在当前技术、经济发展下,运输在物流中的独特地位对运输设备提出了更高的要求,要求运输设备应满足运输效率高、运输成本低、智能化、通用化、安全可靠等要求,最大限度地发挥运输设备的效能。

(二)装卸技术的演进

在进入大工业生产之前,货物运输装卸基本是由人力和简单工具辅助完成的。集装箱的横空出世带来了装卸技术的划时代革命,使货物运输的装卸进入了标准化、自动化的快车道,极大提升了货运效率,甚至彻底改变了货运的模式和面貌。集装箱最大的成功在于其产品的标准化,以及由此建立的一整套运输体系。集装箱能够让重量、体积、形状等差异巨大的产品实现标准化的运输,并以此为基础逐步形成全球范围内的船舶、港口、码头、航线、公路、铁路、中转站、桥梁、隧道等配套的多式联运系统。集装箱化加快了货物在全球范围内的周转、推动了产业结构调整,加速了经济全球化的进程。[1]

1956 年 8 月,密苏里太平洋铁路公司开始在堪萨斯城和圣路易斯之间开展铁路集装箱运输业务。在越南战争大背景下,1967 年美国向欧亚拉美提供集装箱业务的公司达到了 60 家。在这之后集装箱运输从大西洋向太平洋拓展,日本、中国台湾、中国香港等地迅速加入并扩大了这一潮流。随着集装箱在海上运输的不断普及,铁路、公路、水运等原有的运输方式都开始走向标准化。

20 世纪 80 年代,中国先后引进资金和技术,投资建设了 4 家集装箱制造工厂。现在,我国已经成为世界最大的集装箱生产基地和航运中心,拥有了世界先进水平的海运集装箱船队。截至 2015 年年底,全国运输船舶的集装箱箱位达到 260.4 万标准箱。其中远洋船舶箱位 180 万标准箱。中国远洋海运集团集装箱班轮运力占全球总运力的 10%左右。集装箱运输方式推动了“Made In China”产品在全球范围内的流动,成就了中国出口型经济的发展,加快了产业向中国的转移及集聚的速度。

但我国集装箱运输比例仍然较低。2014 年,我国集装箱运输在货物运输总量中占比仅为 3.4%,其中水运为 10.2%,公路、铁路不到 3%,而欧洲铁路集装箱运输占比达 33%。我国集装箱运输发展的空间十分广阔。

未来,伴随着全球化趋势以及人们生活品质的提高,集装箱化可能会进一步提升,即:更多的货物将采用集装箱方式运输,集装箱运输方式在铁路、公路运输领域中占比更快提升。更为重要的是,未来基于 RFID 技术、信息技术等应用的智能集装箱,可能带来现代物流的新革命,大幅度提升货运物流效率。

(三)经济需求的进化

货运与经济贸易活动有极为密切的关系,甚至反映社会经济活动的整体需求和特征。

1.农业社会

中国曾经经历了长期的发育完全的农耕社会,代表了世界农业经济发展的高端水平。那一阶段,物资流通主要受政治、军事等因素推动,与经济相关的相对较少。农副产品和经济作物的大范围流动是最为重要的货运品种,造币所需的金属等相关运输也较为可观,还有修建皇室宫殿、陵墓等以及军事后勤的物品运输。集权式的中央政府长期需要将全国农副产品等物资通过漕运向京师和中心城市集中。当然也包括有一定的商品贸易运输,包括国家内部和国家之间的。

---

[1] 马克·莱文森.集装箱改变世界.机械工业出版社,2007。

例如，秦以咸阳为都，从全国调集粮、布等生活用品到咸阳与郡都；汉初，需从关东调粟数十万石等生活物资至京师及各诸侯封地；汉武帝时西域36国经丝绸之路与中原进行商品往来；宋至道初年，通过汴河、广济河、黄河等转运粟共计550万石至京师；清康熙三十年曾下令各县都建粮仓，大县存粮5000石，中县4000石，小县3000石，之后又下令加倍贮存；乾隆五十年，中国出口的茶叶2800多磅[1]。

我国古代也存在"快递"，主要有驿站、民信局和镖局等3种形式。驿站是供古代接待传递公文的差役途中休息、换马的处所。例如，明代洪武元年设立的递运所是专门从事货物运输的组织。民信局是民间经营的通信组织，从明朝永乐年间兴起，业务包括寄递信件、物品，经办汇兑。镖局主要承运贵重物品，既有私家财物押运，也承接押运饷银等官家物资。

2.工业社会

与农业社会不同，工业社会中的主导生产活动以大规模机器生产为特征，劳动力大量转向工业，服务日益增长的市场容量需求。初期，工业生产活动局限在一定地域范围内，随交通条件改善向外扩散，最终达到一个国家或地区的相对均衡分布状态，目前已经进入全球化阶段。

工业化及伴生的运输变革导致贸易的空前发展。工业化社会的大规模生产消费活动带来了大量货运需求，化石能源和机械化运输工具面世，彻底改变了货运面貌；运河、铁路发展，带动了英国、美国等国家的经济增长；航海技术改进带来的海运费用大幅度下降，推动了世界贸易的巨大增长；货运车出现，极大改变了20世纪20年代开始的城市发展轨迹。

技术变革带来的运输成本变化重置生产格局。随着运输成本不断下降，生产格局产生了较大的变化，生产地选择靠近原料地和市场的要求相应下降，布局到低人力成本地区则成为更普遍的选择，同时也带来了全球化的突飞猛进。对我国而言，改革开放后才开始真正进入工业社会的货运发展快车道，逐渐融入全球化的进程中。我国逐渐从以农业为主导的经济增长模式转为以轻纺工业为主导的经济增长模式，但直到20世纪90年代初铁路、公路、航道等基础设施发展水平仍较低，货运供给远远不能满足需求，对国民经济的区域分工制约较大。90年代中期及以后至21世纪初，中国主导行业开始由轻纺工业向重化工转型，且承接全球化带来的大规模国际产业转移，货运向大规模、高速度、低成本、强服务的方向提升。

3.信息社会

19世纪中叶以后，随着电报、电话的发明，通信领域产生了根本性的变革。始于1969年的互联网又使人类彻底进入了信息社会，物资流通的信息化成为整个社会信息化的必然要求和重要组成部分。物流不再仅仅传输产品，同时也在传输信息，包括货物运输中信息的商品化，信息传递的标准化和实时化，业务数据的共享化等。信息技术的应用彻底改变了世界货运和物流的面貌，推动了货运、物流的融合发展，形成了物流配送系统的组织网络和信息网络体系，真正实现了供应链管理。例如，台湾的电脑业在20世纪90年代创的"全球运筹式产销模式"，利用全球的制造资源，电脑的所有零部件都采取外包的形式生产，依托全球的货运物流网络将这些零部件发往同一个物流配送中心进行组装，再将组装的电脑迅速发送给订户。

进入21世纪以后，我国重工业化速度进一步加快，信息、医药、高端制造、节能环保、电子商务等高端产业也开始快速发展。但我国信息化程度大大落后于发达国家，对货运发展

[1]中国古代"物流"一瞥，姜超峰.中国物流与采购网.2006.

的负面影响在近年逐渐显现。党的十八大以来，经济下行，尤其是重化工产业的去产能，对货运行业形成了巨大的冲击，导致全社会货运量增速明显放缓。同时，医药、冷链、危险品、城市配送、快递等高端和快速货运需求保持高速增长，货运行业供给能力和服务水平不足问题突显。目前，需发展较为完善的现代化物流信息平台、标准化软件，普遍应用标准化、自动化技术，优化货运、物流过程的各个环节，加快推动国内现代物流体系健全、提高整体效率。

三、货运未来格局

当我国进入信息社会，甚至进一步提升到智慧社会后，经济产业的布局会产生较大变化，相应货物运输的格局也会发生重大改变。

（一）既有货运布局

1.货运通道布局现状

根据 2016 年年底发布的《中国交通运输发展》白皮书，“经过多年改革发展，我国多节点、网格状、全覆盖的综合交通运输网络已经初步形成，‘五纵五横’综合运输大通道基本贯通。”截至 2015 年年底，我国综合交通网络总里程已经接近 500 万公里。铁路营业里程 12.1 万公里；公路通车里程 458 万公里，其中高速公路 12.4 万公里；内河航道通航里程 12.7 万公里，其中三级以上航道 1.15 万公里。高速铁路、高速公路、内河通航里程均位居世界第一位，铁路、公路总里程均位列世界第二位。长江黄金水道年货运能力超过 21 亿吨，约为密西西比河的 4 倍、莱茵河的 10 倍，货运量已经连续 11 年稳居世界第一位。

2.货运服务布局现状

1980 年，我国各种运输方式完成货运量和货物周转量分别为 54.6 亿吨和 12026 亿吨公里。2015 年，我国全社会完成货运量和货物周转量分别为 417 亿吨和 177401 亿吨公里。货运周转量的年增长速度在 1980—2015 年间平均为 7.99%。其中，公路货物周转量比重总体持续上升，由 1980 年的 8.99%提高到 2015 年的 47.06%；铁路完成的货物周转量总体下降，由 1980 年的 67.30%降低到 2015 年的 19.29%；水运完成的货物周转量比重持续增加，由 1980 年的 17.90%增加至为 2015 年的 30.13%；管道完成的货物周转量比重持续萎缩，由 1980 年的 5.78%下降为 2015 年的 3.36%；航空货物周转量比重提高，由 1980 年的 0.02%提高为 2015 年的 0.17%。

我国大宗货物运输存在由西向东、由北向南的长距离调运特征。我国疆域辽阔，各种资源在地域分布上都具有不同程度的不平衡性。以能源资源为例，煤炭资源主要集中在“三西”地区，石油、天然气资源集中在东北、华北和西北。我国经济发展速度最快、对能源需求最大的地区却主要集中在华南和东南地区。上述产业格局和物资生产消费情况，决定了原材料、能源等大宗物资运输长运距、单流向的基本特征。大宗货物以远距离运输为主，主要依托铁路、海洋和内河运输，并通过与公路、管道运输方式的有机衔接，初步形成了围绕煤炭的“西煤东运、北煤南运”系统，以及粮食、进口矿石等铁水、公水等联运方式。同时由于多式联运发展的滞后，公路也承担了相当部分的长距离运输任务。随着中西部大开发的进一步拓展，我国由东向西、由南向北的货运规模有所增大，经济发达的东、南地区产品开始加快向西、北地区流动。

我国的集装箱长距离运输服务发展也具备了一定基础。2011 年 5 月,交通运输部与原铁道部签署《关于共同推进铁水联运发展的合作协议》,选定了大连—东北地区、天津—华北西北地区、青岛—郑州及陇海线沿线地区、宁波—华东地区、深圳—华南西南地区、连云港—阿拉山口沿线地区等 8 条集装箱铁水联运示范通道,取得一定成效。长江集装箱运输也具备了一定规模。2015 年长江干线规模以上港口集装箱吞吐量外贸箱和内贸箱分别完成了 602.0 万 TEU 和 820.4 万 TEU。自 2011 年“渝新欧”首列班列开行以来,我国依托西伯利亚大陆桥和新亚欧大陆桥,探索形成了以铁路为核心的“中欧班列”国际多式联运模式,包括“渝新欧”“蓉欧”等一批具有较高国际知名度的班列产品。截至 2015 年年底,班列开行累计超过 1200 列,始发城市 18 个,常态化开行城市 11 个,到达境外 7 个国家 11 个城市,最快 12 天可到达欧洲。

同时,电商、网购快速发展,形成了以顺丰、“四通一达”(圆通、申通、中通、百世汇通、韵达)以及京东、菜鸟等为代表的快递物流和电商企业,中远、招商局等多式联运承运人构成的多式联运全链条货运服务网络。以顺丰为例,截至 2015 年年底拥有 30 架自有货机、1.5 万辆营运汽车,在全国范围布局有 1.3 万个营业网点,依托深圳、杭州两大枢纽机场构筑覆盖全国、通达全球的空公联运网络,且正在湖北鄂州布局建设专业货运机场。

(二)未来货运布局展望

2040—2050 年我国将完全实现工业化,尤其随着能源利用、生产制造等技术的进步,经济增长方式、产业发展模式等都会产生较大转变,货运需求更加具有个性化、多层次、多样化等特征,绿色理念将深入人心,相应货物调运格局会明显改变,形成能够适应货运布局要求的物流通道网络。

1.长距离生产性货运布局更加均衡

我国重化工业已基本形成沿海、沿江的空间分布格局,而资源、能源主要分布在中西部地区,这一资源空间布局与经济发展布局决定我国由西向东、由北向南的中长距离货物运输格局仍然存在。近年来,“东快西慢”的区域增长格局发生重大转变,沿海经济大省仍显示出较强的增长韧性,中部地区也保持了较高的增长速度,西部地区的重庆、贵州等省、市异军突起。未来几十年后,随着我国产业逐步由东向西的梯度转移,中部、西部产业基地逐步崛起,大宗货运流向也将发生一定变化。长距离生产性货运布局将更加均衡,可能产生更多西向东、北向南的货运,以及东北—西南、西北—东南等对角线向货运。若绿色能源、分布式能源等能够形成真正大规模市场应用,传统煤炭等大宗物资的单向运输将会显著降低。

2.消费性货运分布更为紧凑均匀

到 2050 年,我国城镇化水平将超过 75%,且形成更多城市群,包括珠三角、长三角和环渤海等能够容纳 5000 万到 1 亿人口的国际第一方阵特大城市群,中西部城市群也将更具规模。城市群将是国家经济增长、人口集聚的主要地区。人民收入水平将会稳步增长,预计能够如期甚至提前实现“2050 年人均收入达到中等发达国家水平”的目标。同时,根据《商务发展第十三个五年规划纲要》,“十三五”时期我国社会消费品零售总额年均增长 10%左右。这种趋势将持续形成更多个性化、多样化、小批量的消费性货运,在集中于各个城市群的同时,进一步向纵深发展,向郊区、县域、农村等地区下沉。

根据《中国制造 2025》,我国还将大力发展基于互联网的个性化定制。且随着 3D、4D 打印等高新技术带来的智能制造的发展，各个区域的产业分布将进一步均匀化发展，工业生产由集中式控制向分散式增强型控制转变，生产进一步本地化，并推动短距离、个性化、小批量的终端和过程消费性货运快速增长。

3.国际货运流向更加多元化

到 2050 年，世界各国将完成围绕价值链分工的重塑。新一轮国际价值链、产业链分工下，国际经贸格局以及运输格局将产生深刻调整。全球采购、全球生产的模式对跨越国界、跨越运输方式的货物运输的可靠性、无缝衔接和即时性都提出更高要求。届时，我国双向开放的格局将进一步确立，不仅是出口大国，也是进口大国。中国货物进出口的流向将随六大经济走廊的贯通更加多元化，形成覆盖全面的物流大通道网络。其中，石油、天然气等仍需从国外进口，但来源会进一步多元化，形成西北、西南、东北和海上等四大能源进口通道。

四、货运新需求发展新业态

新能源、新材料以及配套的制造方式，融合互联网技术，使人类生产经营方式逐渐由规模化生产向个性化定制转变，同时也带来社会生活方式的变革。生产生活方式的变革打破了原有的纵向、金字塔型权力等级结构，推动社会向合作和分散、扁平化的方向发展，运输需求也将由大众化、同质性需求逐步演变为多样化、多层次、环保化运输需求。为更好满足货运新需求，必须依托更加先进的技术、更加新型的设施设备推动货运的创新发展，进而推动形成融入供应链、产业链的创新货运发展模式。

（一）货运向小批量、个性化转变

工业社会中，连接全球的交通运输网络是产业发展的重要支柱。但由于获得能源、原材料并进行生产的成本非常高，需要大规模进行，只有少数大型、集中的企业能够承担，因此，集中在少数垄断者手中的运输常常是长距离、大规模的，且具有同质性。我国的货运也主要是大宗长距运输。不过，近年来快递大规模发展，货运形成一些新的模式。

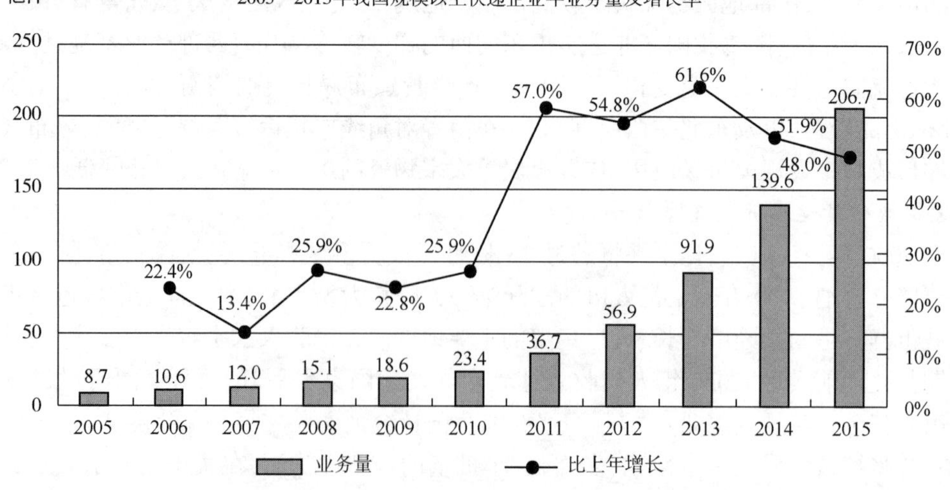

图 4-1　我国快递企业年业务量

资料来源：新常态下客货运输发展趋势及对策研究，国家发展改革委综合运输研究所课题组。

到2050年，随着新能源、新材料、新技术的发展，在乐观跃升情况下新型生产商业模式将大规模铺开。小型、微型企业和消费者组成合作性企业联盟网络，依托随处可见的可再生能源、标准化原料、小型化设备、可持续的低碳物流和供应链管理，形成“分散网络型生产消费世界”。这一模式具有分散型、合作式的本质和按社区集聚的扁平化结构，可令一个地区成为自给自足、可持续发展的生态系统。在这种生产生活模式下，全球性的长距离运输将会减少，国内甚至城市群内的短距离运输将会增加，货运加快向小批量、定向化、个性化转变。

(二)装卸载运配送新型设施设备

为满足货运新需求，提升全链条的货运效率，需要创新装卸、载运、配送等货运相关设施设备，并提供相应基础设施。

1.资源节约的高效载运工具

为减少货运对环境造成的影响，并提升全供应链的效率，发展符合资源节约需要的集约化交通运输，实现运输通道单位面积运输承载量最大化是未来交通运输技术发展的方向。同时，由于采用的是多批次、小批量的运输方式，在必需的空间位移中货物的价值将占据越来越大的比重，运输工具本身的价值将有显著降低；由于运输距离缩短及能源结构变化，能源消耗所占价值比重将趋于降低。

在乐观跃升情景下，未来载运工具可能具有灵活伸缩与组合的货箱结构。这种载运工具将可以迅速、灵活组合，形成不同规模的载运队伍，实现货运干转支、支转干的全平滑、无缝化衔接。

对于货运行业而言，控制人力成本是发展趋势之一。在乐观跃升状态下，未来的无人驾驶货车等技术将得以大面积应用。货运司机这一职业可能趋于消失，可实现快速、高效、低成本的运输。

2.最后一公里的城市配送设施

在货运组织的供应链管理中，“最后一公里”和“最初一公里”的配送通常发生在城市中，直接对应货运需求者，在很大程度上决定了客户直观体验，又易对城市交通产生较大影响。到2050年，城市配送将进一步实现自动化、无人化、立体化，且对城市交通、环境的负面影响将显著下降。

未来城市的配送车辆将实现无人自动驾驶，并结合无人机或智能机器人实现每件货物的精准到位。当配送对象不在指定地点时，还可利用电子货柜接货。例如，奔驰设计的VisionVan概念城市物流车，内置物联网系统、自动化的货架及无人机，配套先进的装货系统，还配有专用的货架传送车，可以自动化分拣包裹，然后装车。在进行最终配送时，车辆顶部的无人机会预先设定地址，随后车厢内的自动运输架会将包裹运送到车顶的无人机上进行派送。

目前菜鸟已经研发了智能配送机器人小G。这是一款专门为“快递最后一公里”而生的配送机器人，拥有强大的独立思考能力和计算能力，能够自行感知周边环境，识别车辆行人，规划路线。当货物达到指定地点时，该机器人可通过人脸识别系统等进行签收，还可以通过自动立体货柜代收等。

未来城市空间立体化利用程度更高，货运可能结合地下综合管廊的发展转入地下，形成地下物流系统。到2050年，乐观跃升状态下，货物通过地面、空中运输方式到达城市边缘处的物流园区后，经处理后通过地下物流系统配送到各个终端，包括中转站、超市等处。终极发展目标是形成一个连接城市各居住点的高度智能化地下管廊物流运输网络，人们购买任何商品都只需物联网下单，之后即通过地下管道“流入”家中。

到2050年，亚马孙“无人超市”类型的新零售可能形成相当规模。客户在实体商店购物，并携带归家更多成为美好生活体验的一部分。可能有更多的“最后一公里”配送转化成城市客运的一部分。

3. 交通物流基础设施网络

到2050年，配套新型交通技术与发展模式，依托未来货运布局的物流通道网，完善多功能节点空间布局，将形成衔接一体的全链条交通物流基础设施网络。

到21世纪中叶，初级产品加工进一步向原料产地集聚，产成品生产则向消费地集聚，供应链中间的运输货物平均附加值提高，且运输过程在节点滞留时间缩短，甚至几乎不停留。同时，高度自动化的仓储系统将全面铺开，提供自动分拣、装卸等功能。运输节点的装卸功能将逐步被物资分拨和配送等多功能发展模式所取代。通过全节点仓储系统对交通进行平峰，优化规模货运与个性化货运的配合。

(三)货运融入供应链的新型发展模式

随着生产生活方式、货运需求的变化，货运组织模式从现在的专业化、规模化和标准化逐步向满足客户个性化需求，适合市场要求的灵活性、柔性化的定制式运输组织方向发展；从既有的局限于交通运输业内的模式向全价值链、供应链角度的一体化模式转变；从现在基于国内网络的地区连接模式向进一步应对全球一统趋势的扩大模式转变。到2050年，在“分散网络型生产消费世界”中，实现自如装卸载运的乐观跃升技术发展情景下，将通过“万物互联”实现全供应链的一体化，不仅涵盖上、中、下游的运输物流，且进一步与制造、加工、消费等不同环节、不同产业跨界深度融合，并实现全球供应链的一体化协作、无缝化对接，从而形成创新性的全产业、全球化价值链。

1. 货运物流融合

到2050年，将实现交通物流的融合发展，发展标准化、规范化的多式联运设施设备，加强多式联运枢纽设施能力建设，依托脱胎于现代信息技术的“万物互联”形成专业化的多式联运系统，协同整合供应链上下游的运输、多式联运、仓储、物流等企业，打通运输与物流服务的全产业链，构建具有价值增值的智慧交通物流服务新系统。

打造线上虚拟天网，配套由交通物流基础设施网络、载运工具、实体服务供应商等组成的线下地网，以线上线下资源共享的交通物流平台连接任何一家交通物流公司，实现“货通天下”。共享物流信息资源、物流技术与设备资源、货运运力资源、仓储设施资源、终端配送资源、物流人力资源等，促进不同参与方的智能协作，运输中的货物、设施、设备、人员联网，运输活动全透明，全面整合个体物流资源，开放利用企业物流资源，深度开发社会物流资源，提升效率，大幅度降低物流成本。利用大数据对最零散的货运市场需求进行整合与相对科学的预测，以物流先行，计划配货，整合规模化与个性化需求，并进一步开发创造价值型服务。

2. 货运物流与其他产业跨界融通

到2050年，随着技术的突破与交叉，产业的界限将会进一步被打破，联系越来越多，在货运物流融合发展基础上,实现与其他产业的跨界融通。依托“虚拟天网”,进一步拓展“线下地网”,包括融入供应链的所有相关企业组织形成供应链整合与延伸性组织模式,实现货运与制造加工、商贸流通、金融增值等其他产业的跨界融通、平台共享,打造全覆盖、极深度、点到点的产业生态圈。

在乐观跃升情况下,我国将形成全供应链的共享信息平台,高度集成制造、运输、销售、消费等信息,实现供应链一体化。物流系统将逐步与智能工厂衔接配套,向制造产业渗透,成为工业互联网的一部分。同时,物流业进一步向商贸等产业渗透,将在“万物互联”基础上实现生产系统、物流系统、采购系统、销售系统与服务系统的智能融合。未来供应链化的货运将参与到经济转型和产业当中,乃至参与整个社会的重组和建设未来世界经济的模式,实现流通、制造、商贸等既相互支援,又相互引导。

3.货运物流连接全球

到 2050 年,全球化与本地化将共同深入发展,实现供应链的全球地域覆盖。未来,世界将形成多发展中心,欧亚大陆可能进入经济社会统一时代,人类生产生活之间的连接性、联动性更强,相应要求货运物流以及供应链上下游在地理地域上涵盖更为广泛周密。

在乐观情况下,我国将依托先进星际信息系统打造无处不在的“天网”,同时形成数家国际领先的运输物流企业,不断发展壮大全球化“地网”,创建世界性交通物流金融服务中心,为全球提供“无国界”“一站式”生产—流通—消费的融合性、高附加、扩大型平台服务。

本篇参考文献

[1] 马克.莱文森.集装箱改变世界[M].北京:机械工业出版社,2007.

[2] 国家发展改革委综合运输研究所重点课题项目组.我国多式联运系统建设与发展研究.2016.

[3] 国务院新闻办公室.《中国交通运输发展》白皮书,2016.

[4] 国家发展改革委综合运输研究所重点课题项目组.新常态下客货运输发展趋势及对策研究.2016.

[5] 姜超峰.中国古代“物流”一瞥.中国物流与采购网.2006.

[6] 陆子君.物联网技术在物流业的应用现状与发展.工程技术:文摘版,2015(11).

执笔人:宿凤鸣

城市交通篇

内容提要:从历史发展经验来看,城市形态演变趋势决定了城市交通模式的发展要求,而科学技术水平决定了出行方式的可选择范围,二者共同构成了城市交通发展的基本脉络。为科学把握我国未来城市交通发展趋势,本研究在回顾世界城市交通与城市形态演变历程的基础上,通过分析现有城市形态发展理论,对未来城市形态发展趋势做出基本判断,同时结合交通领域相关科技发展趋势,从出行需求、出行方式、出行环境等多个角度展望了我国未来城市交通发展愿景。

自古以来,城市形态的演变与城市交通的发展就是一个互相影响、相互促进的过程。一方面,城市形态直接决定了城市内部的人口与产业分布,间接影响了生活与生产活动的开展,从而塑造了城市居民出行需求的总量与分布、结构。另一方面,城市交通的发展水平决定了城市居民日常出行可以达到的范围,是城市规模的扩展、功能布局调整的主要驱动力之一。因此,无论是离开了城市形态谈城市交通,还是离开了城市交通谈城市形态,都是不科学的。为尽量准确的研判未来城市交通发展趋势,本研究首先对城市交通与城市形态的发展历程进行系统回顾。在此基础上,通过分析城市形态发展相关理论,预测在不受交通条件限制的情况下未来城市形态发展趋势,总结其对城市交通的发展要求,并结合未来科技发展趋势,展望未来城市交通发展愿景。

一、城市交通与城市形态演变历程

纵观人类发展史,随着科学技术的不断进步,城市交通大致经历了步行与马车时代、轨道交通时代、小汽车时代和后小汽车时代4个主要阶段。在各个阶段中,城市形态也发生了相应的演变。

(一)步行与马车时代

在城市形成之初,水路运输是最早出现的大运量、高效率运输方式。由于可达性是决定城市选址的重要因素之一,历史上很多城市都选址在方便水路运输的江河流域。此后,由于人力或畜力驱动车辆的出现,道路交通开始成为城市交通的主要方式。这个时期的城市规模普遍较小,径向距离一般不超过5公里,以保证大部分居民能够在半小时内到达城市边缘。同时,城市形态较为紧凑,呈向心集聚的单核发展。随着人口不断从农村涌入城市,因为人口密度过高而引起的交通拥堵问题逐渐受到重视,运用大运量的公共交通解决居民出行成为主要的缓堵思路。1819年,巴黎市街上首次出现为城市公众提供租乘服务的公共马车,标志着城市交通中私人交通与公共交通相互竞争的二元时代正式开启。公共马车的出现在一定程度扩大了城市范围,但幅度不大。

(二)轨道交通时代

1825年9月27日,世界上第一条铁路在英国的斯托克顿(Stockton)和达灵顿(Darlington)之间开通。火车由蒸汽驱动,最初的速度仅为4.5公里/小时,后来达到24公里/小时。然而,由于蒸汽机车体积巨大,喷出的高温蒸汽容易灼伤行人,且能耗和噪声问题严重,并没有被应用到城市交通中,但轨道却被引入到城市交通。1832年,纽约曼哈顿岛上铺设了第一条公共马车使用的铁轨,城市交通正式进入轨道时代。由于要与其他交通方式共享道路,这一时期轨道交通的速度优势并没有得到有效发挥。

为进一步提高运行速度,轨道交通的地下化和高架化趋势开始出现。1863年,伦敦修建了全世界第一条地下铁路,由于空间相对独立,蒸汽机车得以运用,标志着地铁时代的正式开启。1870年,纽约的曼哈顿岛上的格林尼治街(Greenwich Street)修建了第一条城市高架铁路,同样使用蒸汽驱动。相比地面交通,地下和高架铁路因为与路面交通分离,运行速度更快也更加准时。但蒸汽机车操作笨重,噪声及废气污染严重等特点,仍在一定程度上制约了地下与高架轨道交通的发展。1879 年，德国人维尔纳·冯·西门子提出电力驱动机车技术，并于 1881 年开始在柏林郊区运营一条路面电车线路。电车速度更快，成本更低，此后在世界各地得到迅速推广。1893 年，利物浦开通了第一条电力驱动的高架轨道（Liverpool Overhead Railway）。1896 年，匈牙利的布达佩斯则出现了第一条在地下行驶的电车。

发达的轨道交通给城市交通带了更多活力，城市规模进一步扩张，并呈现出沿轨道交通线路拓展的趋势。以伦敦为例，轨道交通发展初期城市范围的扩展主要围绕铁路沿线的站点展开，形成了一系列规模较小、以居住功能为主的社区。由于蒸汽机车时代轨道交通站点间隔较大，而作为接驳服务的马车服务半径有限，这些社区在出现初期相互隔离。而随着电气化火车的出现，轨道交通站距得以缩小，城市形态逐渐由“触须式”拓展转变为全面拓展，城市半径达到了 10 公里左右。

（三）小汽车时代

1886 年 1 月 29 日，两位德国人卡尔·本茨和戈特利布·戴姆勒获得世界上第一辆汽车的专利权，标志着世界上第一辆汽车诞生。由于生产能力有限，造价高昂，在很长一段时间内，小汽车在城市交通中的普及程度并不高。直到 1913 年，美国的福特公司推出了全球第一条流水生产线，将原来涉及 3000 个组装部件的工序简化为 84 道工序，使得每辆小汽车的生产速度从 12 小时缩短为 90 分钟，成本大幅度降低，小汽车开始得到普及。

1914 年，美国克利夫兰市最先出现电气化红绿灯（1868 年英国伦敦曾安装煤气红绿灯，但因爆炸被取消）。随着各种交通工具的发展和交通指挥的需要，第一盏名副其实的三色灯（红、黄、绿 3 种标志）于 1918 年诞生。信号灯的诞生，标志着城市交通管理开始向现代化迈进，城市交通运行效率大幅度提高，交通环境大为改善，小汽车得以更加快速进入城市。

小汽车快速、灵活，代表的是一种舒适、自由的生活方式，在给私人出行带来便利的同时，也进一步增强了城市规模的扩张能力。20 世纪 20～50 年代，欧美国家经济收入较高，拥有私人汽车的中产阶级开始逐渐远离拥挤、混乱的市中心，选择在环境更为适宜的郊区居住和生活，开启了城市发展的郊区化趋势。20 世纪 70 年代，私人汽车进一步普及，中等收入的普通民众也开始向郊区迁移，进一步加剧了城市边界的蔓延趋势。到了 80 年代，新的工厂区、办公园区（office park）也纷纷迁往郊区，使得这一时期的城市规模迅速扩大，径向距离由轨道交通时代的 10 公里左右迅速扩展 30 公里左右。

（四）后小汽车时代

20 世纪 80 年代以来，随着城市规模的进一步扩大和人口密度的不断提高，越来越多的城市开始出现严重的交通拥堵问题。同时，大量的小汽车出行也带来巨大的能源消耗和环境污染。鉴于小汽车带来的种种不利影响，相关领域学者开始进行反思，认为城市管理者不应该继续有意或无意的支持小汽车发展，而应该推动城市交通迈入后小汽车时代，在公共交通和小汽车之间寻找最佳的平衡点。后小汽车时代的观点逐渐得到认同，以大运量、高速度的现代轨道交通为代表的公共交通逐渐成为各大城市推崇的城市交通方式。

对于小汽车时代开始爆发的城市蔓延，社会各界多持批评态度，主要是其带来的交通拥堵、环境污染等“大城市病”严重降低了城市的宜居水平，已经成为阻碍城市可持续发展的重要因素。虽然小汽车被普遍认为是城市蔓延的直接原因，但从近年来东京、纽约等都市圈不断扩大的情况看，备受推崇的轨道交通同样起到了拓展城市边界的作用。在后小汽车时代，城市的径向距离仍然持续扩大，纽约、东京、巴黎、伦敦四大世界城市15公里、30公里、50公里、70公里半径的四大都市圈层中，第三圈层8000～9000平方公里的区域聚集了都市圈80%的人口，形成了连绵的城市区域。

（五）小结

（1）规模扩张是城市发展的天然需求

从步行与马车时代半径5公里半径，到轨道交通时代的10公里半径，再到小汽车时代的30公里半径，以及后小汽车时代的50公里半径，城市规模一直处于扩张通道之中，目前尚未出现停止迹象。城市规模扩张的源生动力，主要来自于对人口聚集所带来规模效应的追求，以及人类为接近自然、享受更加宜居的生活环境而向城市郊区的迁移。

（2）城市规模扩张呈现顶端优势特性

从20世纪中后期开始，欧美日等主要发达国家和地区的总人口和城市化率已基本稳定，即城市人口总量变化不大，但主要大城市的规模扩张并未停止。这说明大城市由于拥有更加优质的公共服务、更加优越的工作机会等原因持续吸引外来人口。中小城市的扩张动力则并非来自于人口的迁入，而是来自于原有居民向郊区的迁移，扩张的幅度相对较小。

（3）城市扩张需要大众交通工具支撑

城市规模存在扩张需求，但需要有相应速度的大众交通工具支撑才能实现。新的交通工具（如马车和小汽车）产生初期，由于成本过高而使用人数较少，对城市规模扩张的推动力不大。而随着公共马车及私人小汽车的不断普及，城市规模才开始快速扩张。

（4）大城市交通立体化发展趋势明显

城市规模扩张，城区交通需求不断叠加，传统的路面交通资源越来越难以满足日益增长的出行需求。为缓解交通拥堵，城市政府一方面大力推广集约化程度更高的公共交通，另一方面不断扩大城市总体交通资源规模。随着交通技术的不断进步，城市地铁、地下道路、高架道路等立体化交通设施的建设规模日益增加，未来仍有进一步扩大的趋势。

（5）私人交通与公共交通应协调发展

由于交通资源有限，不可能满足所有人都采用私人交通工具出行的方式，发展集聚度更高的公共交通工具就成为各大城市治理交通拥堵的主要手段。规模越大、人口密度越高的城市出行集聚化要求越高。因此，合理的私人交通与公共交通结构应是各城市制定交通发展战略的基本目标之一。

二、城市形态演变的相关理论分析

城市形态定义包括狭义和广义两种。狭义的城市形态即城市外部轮廓所呈现出来的形状，具体指城市实体所表现出来的具体的空间形态。广义的城市形态不仅包括城市各组成部分的有形表现，也不只是城市用地在空间上呈现的几何形状，而且还是一种复杂的经济、文化现象和社会过程，是在特定的地理环境和一定的社会经济发展阶段中人类各种活动的结果。城市作为人类发展到一定阶段的产物，其功能和自身形态也随着经济社会的发展而发生变化。

以 1826 年农业区位理论的提出为标志，理想的城市形态开始成为西方城市领域学者的研究热点。通过对相关理论或主张进行深入分析，能够相对清晰地认识到城市形态的演变机理，勾勒出人类对于城市本质期望，窥探通往未来的现实路径，从而为未来城市交通发展趋势的判断提供基础支撑。

(一)城市形态演变理论

1.区位论

区位理论作为一种学说，产生于 19 世纪 20~30 年代，其标志是 1826 年德国经济学家屠能发表的《孤立国同农业和农民经济的关系》。该文提出了农业区位论，从运费支出最少、利润最大化出发，考察了距离城市远近与农业耕作方式的关系，构建了以中心城市为核心的同心圆农业圈图，阐明了交通系统对农业土地利用区位的重要作用。20 世纪初，韦伯(A. Weber，1868—1958)发表了《论工业区》，标志着工业区位论的问世。工业区位论认为运费、工资和集聚是影响生产费用的主要区位因素，其中运费起着决定性的作用。该理论反映了交通系统与工业土地利用区位选择的相互作用。

19 世纪 50 年代，德国地理学家克里斯塔勒(W. Ohristaller，1893—1969 年)提出了中心地理论，即城市区位论。中心地(Central Place)可以表述为向居住在它周围地域(尤指农村地域)的居民提供各种货物和服务的地方。该理论建立在“理想地表”之上，基本特征是每一点均有接受一个中心地的同等机会，一点与其他任一点的相对可达性只与直线距离成正比。后来，克里斯塔勒又引入新古典经济学的假设条件，即生产者和消费者都属于经济行为合理的人的概念，并以完全信息假设为前提，构建了六边形城市服务范围模型，如图 2-1 所示。几年后，德国经济学家廖什(August Losch)从市场区位的角度分析和研究城市问题，提出了与克里斯塔勒的城市区位论相似的理论，概括为市场区位理论，认为市场区及中心地体系的形成受不同原则和条件的支配，中心地和市场区大小的等级和顺序按照所谓的 K 值排列成有规则的、严密的中心地网络系列。

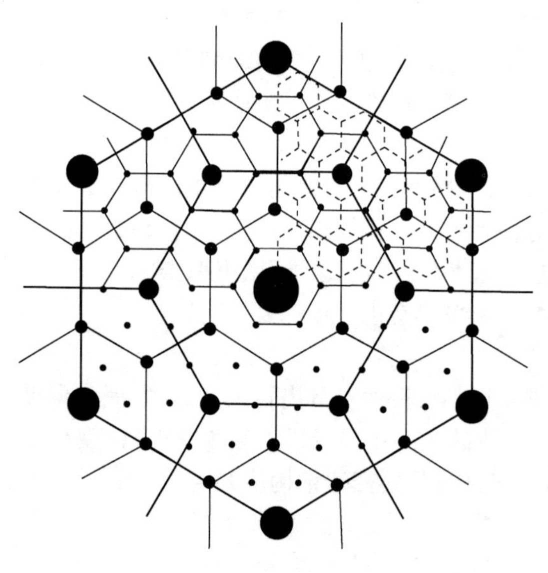

图 2-1　六边形中心地理论示意图

六边形中心地理论具有以下特点：

(1)中心地的等级由中心地所提供的商品和服务的级别所决定。

(2)中心地的等级决定了中心地的数量，分布和服务范围。

(3)中心地的数量和分布与中心地的等级高低成反比，中心地的服务范围与等级高低成正比。

(4)一定等级的中心地不仅提供相应级别的商品和服务，还提供所有低于这一级别的商品和服务。

(5)中心地的等级性表现在每个高级中心地都附属几个中级中心地和更多的低级中心地,形成中心地体系。

在20世纪60年代的时候,新古典区位论的理性经纪人和完全信息假设受到了很多批评。因为人类并不能掌握所有的环境信息,同时自身知识也是有限的,现实中的各种区位也并不是传统意义上的最佳区位。因此,学者们开始从人的行为和结构主义的角度研究区位理论,认为区位是经济结构的产物,尤其是资本主义结构的产物,强调社会文化因素、结构因素和系统因素等对区位结构的影响。经过众多经济学家的不断努力,现代的区位论体系日趋完善,其中的代表人物是保罗·克鲁格曼(P.Krugman)和迈克尔·波特(M.E.Porter),核心观点包括规模经济、外部性、区位竞争等因素对城市形态的影响,强调交通与城市土地利用的双向作用,为城市交通理论和实践的发展提供了众多有益借鉴。

2.同心圆

芝加哥学派主要从社会学、人文生态学角度研究人类活动的城市地域空间的合理结构,其中"交通"与"城市空间结构"相互作用是其主要内容,比较有代表性的成果是同心圆、扇形和多核心的城市空间结构三套理论。

伯吉斯(Burgess)于1923年提出城市形态的同心圆理论,认为城市的几何中心交通条件最好,最易汇聚商业,是城市的中央商务区,如图2-2圆形区域1所示。区域2位环绕商业中心的老城区,是零售商业、低级住宅、小型工厂、批发商业及一些货仓的过渡地带,也是新来移民居住地区。区域3是原来较大工厂的工人住宅区。区域4是较富有的中产阶级住宅区。最外围地带是富人居住区,散布着高级住宅。高级住宅区的建筑密度低,房舍宽敞,由于居住者需要驾车入市工作,故又称通勤人员住宅区。伯吉斯的理论最早提出了中心商务区(CBD)的概念,但忽略了土地价值以及交通条件对城市形态的反作用。

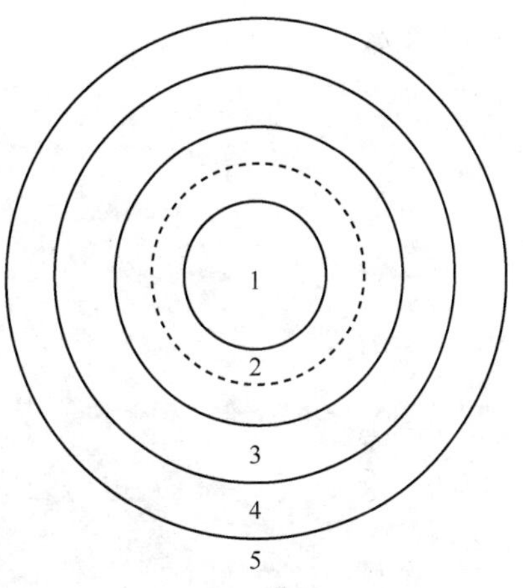

图2-2 伯吉斯同心圆理论示意图

1939年,霍伊特(Hoyt)对同心圆理论进行了修正,提出了城市地域结构的扇形理论,认为城市发展是从市中心沿主要交通干线向外延伸,呈现出由交通干线支撑的扇形组合形状。麦肯齐(R.D.Mckenzie)于1933年提出了城市多核心理论模式。1945年,哈里斯(Harris)和乌尔曼(Ulman)对这一理论进行了完善,认为城市核心的分化和城市地域的分异是在区位、可达性、集聚、分异和地价等因素综合作用下形成的,再加上历史因素影响和局部地区的特殊性,使城市地域形成了多级核心。相对于同等规模的同心圆式城市,多级核心大大降低了中心城区的交通吸引比重,市民的平均通勤时间也大大降低,给处于无序扩张阶段的城市带来新的发展思路。例如,日本的东京,我国的北京、上海等城市开始希望通过新城的建设缓解交通拥堵、环境污染等大城市病。

(二)相关理想主义主张

1.田园城市

田园城市由19世纪末英国社会活动家霍华德在其著作《明日,一条通向真正改革的和平道路》中提出的。在书中他认为应该建设一种兼有城市和乡村优点的理想城市，并称之为田园城市。1919 年，英国的田园城市和城市规划协会经与霍华德商议后，明确提出田园城市的含义：田园城市是为健康、生活以及产业而设计的城市。它的规模能足以提供丰富的社会生活，但不应超过这一程度：四周要有永久性农业地带围绕，城市的土地归公众所有，由一专业委员会受托掌管。

霍华德设想的田园城市实际上是城市和乡村的结合体，包括城市和乡村两个部分。主要的主张包括：城市四周为农业用地所围绕，城市居民可就近获得新鲜农产品，农民也可以就近销售农产品；田园城市所有土地归全体居民集体所有，使用土地必须缴付租金，在土地上进行建设、聚居而获得的增值仍归集体所有；城市的规模必须加以限制，使每户居民都能极为方便地接近乡村自然。霍华德认为理想的田园城市占地为 6000 英亩（1 英亩 = 0.405 公顷）。其中，城市居住用地占地 1000 英亩；四周的农业用地占 5000 英亩，除耕地、牧场、果园、森林外，还包括农业学院、疗养院等。农业用地是保留的绿带，永远不得改作他用。在这 6000 英亩土地上，居住 32000 人，其中 30000 人住在城市，2000 人散居在乡间。城市人口超过了规定数量，则应建设另一个新的城市。田园城市的平面为圆形，半径约 1240 码（1 码 = 0.9144 米）。

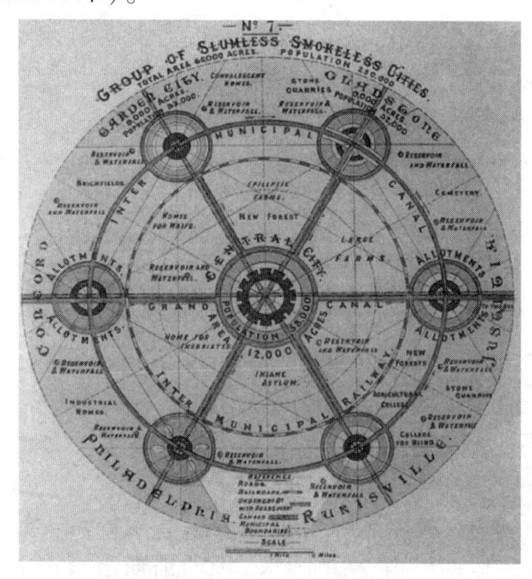

图 2-3　田园城市示意图

霍华德还设想了田园城市的群体组合模式：由 6 个单体田园城市围绕中心城市，构成城市组群，称为“无贫民窟无烟尘的城市群”，如图 2-3 所示。其地理分布呈现行星体系特征，中心城市的规模略大些，建议人口为 58000 人，面积也相应增大。城市之间以快速交通和即时迅捷的通信相连。各城市经济上独立，政治上联盟，文化上密切联系。霍华德田园城市的群体组合把城市和乡村统一成一个相互渗透的区域综合思想，形成一个多中心、整体化运作的城市系统。

这一理论正在西方引发激烈论争。如美国西部的一批高度“田园化”的新兴城市，如洛杉矶、菲尼克斯、图森等已完全失去了城市的密度，“大马路+独幢住宅+花园”的扩张模式，使整个城市如同郊区，以致没有一个明确的市中心概念，中小商业纷纷败落，小汽车成为城市主宰。这样的城市因其在土地及能源上的高耗费而招致社会各界炮轰，主张城市紧凑发展的呼吁日益强烈。

2.广亩城市

广亩城市（Broadacre City），是美国建筑师 F.L.赖特在 1932 年出版的《正在消灭中的城市》（*The Disappearing City*）一书中提出的城市规划思想。赖特在书中指出，高度聚集的生活方式已不能适应现代生活的需要，也不能代表和象征现代人类的愿望，是一种反民主的机制。随着汽车和电力工业的发展，已经没有把一切活动集中于城市的必要，分散（包括住所和就业岗位）将成为未来城市规划的原则。他要创造一种新的、分散的文明形式，并认为在小汽车大量普及的条件下这种形式已成为可能。汽车作为“民主”的驱动方式，成为反城市模型(也就是广亩城市构思方案)的支柱。

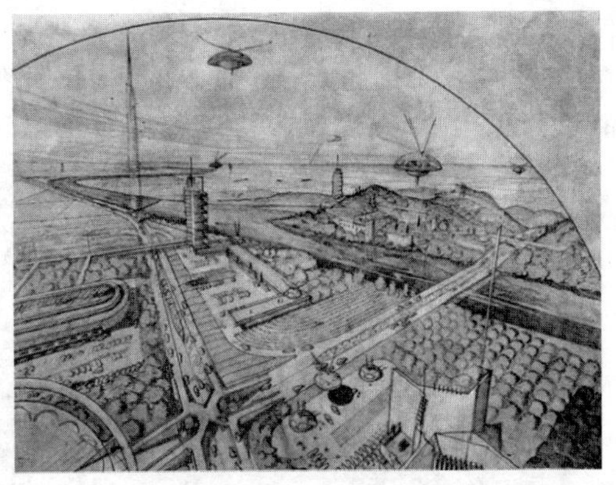

图 2-4　广亩城市示意图

广亩城市的具体设想是把集中的城市重新分布在一个地区性农业的方形网格上。赖特认为,在汽车和廉价电力遍布各处的时代里,已经没有将一切活动都集中于城市中的需要,而最为需要的是从城市中解脱出来,发展一种完全分散的、低密度的生活居住就业相结合的新形式,这就是广亩城市。在这种实质上是反城市的"城市"中,每一户周围都有一英亩(4050 平方米)的土地可生产供自己消费的食物和蔬菜。居住区之间以高速公路相连接,提供方便的汽车交通。公共设施、加油站等沿着公路布设,并自然地分布在为整个地区服务的商业中心之内。

赖特对于广亩城市的现实性一点也不怀疑,认为这是一种必然,是社会发展的不可避免的趋势。他写道:"美国不需要有人帮助建造广亩城市,它将自己建造自己,并且完全是随意的。"赖特成功地预见了美国郊区高速公路旁出现大型超市的现象。美国城市在 20 世纪 60 年代以后普遍的郊区化在相当程度上是赖特广亩城市思想的体现。

3.光辉城市

19 世纪 30 年代,法国著名建筑师勒·柯布西耶将工业化思想大胆带入城市规划,提出光辉城市理论,对 20 世纪后半叶现代主义建筑和城市发展产生了无法比拟的巨大影响。光辉城市理论用全新的规划思想改造城市,设想在城市里建高层建筑、现代交通网和大片绿地,为人类创造充满阳光的现代化生活环境。柯布西耶认为,现代大城市的主要问题是城市中心区人口密度过大,而规划师的解决方案往往是兴建快速路网,导致机动化交通过多,城市中绿地空间太少,城市宜居水平太低。因此,他主张从规划着眼,构建光辉城市,以提高城市宜居水平。

柯布西耶在 1933 年出版的《光辉城市》一书中,描述了光辉城市的终极面貌:城市中完全消除了传统的街区、街道、内院等概念,代之以 12~15 层高的住宅楼以锯齿状蜿蜒盘旋在城市中。高速公路以 400 米的间距呈网格状分布在楼宇之间,个别地方则穿楼而过。所有的路口都采用立体交叉,高速公路上每隔 100 米设有半岛式的停车场,直连住宅楼。从停车场乘坐电梯可以与住宅楼内的走廊式的街道相连。这些内部通道像细线一样把各家各户串联在一起。住宅楼以相距 100 米的停车场和电梯间组成基本居住单位,每个停车场和电梯间服务 2700 个居民。每个这样的居住单位都配备有各种与家庭生活直接相关的公共服务设施,如社区中心、托儿所、幼儿园、公园中的露天活动场所、公园里的小学等。住宅楼里还设有专门的公共服务中心,采用集体经营模式,统一采买生活必需品,餐馆、商店、理发店一应俱全,"为本社区居民提供无微不至的日常活动"。所有住宅楼底层全部架空,高速公路也全部建造在 5 米高的空中,整个地面都留给行人和绿地、沙滩,住宅楼的屋顶也全部设置为绿地和沙滩。

办公和商业区域与住宅区相分离,通过高速公路相连。60 层高的办公楼每隔 400 米布置一座,各个方向都与高速公路相连,每座楼可容纳 12000 个工作岗位。办公楼的底层同样是架空的，把地面和屋顶全部留给绿地和沙滩。工厂区分布在与商业区相对的方向上。大学和体育场被安排在另一条轴线的远端，远离城市。各功能区之间通过高架的高速公路、地面铁路和地下铁路联系。

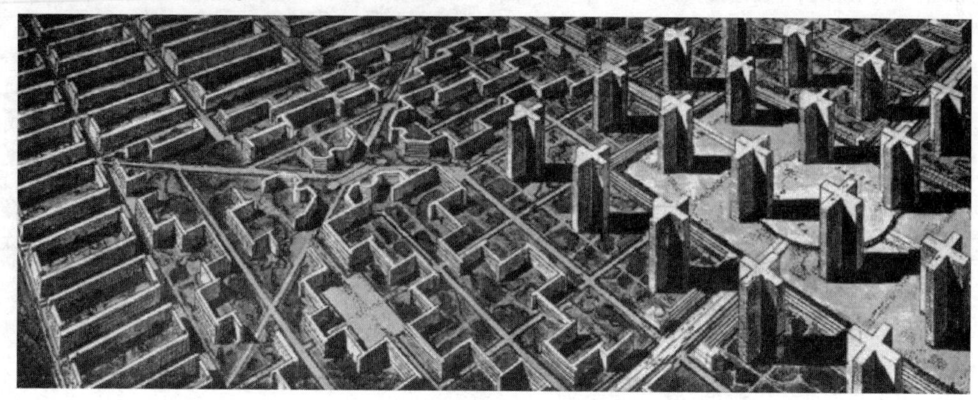

图 2-5　光辉城市示意图

高密度、立体交通的光辉城市，质量高，成本低，通勤便捷，绿意盎然。它彻底消除了交通拥堵，让人们可以方便、安全地居住、通勤。虽然是市区，环境却宁静、幽美，邻里之间既有可以共同种植、交流的场地，又有摆脱了相互打扰的私人空间，以及宜人的尺度——通过合理而明晰的秩序，使空间获得了最大的自由。这就是柯布西耶所追求的自由——细节中的协调一致以及由此带来的整体上的丰富与多元。柯布西耶不赞成霍华德田园城市浪费土地的做法，从这个意义上说是有预见性和正确的。但是，他的光辉城市最引以为傲的所谓高密度设计实际只是相对于局部而言，如果扩大比较范围，把城市里那些道路和空地都纳入比较的话，人口密度大约是每公顷 300 多人，而巴黎则超过 900 人。

《光辉城市》是勒·柯布西耶在现代城市规划方面最重要的理论著作之一。书中对现代城市化模式和居住制度发出全面的征讨，如城市无序蔓延、空间地理分层造成的社会分化和贫富不均、人口过度聚集造成的拥堵和浪费等，指出其根本原因在于资本主义经济制度的运行逻辑，即哄抬土地价值、刺激过度消费等，并将其视为社会发展的“动力”。为此，柯布西耶提出了逆时代的社会发展理念，即呼吁人们满足于克己的、有尊严的“基本的快乐”，并从这个立论出发，提倡一种内聚式的、高密度与高效的新城市形态。广义上讲，光辉城市的理念不仅是一种城市规划思想，而且也是为解决社会问题和人类精神归宿而做的深入思考。

(三)城市形态发展路径

1.TOD 理论

20 世纪 70 年代以来，蔓延式的郊区化发展导致了严重的交通拥堵，进而引发一系列的环境、经济和社会问题。因此，公共交通为导向的城市交通发展模式逐渐得到公认。在此背景下，美国“新城市主义”学派相继提出了著名的步行邻里街区(Pedestrian Pocket，简称 PP)模式、传统邻里街区开发(Traditional Neighborhood Development，简称 TND)模式和公共交通导向开发(Transit-Oriented Development，简称 TOD)模式三大理论。

TOD 理论通常被认为是步行邻里街区概念的延伸和具体应用，由卡尔索尔普于 20 世纪

90 年代提出的。该理论倡导城市用地以公共交通站点为中心展开,其中公共交通主要是地铁、轻轨等轨道交通及巴士干线,站距在 0.8~1.6 公里(车程 10 分钟)。其核心主张是对站点周边的用地采用高密度、混合开发的模式,并尽量将开发半径控制在 600 米(10 分钟步行时间)以内。该区域之外的区域开发密度随之降低,如图 2-6 所示。

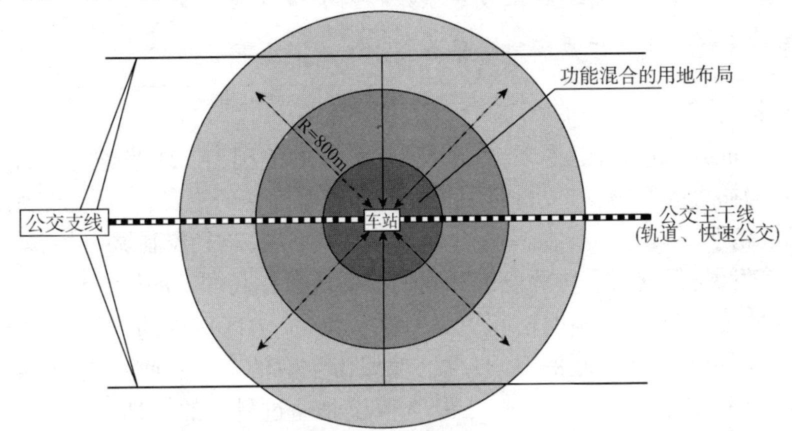

图 2-6　TOD 理论示意图

TOD 理论提出之后,首先在欧美国家被推行,随后亚洲和拉丁美洲也对 TOD 模式进行研究和尝试,成为目前各城市政府控制城市蔓延的社区规划主流模式之一。目前,我国大量一线和二线城市已经开始实践 TOD 理念,如香港、北京、佛山等。特别是对于城市边缘尚未成片开发的地区,通过导入公共交通提高周边地价,进而出售基础设施完善的"熟地"收回先期投入的做法被倡导之后,大大加快了 TOD 理论的推广速度。从实践情况来看,局部 TOD 开发的案例大多对出行特征改善不大,而大范围实施的案例则改善明显。这是由于居民出行是在全市范围内进行的,而非仅仅局限在某一区域。因此,若只在某个或某几个站点实行 TOD 模式,并不能有效覆盖足够多居民出行链,改善效果就不明显。通过在足够大的区域,甚至全城范围内实行这种发展模式,就能充分发挥规模整合的优势,从而改变整个区域的用地形态和出行特征,有效控制城市的无序蔓延,缓解交通拥堵等大城市病。

专栏 2-1　库里蒂巴 TOD 发展实践

库里蒂巴市为巴西东南部帕拉那州的首府,城市空间结构非常清晰,以 BRT 系统为支撑,以公交走廊为引导,呈单中心放射状轴向带形布局。联合国《2002 年世界城市发展报告》称,"库里蒂巴市的快速公交系统是世界上最好、最实际的城市交通系统"。公共交通引导城市发展理念,以及相应的带状开发实践和用地布局模式,是库里蒂巴 BRT 系统获得成功的根本经验。

1966 年,库里蒂巴市通过了名为"Plano Director"的总体规划方案,提出通过几条特殊的公交廊道引导城市向外扩散的发展思路。在此之后,库里蒂巴的城市发展沿 5 条"结构轴线"呈带状拓展,轴线两侧规定了高强度的土地开发,将巨大的交通需求控制在轴线的步行范围以内,大大降低了居民出行的换乘次数与换乘距离,充分体现了土地使用强度、交通需求与城市结构相匹配的原则。

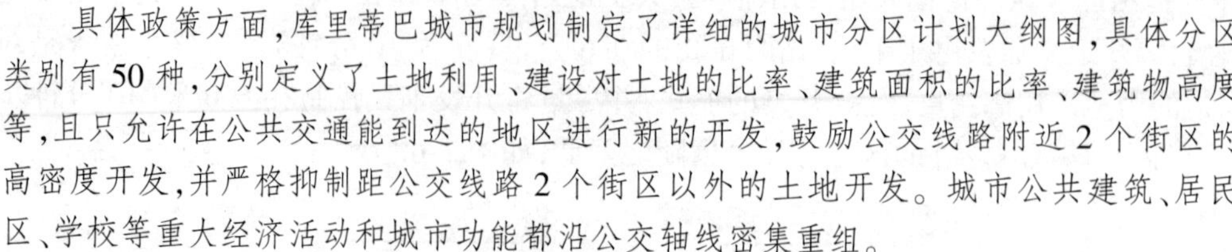
具体政策方面，库里蒂巴城市规划制定了详细的城市分区计划大纲图，具体分区类别有 50 种，分别定义了土地利用、建设对土地的比率、建筑面积的比率、建筑物高度等，且只允许在公共交通能到达的地区进行新的开发，鼓励公交线路附近 2 个街区的高密度开发，并严格抑制距公交线路 2 个街区以外的土地开发。城市公共建筑、居民区、学校等重大经济活动和城市功能都沿公交轴线密集重组。

2.精明增长

精明增长(Smart Growth)起源于 20 世纪 90 年代的美国，在 21 世纪逐渐盛行。作为以应对城市蔓延为初衷的产物，有关精明增长目前并没有确切的定义，不同的组织有不同的理解。总的来说，精明增长是一种在提高土地利用效率的基础上控制城市扩张，保护生态环境，服务于经济发展，促进城乡协调发展和人们生活质量提高的发展模式。

相比于某些短期的利益，精明增长更加看重长期的、大区域内的可持续发展，通过提高交通设施、工作岗位和居住设施的空间尺度，使城市生活的成本和收益更加均衡，从而有效提高资源利用效率，改善生活环境。由于基本假设是通过科学的规划平衡资源保护与开发之间的关系，而城市的一切发展均以土地为载体，城市增长的"精明"最终落实在土地利用的精明上，因此编制科学的土地利用规划是实现城市精明增长的关键。2000 年，美国规划协会联合 60 家公共团体组成了"美国精明增长联盟"(Smart Growth America)，确定精明增长的核心内容是：用足城市存量空间，减少盲目扩张；加强对现有社区的重建，重新开发废弃、污染工业用地，以节约基础设施和公共服务成本；城市建设相对集中，空间紧凑，混合用地功能，鼓励乘坐公共交通工具和步行，保护开放空间和创造舒适的环境，通过鼓励、限制和保护措施，实现经济、环境和社会的协调。提倡的措施包括划定城市增长区边界、城区用地填充式开发和再开发、优化城市慢行交通系统、用地高强度开发、用地混合开发、公共交通导向型开发、完整街道设计等。

专栏 2-2　美国精明增长实践案例

美国目前已经开展的精明增长政策实践包括联邦政府、州和地方政府 3 个层面。

联邦政府层面。联邦政府提出 5 项国家拨款，即从国家税收中拨出 7 亿美元给各州和地方团体，鼓励他们深入开展城市美化运动，61 亿美元用于缓解交通拥挤，16 亿美元致力于减少空气污染，5000 万用于空气质量项目上，1000 万用于鼓励家长参与地方学校设计。促进修正 TEA-21(Federal Transportation Efficiency Act for the 21st Century)法案，以推动轻轨、人行道和自行车道设施建设。全美规划师协会(APA)经过长期努力于 2002 年制订出关于精明增长的立法指导手册(APA Growing Smart LegislativeGuidebook)，以促进各州规划和分区的现代化。

州政府层面。马里兰州 1997 年通过 5 项立法提案，包括"精明增长地区法 1997""农村遗产法 1997""棕地复兴计划""创造就业机会税收鼓励计划"和"就近工作居住计划"，成为促进马里兰州精明增长的核心动力。马里兰州大学精明增长研究和教育国家中心于 2000 年建立，加强解决土地发展、资源保护和城市空间成长等相关问题的研究。加利福尼亚州于 2001 年通过了"加利福尼亚农田保护债券法"(California Farmland

Conservation BondAct),授权州政府以出售债券方式购买因蔓延而受到威胁地区的农田开发权,同时促进城市内填式发展(Infill development)。同年通过的"地方政府总体规划修正和可持续社区授权计划",可批准同意上限为25万美元的拨款分别给各县市,用于修订和更新政策及规划,并鼓励土地使用、住房供给和交通等规划之间的协调。华盛顿州1990年通过了"Growth ManagementAct"(GMA),以鼓励优化土地开发模式,保证居民生活质量。

城市政府层面。波特兰市制定了"Portland Region2040",提出的主要策略包括:严格控制城市增长边界;将城市用地需求集中在已有中心和公交走廊周围;增加既有居住密度,减少每户住宅的占地面积;增强对绿色空间的保护;迅速扩大轻轨系统和公交系统的服务水平和能力。奥斯丁市政府于1995年成立"公民规划委员会",负责修订规划条款和指导土地使用决策。委员会于1998年公布了"奥斯丁市精明增长提案",主要达到3个目标:①奥斯丁怎样和在哪里增长。划出两个主要的精明增长区"DDZ"(Desired Development Zone)和"DWPZ"(Drinking Water Protection Zone),以限定城市增长边界;②改进生活质量。通过邻里规划保护和增强传统邻里关系(traditional neighborhood),维护生态敏感区和减少蔓延提高环境质量,提供多样性交通方式改善可达性和机动性(accessibility and mobility),再投资城市内核(city core)促进经济发展;③增强税基(tax base)。采取多种方式刺激和吸引对城市投资。

(四)小结

历史上我国城市规划曾经形成鲜明的风格,但其主张主要是从封建思想、小农经济、非机动交通三大背景的碰撞下产生,已经不能适应当代乃至未来的城市发展要求。近代以来,我国的城市规划实践已基本摒弃传统风格,开始全盘引进、借鉴国外先进的城市规划与建设经验。虽然尚未有国内学者提出成形的城市形态理论,但国内学界对于国际先进理论的认识与理解已经非常深入,可以说目前国内、国外城市形态理论的发展已经处于同一水平线。

总的来说,目前的城市形态理论可以分为3类:一类注重从经济学的角度解释城市形态的客观演变规律。这些规律较好地解释了城市发展历史与现状,但并未提出明确的城市形态规划方法,包括区位论和同心圆理论。一类从人类对于城市的本源需求出发,提出了与现实城市完全不同的城市形态理论。由于过于理想化,这类理论未能得到有效推广,但其"人性化"主张实际上影响着规划实践的价值取向,包括"田园城市""广亩城市"和"光辉城市"。一类从问题的角度出发,以合理引导出行需求、缓解交通拥堵、减轻环境污染为导向,在大量实践经验的基础上,引领城市发展,包括TOD理论和精明增长理论。上述三类城市形态理论实践情况反映出城市形态演变的3个大趋势:

(1)城市形态的发展遵循经济规律,同生产生活方式密切相关

农业区位论、工业区位论、市场区位论3个不同时期的理论的转变,一方面反映了城市经济结构从第一产业为主向第二产业为主转变的过程,另一方面也反映了工业化时代制造业外迁,城市功能布局以第三产业和生活服务为主的总体趋势。21世纪以来,人类正式步入信息化时代,城市功能布局将进一步向适应第三产业发展与更好地为生活服务演变,城市交通客运以服务通勤和休闲为主、货运以服务第三产业和生活类物流为主的特征将更加

明显。

(2)城市形态的发展不能脱离现状，近期的演变遵循问题导向

城市形态会随着科技的进步而改变，但最终还是基于现有形态。近期要注意避免完全否定现有形态，完全重建新城的“光辉城市”等过度超前的理想主义思潮。相对完全重建一个新的城市，精明增长的核心思想是在现有城市形态的基础上，用足城市存量空间，减少盲目扩张，鼓励乘坐公共交通工具和步行，保护开放空间和创造舒适的环境等，对于缓解当前交通拥堵、环境污染等城市交通突出问题的现实意义更加明显，也更可行。

(3)城市形态的发展水平逐步提高，远期的发展追求人文关怀

“田园城市”“广亩城市”和“光辉城市”等主张虽然过于理想主义，但也体现出人类亲近自然、追求自由、崇尚文化的本源需求。随着人类经济社会发展水平的提高，这些目标是可以逐步接近的。相比于欧美发达国家，国内在城市规划过程中不注重对自然环境的保护和人文的关怀：天然植被砍伐殆尽，代之以毫无生气的人工绿化；机动车抢占道路资源，步行环境日益恶化；城市设计生硬冰冷，文化积淀严重缺乏。未来城市发展应坚持以人为本的基本原则，逐步向亲近自然、追求自由、崇尚文化的方向演变。

三、未来城市交通的发展愿景

基于对城市形态与城市交通相互作用机理的认识，以及城市形态演变趋势分析，结合当前城市交通领域科技发展趋势，展望未来城市交通发展愿景。

(一)城市形态发展趋势

总体来说，未来我国城市形态将呈现总体规模进一步扩大、空间分布进一步均衡、功能布局进一步优化、竖向密度进一步提升、城市环境进一步绿化的方向演变。

1.城市规模延续扩大趋势，大小城市分化更加明显

目前，我国正处在快速城镇化阶段，所有城市规模扩张的天然需求均能得到充分满足。在当前轨道交通技术水平的支撑下，预计到 2030 年北上广深等超大城市将有可能达到径向 50 公里的规模；随着我国城镇化率的不断提升，中小城市的半径也将得到一定程度的扩展，但幅度应该小于大型城市。预计 2050 年，速度在 500 公里/小时的超导和常导磁浮轨道交通将得到普及，超大城市的径向距离将进一步拓展，出现数个半径超过 100 公里的超级都市圈；而由于城镇化率趋于稳定，中小城市规模将在 2030 年之后的扩张主要依靠原有居民向城市郊区的迁移推动，速度将明显降低。

2.空间分布进一步均衡，内陆地区大城市数量增加

由于经济和社会发展水平的东高西低现象，当前我国东部地区的大型城市密度明显高于中西部地区。7 个超大城市中，有北京、天津、上海、广州、深圳等 5 个位于东部地区，西部和中部地区仅各有 1 个。随着国家一带一路、长江经济带、西部大开发、中部崛起等战略的推进，以及磁浮高速铁路等技术的支撑，中西部区位交通条件得到明显改善，从而推动现有城市规模的扩大。未来，中西部地区成都、西安、郑州等一批城市将有望成长为超大城市，中小城市规模增长速度也将超过东部地区。虽然大型城市在东中西部的空间分布将更加均衡，但中西部地区小城市比例仍然较东部为高。

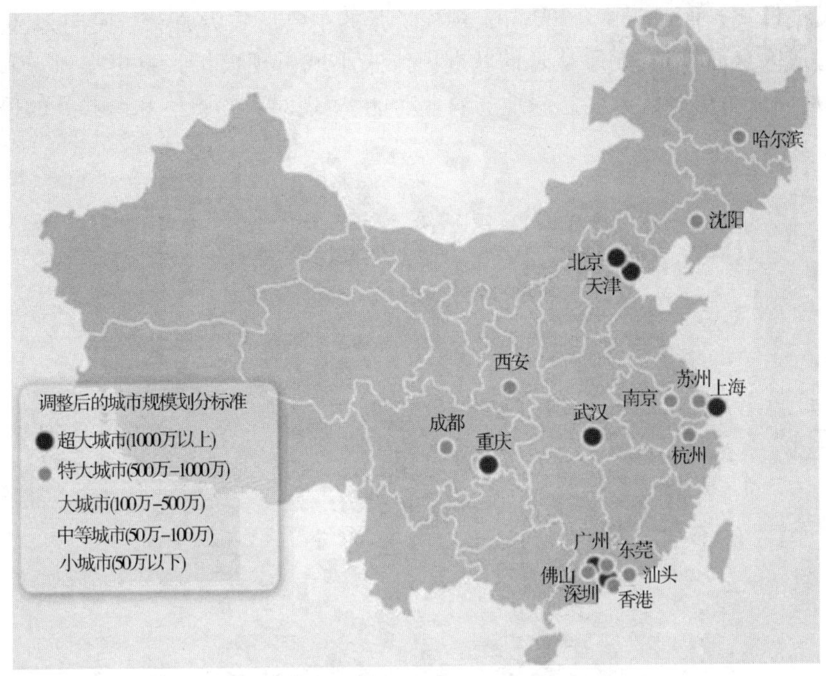

图 3-1　当前超大城市与特大城市分布情况(图片来源于国务院《关于调整城市规模划分标准的通知》)

3.大城市功能布局不断优化,多中心取代无序蔓延

当前,我国多数大型城市规模存在摊大饼式无序蔓延趋势,城市功能布局不合理导致的交通拥堵、环境污染等问题成为制约城市可持续发展的重要因素。城市规模的无序蔓延始自小汽车时代,所造成的负面影响爆发在后小汽车时代。虽然很多城市尝试通过轨道交通拓展卫星城,大力推动 TOD、精明增长等发展模式的方式优化城市功能布局,但整体上效果并不理想。未来随着高速磁浮技术的不断成熟,轨道交通与私人小汽车速度差距将被拉大,城市布局将有条件实现多中心布局,类似于轨道交通时代伦敦近郊社区的相对独立发展。在此种城市形态下,城市中心区的客货运输需求可能出现离心化倾向。

4.城市布局立体化程度更高,向竖向高密度化发展

从 6 世纪传说中的新巴比伦"空中花园"到如今世界各地越来越多的摩天大楼,人类对于城市立体化的探索的脚步从未停止。随着人口的不断涌入,大型城市若仅靠横向铺展扩大规模,将在很大程度上增加出行需求、降低出行效率,且这种平面的发展模式受到土地资源限制,也是不经济的。因此,未来大型城市在规模扩张的同时,也将进一步向竖向高密度发展。类似于 TOD 理论所主张的高密度、混合开发模式,集合居住、办公、零售、餐饮、酒店等多种功能的特大建筑群将成为大型城市重要发展方向,建筑群内居民的绝大多数日常生产、生活需求都能够在步行范围内解决。

5.城市发展更加追求绿色化,花园城市成主流目标

未来,随着经济社会发展水平的提高,资源消耗量大、环境污染严重的低端产业,以及劳动力密集型产业将逐渐迁出城市,人们将更有能力实现田园城市、广亩城市等理想主义城市形态主张中对于绿色自然的追求。未来的大型城市中,绿化覆盖率将大幅度提升,产业外迁所腾出的土地被各种公园、花园甚至城市农场所取代。新加坡式的花园城市将成为我国大城市主流发展模式。而对于中小型城市，规模扩张的主要形式为原有居民向郊区的迁移，不同于当前建成区全面扩张、无序蔓延的状况。未来小城市规模扩张将更多以点和线的形式渗入郊区，从而保留更多的原生态绿地与农业功能，实现对人与自然和谐共处的追求。

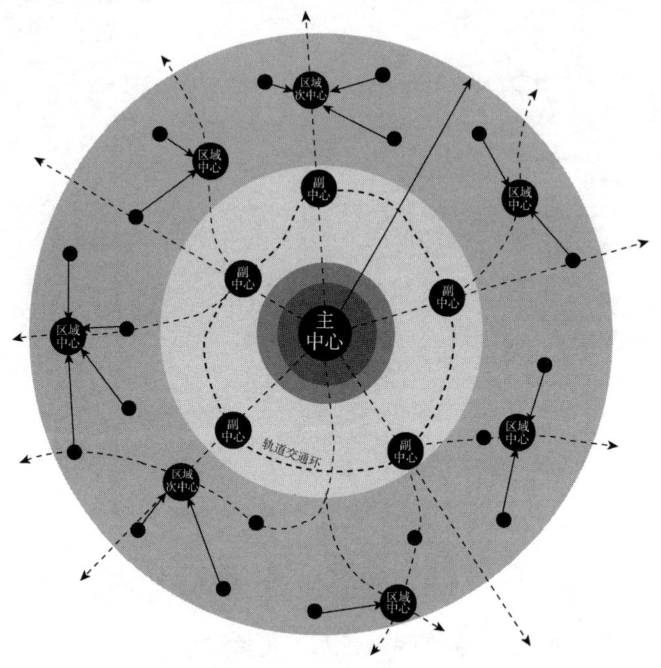

图 3-2　超级都市圈多中心功能布局示意图

(二)交通科技发展趋势

交通领域每一次大的变革都离不开技术的突破。城市交通运输作为人员和物资运输需求最密集、交通方式构成最复杂、精细化管理要求最高的关键节点，往往对新技术很敏感，推广速度也非常快。为更加准确地把握未来城市交通发展方向，需对交通相关领域科技发展状况进行系统性梳理，并大致判断远期发展趋势。当前，互联网、人工智能、能源等领域新技术发展势头强劲，有望对城市交通模式产生重大而深远的影响。因此，从高速磁浮、自动驾驶、空间拓展、能源革命、智慧城市 5 个角度，梳理城市交通领域新技术发展趋势，为科学研判未来城市交通模式演变规律，勾勒城市交通的未来图景提供基础支撑。

1.铁路磁浮技术进展迅速，城市轨道交通速度将大幅度提升

目前，多个国家已经开始着手磁浮高速铁路的开发和布局。日本已经在 2016 年 10 月开工建设东海铁路公司(JR 东海)超导磁浮中央新干线，最高时速 500 公里，40 分钟即可连接日本东部地区和名古屋、大阪等关西地区，预计 2027 年建成。德国近年来加强常导磁浮技术研究，最高试验时速已经达到 505 公里。磁浮高速铁路速度快、舒适性好，将成为未来高速铁路技术的发展方向。预计到 2030 年，美国、德国、日本和我国将出现数条磁浮高速铁路。到 2050 年，高速磁浮轨道交通将在主要大都市圈内得到广泛应用，成为城市居民远距离出行的主要交通方式。

2.无人驾驶技术逐渐成熟，城市交通自动化趋势不可逆转

目前，自动驾驶汽车在技术层面已逐渐趋于成熟。虽然在法律法规、伦理道德、设施改造等方面仍存在大量障碍,但自动驾驶汽车对缓解交通拥堵、减少交通事故的巨大潜力不容忽视,技术进步改变人类生活的脚步也不可阻挡,终有一天会取代人类驾驶员成为城市交通主要驾驶方式。根据全球知名经济咨询机构 IHS 环球透视(以下简称 IHS)汽车部门的预测,截至 2035 年全球将拥有近 5400 万辆自动驾驶汽车(L1~L3 级),而无人驾驶的全自动化汽车(L4 级)将于 2030 年左右面世。且到 2050 年之后,几乎所有汽车将是自动驾驶汽车或自动驾驶商务汽车。

3.城市交通向立体化发展,空中与地下空间得到充分开发

从当前情况和长期发展趋势看,未来城市将追求行人与车流、客流与货流的完全分离,采用空中、地面、地下三者合一的立体交通模式,且空中交通与地下交通的比重将大幅度增长。其中,空中主要是私人飞行交通为主,大部分公共交通和行人活动空间将位于地面,地下空间以私人机动交通、静态交通、地铁和地下物流系统组成。地下交通方面,目前地下空间拓展的相关技术已经基本成熟。在技术和需求的双重激励下,地下交通系统的开发将率先启动,预计到 2030 年左右地下交通设施达到建设高峰,2050 年左右基本成形。而空中交通方面,由于电池和控制方面的技术瓶颈,飞行装备的实用性和安全性仍有待提高,预计 2030 年左右能够解决应用难题,2050 年左右成为重要交通方式。

4.化石能源逐渐退出历史,燃料电池与太阳能主导新能源

在 2016 年召开的 FOURIN 世界汽车研讨会上,中国汽车技术研究中心预计 2020 年全球新能源汽车占比将达 8%(大约 240 万辆),2030 年占比将达 40%,其中电动汽车占绝对主体地位,且全部新增汽车均为新能源。目前,我国新能源汽车推广速度全球领先,但种类主要是插电式电动汽车。由于火力发电是中国主要的电力来源,因此从整体能源生态系统的角度考虑,当前解决方案是不够环保的。预计 5~15 年内,全球将有可能进入燃料电池汽车时代,同时太阳能汽车的相关技术也将更加成熟。照此趋势,预计 2030 年我国城市交通中新能源汽车数量将超过传统化石能源汽车,但以插电式电动汽车为主,燃料电池汽车尚处于初步应用阶段。预计到 2050 年,新能源汽车占比有望接近 100%,燃料电池汽车比例将得到大幅度提升,且太阳能汽车技术已经成熟并开始推广。

5.物联网技术将得到普及,人工智能将主导城市交通管理

利用信息化技术或其他手段,实现精准的个性化交通运输,是城市交通领域发展的新需求。伴随着城市交通领域万物互联水平和城市大脑“智力”水平的进步,未来城市交通的管理水平将不断升级,城市交通的承载力和综合品质也将得到显著提高。预计到 2030 年,“城市大脑”计划将在全国范围内得到实施,城市交通设施、装备实现初步的“万物互联”,城市交通自动化运行和管理水平得到大幅度提升。而到 2050 年之后,伴随着自动驾驶汽车、自动货运系统等新技术的普及,城市部分区域的机动化交通有望实现高度的自动化、同步化运行。由于消除了人类交通行为的差异性,交通拥堵将得到大大缓解,安全事故将基本被杜绝。

(三)城市交通发展愿景

在城市形态变化的影响下,交通科技发展的支撑下,未来城市交通将向更加均衡化、立体化、人性化、绿色化和智慧化方向演变。

1.出行需求更加均衡，集聚化程度降低

未来随着生产效率和收入水平的提高，城市居民在时间和经济上将更加宽裕，平均出行次数会有所提高，但出行需求的时空分布将更加均衡，集聚化程度明显降低。首先，城市向多中心布局模式演变，大量劳动力密集型制造企业将迁往城市外围，城市内部的客货运输需求减少。其次，城市向竖向高密度模式演变，市民的平均出行距离大幅缩短，进一步降低机动化交通出行强度。第三，自动控制、虚拟现实、3D 打印等技术的逐渐成熟，市民生产、生活出行的时空刚性将大幅度降低，从而有效降低集聚化程度。预计到 2030 年，城市内部货运需求大幅度减少，客运需求高峰系数有所降低。预计到 2050 年，在自然进步情景下，客运需求高峰系数大幅度降低；在乐观跃升情景下，客运需求早晚高峰集聚现象基本消除。

2.出行方式更加多样，立体化程度更高

由于现有城市道路远远不能满足如此高密度的出行需求，未来城市的地下和空中交通资源可能得到更加充分的开发，城市交通系统承载力将得到大幅度提升，城市交通系统分层现象更加明显。其中，地面以速度较慢的现有交通方式为主，但体验为主的非机动交通出行比例显著提高，出行环境明显改观；空中以速度较快的私人和公共飞行器为主，且高度与速度成正比；地下以大运量、快速化的公共客运交通，以及速度和可达性均较高的自动化货物运输系统为主。预计到 2030 年，城市地下客运交通系统建设趋于完善，地下货运系统开始谋划建设。预计 2050 年，在自然进步情景下，地下货运系统、空中交通将得到初步推广；在乐观跃升情景下，地下货运系统、空中交通将得到大范围普及。

3.出行环境更加优越，人性化程度提高

后小汽车时代，城市内部交通资源分配上更加偏向于小汽车，大量地面交通资源被私人机动化交通占有，城市街道慢行交通环境持续恶化。未来，随着 TOD 模式、精明增长模式、街区制模式、完整街道设计等城市发展理念的推广，现有路面交通资源将逐步向慢行交通转移，街道环境将更加人性化，对非机动车和行人更加友好。在分配给非机动车的交通资源中，也将以大运量公共交通为主，私人小汽车出行空间大幅度减少。预计到 2030 年，城市街道交通环境将得到初步优化，慢行交通网络基本建成。预计到 2050 年，在自然进步情景下，慢行交通网络已趋完善，非机动车、行人可以在城市街道上畅行无阻；在乐观跃升情景下，城市街道与城市公园融为一体，非机动车、行人可以在街道上自由的停留、行走，人们可随意休憩、游玩。

4.能源结构更加清洁，绿色化水平提升

当前，城市交通领域化石能源的使用是导致城市空气污染的主要因素之一，迫切需要进行一场彻底的能源革命。未来，随着乙醇、氢气等燃料电池技术的成熟，以及太阳能采集转化效率的提高，城市交通领域传统化石能源应用比例将有望大幅度降低，甚至完全退出，机动化交通工具进入"零排放"时代。从能源类型来看，最主要的两种能源类型有可能为燃料电池和太阳能，其次为少量的插电式电动交通工具。预计到 2030 年，传统化石能源的城市交通工具所占比例将大幅度减少，以插电式电动汽车为主的新能源交通工具将成为主流。预计到 2050 年，在自然进步情景下，传统化石能源的城市交通工具将基本退出，乙醇、氢气燃料电池为主的新能源交通工具将成为主流；在乐观跃升情景下，太阳能技术取得突破，太阳能交通工具在城市交通领域得到大规模应用。

5.运输工具更加智慧,共享化程度提高

从现有人工智能、物联网和自动驾驶等技术发展趋势来看,城市内部主要机动化交通方式将物联网化,并在远期实现自动化控制,具体应用形态包括城市大脑、无人驾驶飞行器、自动驾驶汽车、地下自动货运系统等。同时,随着城市交通工具自动化程度的不断提升,自有交通工具和共享交通工具在使用体验上的差距将持续缩小,城市居民购买自有交通工具的欲望持续降低,在有效控制增量的同时,提升存量交通工具的使用效率。预计到 2030 年,部分城市交通设施、设备实现物联网化,私人交通工具保有量增长速度将大幅度降低。预计到 2050 年,在自然进步情景下,大部分城市交通设施、设备将实现物联网化,并有条件在城市大脑的集中控制下基本实现城市交通的自动化运行,私人交通工具保有量出现一定的下滑态势;在乐观跃升情景下,城市交通基础设施、设备将实现全面物联网化,城市大脑具备了控制所有交通要素、实现城市交通全面自动化运行的能力,城市居民采用共享交通工具出行的比例接近甚至超过自有交通工具出行。

本篇参考文献

[1] 钱璞.城市交通和城市形态的关系——国际经验及对我国的借鉴意义[C]//2012 城市国际化论坛,2012.

[2] 段里仁,毛力增.看城市交通拥堵成因及对策——(一)国外城市不同时期交通拥堵[J].城市公共交通,2015(10):66-67.

[3] 费移山.城市形态与城市交通相关性研究[D].东南大学,2003.

[4] 张菁.以世界城市的标准重新审视北京交通发展——北京交通发展研究中心主任郭继孚先生访谈录[J].综合运输,2010(5):75-80.

[5] 王静芬,刘润民.呼和浩特城市形态演变[J].北方经济,2006(2):46-48.

[6] 屠能.孤立国同农业和国民经济的关系[M].商务印书馆,2011.

[7] 韦伯 · A.工业区位论[M].李刚剑,陈志人,张英保,译.商务印书馆:1997[1905].

[8] 许学强,周一星,宁越敏.城市地理学[M].高等教育出版社:2009.

[9] Calthorpe,Peter:The Next American Metropolis:Ecology,Community,and the American Dream[M].Princeton Architectural Press:1993.

[10] Robert Cervero.TOD 与可持续发展[J].城市交通.2011,9(1):24-28.

[11] 韦娟.库里蒂巴快速公交对我国城市交通发展的借鉴意义[D].北京交通大学,2007.

[12] 毛蒋兴,闫小培.国外城市交通系统与土地利用互动关系研究[J].城市交通.2004,28(7):64-69.

[13] 黄慧明,Casella,Faicp.美国“精明增长”的策略、案例及在中国应用的思考[J].现代城市研究,2007,22(5):19-28.

[14] 孙巍,张捷,穆文浩,等.典型国家和地区自动驾驶汽车发展概述[J].汽车与安全,2016(2):86-89.

执笔人:王淑伟

低碳交通篇

内容摘要：本篇在总结我国低碳交通发展现状基础上，借鉴发达国家低碳交通发展的国际经验，对近、远期的国内低碳交通发展愿景进行展望，最后从提高运输系统效率、优化交通运输结构、使用清洁交通能源和坚持创新驱动4个方面系统提出了我国低碳交通发展的技术方向。

一、我国低碳交通发展现状

（一）交通运输碳排放持续增长

交通运输是能源消费的重点领域之一，在传统的以化石能源为主导的消费模式下，交通运输碳排放成为主要的排放源。进入21世纪以来，随着我国经济社会快速发展，居民生活水平不断提高，交通运输需求旺盛，客货运输周转量显著增长，特别是由于机动车化水平迅猛增长，交通运输碳排放总量相应呈现持续快速增长态势。据测算，我国交通运输行业终端能源消费二氧化碳排放总量从2005年的4.1亿吨增加到2014年9.3亿吨，累计增长1.3倍；人均交通二氧化碳排放从0.31吨上升至0.685吨，年均增长10.5%。交通运输碳排放占全国能源二氧化碳排放比重从2005年的6.8%上升为2014年的10.2%。

从交通运输行业消费的能源品种结构来看，柴油、汽油、煤油等石油制品占绝大比重，天然气等清洁能源消费占比较小但稳步上升。这反映在不同方式排放结构上，各类道路机动车是燃油消费的大户，也是二氧化碳主要排放源。据测算，目前我国交通二氧化碳排放中，各类道路机动车约占75%，各类水运船舶约占9%，民航约占8%，铁路约占5.5%，管道运输约占1.5%。在货物运输领域，2014年二氧化碳排放占整个交通运输行业达到约65%，其中公路货运是主要贡献者，占整个货运行业排放总量85%左右，依次是水运和铁路。在客运领域，各类道路客运车辆是二氧化碳的主要贡献者，占比超过70%；其次是民航运输，约占15%左右。值得注意的是，由于我国铁路电气化水平不断提高，轨道交通快速发展以及港口装卸机械设备"油改电"技术推广，电力消费量稳步上升，显著降低了终端用能的碳排放水平。随着水运、铁路、城市轨道交通等清洁交通方式加快发展，综合交通运输结构不断优化，未来电动汽车等清洁交通工具的普及应用，将带来交通运输领域能源清洁化程度持续提高，扭转交通运输碳排放增长的态势。

（二）低碳交通发展成效初显

一是重视节能减排政策与法规标准建设。制定了交通运输行业"十二五"和中长期的节能减排规划，印发了《交通运输行业"十二五"控制温室气体排放工作方案》，颁布了《绿色循环低碳交通发展指导意见》《建设低碳交通运输体系指导意见》《资源节约型环境友好型公路水路交通发展政策》等政策文件。出台了营运车辆燃料消耗量限值及测量方法、码头船舶岸电设施建设技术规范等20余项公路水路相关标准和规范。

二是建立节能减排试点示范机制。开展了低碳交通运输体系建设试点城市工作，绿色循环低碳交通区域性和主题性项目试点工作。交通运输部在全国范围内组织开展了低碳交通运输体系建设实施方案编制研究工作，重点围绕碳排放管理体系、基础设施、运输装备、运输组织、智能交通和公众信息服务等6个方面科学规划。先后组织开展了江苏、浙江、山东、辽宁4个绿色交通省份，北京等27个绿色交通城市，天津港等11个绿色港口，广东广中江高速公路等20条绿色公路的绿色交通试点工作。推出了6批共130个部级节能减排示范项目，开展了"车、船、路、港"千家企业低碳交通运输专项行动，以及天然气动力车船试点工作。

三是加强低碳交通科技研发与推广。针对制约行业低碳发展的关键环节，组织开展了具有前瞻性、战略性和基础性的政策研究和技术开发，不断夯实行业节能减排能力基础。开展了“中国交通低碳发展发展战略研究”等重大科研课题，实施了云南昆龙高速运营节能科技示范工程等节能减排示范工程；开展了“十二五”时期一两批全国重点推广公路水路交通运输节能产品（技术）的推选工作，发布了两批共 40 项重点推广在用车船节能产品（技术）目录，增强了低碳交通运输的技术基础和保障能力。

四是注重加强低碳交通运输能力建设。开展了“交通运输行业能源消耗与碳排放统计监测体系”等 70 项交通运输节能减排能力建设项目。开展了交通运输行业能源统计体系建设，目前公路运输、水路运输和港口生产能源统计指标已初步纳入国家统计指标体系中。初步建立了行业节能减排监测考核体系，研究建立了低碳交通运输体系考核评价体系。

五是注重城市交通领域低碳的研究和规划。在国家宏观政策的引导下，国内一些主要城市开展了低碳交通的研究和规划。由于发展阶段的不同，不同城市低碳交通的发展重点也各异。各城市根据自身发展特点，因地制宜地提出了适合自身发展的低碳交通措施。其中，北京、上海、广州等特大城市，城市交通系统较为完善而交通问题也较为突出，低碳交通的发展主要以发展轨道交通和智能交通为主，并大力推广新能源汽车；杭州、武汉、昆明等大城市，城市交通系统相对完善，交通问题日渐显现，低碳交通主要以快速公交和完善慢行交通为主；珠海、泉州、宜兴等中小城市，城市交通问题尚不突出，低碳交通具有较好的发展空间，更加强调可持续的城市土地利用开发模式和现代交通方式（如现代有轨电车）的发展；而天津生态新城等一些新城区，交通系统更加注重与土地利用的协调，结合新城开发全面构建绿色交通系统，规划的绿色交通出行比重都在 80%以上。

二、发达国家低碳交通经验借鉴

（一）国外低碳交通发展的案例

1.英国低碳交通发展实践

英国是世界上最早关注低碳交通发展的国家，也是低碳经济发展比较完善的国家之一。1952 年 12 月 4 日，英国伦敦持续 5 天大雾，致 4700 多人因呼吸道疾病死亡，在大雾之后的几个月又有 8000 多人死于非命。因此，英国政府非常重视低碳经济的发展。分别在 1956 年、1968 年和 1974 年颁布了《清洁空气法案》《污染控制法案》等一系列治理污染的法案。1981 年英国政府出台了《机动车燃料管理办法》，对汽油中的含铅量做出了严格的规定。2003 年 2 月，英国伦敦对市中心约 20 公里范围内的地区加收“交通拥堵费”，对拥堵严重的地区实行车辆限行政策。为了满足中心城市的交通需求，英国政府在伦敦建成了世界上最庞大的地铁系统。2009 年 7 月，英国政府从国家层面制定了《英国低碳转型计划》，并出台了配套的《英国可再生能源战略》《英国低碳工业战略》和《低碳交通战略》等文件。英国政府还成立了低排放汽车办公室（Office for Low Emission Vehicles），积极加强低碳交通领域的技术研发。该办公室的工作人员来自交通部、业务创新和技能部、能源与气候变化部，办公室的工作重点是在超低排放车辆领域，支持新兴技术的识别。

2.美国低碳交通发展实践

美国低碳交通的发展背景与英国类似。美国的洛杉矶在 1955 年 9 月也发生了一次光化学烟雾事件。之后,美国政府也采取了各种措施积极治理。1959年,成立了机动车管理局,负责监测汽车尾气排放。1970年,颁布了《洁净空气法》。1975年,要求汽车加装催化转化器。洛杉矶市要求1994年以后出售的汽车全部安装“行驶诊断系统”,以便于对汽车进行实时监控。除此之外,美国政府通过税收优惠的方式,鼓励广大出行者骑自行车出行,并积极推出了“安全绿箱”计划,有效促进自行车的安全行驶。除此之外,美国低碳交通的发展还得益于美国强大的智能交通系统。自20世纪90年代,美国开始有计划、系统地开发智能交通系统。如今,智能交通系统已有效地解决了美国的交通拥堵问题。美国还通过制定2010—2014智能交通5年规划,拟解决交通污染和交通能耗的问题。

3.法国低碳交通发展实践

法国低碳交通发展实践分为3个阶段。第一阶段是20世纪70年代,法国政府虽没有明确提出低碳交通的概念,但开始在城市交通的发展规划中已推出一些对低碳交通的发展能起到积极促进作用的政策思路。这一时期主要是解决城市交通拥堵问题。法国政府通过制定新的流线组织,改扩建道路,以及加强道路的信号控制等方法,改善城市中由于小汽车数量增多而带来的交通问题。第二阶段始于20世纪80年代中期,主要解决城市交通污染问题。面对日益严重的由小汽车增多带来的噪音污染、尾气污染等问题,各地政府达成共识,开始优先发展公共交通(尤其有轨电车),为城市的发展带来活力。第三阶段始于20世纪90年代中期,国家颁布了《交通出行规划》,主要发展慢行交通,通过构建绿色街区、骨干公交等,促进低碳交通发展。1996年,法国政府出台了《大气保护与节能法》,成为低碳交通发展有效实施的政策依据。除此之外,政府也制定一系列的措施,鼓励居民多模式出行,将地铁、高铁和公交设成一票制,同时对特定群体实行公交补助,另外也提供无人自行车租赁系统。政府规定到2020年将车辆运行量降低40%。

4.日本低碳交通发展实践

日本被称为“超大交通”的国家。主管日本交通事务的国土交通省,权力非常广泛,既管理交通运输范围内的事务,又包括住宅、旅游等事务的管辖。这是2001年日本交通协同发展的结果。日本政府在意识到能源危机以及国土发展不均衡等问题后,通过几轮政府机构改革,逐渐扩大国土交通省的权力范围,以便更有效治理日本的交通发展问题。日本在低碳交通发展中最主要的特点是其轨道交通非常发达,交通发展与城市规划紧密结合。以东京为例,轨道交通引导了其都市区的拓展,使东京由原来的单中心逐渐向多中心发展。该模式有效地解决了中心区的交通拥堵问题。除此之外,日本也和新加坡一样,建设综合性交通枢纽,缩短换乘时间,鼓励多模式出行,同时运用经济杠杆控制交通需求。

5.新加坡低碳交通发展实践

新加坡的低碳交通发展很有成效。虽然新加坡面积较小,路网密度很大,但交通顺畅,这与新加坡政府对交通的有效治理分不开。新加坡对交通治理很有特色,主要体现在3个方面。第一,低碳交通发展与城市规划同步进行。早在1970年,新加坡政府就不断出台各种政策措施,以避免未来可能出现的交通拥堵。而且,新加坡将综合交通枢纽与商业、住宅区集中在一起,使出行者可以非常方便地进行各种交通方式的换乘,基本做到无缝衔接。第二,通过经济杠杆限制私人小汽车的增长。新加坡通过提高税费等方式增加居民的购车成本,同时在世界上最早对“交通拥堵”收费,提高车辆的使用成本。1998年9月,新加坡率先通过使用电子收费系统对特定时间进入市区最拥挤的区域及部分高速公路的车辆进行收费，以限制高峰期进入市区的车辆，缓解交通拥堵。第三，规范设计，规范管理。新加坡的道路规划设计注性化，慢行道设计合理，在公共汽车站会有专门的遮挡棚和遮阳伞，非常有利于人们搭乘公共交通出行。同时，在停车管理、驾驶员违规开车管理等方面都有非常规范的制度。新加坡是高度法治的国家，严厉的交通管理执法确保了各项政策的有效实施。

（二）国外低碳交通发展的经验借鉴

国外很多城市结合自身的发展特点，在交通系统由可持续发展宏观理念到绿色交通的具体实践过程中，形成了一套因地制宜的低碳交通发展策略和具体实施方法。总体来看，国际低碳交通先进城市在低碳交通发展方面所采取的主要措施可归结为以下 5 点：

一是发展公共交通，提高公共交通核心竞争力。从国际低碳交通发展经验来看，大力发展公共交通，提高公共交通竞争力是缓解城市交通拥堵最有效的措施。具体措施包括大力发展轨道交通，优化常规公交运营，完善公交扶持政策，提高公交运营质量和效率，引导人们选择公共交通作为首选出行方式。如新加坡公共交通的总体目标为实现门到门和无缝衔接，伦敦和斯德哥尔摩将拥堵收费收入补贴公共交通发展，维也纳通过设置公交专用道和专用信号提高公共交通服务的准时性等。

二是运用经济杠杆，实现交通资源的优化配置。经济刺激是推动低碳交通发展常用的手段。国际上通常的做法包括缴纳牌照税政策、拥堵收费政策、差别化的停车收费政策、清洁能源汽车利税刺激政策等。如丹麦对汽车征收牌照税和 25%的消费税，伦敦对固定时段、划定收费范围内的市中心区出入车辆征收交通拥堵费等。

三是注重对车辆自动化、智能化技术的研发与应用，降低交通运输碳排放源的排放水平。20 世纪 90 年代，美国最早提出了“智能交通项目”。2011—2013 年，美国资助了 53 项关于车辆先进技术研发项目，其中先进辅助驾驶有 13 项。美日等国在电动汽车研发上一直处于领先地位，如锂离子动力电池、电池隔膜和陶瓷/塑料复合膜等。

四是推进多式联运技术发展，促进综合交通运输体系建设，实现多种运输方式间无缝对接。欧盟在交通运输环境保护和可持续发展方面一直走在世界前列，提出将可持续交通作为欧洲交通运输发展的共同政策，注重综合运输体系的整合和优化。强化铁路、内河和海运的整合，减少公路运输；促进替代燃料和低排放燃料的发展，降低对燃油的依赖性，并大力推行碳交易机制。

五是依靠政策保障，整合各种资源。政府相关职能部门的深层次、有目的和强有力的政策引导是实现低碳交通的重要保障。国际上主要低碳交通城市大都结合本市发展特征，适时出台促进低碳交通发展的政策、法律或法规。如伦敦出台的《交通 2025》明确了未来限制私家车和鼓励电动车的城市交通发展政策等。

三、我国低碳交通发展愿景

（一）2030 年低碳交通发展愿景

2030 年，我国交通运输领域载运工具传感技术、信息处理、智能互联、新能源技术得到普遍推广应用,实现交通运输行业低碳绿色出行。基础设施状况智能监测,载运工具智能技术与设施信息交互,日常综合信息管理与智能应急事件管理决策"融合成网"。IT(信息技术)时代进入DT(数据技术)时代,互联网、物联网、大数据、云计算等技术应用日渐深入、全面感知、交互便捷、协同融合成为可能。高速铁路全面成网,区域长距离客运的快捷性和安全性进一步提高。

2030年的我国低碳交通发展愿景展望:

初步建成低碳综合交通运输系统。形成各种交通方式协调发展的低碳综合交通运输系统,充分发挥各种运输方式的比较优势,全面补足中西部地区铁路运输和内河水运的短板,实现各种运输方式之间的合理分工、有效协作和一体化发展。交通运输领域能提供全程化的智能高效服务,全面落实"出行即服务""运输即服务"等发展理念。

城市交通的绿色出行比例大幅度提高。集约、高效的快速公交成为大城市居民的主要出行方式。在交通需求管理政策的实施推动下,城市小汽车出行的势头得到全面的遏制,清洁能源汽车开始得到普及,缓解城市交通拥堵、减少碳排放的目标得以实现。步行和自行车交通出行比例上升,慢行交通环境得到改善。

智能交通技术在交通运输领域全面普及应用。智能技术深度融合,综合交通实现"低碳发展、智能成网",不断满足我国运输安全、高效和低碳节能的发展目标。通过智能交通技术的发展,引领交通运输企业的服务创新,全面构建低碳绿色出行服务的生态圈。

注重出行的便利化和无处不在的信息服务。在城市交通领域以信号优先、换乘信息服务以及专用道车队运行为特征的智能公交运营逐渐推广,更好地满足灵活、便捷公共交通出行服务需求。出行信息、电子支付、安全预警等信息内容日益融合,主动推送、双向交付的服务方式成为主流,出行者随时随地获取可靠的信息服务,充分满足出行者基于时间、舒适、费用和低碳等不同价值取向的出行选择需求。

注重货运的高效组织和业务协同。信息交换共享、智能化运营调度管理和智能化的运输装备,将推动港口、场站和枢纽的业务协同和资源优化配置,促进运输方式之间的高效衔接,从而为社会提供端到端、多方式选择、经济高效的货物运输服务,提高综合运输系统的整体效能。

(二)2050年低碳交通发展愿景

在自然进步情景下,2050年的我国低碳交通发展愿景:

城市交通领域公交优先发展将全面实现,以人为本理念得到全面贯彻。以节能型大容量快速交通方式引导城市、城市群集约布局,形成以大容量交通系统为骨干的交通设施网和集约、低碳的交通供给模式,交通与用地协调发展,国内大城市的公交出行在全方式交通出行比率中将超过80%。2050年,我国将步入老龄化社会,以人为本的无障碍出行设施和设备将在城市交通领域得到全面应用。

区域间的长距离客运交通全面实现高速化。在技术进步背景下,传统的高铁网络已成网络化运营,技术上更新换代,为长距离旅客出行提供更快捷、安全和环保的出行服务。在超长距离的旅客运输方式上,民航业仍将有一定的优势。国内部分城市之间已建成超级高铁,"真空管道运输"将走入人们生活。

交通与物流融合发展,货物运输实现智能化。国内建成完善、全面的枢纽集疏运系统,以及全国性、区域性的交通物流枢纽和便捷通畅的骨干物流通道，交通枢纽与物流节点的空间布局得到优化。多式联运瓶颈消除，运输组织环节高效，货物运输实现智能化。借助多式联运系统货物运输实现“一站托运、一次收费、一次认证、一单到底”。

在乐观跃升情景下，2050 年的我国低碳交通发展愿景：

城市客运领域将由无人驾驶汽车全面取代，实现车联网。2050 年的城市将发生巨大的变化，人行道不复存在，行人和汽车共享道路。不再设有街道停车场，有的只是远离城市中心的大型停车库。而交通信号等基础设施也许已经消失，取而代之的是更小、更廉价的设备，只需要与汽车通信即可。而“驾驶员”这个词或许已经被人遗忘，无人驾驶汽车将全面取代传统汽车。

区域间的长距离客运交通将由超级高铁取代。时速超过 1000 公里的超级高铁网络将全面取代现有的高铁网，横亘祖国大江南北。人们的长距离区域出行普遍选择超高速、高安全、低能耗、噪声小、污染小的超级高铁，传统长距离快速出行的航空业将全面走向没落，“真空管道运输方式”开始盛行。

货物运输全面实现低碳化和自动化。货物运输的联程联运将全面实现，传统货物运输行业的组织形式、服务模式被彻底改变和颠覆。货物运输工具的动力能源将全面摒弃化石能源，由电力和天然气取代。自动化能够更加全面地深入到货物运输领域，让人做更多指挥和智慧的工作，而简单的工作由机器和全自动化设备实现。

2050 年低碳交通发展背景、发展特征和发展标志见表 3-1。

我国低碳交通发展背景、特征和标志 表 3-1

发展阶段	发展背景	发展特征	发展标志
2030 年	国内社会发展已走向全面共同富裕； 新能源技术普遍使用，电力驱动的交通系统更多采用清洁电力； 交通节能减排技术广泛应用，已经建立碳排放交易制度； 较大幅度优化交通运输结构和交通用能结构，以节能低碳的交通方式承担交通需求增量的大部分	新能源车辆广泛使用； 联程联运在综合运输领域充分体现，开始建成低碳综合运输系统； 移动互联技术推动交通与信息化融合发展； 城市交通领域绿色出行比例大幅提高	通过智能交通技术的发展，引领交通运输企业的服务创新，综合交通实现“低碳发展、智能成网”； 交通运输领域能提供全程化的智能高效服务，联程联运全面实现； 集约、高效的快速公交成为大城市居民的主要出行方式，清洁能源汽车开始得到普及
2050 年	我国社会发展已基本实现现代化； 人工智能技术取得重大突破，“物联网”时代来临； 无人驾驶车辆开始普及，传统的客货运输走向无人驾驶时代； 交通信息化技术全面普及应用，出行资源已实现全面共享	长距离客运交通高速化，货物运输低碳化和自动化； 综合运输信息平台已经建立，城市和城际的交通信息已实现共享； 交通基础设施和设备更加生态智能，先进技术与交通融合更加深入； 城市交通领域已实现车联网和无人驾驶	城市间的长距离旅客运输将全面实现高速化，超级高铁网成型； 货物运输将自动化和低碳化，交通与物流实现融合发展； 城市内的客运将由节能型大容量快速公共交通方式实现； 以人为本的无障碍出行设施和设备将在城市交通领域得到全面应用。 无人驾驶汽车全面取代传统汽车，“驾驶员”将消失

四、我国低碳交通发展的技术方向

(一)提高运输系统效率

交通运输低碳发展要注重加强运输组织管理,提高运输系统效率。在货物运输领域,通过实现运输的智能化和信息化是提高效率的前提,也是降低交通运输领域碳排放的有效途径。借助信息化和智能化技术,建设跨行业、跨地区的物流信息平台,在货物运输领域广泛应用大数据和云计算技术,通过智能仓储体系,优化货物运输流程,降低物流成本和碳排放;在各种运输方式的衔接上,通过加强综合客货运枢纽建设,统一运输装备标准,实现各种运输方式的"无缝衔接",减少换装、换乘和无效运输,实现节能减排。在城市交通领域,大力发展智能交通,通过技术手段加强城市交通信号的智能化管理,优化城市交通秩序,提高交通效率,缓解城市交通拥堵,大大降低城市交通的能源消耗和温室气体排放;积极推进车联网技术的研发,实现智能化交通管理、智能动态信息服务和车辆智能化控制的一体化。

(二)优化交通运输结构

低碳交通运输应朝着多元化的方向发展,实现我国交通运输领域全面低碳化。交通运输低碳发展必须坚持以发展综合运输为战略统领,加快优化交通运输结构,着力构建节能低碳型综合交通运输体系。一是按照"宜水则水、宜陆则陆、宜空则空"的原则,充分发挥各种运输方式的比较优势和组合效率,加快发展高速铁路、超级高铁等大容量快速集约的客运交通方式,加快发展水运、铁路等绿色低碳运输方式。二是要全面落实公交优先发展战略,加快发展地铁、快速公交等大容量公共交通,大力发展自行车、步行等慢行交通,着力提高绿色出行比例,积极开展"公交都市"示范工程,多措并举加大城市交通拥堵治理,提升城市交通系统整体运行效率和低碳化水平,构建绿色低碳现代综合运输体系建设。只有这样才能从源头上降低对能源资源的占用与生态环境的影响,以最小的资源环境代价满足最大的交通运输服务需求,为实现绿色低碳经济的愿景目标提供有力支撑。三是积极发展甩挂运输、多式联运等先进运输方式,大力发展现代物流,培育一批具备供应链统筹能力的龙头企业,提高货运实载率。四是加快优化交通运输装备结构,加快发展大吨位车辆、大型化船舶,积极推进节能与清洁能源道路客货运车辆、公交车、出租车、城市物流配送车辆、营运船舶的应用。

(三)使用清洁交通能源

交通运输的低碳发展需要解决交通工具动力源的污染与碳排放问题。发达国家都将新能源作为重点研发项目,积极扶持清洁能源技术产业发展。实现交通运输工具用能的清洁化是发展低碳交通的主要方向,也是低碳交通工具技术创新的根本性选择。通过技术手段让交通运输工具实现"近期降碳→中期减碳→远期零碳"的逐步脱碳的演进过程,也是国内低碳交通运输发展的必经之路。

国内低碳交通发展需要促进清洁能源交通工具的使用,尤其是要保障清洁能源供给设施的建设,实施公共交通车辆、出租车油改气工程,鼓励使用节能、环保和先进动力的汽车。

同时,提高尾气排放标准,加强车辆检验检测,坚决淘汰尾气排放达不到国家排放标准的机动车。国内大城市在清洁交通能源方面取得了一些进展。如在机动车的污染控制方面,包括北京、上海、广州、深圳等大城市实施了强制性使用无铅汽油和其他治理交通污染的法规,同时推广以纯电动汽车、插电式混合动力汽车、燃料电池汽车等为代表的新能源汽车。这一方面可以有效缓解能源和环境压力,推动汽车产业可持续发展;另一方面加快汽车产业转型升级,培育新的增长点,提高企业国际竞争力。推广新能源汽车应重点突破电池、电机、电控等关键核心技术,加快产业布局及充换电等基础设施建设。要通过政府补贴、减免车船使用税和车辆购置税等措施,推动新能源汽车产业化进程,实现交通车辆零排放目标。

(四)坚持创新驱动

交通运输低碳发展要坚持实施创新驱动战略。一是组织开展低碳交通科技创新专项行动。加大低碳交通科技投入,加强物联网等信息化重大关键技术研发和推广应用,突破低碳技术瓶颈,加快节能低碳先进适用技术和产品的推广应用,着力提升科技创新对交通运输低碳发展的驱动力和支撑力;加强先进适用的节能低碳技术、产品的研发与推广,尤其是集装箱车辆、大飞机、高铁、电动机车、专业运输船舶、电动汽车、混合动力汽车、燃料电池汽车等运载装备,建立低碳交通关键技术与产品推广应用的信息沟通和共享平台、鼓励性政策和管理机制;加强交通信息化、智能化建设,大力推广智慧交通技术,如物联网、车联网、船联网、智能交通系统、智慧公路、感知航道、公众出行服务系统、公共物流信息平台城市公交、出租汽车和港口智能调度系统等技术。二是要切实强化低碳政策创新。重点是要建立稳定的低碳交通财政性资金投入机制,加大资金投入力度;完善低碳交通财税、金融等政策,积极探索节能低碳投资担保机制,拓宽低碳交通融资渠道;积极探索差异化的车船使用税、通行费等政策,密切跟踪研究碳税、燃油消费税、资源环境税、能源资源价格改革等对交通运输领域的影响及对策;研究制定新能源车辆购置与使用优惠政策,如政府采购优先选用新能源汽车,为新能源车辆提供道路行驶优先权、停车优先权和费收(如交通拥堵费、过路过桥费、停车费等)减免等,按照“高耗高排高税、低耗低排低税”原则制定汽车购置和使用环节的税收减免、贷款优惠政策;积极推进合同能源管理、领跑者制度、绿色标识、碳排放交易等市场减排机制应用;加强交通需求管理政策创新,主要包括如限行限购政策、差别化停车收费、智能停车管理、交通拥堵收费、单双号限行、错时上下班措施等。

本篇参考文献

[1] 李茜,等.我国综合运输 2020 年低碳发展政策体系研究.国家发展改革委综合运输研究所,2016.12.

[2] 王庆云.交通运输发展理论与实践[M].北京:中国科学技术出版社,2006:11.

[3] 欧阳斌.建设低碳交通运输体系的战略思考[J].综合运输.2011,(11):10-13.

[4] 傅志寰,全永燊,陆化普.中国特色新型城镇化发展战略研究(第二卷):城镇化进程中的综合交通运输问题研究[M].北京:中国建筑工业出版社,2013:12.

[5] 丁晓萍,王建伟.基于能源消耗的综合运输结构优化[J].长安大学学报:社会科学版,2011,13(2):40-44.

[6] 江玉林,吴洪祥,申桧.畅通、高效、安全、绿色:中国城市公共交通可持续发展重大问题解析[M].北京:科学出版社,2010.

[7] 高菠阳,刘卫东.道路交通节能减排途径与潜力分析[J].地理研究,2013,32(4):767-775.

[8] 冯相昭,蔡博峰.中国道路交通系统的碳减排政策综述[J].中国人口·资源与环境,2012,22(8):21-24.
[9] 欧阳斌等.中国交通运输低碳发展的战略构想[J].中国人口·资源与环境,2014,24(11):1-4.
[10] 崔冬初,于悦.低碳交通的国际经验及对我国的启示[J].生态经济第30卷第9期:68-72.
[11] 交通运输部公路科学研究所.我国现代交通发展战略——交通运输低碳智能发展研究[D].北京:交通运输部公路科学研究院,2016
[12] 交通物流互联网,如何融合发展? http://finance.china.com.cn/roll/20160714/3810548.shtml

执笔人:钱寒峰